PASW(SPSS)18과 사회과학 자료분석

김연형 지음

데이터 내려받기
www.kyowoo.co.kr

KYOWOOSA 教友社

머리말

Preface

자연과학이나 사회과학의 많은 분야가 의미 있는 결론을 도출하기 위한 수단으로 통계학을 필요로 한다. 분석과정에서 프로그래밍이나 여러 형태의 통계패키지가 응용되지만 근본적으로 조사(연구)의 계획, 실사(측정이나 관측) 그리고 자료의 정리 단계에서 통계학을 모르고서는 어느 하나 제대로 일을 처리할 수가 없다. 이에 본 책은 문제해결에 앞서 최적의 결론을 가장 빠른 시간에 처리할 수 있는 통계적인 접근법을 학습하고 이를 실제 상황에 응용하는 힘을 기를 수 있도록 하는데 주안점을 두고 있다.

그러므로 각 장의 내용은 개념과 이론, 그리고 PASW(SPSS)통계패키지를 이용한 자료처리의 부분으로 이루어져 있다. 주어진 자료에 정확한 분석방법을 적용하고, 결과를 올바르게 해석하려면 통계패키지 사용법에만 능통하여서는 어려울 것이라 판단하여, 조금은 따분하지만 수리적인 이론들을 설명하였으나 자세한 이론의 증명과정이나, 깊은 수학적 이해를 필요로 하는 부분은 다루지 않고 건너뛰었으며, 단지 기본적인 수식과 개념을 조화함으로써 통계분석방법의 근본적인 원리를 터득하는데 도움을 주고자 하였다.

이 책은 논문을 준비하는 대학원 과정의 학생이나 대학원 진학을 희망하는 학부 4학년 학생, 조사나 연구에 관련된 업무를 수행하는 모든 분들에게 적합하도록 만들어졌다. 따라서 새로운 개념이나 분석에 대한 모든 설명은 사례를 중심으로 이루어지고 있다. 즉, 사례를 통하여 문제점을 확인하고, 해결하는 과정에서 연구방법론상에 나타나는 개념상의 문제나 복잡한 통계이론을 자연스럽게 이해할 수 있도록 유도하였다.

최근에 SPSS는 예측적 분야에서의 선두 역할을 대표하는 시스템으로 나아가면서 PASW(Predictive Analytics Software)로 제품명이 변경되었다. 이 책을 통하여 통계학이 널리 보급되어 통계학의 응용이 활발해지기를 진심으로 바라는 마음이다. 이 책에 담겨있는 내용중 불충분한 점이나 그릇된 점이 있다면 이는 어디까지나 저자들의 책임임을 밝혀둔다. 이에 대해서는 앞으로 여러 독자들의 끊임없는 질책과 고견을 받아서 후일에 이 책의 내용을 보완하고자 한다.

마지막으로 본서의 집필을 위하여 많은 시간을 할애하여 값진 조언을 해준 이석원 교수와 자료정리를 해준 통계학과 박원동 군과 유예슬 양에게 고마움을 전하고 싶다. 특별히 출판계의 어려운 상황에서도 출판에 도움을 준 교우사 오판근 사장님과 편집부 백지선 과장에게 깊은 감사를 드린다.

2010년 8월

칠석 김연형

차 례

Contents

Chapter 1

PASW(SPSS) 맛보기

1 개 요

1) PASW란 무엇인가?

SPSS(Statistical Package for the Social Science)는 광범위한 분야에 대한 데이터 입력, 데이터 관리, 데이터 집계 및 통계분석을 하는 통계분석기구로서 현재 가장 일반적으로 사용되고 있는 통계 패키지이다.

1929년에 처음 세상에 나온 SPSS는 원래 사회과학에서 많이 사용되는 설문조사, 시장조사 등의 표본조사 데이터 분석을 위한 프로그램 모음집으로 출발하였으며, 1975년에 SPSS 매뉴얼이 발간되면서 세상에 보급되기 시작하였다. 그후 1983년에 SPSS 미비점을 대폭 보완하고 실무에서 사용되는 거의 모든 통계적 분석방법을 포함한 SPSSX가 탄생하면서 사회과학 분야뿐만 아니라 모든 분야에 대한 종합적인 통계패키지로 발전하였다. 1986년에는 개인용 컴퓨터에서 사용할 수 있는 SPSS/PC가 탄생하여 저변이 확대되었고, 1990년대 초에는 SPSS 윈도우용이 개발되기에 이르렀다. 2005년에는 윈도용 SPSS Ver. 12K로 '한글 SPSS'가 개발되었고, 최근에는 이것이 SPSS Ver.17.0으로 기능이 많이 보강되어 국내 SPSS 사용자들에게 사랑을 받고 있다.

최근에 IBM이 SPSS를 인수하면서 예측분야를 보강하면서 SPSS를 PASW(Predictive Analytics SoftWare)로 제품이 변경되었다. PASW 18.0은 쉽고 편안한 데이터 입력, 효율적인 데이터 관리 및 간편한 통계분석 처리 등을 목적으로 하고 있어 전문가가 아닌 일반 사용자도 쉽게 사용할 수 있는 통계 프로그램이다.

SPSS의 변화 과정	
1967년	시카고 대학에서 개발
1968년	SPSS 발매
1968~1975년	제품화
1983년	SPSS-X 발매
1984~1992년	도스형 PC 시대
1992~1997년	윈도우형 시대
1997~2002년	인터프라이즈형으로 변화
2006년	SPSS 14K
2008년	SPSS 16.0
2009년	SPSS 17.0
2009년	PASW 18.0

2) 한글 PASW 18.0 실행화면

일단 프로그램을 실행하면 (그림 1-1)과 같은 대화상자를 볼 수 있다.

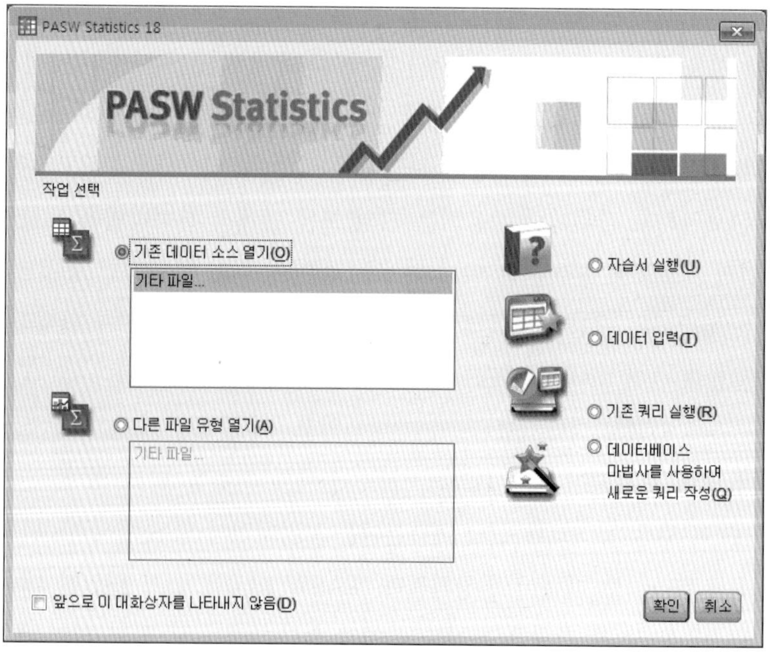

▌그림 1-1▐ 초기화면의 대화상자

PASW 데이터 창과 함께 대화상자가 나타난다. 일반적인 응용프로그램과 거의 흡사한 초기화면의 메뉴를 나타내준다 이 대화상자의 기능은 다음과 같다.

• 자습서 실행(U)	도움말 기능을 실행한다.
• 데이터 입력(T)	PASW 데이터편집기 창으로 이동한다.
• 기존쿼리 실행(R)	저장되어있는 기존의 쿼리를 실행
• 데이터베이스마법사를 사용 새 쿼리 작성(Q)	데이터베이스마법사를 이용, 새 쿼리 생성
• 기존 데이터 소스열기(O)	기존의 저장된 PASW 데이터파일 열기

이때 "앞으로 이 대화상자를 나타내지 않음"을 선택하면 다음 실행시부터는 이 대화상자가 나타나지 않게 된다.

3) PASW 창의 구성

(1) 데이터편집기(Data Editor)의 구성

데이터편집기는 아래 그림과 같은 형태로 worksheet형태로 나타난다. 엑셀 프로그램의 초기화면과 흡사해 엑셀을 많이 다루어 보았다면 친근한 느낌을 갖게 될 것이다. 이제 각각의 기능에 대해 알아 보자.

① 제목표시줄은 현재작업중인 창의이름 즉 파일이름을 나타낸다. 또한 저장을 하게 되면 이곳에 파일명이 나타나게 된다.

② 메인메뉴는 데이터편집기에서 사용할 수 있는 대부뷴의 기능을 나열한 곳으로 데이터의 핸들링이 가능한 메뉴, 또한 실제적인 분석을 위한 메뉴, 그림을 그릴 수 있는 메뉴 등으로 되어있다.

③ 단축아이콘은 메인메뉴 중에서 매우 자주 사용되는 메뉴를 아이콘 형태로 만들어 놓은 곳이다.

④ 커서의 정보는 현재 커서가 위치하고 있는 셀의 케이스 수, 변수명과 값을 나타내는 곳이다.

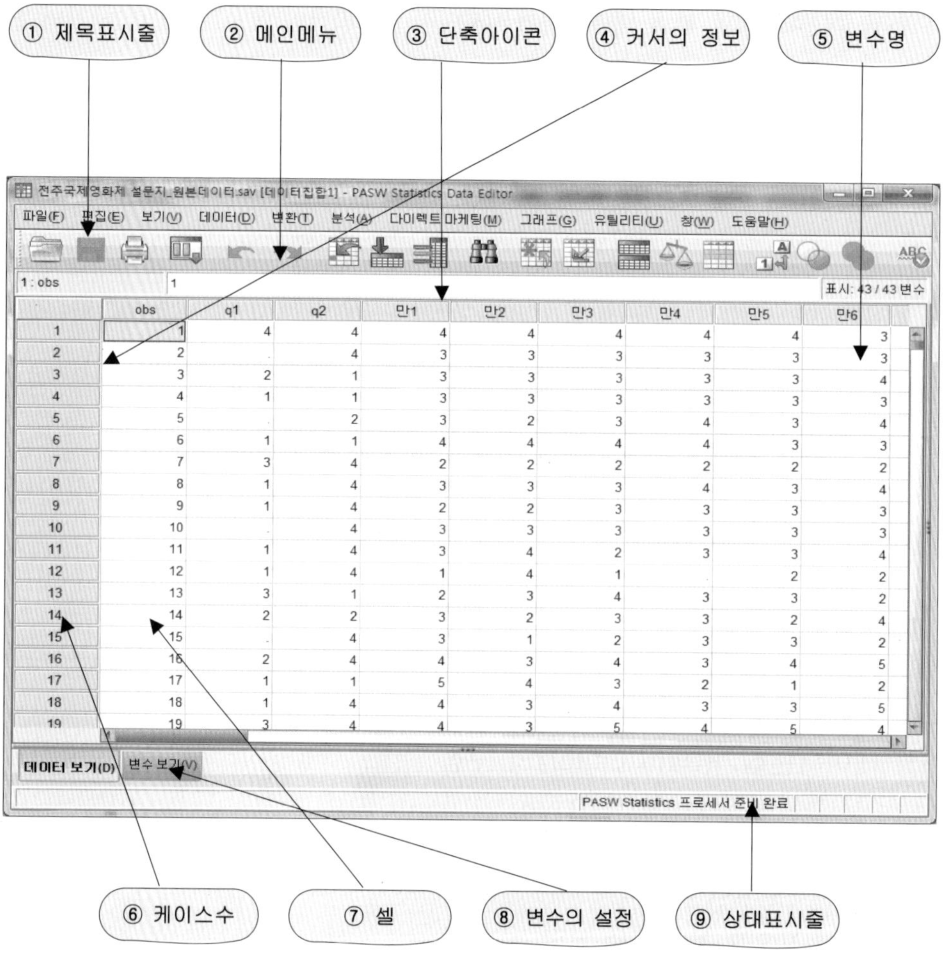

▌그림 1-2▌ 창의 구성

⑤ 변수명은 분석하고자 하는 변수들의 이름을 나타내는 곳으로 영문자 8글자, 한글은 4글자로 설정할 수 있다 변수명의 설정은 "⑧ 변수의 설정"에서 이루어진다.

⑥ 케이스는 설문조사라면 한사람을 의미한다. 만일 10명에게서 data를 얻었다면 10케이스라고 생각하면 된다.

⑦ 셀은 실제로 변수가 입력되는 칸으로 셀의 type를 설정할 수가 있으며 숫자는 오른쪽정렬이 문자는 왼쪽정렬이 되어 있음을 알 수 있다. type는 "⑧ 변수의 설정"에서 이루어진다.

⑧ 변수의 설정에서는 변수명, 유형, 자리수, 소수점자리수, 설명, 값, 등을 설정할 수 있다.

⑨ 상태표시줄은 PASW가 동작하는 상태를 표시하는 곳으로, 준비상태, 동작상태 등을 표시하는 곳이다.

(2) OUTPUT 창의 구성

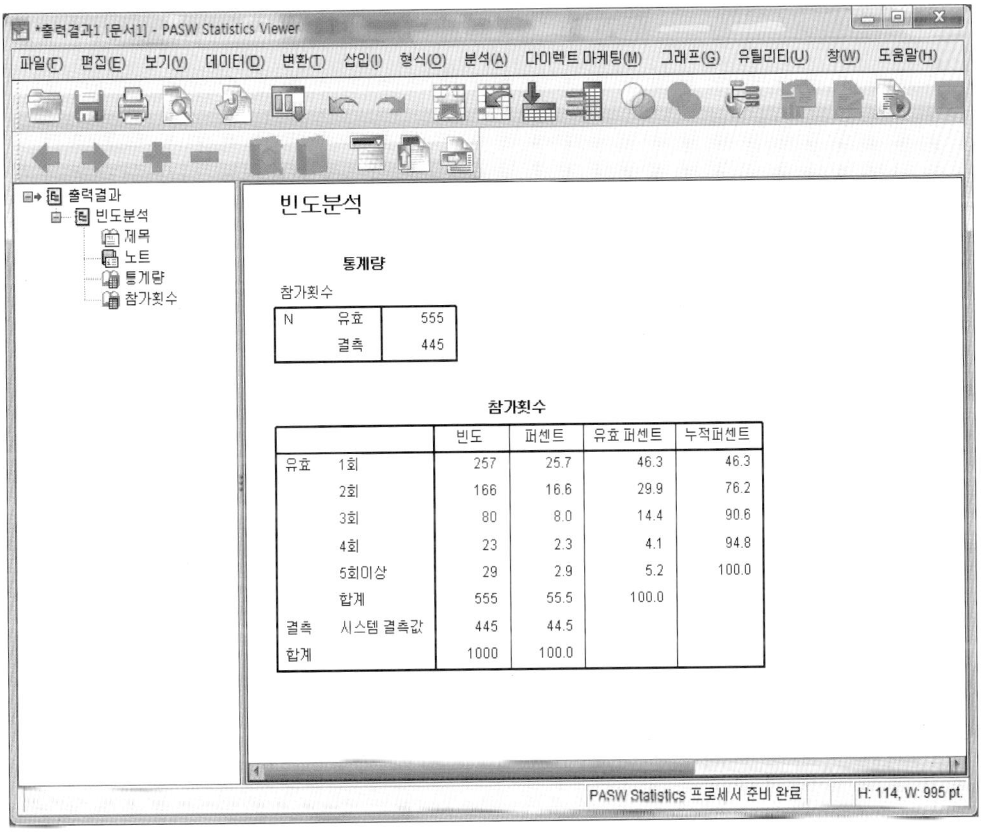

▌그림 1-3▐ 결과창의 구성

- 왼쪽창과 오른쪽창의 형태는 탐색기 창의 형태와 동일하며 왼쪽창에서는 트리구조로서 결과의 제목을 나타내며 오른쪽창은 결과가 나타난다.
- 메뉴에서는 데이터편집기창과 거의 동일하며 단지 데이터부분이 생략된다.

- 결과는 *.spo 파일로 저장이 될 수 있으며 또한 이 창에서 언제든지 호출이 가능하다
- 메뉴에서 내보내기 명령을 실행하면 Excel, Html의 문서로 저장이 가능하다

4) 메뉴의 구성

(1) 파일

- 새 파일은 한글워드에서 새문서와 같은 역할을 한다. 즉, 비어있는 새로운 데이터 창을 만들어 준다.
- 열기(Open)는 문서를 데이터 창에 불러오기를 할 때 사용하는 기능이다. 단축 아이콘은 이다.
- 텍스트 데이터 읽기는 한글워드 등에서 코딩 혹은 입력된 데이터가 테스트(*.txt)로 저장되어 있는 경우, 그 데이터를 pasw에서 읽도록 하는데 사용하는 기능이다.
- 저장(Save)은 입력한 데이터를 저장할 때 사용한다. 단축 아이콘은  이다. 다른이름으로 저장은 기존의 데이터를 다른 이름으로 저장할 때 사용하는 기능이다. 다른이름으로 저장하게 되면 기존의 데이터는 그대로 남게 된다.
- 데이터 정보 파일 표시는 pasw에서 저장된 파일의 정보를 알려주는 기능을 하다. 이것을 선택하고 pasw 데이터로 저장된 파일을 선택하면, 그 파일에 입력되어 있는 변수 이름(Variable Name), 설명(Label), 자릿수(Column) 등의 구체적인 정보를 제공한다.
- 인쇄(Print...)는 마우스 블록을 지정하여 지정한 부분만 인쇄할 수도 있고, 전체를 인쇄할 수도 있다.
- 인쇄 미리보기는 인쇄 미리보기로 출력할 면을 미리 보여준다. 원상태로 돌아가기 위해서는 키보드에서 Esc를 누르면 된다.

(2) 편집(Edit)

- 데이터 편집기에서 작성된 데이터 내용의, 일부 또는 전체에 대해서 잘라내기, 복

사, 붙여넣기 등을 할 수 있다. 또한 지우기, 찾기, 바꾸기, 변수 삽입, 케이스 삽입, 케이스로 이동, 변수로 이동 등을 할 수 있다.

- 옵션은 PASW에서 사용되는 여러 가지 옵션을 설정하는 곳인데 최초 PASW를 설치했을 때 그 상태로 사용하면 된다.

(3) 보기(View)

상태표시줄을 숨기거나 표시할 수 있고, 툴바의 조정 및 도구모음과 데이터의 가로와 세로를 구분짓는 격자선을 설정할 수도 있다. 또한 데이터의 글자체 유형 과 크기를 조절할수 있고, 변수값 설명을 통해 변수값을 나타나게 할 수도 있다.

(4) 데이터(Data)

통계분석을 하기 위한 가장 중요한 준비단계로서, 데이터(Data)에서는 데이터를 관리하거나 변수 특성정의, 케이스 삽입 등 데이터와 관련된 중요한 기능 등이 있다. 케이스 삽입(Insert Cases)을 선택하면 마우스가 있는 위쪽에 새로운 케이스가 삽입이 된다. 파일합치기는 데이터를 두 개의 파일로 나누어 저장하여 하나로 합할 경우 사용한다. 케이스 선택은 변수의 특정값 만을 골라내거나 조건을 부여하여 조건에 부합하는 케이스만 분석할 수 있도록 해주는 조건문 만들기 기능이 있다.

(5) 변환(Transform)

변수계산은 변수간의 가감승제, 새로운 변수의 생성 등을 할 수 있는 곳으로 자주 사용하는 기능이다. 코딩변경은 변수값을 바꾸어주는 기능을 한다. 여기에는 같은 변수로 코딩변경과 다른변수로 코딩변경이 있는데, "다른 변수로"는 코딩 변경시 다른 변수를 생성하며, "같은 변수로"는 코딩 변경시 새로운 변수를 생성하지 않고 기존의 변수값이 변한다.

(6) 분석(Analyze)

- 보고서: 그룹별 요약통계와 같은 보고서 작성시에 이용

- 기술통계량: 빈도수, 기술통계, 탐색적 자료분석, 분할표, 요약보고서 등
- 표: 통계표를 작성하는 데 이용
- 평균비교: 부그룹별 기술통계를 제공하는 집단별 평균분석, 일표본 T-검정, 두 집단 간의 차이를 검정하는 T-검정, 두 집단 간의 차이를 검정하는 T-검정, 일원배치 분산분석
- 일반선형모형: 분산분석, 다변량 분산분석, 반복측정 분석, 분산성분
- 일반화 선형모형: 일반화 선형모형, 일반화 추정방정식
- 혼합모형: 일반선형모형의 확장으로서 선형혼합모형(linear mixed model)분석
- 상관분석: 두 변수 간의 상관분석, 편상관분석, 거리측도
- 회귀분석: 선형회귀, 곡선회귀, 로지스틱, 프로빗, 비선형, 가중회귀, 2-단계 최소제곱 등을 제공
- 로그선형 분석: 일반로그선형모형, 로짓분석, 로그선형모형 등을 제공
- 신경망: 신경망(neural networks)분석 제공
- 분류분석: 판별분석, 군집분석, 트리(tree)분석 등을 제공
- 차원감소: 요인(인자)분석, 대응일치분석, 최적화 척도법
- 척도: 신뢰도분석, 다차원척도법 제공
- 비모수검정: 카이제곱, 이항검정, 런검정 등의 비모수검정
- 예측: 시계열분석 제공
- 생존확률: 생명표, Kaplan-Meier 생존분석 등을 제공
- 다중응답분석: 다중응답분석 처리에 대한 분석 제공
- 결측값 분석: 결측값 처리에 대한 분석
- 다중대입: 빈 패턴 분석, 결측 데이터 값 대입
- 복합표본: 복합표본(complex sample) 선택 및 분석 등
- 품질관리: 관리도, 파레토 도표
- ROC곡선: ROC곡선 제공
- AMOS18(A): 경로분석 제공

등의 절차가 있다.

(7) 그래프(Graphs)

- 그래프를 메뉴는 도표작성기, 그래프보드 양식 선택기, 레거시 대화 상자로 구성되어 있다.
- 레거시 대화 상자는 막대도표, 선도표, 영역도표, 원도표와 히스토그램 등의 도표를 출력할 때 사용한다.

(8) 유틸리티(Utilities)

- PASW 데이터 파일의 내용에 관한 정보를 알고 싶을 때 사용한다.
- 사용자는 대화상자에 나타난 변수들의 목록을 통제하거나 조정할 수 있다.
- 변수군 정의(E)는 여러개의 변수들을 하나의 이름으로 묶을 때 사용하며, 변수군 사용(U)은 묶어 놓은 변수들을 필요시 한꺼번에 시용할 때 사용한다.

(9) 창(Window)

PASW에서 사용되는 창들에 대해서 이동 및 통제를 한다. 작업화면에서 다른 작업화면으로 이전하거나 특정 작업화면을 최소화하여 화면상에 보이지 않게 숨길 수 있다. 그리고 현재 사용하는 창에 대해서는 체크(∨)표시로 나타나게 된다.

(10) 도움말(Help)

PASW를 사용하는데 있어서 운용 전반에 걸쳐 필요한 도움말 기능을 수행한다.

프로그램의 시용기법은 물론 통계분석기법에 대한 도움말을 제공하며, 특히 온라인 도움말이나 PASW사의 홈페이지를 연결할 수 있는 기능은 사용자들에게 있어서 매우 유용한 정보를 제공할 수 있을 것이다.

(11) 다이렉드 마게팅

PASW를 사용하는데 다이렉트 마케팅과 기법선택 등이 있다.

5) 도구상자

PASW 데이터 편집기의 도구상자의 구성과 기능은 다음과 같다.

① ② ③ ④ ⑤ ⑥ ⑦ ⑧ ⑨ ⑩ ⑪ ⑫ ⑬ ⑭ ⑮ ⑯ ⑰ ⑱ ⑲

① 데이터 문서 열기	작성된 PASW파일을 불러온다.
② 이 문서 저장	새로운 파일일 경우 새로운 파일명을 입력할 것을 요구하며, 기존의 파일을 수정하거나 편집했을 경우에는 그 기존의 파일에 바로 저장된다.
③ 인쇄	프린터로 내용을 출력할 때 사용되며, 프린터의 선택사항을 지정할 수도 있다.
④ 최근 사용한 대화 상자 다시 호출	최근에 실행한 대화상자를 불러올 때 사용된다.
⑤ 사용자 작업 실행 취소	데이터 창에서 최근에 실행한 명령을 취소한다.
⑥ 사용자 작업 다시 실행	데이터 창에서 최근에 실행한 명령을 실행한다.
⑦ 케이스로 이동	특정한 변수에서 특정한 케이스를 찾아갈 때 사용
⑧ 변수로 이동	특정한 케이스에서 변수 위치를 찾아갈 때 사용
⑨ 변수	변수의 세부 정보를 확인한다.
⑩ 찾기	데이터 창에서 지정한 데이터값을 찾아갈 때 사용된다.
⑪ 케이스 삽입	마우스로 지정한 위치 바로 앞에 케이스를 하나 삽입하고자 할 때 사용
⑫ 변수 삽입	지정한 변수 바로 앞에 변수를 하나 새로 만들 때 사용
⑬ 파일 분할	몇몇 정의된 변수에 따라 파일을 나눌 때 사용
⑭ 가중 케이스	각 케이스 별로 상이한 비중을 부여할 때 사용
⑮ 케이스 선택	주어진 어떤 조건하에서 케이스를 선택할 때 사용
⑯ 변수값 설명	데이터값에 숨겨져 있는 변수값 설명을 나타내거나 숨길 때 사용
⑰ 변수군 사용	유틸리티 메뉴의 변수군 사용명령과 동일, 변수군 정의를 사용할 때 선택
⑱ 모든 변수 표시	화면에 모든 변수를 표시한다.
⑲ 맞춤법 검사	맞춤법 검사를 한다.

2 PASW의 활용 예

PASW에서 설문조사나 그 밖의 통계조사에 의해서 얻어지는 데이터들을 하나의 데이터 파일을 만드는 방법에는 크게 두 가지의 방법이 있다.

첫 번째로 PASW의 데이터 편집기 창에서 직접 입력하는 방법이 있고,
두 번째는 한글, Excel, 그리고 그 밖의 기타 프로그램을 이용하여 작성된 데이터를 PASW 데이터 파일로 불러오는 방법이다.

1) PASW 데이터 편집기 창에서 데이터 파일 만들기

우선 간단한 예제를 제시하며 누구나 쉽게 이해할 수 있도록 자료수집과 분석 등을 단계별로 풀어서 설명한다.

예제 [1.1]

데이터 파일 : prg1_1.sav

다음의 자료는 전주의 한 대학식당의 식당이용 만족도를 조사한 결과이다. 설문내용으로는 식당 내부의 청결상태, 음식의 양, 식사 대기시간, 음식의 맛, 직원들의 친절도를 7점척도로 점수가 높을수록 만족하는 것으로 측정하였으며 이용횟수는 주 당 평균 이용횟수로 측정하였다.

▌표 1-1▌ 식당 이용만족도 조사 결과

	관찰번호	청결상태	음식의 량	대기시간	음식의 맛	친절도	이용횟수	성별
1	1	5	3	6	5	4	3	1
2	2	6	6	6	5	5	5	1
3	3	4	3	3	4	5	4	1
4	4	3	3	2	3	4	3	1
5	5	4	3	3	3	3	4	1
6	6	4	6	4	4	3	3	1
7	7	4	3	3	3	2	3	1
8	8	4	5	3	4	3	3	1
9	9	7	4	4	5	5	4	1
10	10	7	5	4	5	5	5	1
11	11	6	6	4	6	4	6	1
12	12	5	3	4	4	4	3	1
13	13	5	7	6	5	4	6	1
14	14	6	4	5	5	7	3	1
15	15	4	4	4	4	2	2	1
16	16	5	7	5	5	4	4	2
17	17	5	5	2	7	2	5	2
18	18	6	4	5	5	7	4	2
19	19	6	4	6	3	5	2	2
20	20	5	6	6	4	4	3	2
21	21	4	3	3	4	3	2	2
22	22	5	4	4	3	4	3	2
23	23	4	6	3	5	5	5	2
24	24	6	5	7	5	5	5	2
25	25	7	6	5	4	6	5	2
26	26	5	5	3	5	4	4	2
27	27	4	4	4	4	6	5	2
28	28	5	4	6	3	7	4	2
29	29	6	6	5	4	6	5	2
30	30	6	6	6	5	4	6	2

PASW의 데이터 편집기 창에 데이터를 입력하는 방법은 Excel에서 자료를 입력하는 방법과 유사하다. 그러나 PASW에서는 자료를 입력하기 이전에 일반적으로 해야 될 작업이 있다. 프로그램의 특성상 어떤 자료들을 모아서 분석하고 결과를 산출하는 통계 Package이기 때문에, Output 창으로 나타내지는 결과물들을 가지고 그 자료의 특성 및 결과해석을 어떻게 하느냐가 매우 중요하다. 따라서 결과물들을 쉽게 해석하고, 여러 가지 혼돈을 막기 위해 각각의 변수 값들에 대한 변수정의를 해 주어야 한다. 나중에 이렇게 정의된 변수들이 결과 창에서 결과물들과 함께 나타난다.

(1) 변수정의

한글 PASW 데이터 편집기 창을 띄우면, 창의 하단에 '데이터보기'와 '변수보기' 탭이 있을 것이다. 여기서 데이터보기는 실제 값을 입력하는 곳이며, 변수보기는 입력된 변수 값을 정의하는 곳이다. 또는 데이터편집기의 변수 이름부분(Var00001과 같이 표현)을 더블 클릭하면 된다. 이렇게 보여진 창에서는 변수이름, 유형, 자릿수, 소수점 이하 자리수, 설명, 값, 결측값, 열, 맞춤, 측도 등을 지정할 수 있다.

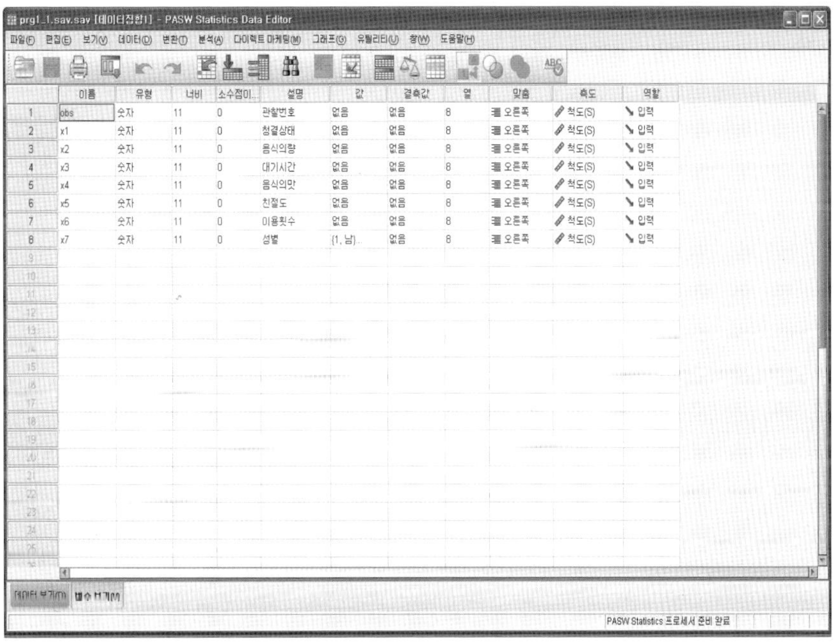

▌그림 1-4▐ 변수보기 및 정의

① **변수이름(Name)**

변수명을 지정하기 전에는 var00001, var00002... 등의 기본 변수이름이 사용된다. 따라서 새로운 변수이름을 입력하고자 할 때는 변수보기 탭을 선택 한 뒤, 이름 열에 변수이름을 입력하면 된다.

- 변수이름은 영문 8자, 한글 4자 이내로 작성하여야 한다. (Ver 12.0부터는 관계없음)
- 중복된 변수이름이나 &, !, %등의 부호는 사용할 수 없으며,
- ALL, NE, EQ... 등의 예약어도 변수이름으로 사용할 수 없다.

② **유형(Type)**

사용자가 변수 유형을 지정하지 않으면, PASW는 디폴트 값으로 변수의 유형을 숫자로 인식하게 된다. 그러나 실제로 입력되는 데이터들은 여러 가지의 형태가 있다.

따라서 변수의 유형도 이에 맞게 정의해 주어야 한다.

변수이름의 옆에 유형이라는 열이 있는데, 여기서 숫자라고 되어있는 곳에 마우스로 클릭을 하면 [...] 단추가 생기는데 이를 누르면 다음과 같은 변수유형 창이 뜬다.

▌그림 1-5▐ 변수형태

숫자(N)	변수값이 숫자인 경우 표기 디폴트로 표기되어있다.
콤마(C)	세자리마다 콤마를 표기
점(D)	세자리마다 점을 표기
지수표기(S)	지수형식으로 표기
날짜(A)	날짜 및 시간을 표기하는 경우
달러(L)	미국화폐인 달러를 표기
사용자통화(U)	5가지의 사용자 통화중에서 하나를 선택하여 표기한다.
문자열(R)	문자변수를 표기(자릿수와 소수점이하 자릿수는 유형의 오른쪽에 있는 열에서도 사용자가 지정할 수 있다.) • 자릿수(W) : 전체 자릿수를 지정 • 소수점이하 자릿수(P) : 소수점이하 자릿수 지정.

③ **변수설명**

변수의 의미를 설명해주기 위한 요약 정보이다. 최대 120자(한글60자)까지 사용할 수 있으나, 되도록 간결하게 정의하는 것이 좋다. 특히 여기서 정의된 설명은 다음에 결과를 나타낼 때 변수이름 대신 변수설명이 나타나기 때문에 결과해석을 하는데 있어서, 매우 유용하다.

④ **값**

변수값 설명을 나타내는 열이며, 변수설명과 더불어 결과를 해석할 때 보다 쉽게 이해할 수 있도록 도움을 준다. 설정은 다음과 같이 할 수 있다.

– 변수값란에 코딩시 사용한 값을 삽입한다.

– 변수값 설명란에는 그 변수값에 대한 설명을 간략하게 정의하여 나타낸다.

– 추가(A)버튼이 활성화 되고, 이를 클릭하면 저장이 된다. 반복적으로 입력, 모든 변수값에 대한 설명을 할 수 있다.

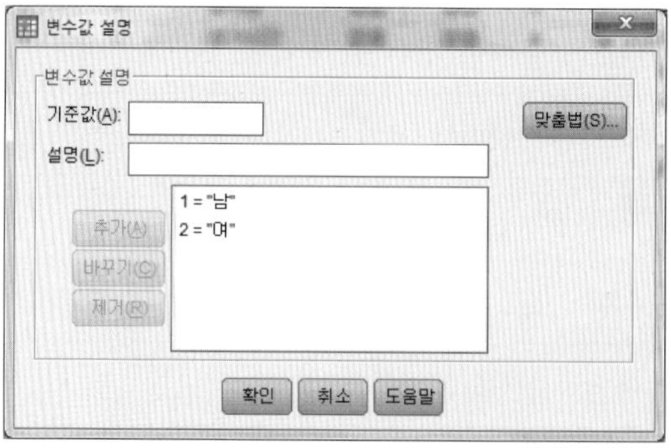

▌그림 1-6▐ 변수값 설명

⑤ **결측값(Missing)**

PASW 결측값은 시스템 결측값과 사용자 결측값으로 구분할 수 있다.

- 시스템 결측값 : 데이터가 기록되지 않고 공란인 경우, 일반적으로 점으로 표시된다.
- 사용자 결측값 : 결측치를 구분하기 위해 사용자가 임의의 값('0', '9', '99'등)을 부여한 것

변수보기 창에서 결측값 열의 셀을 클릭하면, [...] 단추가 나타난다. 이를 클릭하면 다음과 같다.

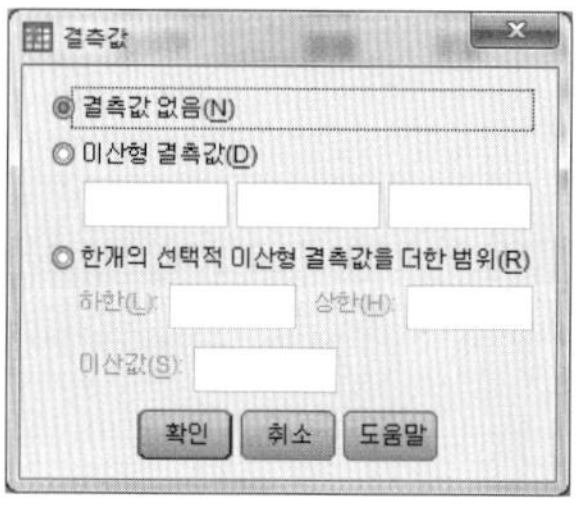

▌그림 1-7▐ 결측값 정의

결측값 없음(N)	결측값이 없이, 모든 변수들이 유효.
이산형 결측값(D)	3개의 사용자 결측치를 지정할 수 있다.
한 개의 선택적 이산형 결측값을 더한 범위(R)	결측치의 범위를 지정할 수 있고, 한 개의 이산형 결측값을 지정할 수 있다.

⑥ **열**

각 변수의 열 자릿수를 지정할 수 있다. 셀을 클릭하면 확장버튼이 나타나는데, 여기서 자릿수를 지정할 수 있다. 기본 디폴트값은 8이며, 최대설정은 250, 최소 설정은 1이다.

⑦ **맞춤**

변수값의 정렬방식에 대한 정의로 맞춤열에 해당 셀을 클릭하면 확장버튼이 나타나는데, 여기서 변수값의 좌, 우 가운데 정렬을 선택할 수 있다.

⑧ **측도**

변수의 측도를 정의하는 방법도 위에서 보았던 여러 정의 기능과 비슷하다. 측도 열에서 해당셀을 마우스로 클릭하여, 확장버튼을 이용하여 명목측도, 순위측도, 비율측도등을 선택하여 정의할 수 있다.

(2) 데이터 입력

위에서와 같이 모든 데이터에 대한 변수 정의가 이루어 졌다면, 이제부터는 실제로 데이터를 입력하는 단계가 될 것이다. PASW의 데이터편집기 창에서 데이터 변수 보기 창을 선택한 뒤, 다음과 같은 단계로 데이터를 입력한다.

단계 1. 원하는 셀을 마우스나 이동키를 이용하여, 지정한다.

단계 2. 변수값 즉 수치를 입력한다.

단계 3. 엔터키를 이용, 아래의 셀로 이동한다. 만일 좌우로 이동하고자 할 때는 이동키를 사용하여, 셀 포인터를 지정할 수 있다.

▶ **자료입력화면**

- 그림 1-8의 화면에서 메뉴의 **보기** ⇨ **변수값** 설명을 클릭하면 현재 위치에서 보여지고 있는 변수값들이 변수정의에서 입력하였던 변수값에 대한 설명 내용으로 보여지게 된다.
- 이제 데이터를 입력한 뒤에는 **파일** ⇨ **저장**을 선택하여 저장하도록 한다. 예를 들어 Prg1_1과 같이 저장한다. 파일 타입은 디폴트로 .sav이다.

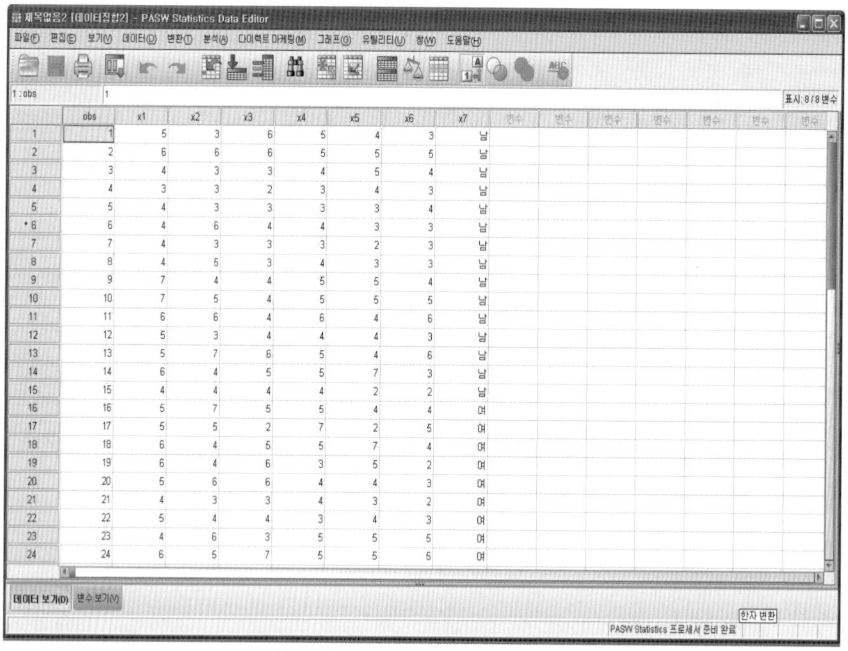

▌그림 1-8▌ 자료 입력 화면

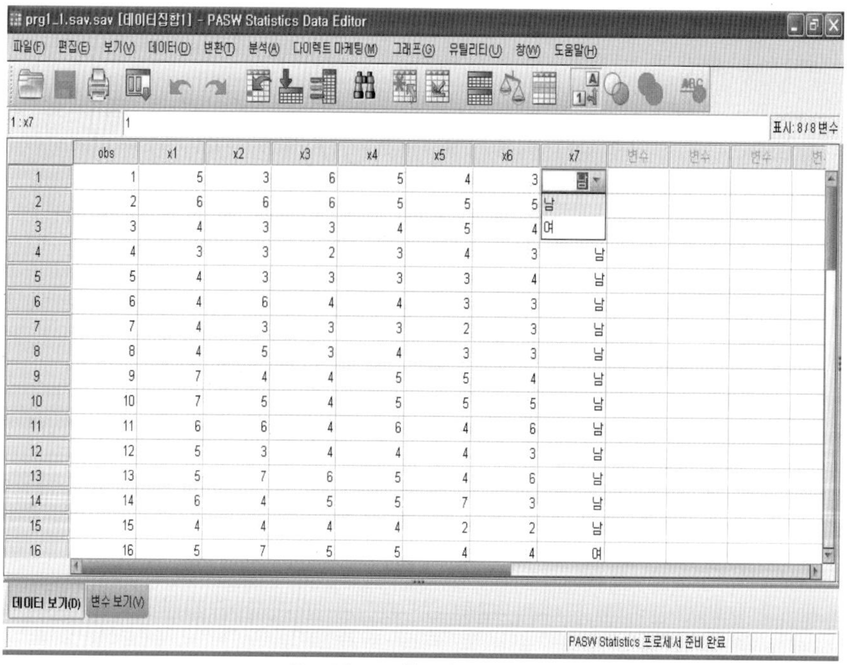

▌그림 1-9▌ 변수값 설명

(3) 분석 절차

- 각 변수의 평균과 표준편차를 구하기 위해서는 그림 1-10과 같이 분석 ⇨ 기술통계량 ⇨ 기술통계 절차를 선택한다.

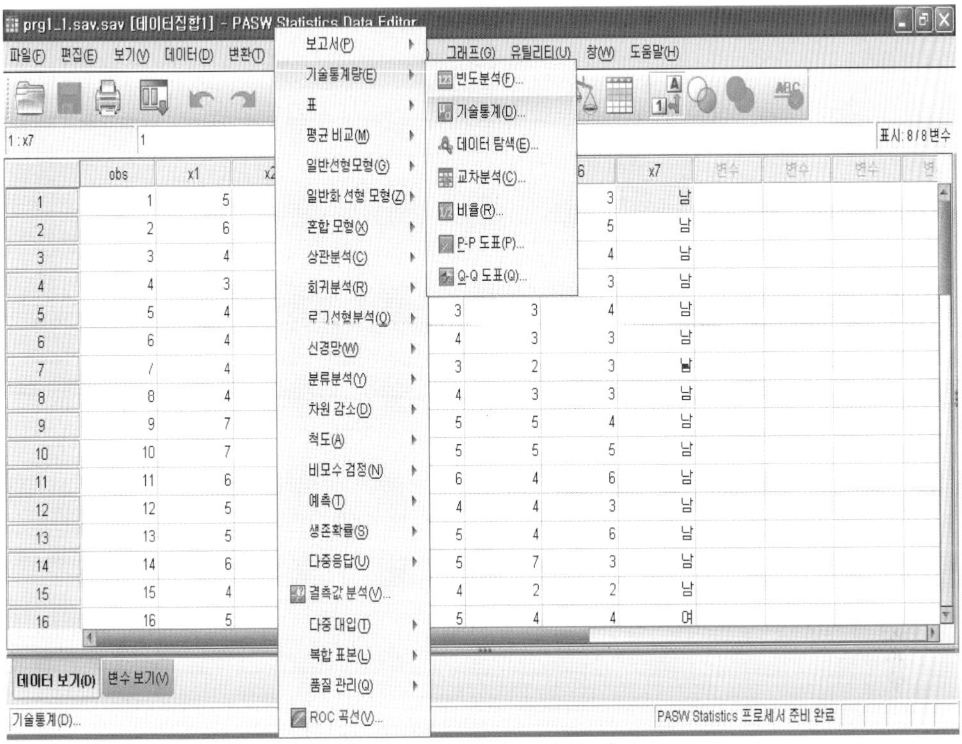

▌그림 1-10▐ 기술통계 분석절차

- 그림 1.11 대화상자에서 변수를 선택하여 변수상자로 옮긴 후, 확인을 누르면 된다. 출력결과는 그림 1.12의 기술통계 출력결과와 같이 새로운 출력결과 창에 나타난다.

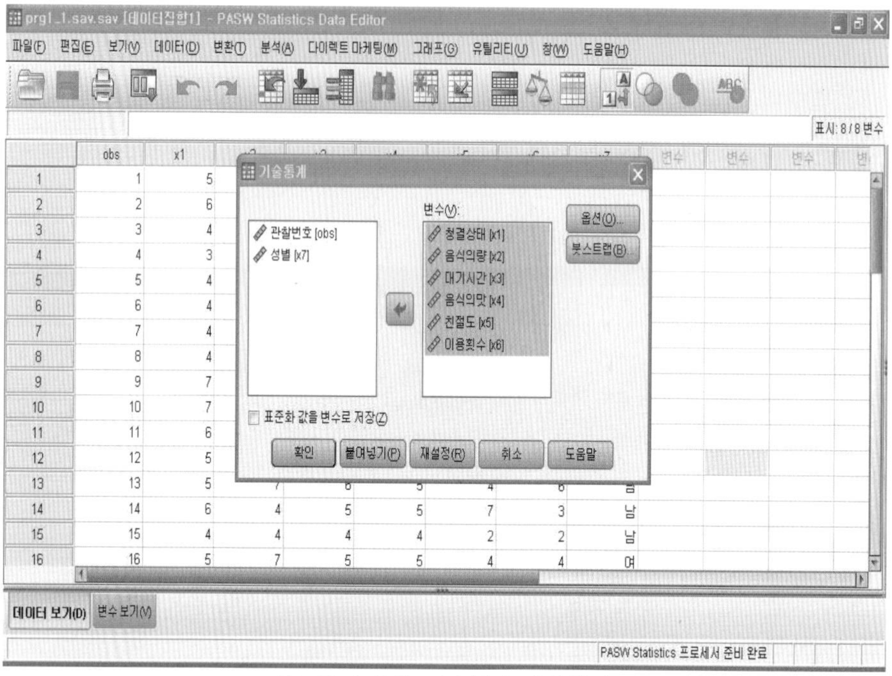

▌그림 1-11▐ 기술통계 대화상자

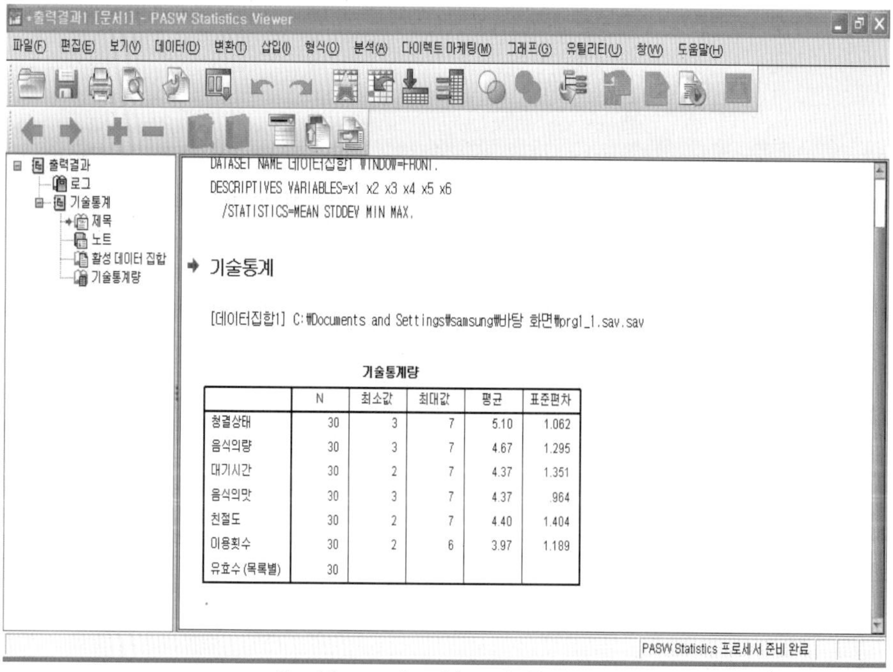

	N	최소값	최대값	평균	표준편차
청결상태	30	3	7	5.10	1.062
음식의량	30	3	7	4.67	1.295
대기시간	30	2	7	4.37	1.351
음식의맛	30	3	7	4.37	.964
친절도	30	2	7	4.40	1.404
이용횟수	30	2	6	3.97	1.189
유효수 (목록별)	30				

▌그림 1-12▐ 기술통계 출력결과

▌표 1-2▌ 기술통계량

	N	최소값	최대값	평균	표준편차
청결상태	30	3	7	5.10	1.062
음식의 양	30	3	7	4.67	1.295
대기시간	30	2	7	4.37	1.351
음식의 맛	30	2	7	4.37	.964
친절도	30	2	7	4.40	1.404
이용횟수	30	2	6	3.97	1.189
유효수(목록별)	30	–	–	–	–

기술 통계량 출력결과 청결상태, 음식의 량, 대기시간, 음식의 맛, 친절도, 이용횟수 모두 N이 30로 나타나고 있어 30명이 응납을 한 섯으로 해석할 수 있고, 청결상태의 경우 최소값은 3점, 최대값은 7점, 평균은 5.10점으로 나타나고 있고, 표준편차는 1.062으로 해석할 수 있다.

2) 데이터파일 불러오기

(1) ASCII형식의 코딩 파일

ASCII형식으로 만들어진 file을 불러올 때 반드시 고려해야 될 사항은 코딩의 형태를 확인해야 된다. 코딩시 어떠한 방법으로 입력했느냐에 따라 불러오는 방법이 달라진다.

① 고정너비의 코딩

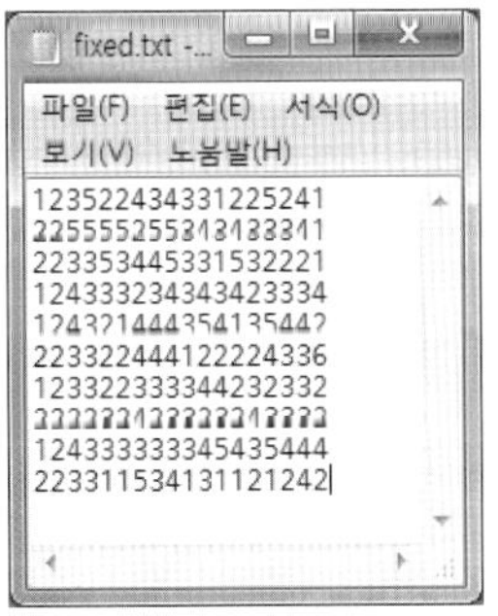

고정너비의 코딩이란 그림과 같이 변수와 변수간에 구분자(space, tab, etc)가 존재하지 않는 코딩방법을 의미한다. 이 방법으로의 코딩은 빠른 코딩이 이루어지리라 생각된다. 그러나 프로그램의 구동시 코딩의 오류가 발생했다고 생각이 되면 오류발생부분의 확인 작업이 매우 까다롭기 때문에 이 코딩법은 숙달이 된 사용자가 코딩하는 방법이다. 초보에게는 권하지 않는 방법이다.

② 구분자에 의한 코딩

구분자에 의한 코딩이란 아래 그림과 같이 변수간에 공백 또는 tab키를 사용해서 구분해 놓은 방법이다. 이 방법은 코딩시 spacebar 또는 tab키를 한번씩 사용해야 되기 때문에 번거로운 방법이라고 볼 수 있다. 하지만 프로그램의 구동시 코딩의 오류가 발생하면 오류부분을 고정너비보다는 쉽게 인식할 수 있다는 장점을 지니고 있다. 또한 PASW에서 불러올 때 변수간의 구분을 하지 않는 다는 장점이 있으며 초보자들도 손쉽게 할 수 있는 장점이 있다.

(2) ASCII File 불러오기

ASCII 파일을 작성하는 도구로는 대표적으로 한글(hwp)이나 메모장 등에서 작성될 수 있다.

① 고정너비의 file 불러오기(fixed.txt에는 다음과 같은 변수로 만들어져 있다.)

입력컬럼(열)	변수내용	변수값
1	성별	1=남자 2=여자
2~3	나이	
4부터 각각 1컬럼씩	x1-x15	1=매우나쁨, 2=나쁨, 3=보통, 4=좋음, 5=매우 좋음

파일을 불러오기 위해서는 ▶ 메뉴 ⇨ 파일 ⇨ 열기 ⇨ 데이터를 선택하고, 경로를 지정한 뒤, 파일형식(여기서는 .txt)을 지정하고 '열기(O)'버튼을 클릭한다. 자 이제 다음과 같은 '텍스트 가져오기 마법사-6단계중 1단계'가 실행된다.

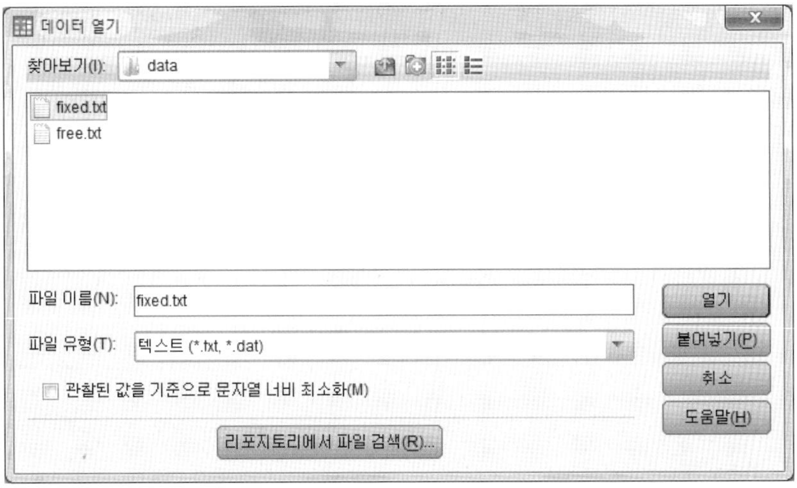

■ **1단계**

1단계에서는 그냥 디폴트를 선택하고 다음 단계로 넘어간다.

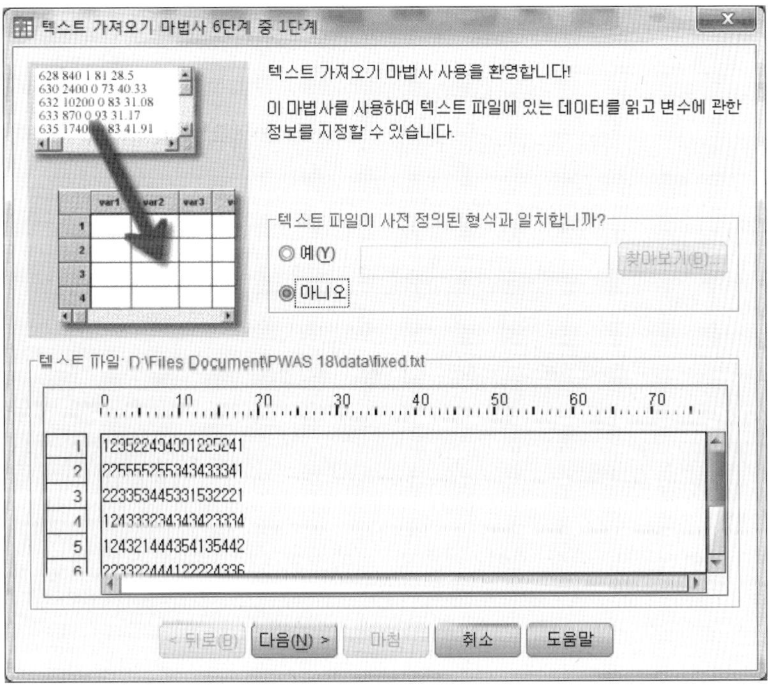

■ **2단계**

데이터의 코딩 형식이 콤마, 스페이스, 탭 등의 특수 기호를 사용한 자유형식의 경우는 '구분자에 의한 배열(D)'을 선택하고, 고정형식이면 '고정너비로 배열(F)'을 선택한다.

또한 변수명을 파일의 처음에 포함하고 싶으면 '예(Y)'를 그렇지 않으면 '아니오(N)'를 선택한다.

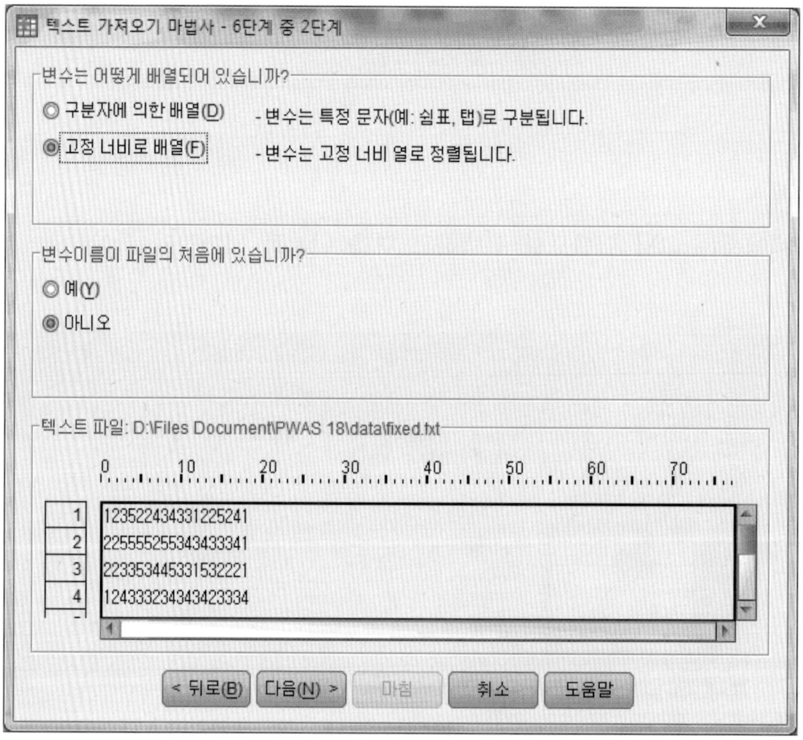

■ **3단계**

불러올 데이터들의 시작 케이스 및 각 케이스의 길이, 케이스의 크기 등을 지정할 수 있다.

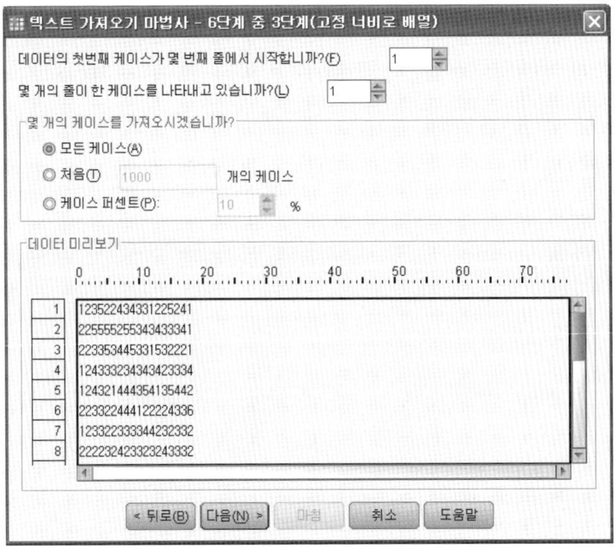

- **4단계**

4단계 화면에서는 데이터 미리 보기 기능과 세로화살표를 이용, 각 변수를 구분해 주는 구분선을 지정할 수 있다. 이 기능은 마우스의 클릭이나 드래그를 통해서 화살표를 삽입 또는 삭제 할 수 있다. 여기서 구분선에 의해 지정된 각 변수는 PASW 데이터 편집기 창에서 하나의 셀안에 들어가게 된다.

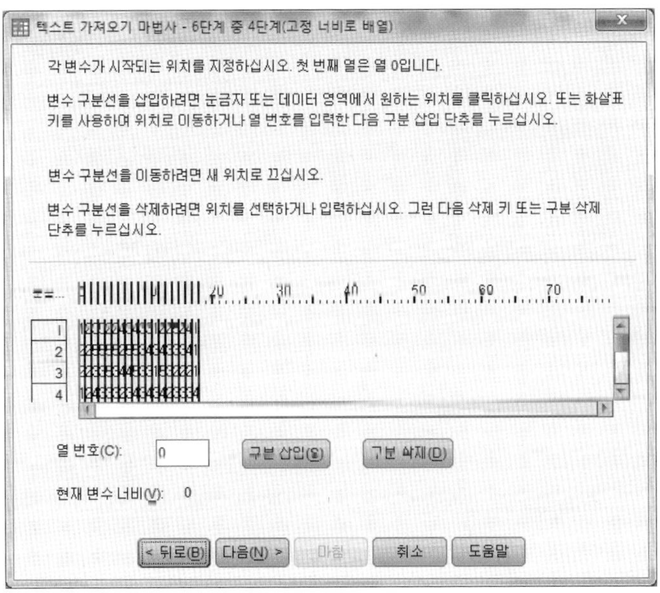

■ **5단계**

변수이름 및 데이터의 형식을 지정할 수 있다. '데이터 미리보기'에서 임의로 지정된 변수명(V1, V2, V3......)을 누르면 '데이터 미리보기 상자에서 선택된 변수양식' 부분이 활성화 된다. 여기에 변수이름과 변수의 형식을 지정하면 된다.

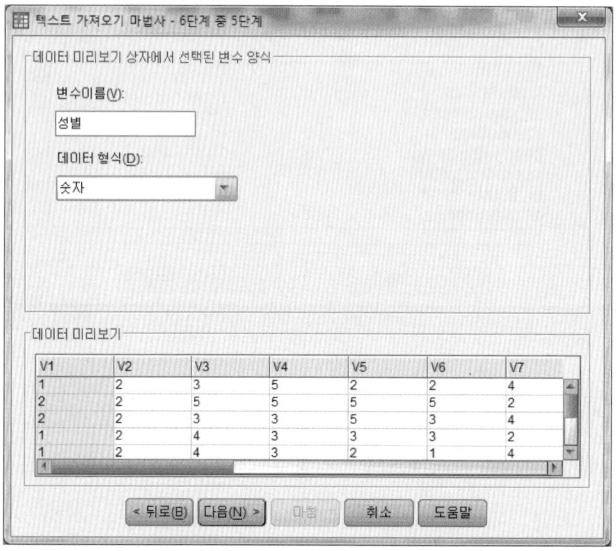

■ **6단계**

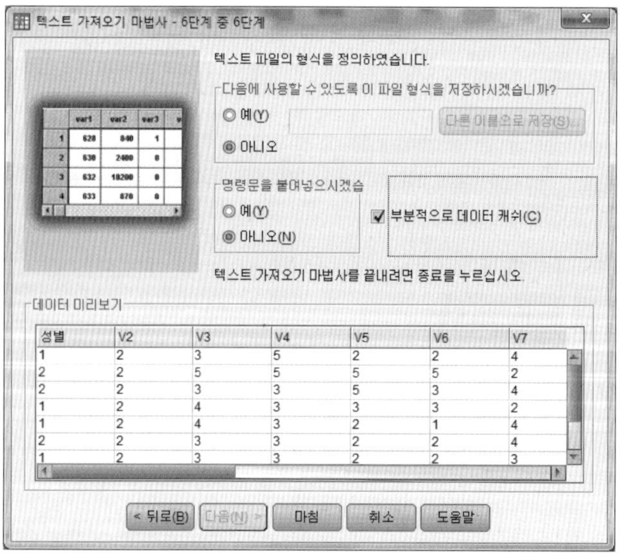

파일 열기의 마지막 단계로서 다음에 사용할 파일형식으로 저장할 것인가 하는 것과 명령문(Syntax)창을 열 것인가 하는 것이다. 만약 명령문(Syntax)창에서 예(Y)를 선택하면, 아래와 같이 명령문 창이 열리고, 여기서 실행(F)에서 모두(A)를 선택하면, PASW의 데이터 편집기 창으로 데이터가 불러지게 된다. 그러나 아니오(N)를 선택할 경우에는 이 명령문 창 없이 바로 데이터 편집기 창에 데이터가 불러지게 된다. 여기서는 명령문(Syntax)창의 설명을 위해서 예(Y)를 선택 하였지만, 실제로 아니오(N)를 선택하는게 훨씬 더 간편하고 쉬운 방법이 될 것이다.

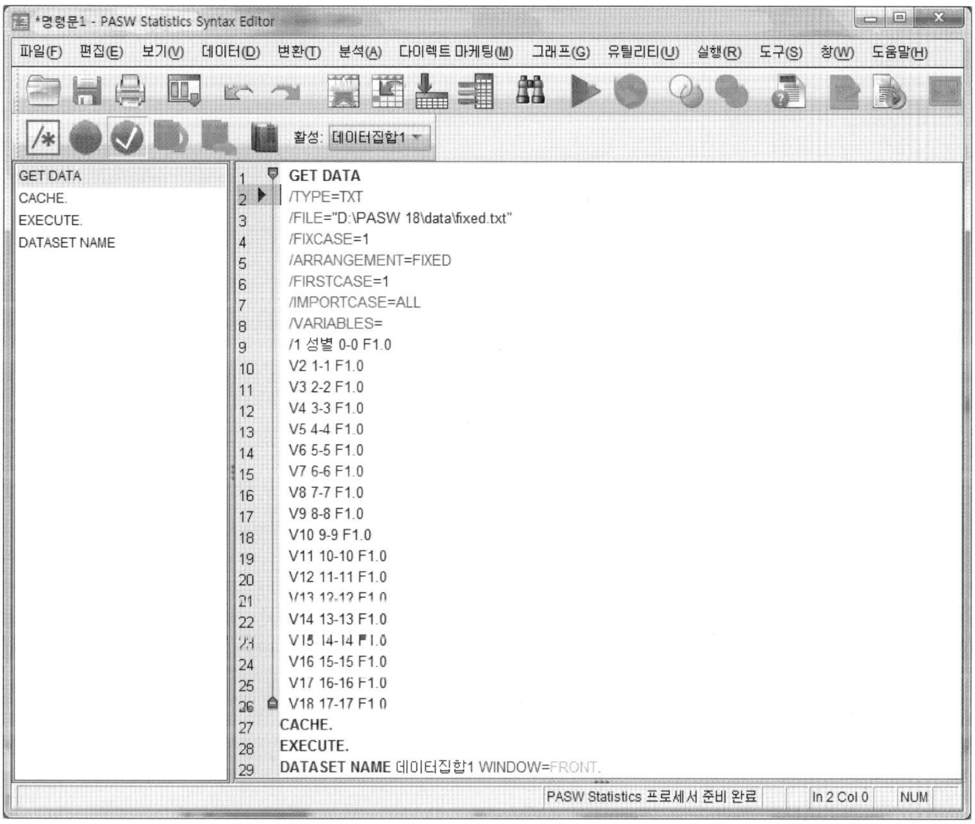

※ 텍스트 가져오기 마법사에 의해 작성된 PASW 데이터 편집기 창의 결과

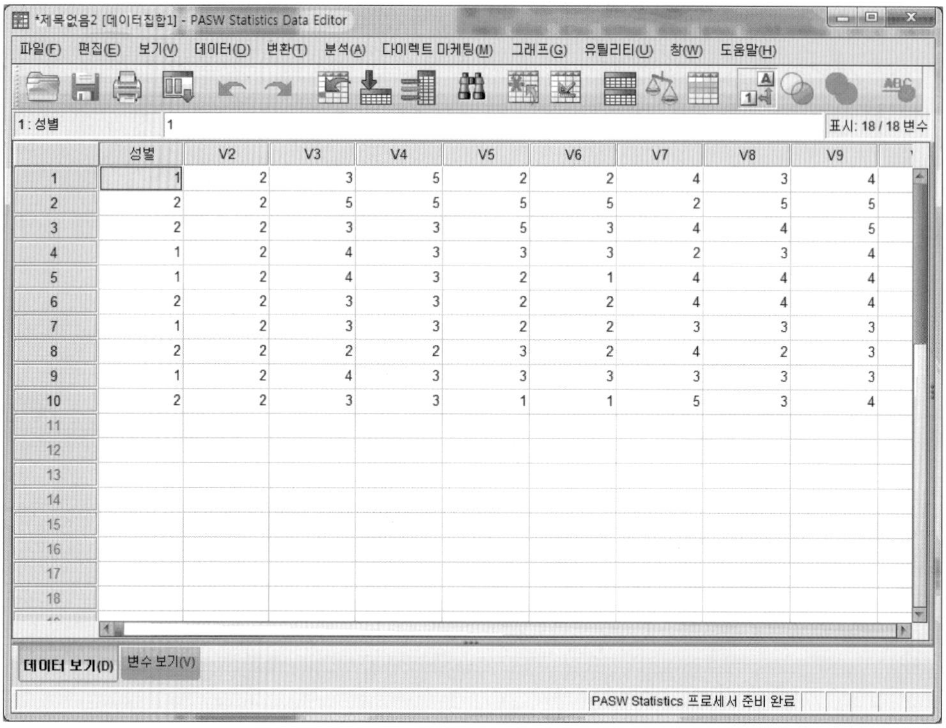

그러나 앞에서도 언급 했듯이 이렇게 불러진 데이터들은 아래 그림과 같이 아직 변수들에 대한 정의가 이루어지지 않은 상태이다. 따라서 데이터 편집기 창 하단에 '변수보기'를 클릭한 뒤 각 변수이름 및 변수값 등에 대한 변수정의를 하고 저장을 해야 한다.

② 구분자에 의한 코딩file 불러오기 (free.txt)

파일을 선택하면 텍스트 가져오기 마법사가 실행된다.

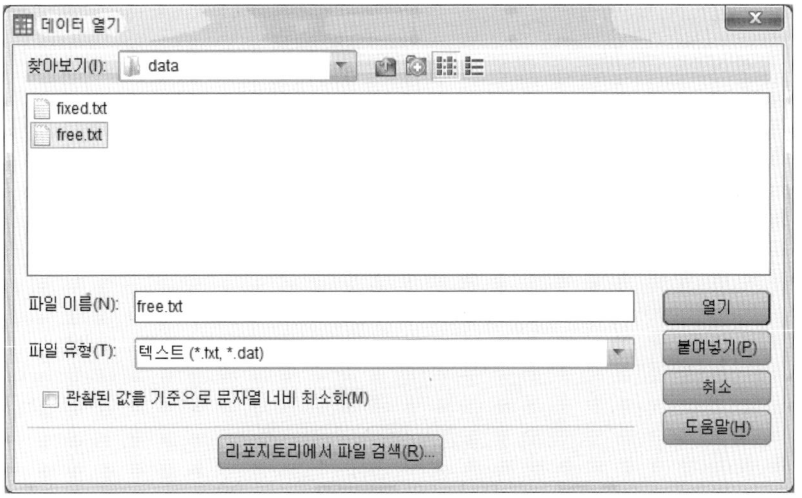

■ **1단계**

1단계에서는 그냥 디폴트를 선택하고 다음 단계로 넘어간다.(고정너비와 동일)

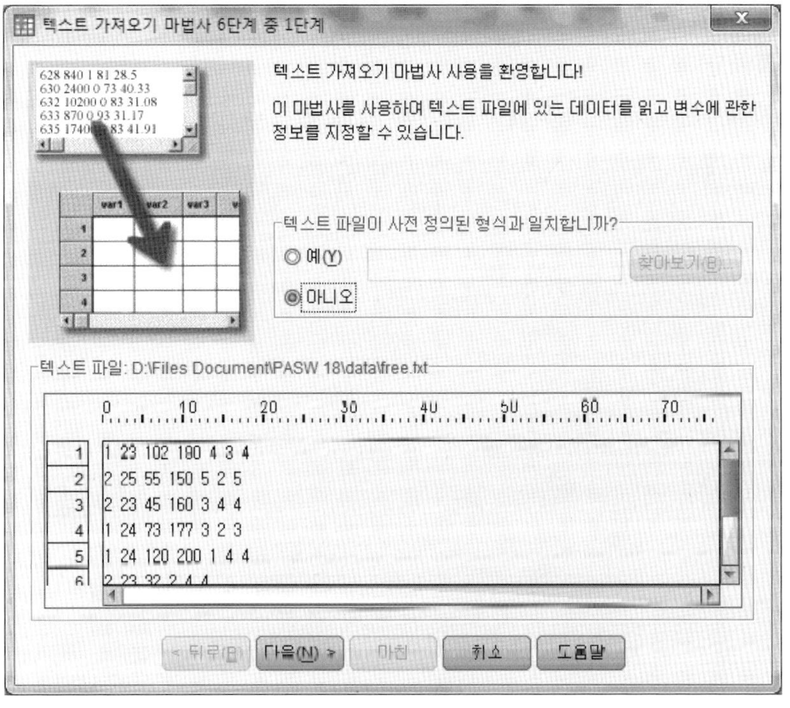

- **2단계**

이 단계에서는 구분자에 의한 배열을 선택한다.

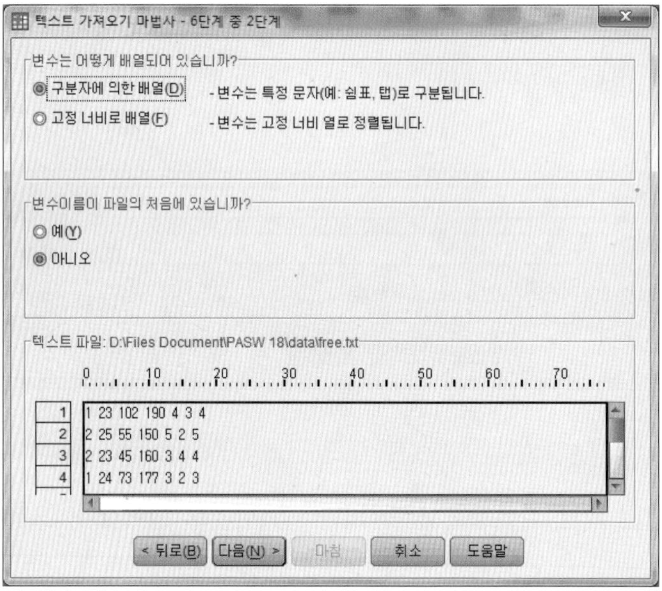

- **3단계**

3단계에서는 그냥 디폴트를 선택하고 다음 단계로 넘어간다.(고정너비와 동일)

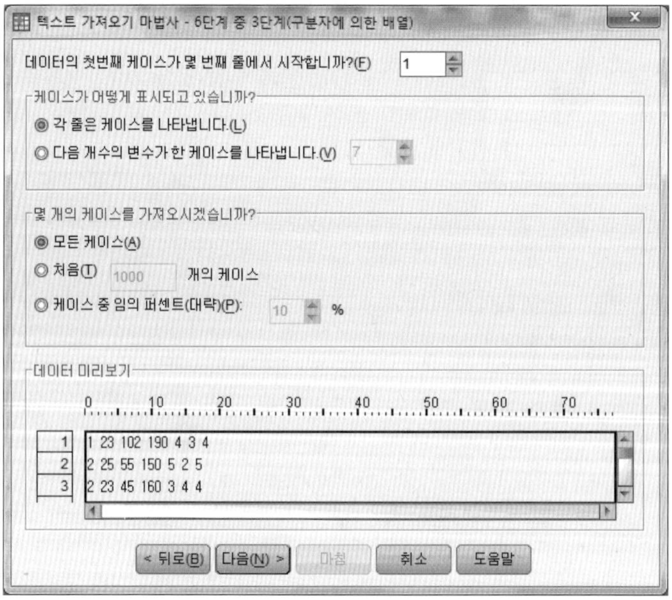

■ 4단계

4단계에서는 변수사이의 구분자의 종류에 대해 선택한다.

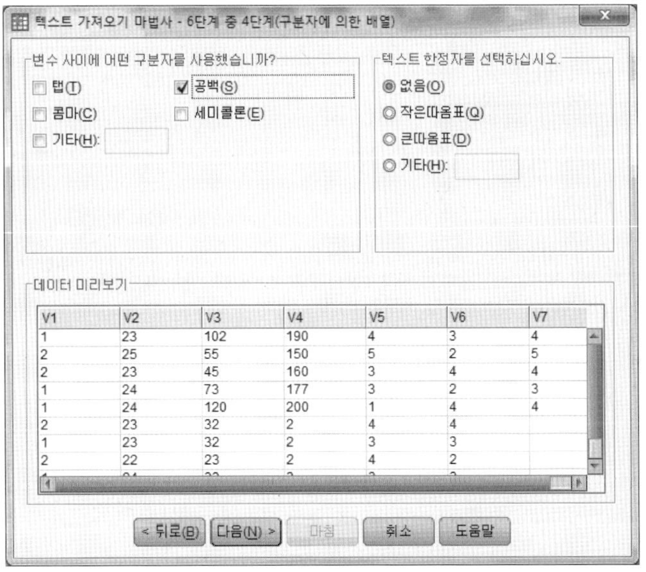

■ 5단계

5단계에서는 데이터를 확인 할 수 있으며 또한 변수이름과 데이터 형식을 변경할 수 있음

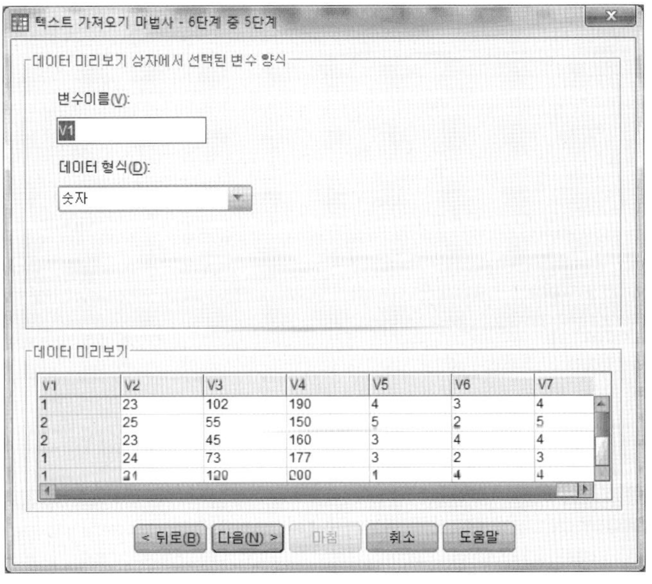

■ **6단계**

6단계 마침을 선택하면 다음 그림과 같은 텍스트를 가져올 수 있다.

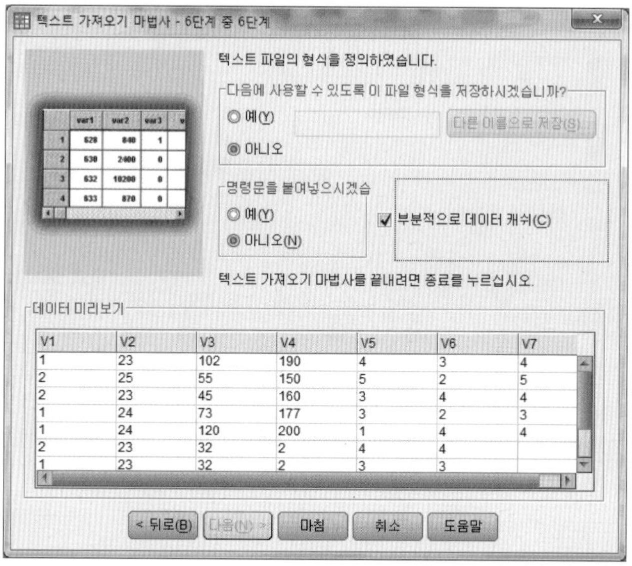

※ 불러온 후의 결과

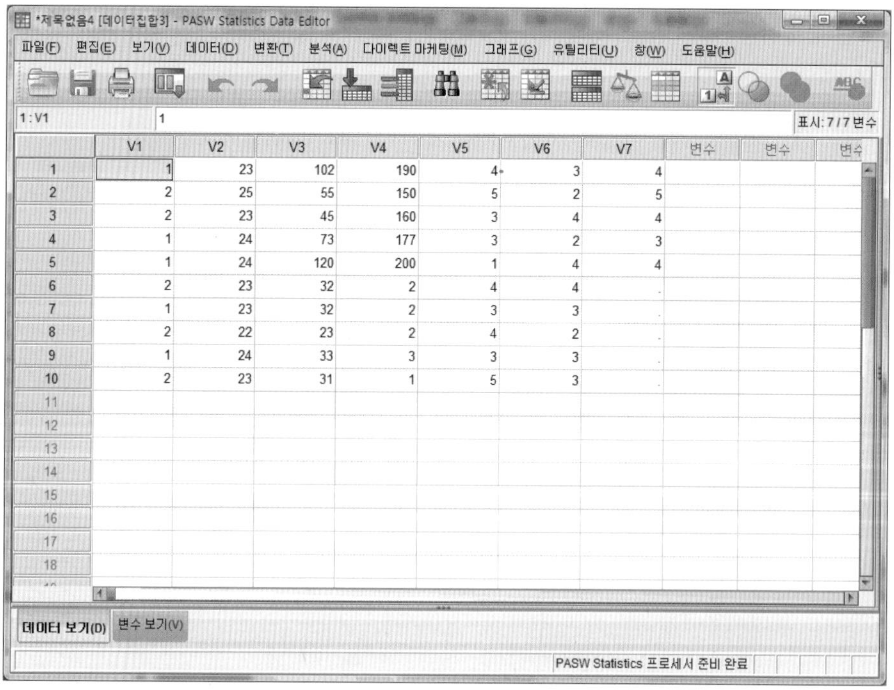

(3) 엑셀(Excel)파일 불러오기

다음과 같이 작성된 Excel 파일이 있다. 첫 번째 행은 변수이름이 들어가 있다. 변수 이름 없이 작성된 파일이 있을 수도 있다. 여기서는 변수이름이 지정된 경우에 파일을 불러오는 방법을 살펴본다.

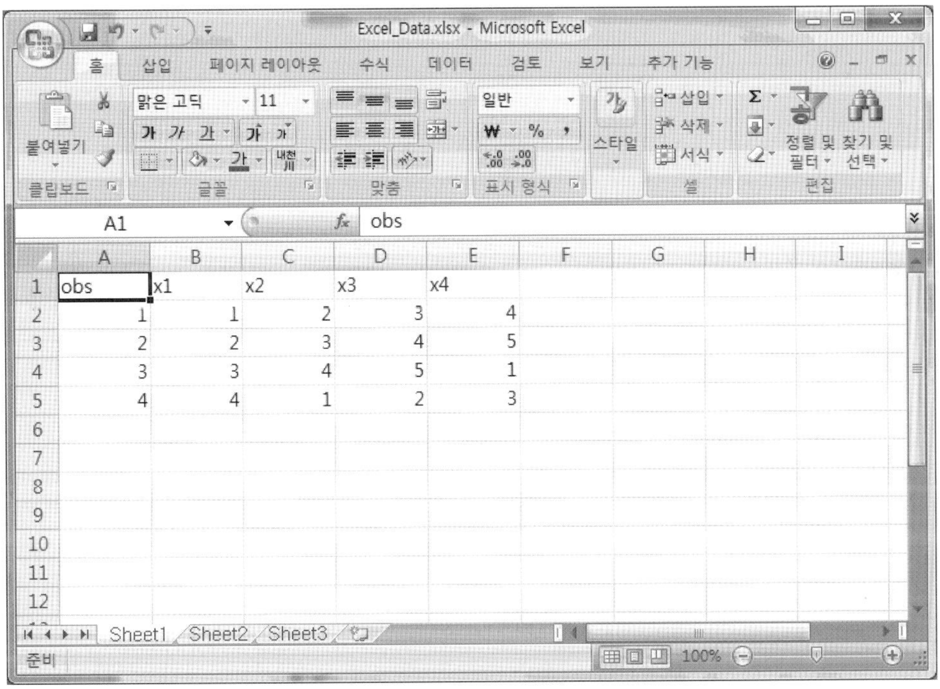

- 데이터 편집기에서 ▶ **파일** ⇨ **데이터베이스열기** ⇨ **새쿼리**를 선택하거나, 도구상지에서 [아이콘] 클릭히면, 파일 불러오기 대화상자가 나타난다.
- 불러올 파일명과 파일형식(여기서는 Excel파일)을 선택하고 열기 단추를 클릭한다. 우리는 여기서 'test.xls' 파일을 선택하였다. 그러면 다음과 같은 'Excel 데이터 소스 열기' 대화상자가 나타난다.

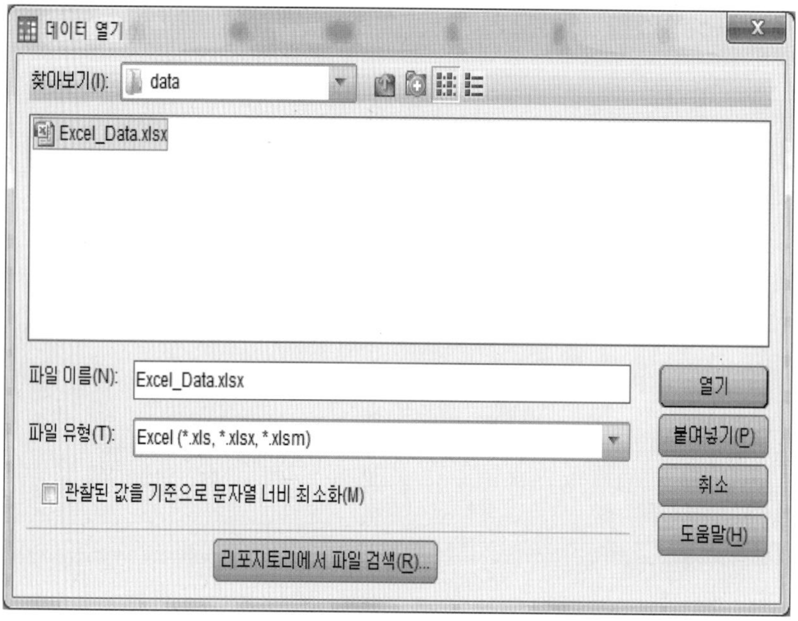

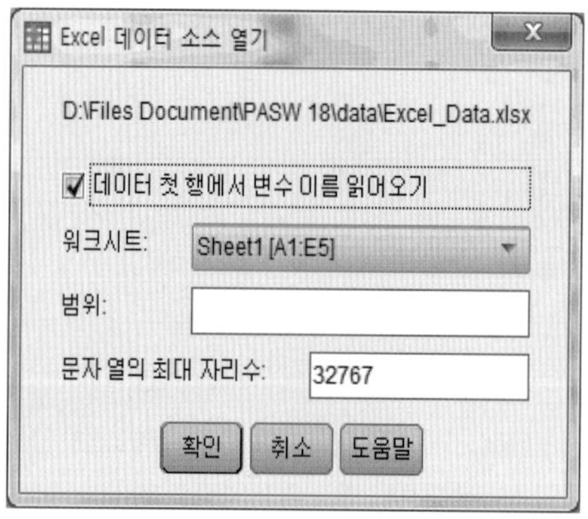

- 앞에서 Excel 파일을 작성할 때 첫 번째 행에 변수이름을 함께 입력했는데, 호출된 대화상자를 자세히 읽어보면, 불러올 데이터의 경로와 그 밑에 체크박스와 함께 '데이터 첫 행에서 변수이름 읽어오기'라는 글이 있을 것이다. 따라서 이곳에 체크를 해 주어야 한다. 이제 확인 단추를 클릭해 보자. 그러면, Excel에서 작성된 내용들이 다음과 같이 PASW 데이터 편집기 창에 나타날 것이다.

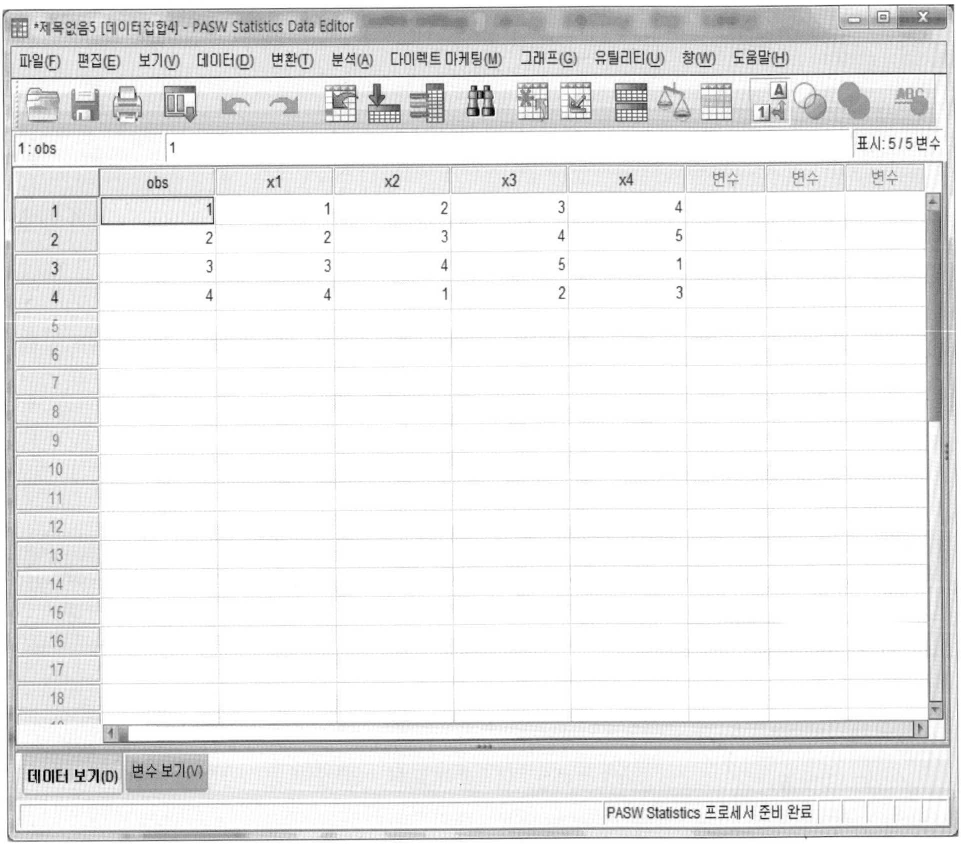

- 이렇게 불러진 데이터 또한 변수 이름은 가지고 있지만, 변수설명, 결측값 등에 대한 정보까지는 포함하고 있지 않다. 따라서 앞에서 보았던 변수정의는 사용자가 PASW 내에서 직접 해 주어야 한다.
- 이외에도 '데이터 베이스 파일'을 불러와서 분석을 하는 방법도 있으나, PASW를 처음 시작하는 독자들은 그렇게 많이 쓰지 않기 때문에, 위의 두 가지 방법만을 설명하였다.

3 데이터의 선택과 변환

1) 케이스 선택하기

어떤 분석을 실시할 때 특정한 케이스만을 가지고 분석을 실시하고 싶을 때가 있다 이럴 때 사용하는 메뉴가 케이스 선택이다. 예를들어 prg1_1.sav에서 남학생과 여학생의 자료가 섞여 있는데 이중 남학생의 자료만을 가지고 분석을 하고 싶을 때 사용된다. 실제로 파일을 불러온 후 메뉴의 데이터(D) ⇨ 케이스 선택(C)을 선택한다.

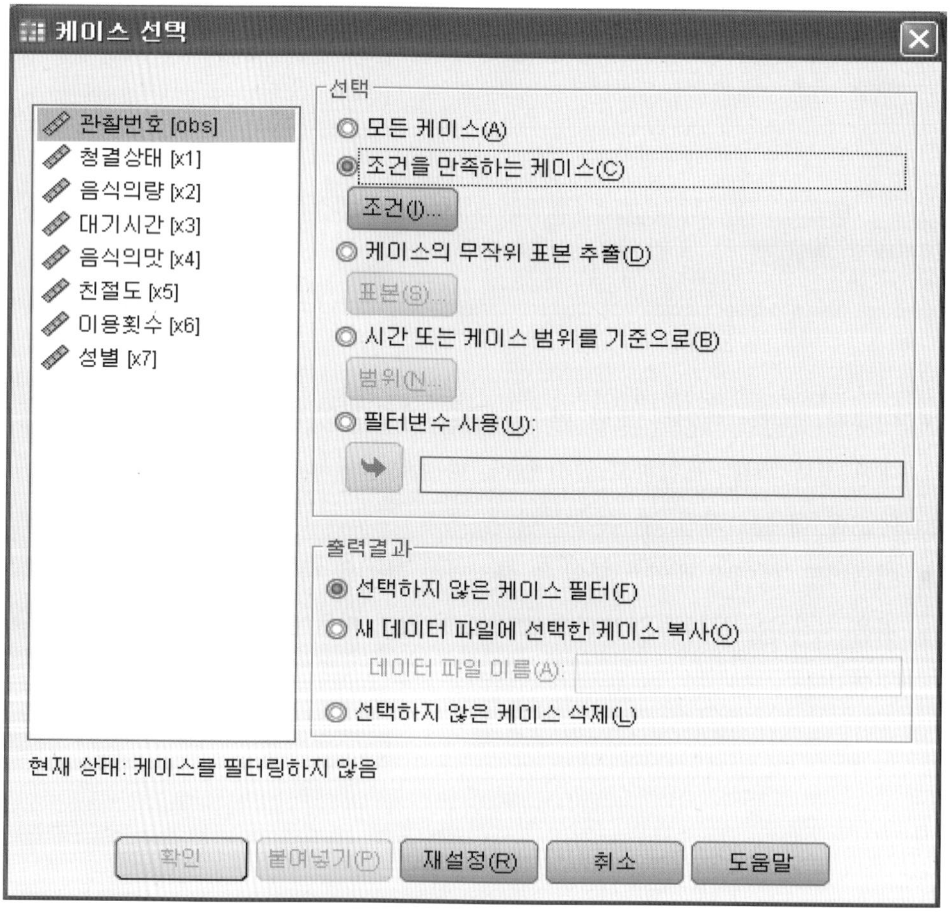

선택부분을 보면 현재의 상태는 모든 케이스(A)로 선택되어져 있다. 이 부분에서 아래의 조건을 만족하는 **케이스(C)**를 선택한 후 **조건(I)**의 선택하면 아래의 그림이 나타난다.

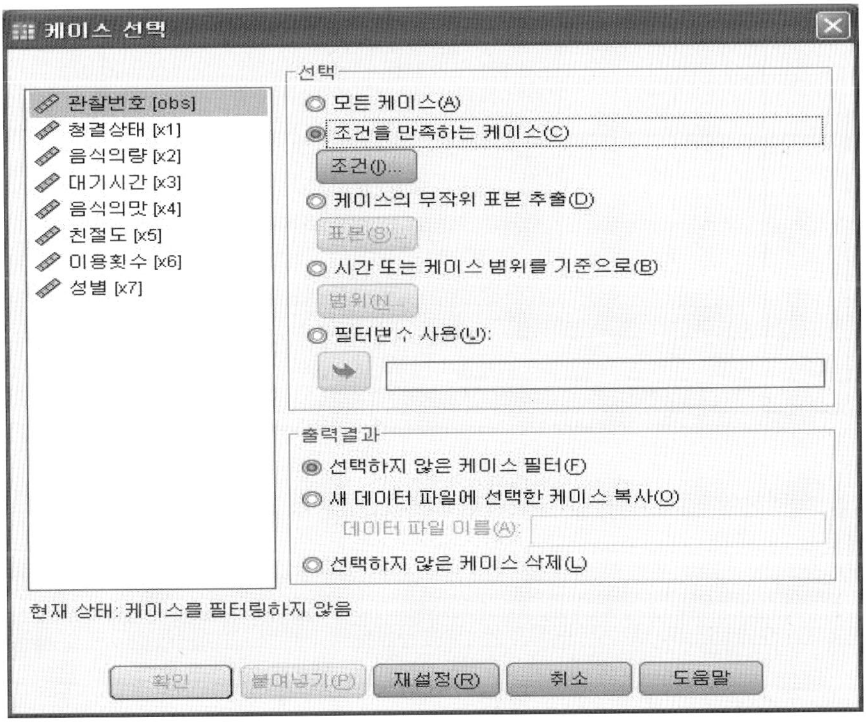

왼쪽의 대기창의 변수중 성별[x7]을 더블클릭하면 오른쪽의 실행창으로 옮겨지며 이것에 'x7=1'이라고 해주면 된다. 이렇게 하면 성별의 변수중 1의 경우의 케이스만 선택이 되어진다. 이제 "계속"을 선택하면 아래의 그림처럼 원래의 창에서 조건(I)옆에 x7=1 이라는 조건이 생성되었음을 알 수 있다.

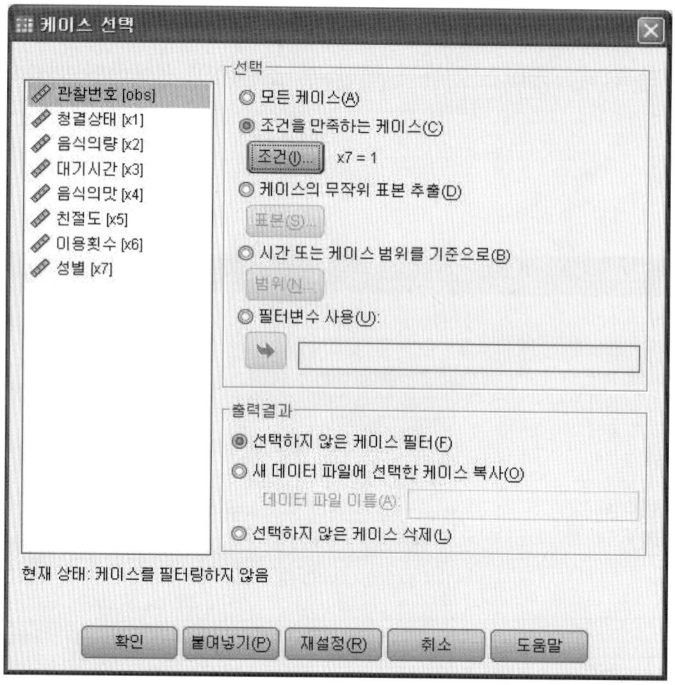

확인을 선택하여 데이터의 선택이 올바르게 되었는지 확인해 본다.

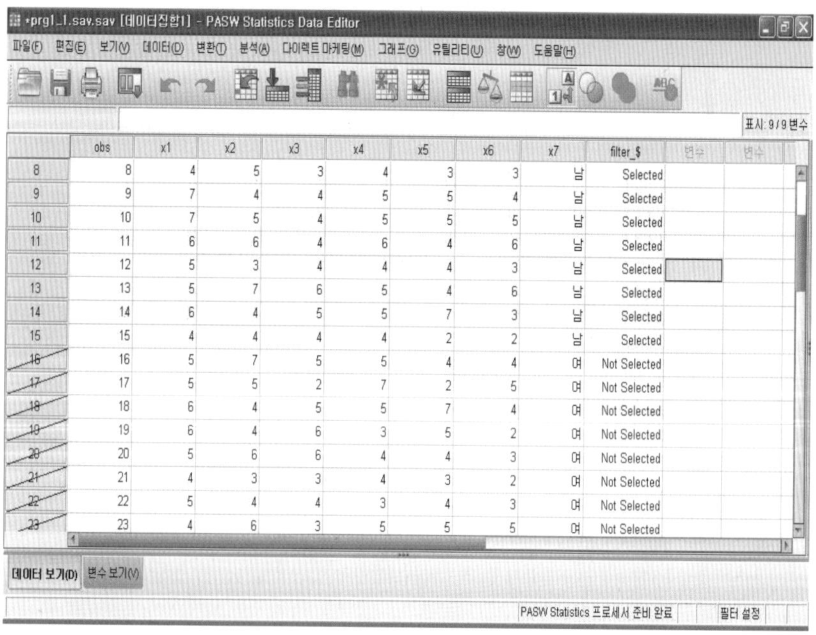

왼쪽의 관찰숫자부분에 13부터는 사선이 그려져 있음을 알 수 있다. 이렇게 사선이 있는 경우는 분석에서 제외된다. 즉 여학생 자료만 사선이 그려져 있음을 확인 할 수 있다. 또한 filter_$라는 새로운 변수가 생성되었으며 이 변수가 선택과 선택하지 않음으로 나타나고 있음을 알 수 있다. 이제 통계분석을 실시하게 된다면 남학생의 자료만을 가지고 분석을 실시할 수 있다.

단, 케이스 선택 시 반드시 "x7=1"이라는 범주형 자료에만 적용하는 것이 아니라 "x7>=1", "x7<=1" 등 연속형 자료에도 적용이 가능하다.

2) 파일 분할하기

교차분석이나 기술통계분석을 실시할 때 어떤 특정 변수별로 분석을 실시하고 싶을 때가 있다. 예를 들어 [예제 1.2]는 어느 지역의 중학교 학생들을 대상으로 한 설문조사 자료이다.

예제 [1.2]

1. 학교 소재지는?

   ① 구도심 ② 신도심 ③ 농촌

2. 학생의 성별은?

   ① 남자 ② 여자

3. 학생의 학년은?

   ① 1학년 ② 2학년 ③ 3학년

4. 가장 좋아하는 과목은? (모두 선택해 주십시오.)

   ① 국어 ② 영어 ③ 수학 ④ 과학

5. 환경오염의 유형은 무엇이라고 생각하십니까?(2개만 선택해 주십시오)

   ① 수질 ② 공기 ③ 토양 ④ 쓰레기
   ⑤ 소음/진동 ⑥ 식품

이때 소재지별 학년의 분포를 알아보기 위해서는 교차분석을 실시하면 된다. 또는 학년별 가장 좋아하는 과목에 대한 빈도 또한 교차분석을 실시하면 된다. 단 남학생 또는 여학생별로 소재지별 학년의 분포 대해 알고 싶을 땐 케이스선택을 실시해서 남학생만 선택해서 분석하고 그리고 여학생만 선택하여 분석하면 가능하다. 그러나 각각을 케이스 선택하여 분석하는 방법보다 파일분할을 실시하면 남학생과 여학생별 결과를 케이스 선택없이 실시할 수 있게 된다.

먼저 prg1_2.sav을 불러온 후 메뉴의 데이터(D) ⇨ 파일분할(F)을 선택하면 아래의 그림처럼 모든 케이스 분석, 집단은 만들지 않음(A)이 선택되어져 있음을 알 수 있다.

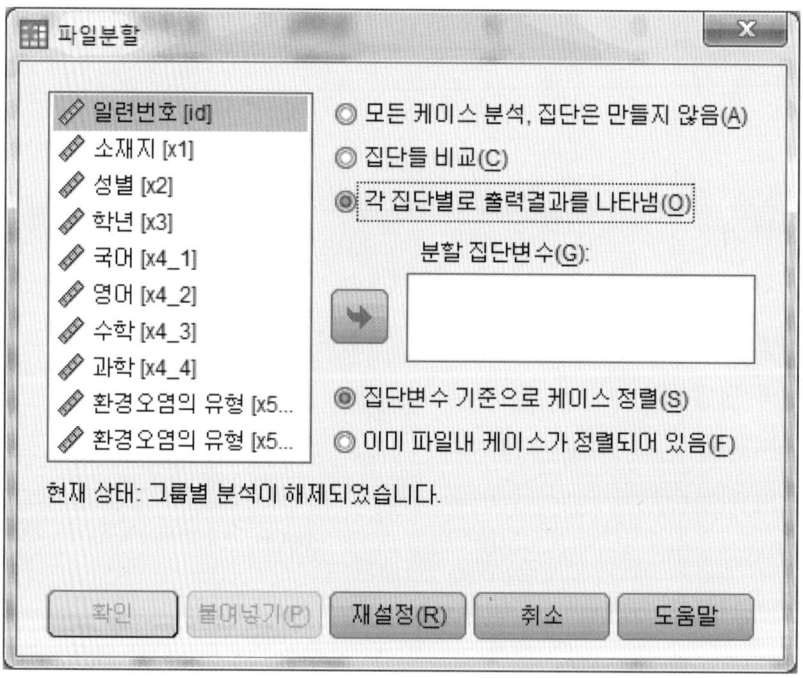

이제 아래의 그림처럼 각 집단별 출력결과를 나타냄(O)을 선택하고 분할 집단변수(G)에 성별을 넣어 준다.

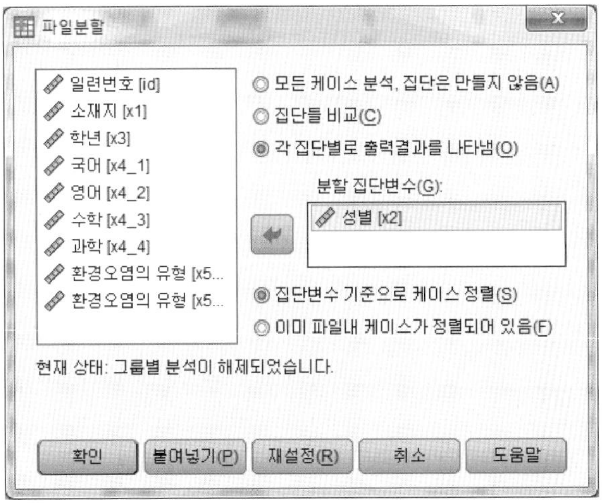

확인을 선택하고 원래창으로 돌아와도 아무런 변화가 없는 것처럼 보인다. 이제 교차분석을 실시하여 결과창을 통하여 확인해 보자.

교차분석을 위해 메뉴바의 **분석(A) ⇨ 기술통계량(E) ⇨ 교차분석(C)**을 선택하고 그림과 같이 **행**에는 소재지를 **열**에는 학년을 보내두고 확인을 눌러보자.

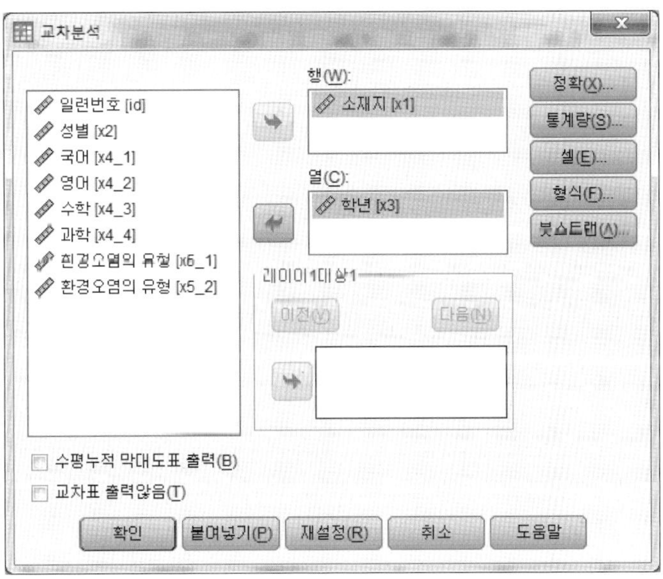

결과는 다음과 같다.

▶ 교차분석

■ 성별 = 남학생

케이스 처리 요약(a)

	케이스					
	유 효		결 측		전 체	
	N	퍼센트	N	퍼센트	N	퍼센트
소재지 * 학년	289	100.0%	0	.0%	289	100.0%

a 성별 = 남학생

■ 소재지 * 학년 교차표(a)

		학 년			전체
		1학년	2학년	3학년	
소재지	구도심	27	30	34	91
	신도심	36	30	36	102
	농촌	36	33	27	96
전 체		99	93	97	289

a 성별 = 남학생

■ 성별 = 여학생

케이스 처리 요약(a)

	케이스					
	유효		결측		전체	
	N	퍼센트	N	퍼센트	N	퍼센트
소재지 * 학년	311	100.0%	0	.0%	311	100.0%

a 성별 = 여학생

■ 소재지 * 학년 교차표(a)

		학년			전체
		1학년	2학년	3학년	
소재지	구도심	34	40	30	104
	신도심	42	36	30	108
	농촌	34	38	27	99
전체		110	114	87	311

a 성별 = 여학생

위의 결과처럼 파일분할은 각각을 케이스 선택을 해서 나타난 결과를 한번에 보여주는 역할을 한다. 이 예제에서는 구분의 단위가 두 개(남학생, 여학생)였지만 구분의 단위가 여러 개 일수록 케이스 선택보다 파일분할의 효율은 더욱 커진다고 볼 수 있다.

3) 변수계산하기

자료를 운용하는 중 가끔 변수간의 계산을 필요할 때가 있다. 만일 어떤 한 변수와 다른 변수간의 합을 구하고 싶거나 아니면 새로운 변수를 생성하고 싶을 때 변수계산을 사용한다.

prg1_1.sav에서 x1에서 x5까지의 변수값들의 합을 구하여 "이용이유"라는 새로운 변수를 생성한다고 하자 먼저 메뉴에서 **변환(T)** ⇨ **변수계산(C)**을 선택하면 아래의 그림이 나타남을 알 수 있다.

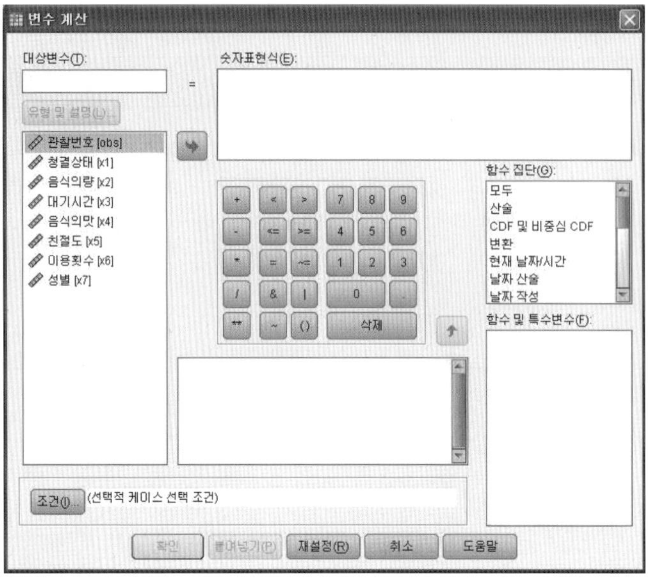

위의 그림에서 아래의 그림처럼 **대상변수(T)**는 새로 생성될 변수이름 “이용이유”를 넣어준 후 **숫자표현식**에는 x1에서 x5까지를 더해주면 된다. 물론 왼쪽 아래창의 대기창에서 해당 변수를 더블클릭하면 변수명은 자동으로 **숫자표현식**으로 옮겨진다.

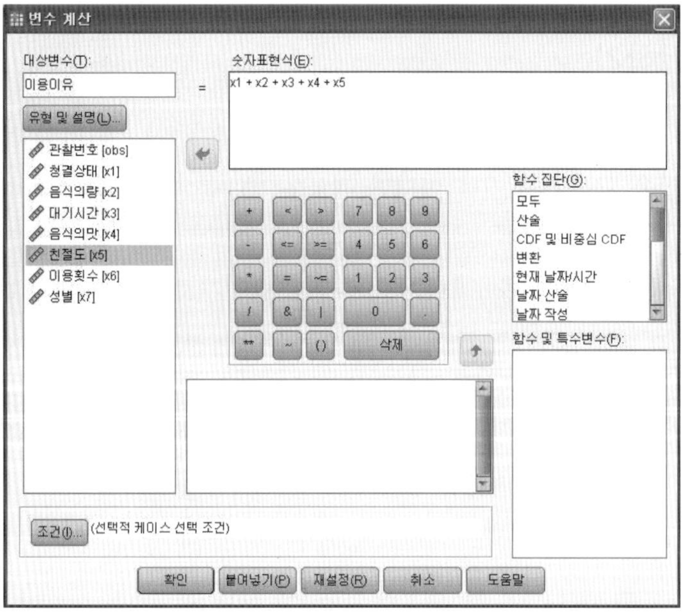

숫자표현식에는 단지 연산만 지원하는 것이 아니라 PASW의 함수를 지원해 준다. 위의 결과와 같은 형태의 함수는 아래의 그림과 같다.

이제 확인을 선택하고 데이터 편집기창에 가서 변수를 확인 하면 새로운 "이용이유"라는 변수가 생성되었음을 알 수 있다.

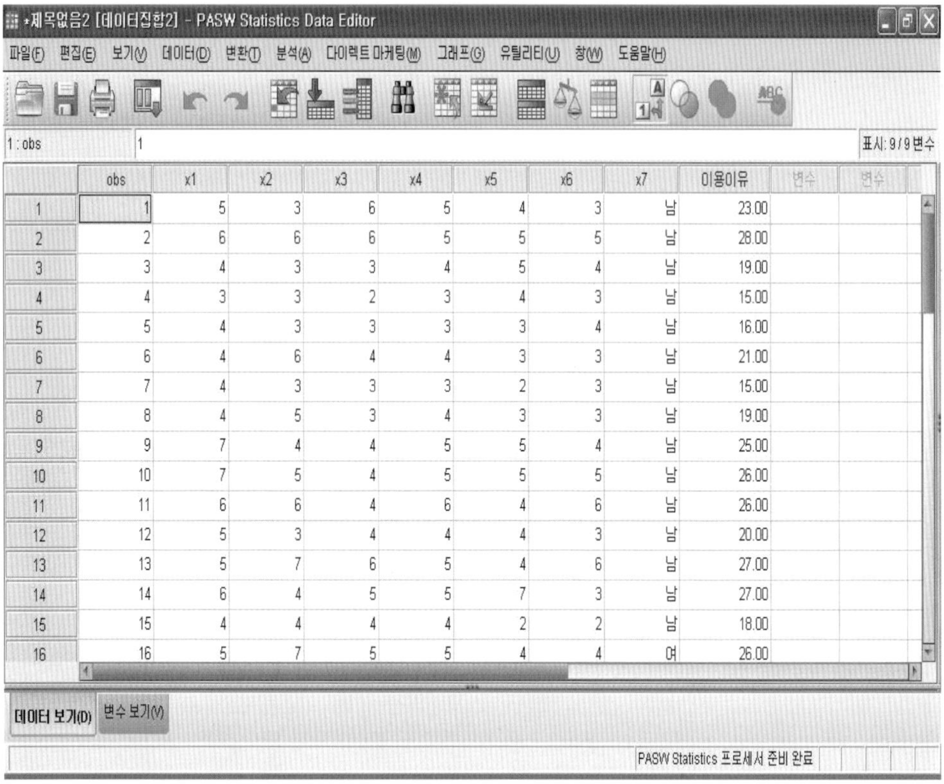

	obs	x1	x2	x3	x4	x5	x6	x7	이용이유	변수	변수
1	1	5	3	6	5	4	3	남	23.00		
2	2	6	6	6	5	5	5	남	28.00		
3	3	4	3	3	4	5	4	남	19.00		
4	4	3	3	2	3	4	3	남	15.00		
5	5	4	3	3	3	3	4	남	16.00		
6	6	4	6	4	4	3	3	남	21.00		
7	7	4	3	3	3	2	3	남	15.00		
8	8	4	5	3	4	3	3	남	19.00		
9	9	7	4	4	5	5	4	남	25.00		
10	10	7	5	4	5	5	5	남	26.00		
11	11	6	6	4	6	4	6	남	26.00		
12	12	5	3	4	4	4	3	남	20.00		
13	13	5	7	6	5	4	6	남	27.00		
14	14	6	4	5	5	7	3	남	27.00		
15	15	4	4	4	4	2	2	남	18.00		
16	16	5	7	5	5	4	4	여	26.00		

이를 이용하여 변수간의 연산 및 함수계산이 가능하다.

4) 코딩변경

코딩변경이란 기존의 코딩값을 다른 값으로 변경 또는 새로운 변수의 코딩값으로 변경시키는 것을 의미한다. 우선 prg1_3.sav파일을 불러온다. 그리고 메뉴에서 변환(T)을 선택하면 같은 변수로 코딩변경(S), 다른 변수로 코딩변경(R)의 두 개의 메뉴가 나타남을 알 수 있다. 여기에서 같은 변수로 변환을 시킨 후 저장을 하면 원래의 값은 복원이 힘들다. 저자의 경험상 되도록 같은 변수로 코딩변경(S)는 사용하지 말기를 바란다. 여기에서는 다른 변수로 코딩변경(R)을 이용하는 것이 나중에 원자료를 잃어버리고 후회

하는 일이 없을 듯하다.

이 자료는 아래의 설문지를 통하여 얻은 결과이다. 이제 이 자료를 이용하여 코딩을 변경하여 보자.

예제 [1.3]

1. 귀하의 나이는? (　　　)세
2. 귀하의 학력은?
   ① 고졸　② 학사　③ 석사　④ 박사
3. 귀하가 찾은 정보는 업무처리 시간을 절감해줍니까?
   ① 매우 그렇지 않다　② 그렇지 않다　③ 보통이다　④ 그렇다
   ⑤ 매우 그렇다
4. 귀하가 찾은 정보는 아이디어 생산에 도움을 주지 않습니까?
   ① 매우 그렇지 않다　② 그렇지 않다　③ 보통이다　④ 그렇다
   ⑤ 매우 그렇다

코딩변경은 여러 가지의 방법으로 사용이 가능하다. 여기에서는 2가지 방법에 대해 설명한다.

(1) 역점수자료 변환하기

역점수 자료를 원래대로 옮겨 놓은 방법에 대해 알아보자 위의 질문중 3번과 4번은 리커드 5점척도로 구성되어 있음을 알 수 있다. 또한 답안은 "매우 그렇지 않다"라는 부정의 의미에서 "매우 그렇다"라는 긍정의 의미로 부여된 점수가 점점 커짐을 알 수 있다. 그러나 3번과 4번의 질문은 반대의 의미를 가지고 있다. 즉 3번은 긍정적인 질문을 하고 있는 반면 4번은 부정적인 질문을 하고 있다. 이때 3번의 경우는 질문과 답안이 모두 잘 구성되었다고 볼 수 있으며 4번의 경우를 역점수 자료라고 한다. 그러므로 도움을 주지 않느냐는 질문에 그렇다는 응답은 도움을 주지 않기 때문에 높은 점수가 아닌 낮은 점수로의 변환을 시켜줘야 한다. 이제 메뉴에서 **변환(T) ⇨ 다른 변수로 코딩변**

경(R)을 선택하면 아래의 그림처럼 나타난다. 이제 왼쪽 변수대기창에서 변경할 변수를 선택한다. 여기에서는 (만족도)새로운 아이디어를 더블클릭하여 **변수입력(V) ⇨ 출력변수 :** 창으로 보낸다.

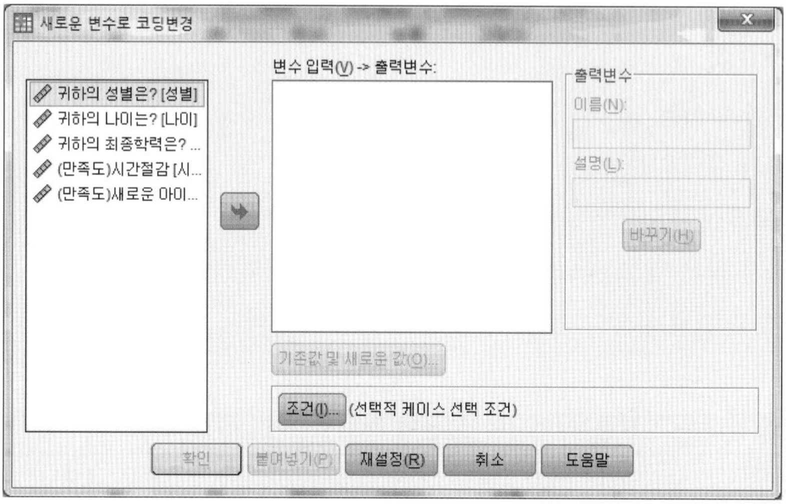

이제 아래의 창처럼 아이디어 ⇨ ? 상태에서 출력변수의 **이름(N)**에 아이디어01이라고 입력한 후 아래에 있는 **바꾸기(H)** 버튼을 반드시 눌러야 한다.

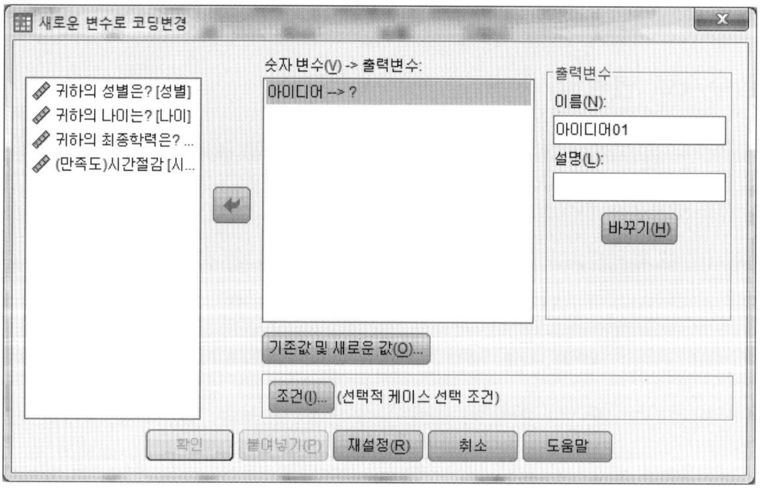

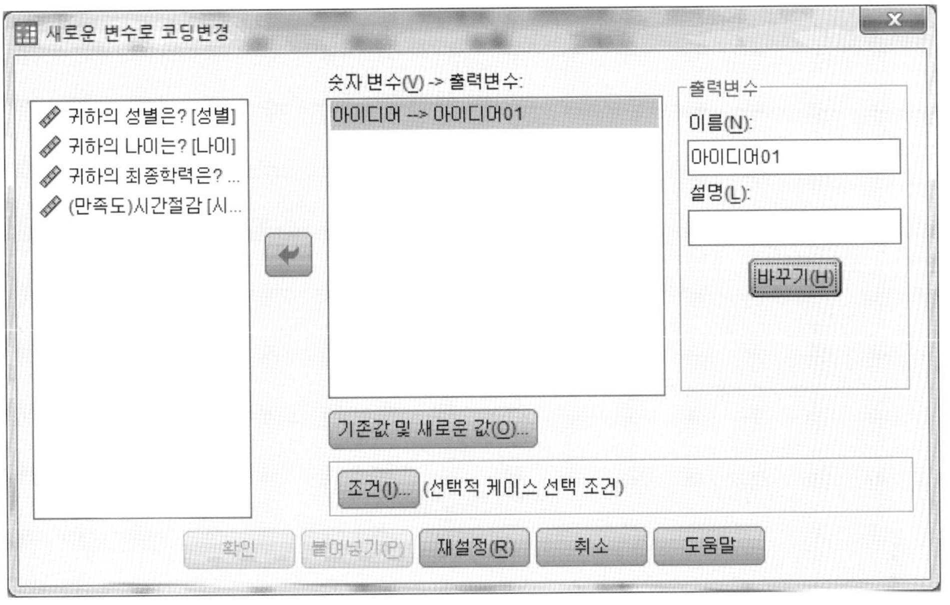

이제 기존값 및 새로운 값(O)을 선택하여 아래의 창을 띄운다. 왼쪽의 내용은 기존의 값에 대한 정보이고 오른쪽의 내용은 새롭게 바뀔내용이다. 기존값에 1을 새로운값에는 5를 넣은 후 추가버튼을 선택한다. 이와 같은 방법으로 하나씩 추가해 준다.

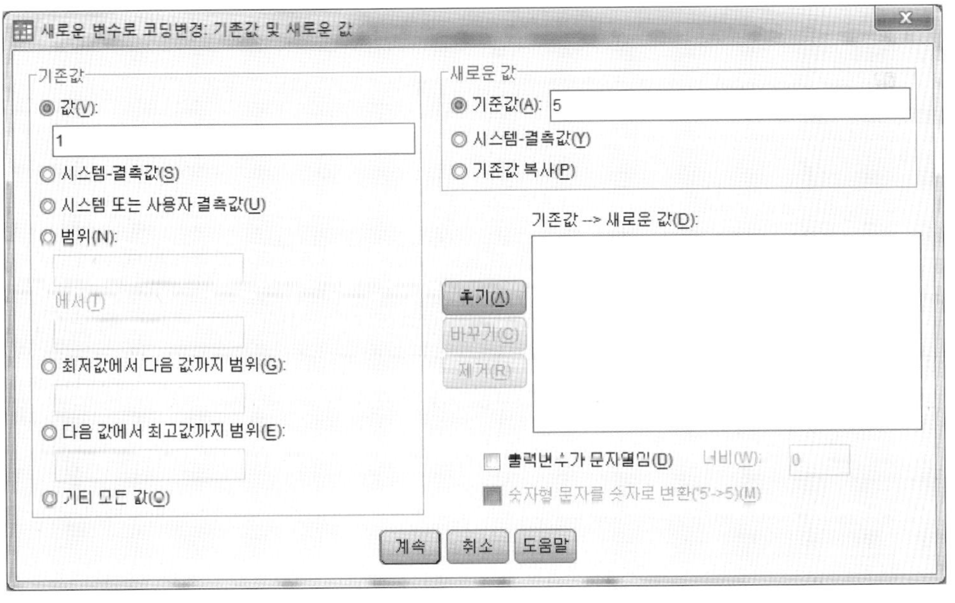

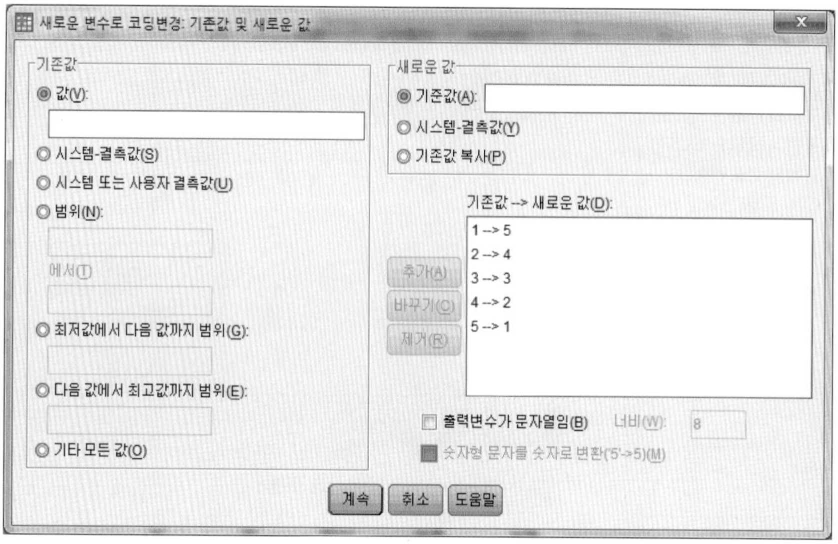

이제 계속버튼을 클릭하면 새로운 변수가 생성되었다. 데이터 편집기창에 가서 확인하면 아래와 같이 아이디어01이라는 변수가 생성되었으며 아이디어변수와 반대로 되어져 있음을 알 수 있다.

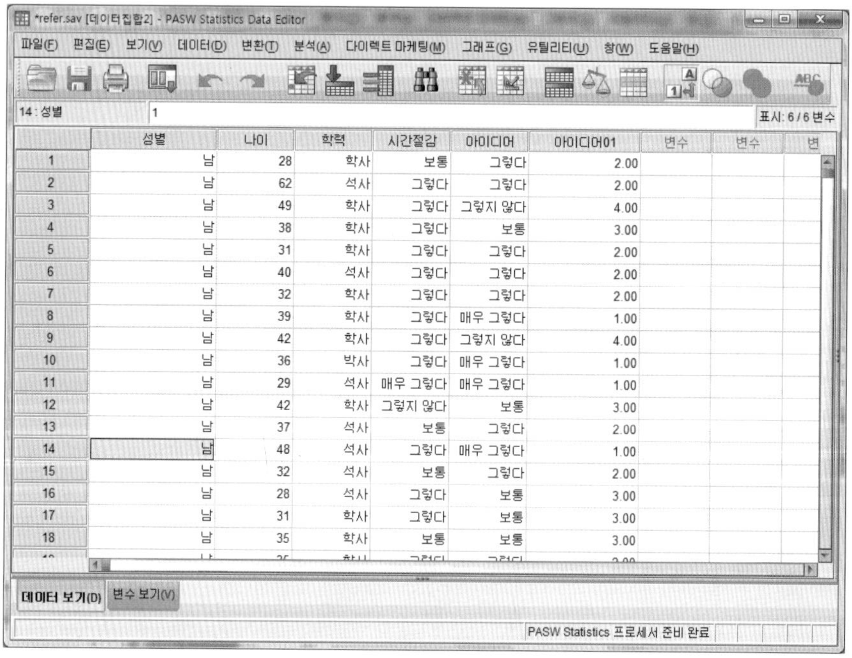

위 그림에서 새로 생성된 아이디어01 변수가 숫자로 보여지는 이유는 변수값이 설정되어 있지 않기 때문이다. 이제 아랫부분의 **변수보기** 창으로 가서 아이디어의 값을 **복사**한 후 아이디어 01에 붙여넣기를 해보자.

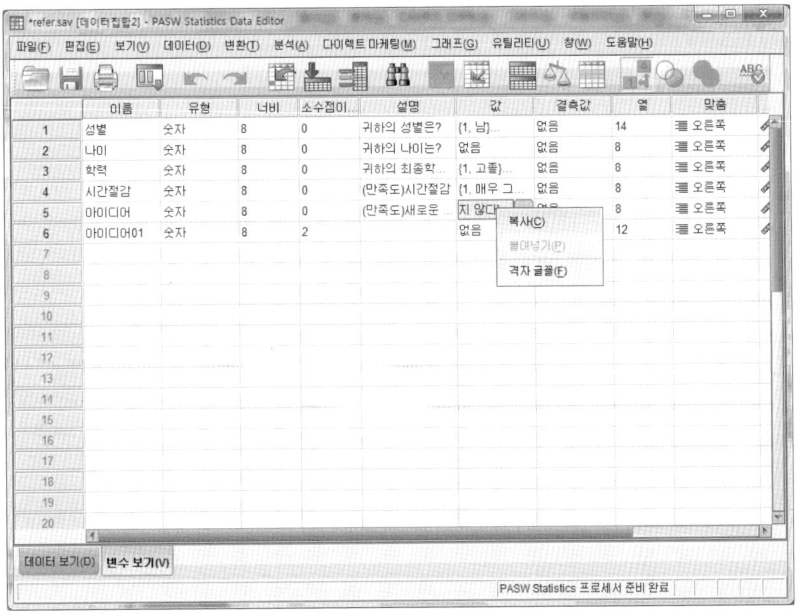

다시 데이터보기창에 와서 확인해 보면 아이디어와 마찬가지로 변수값이 나타나고 있음을 알 수 있으며 아이디어01 변수는 아이디어 변수와 반대의 값을 가지고 있는 것을 알 수 있다.

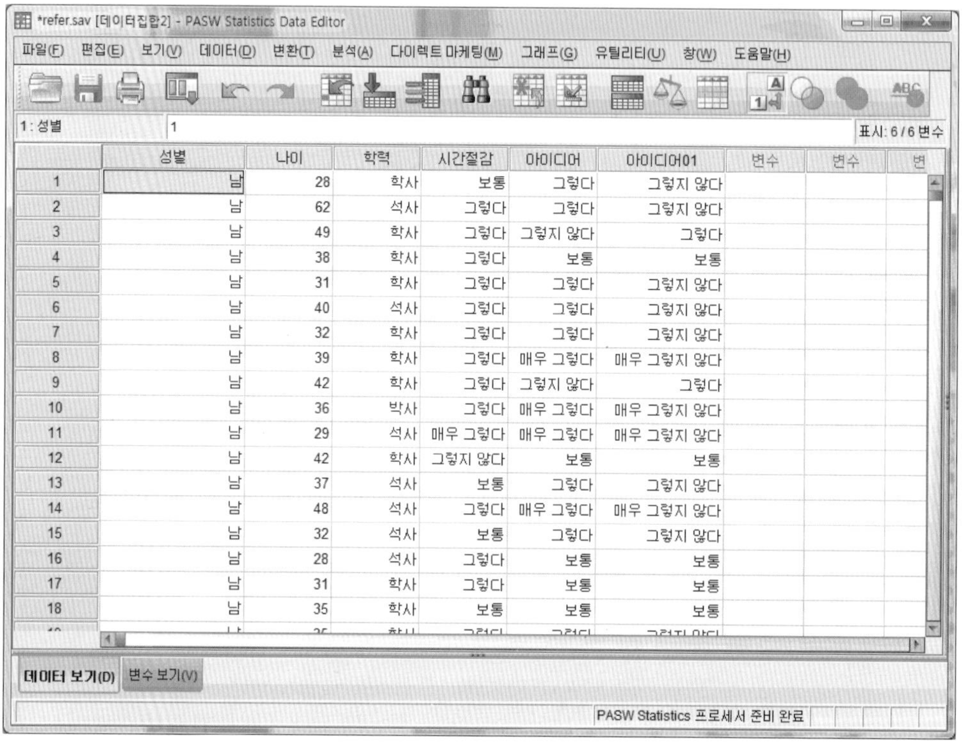

(2) 역점수변환법의 다른방법

코딩변경이 아닌 변수계산을 통해서도 역점수를 변환할 수 있다. 1의 값은 5로, 5는 1로 즉 원자료를 6에서 빼주게 되면 간단히 해결할 수 있다. 메뉴에서 **변환(T) ⇨ 변수계산(C)**을 선택한다.

대상변수(T)에 아이디어02라고 변수명을 설정해 준 후 **숫자표현식(E)**에는 6 - 아이디어를 넣은후 확인을 선택한다.

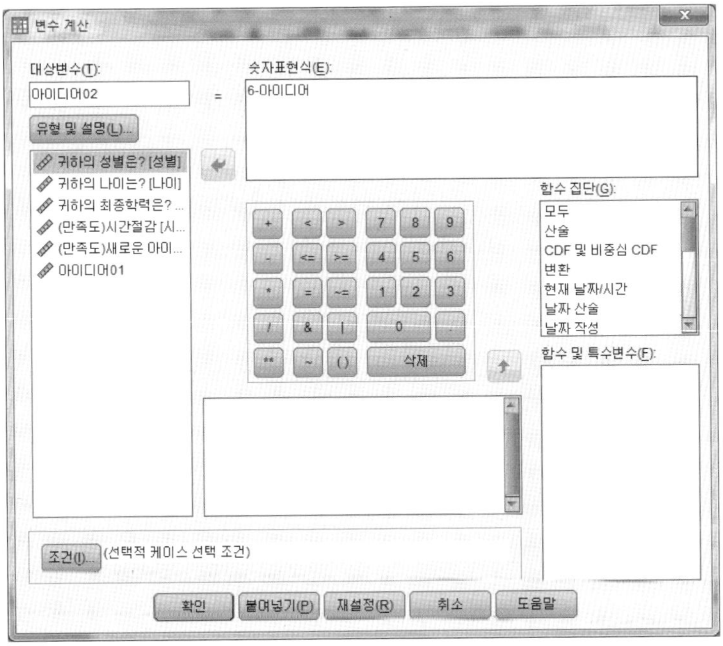

데이터 편집기 창의 변수보기에서 변수값 설명부분은 위의 예와 같이 붙여 넣기를 한 후 데이터 보기에서 확인하면 코딩변경과 같은 결과가 나타나고 있음을 알 수 있다.

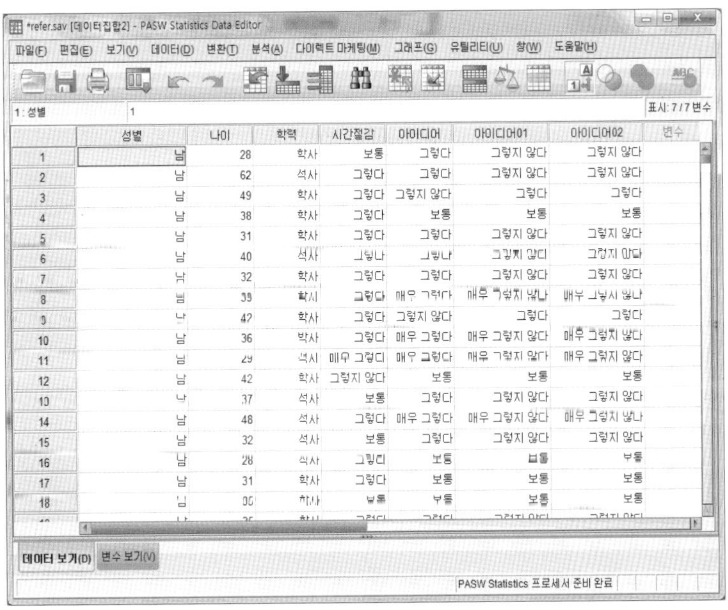

(3) 연속형 자료를 범주형 자료로 전환

위의 자료에서 나이에 대해 범주를 정하지 않고 자유롭게 기재를 하라고 하였다. 그런데 연구자는 연령대별로 분석을 필요로 한다. 즉 10대, 20대, 30대, 40대, 50대이상으로 범주를 묶으려고 한다. 이제 코딩변경을 통하여 범주를 묶어보자 메뉴의 **변환(T)** ⇨ **다른 변수로 코딩변경(R)**을 선택하면 위의 예처럼 같은 창이 나타나며 변수는 "연령대"라고 해주자.

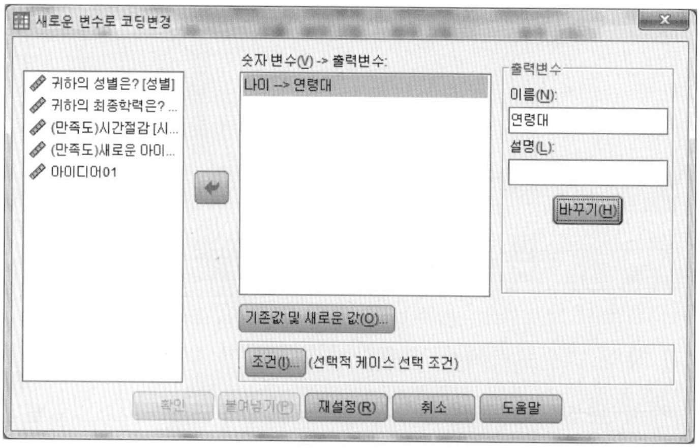

여기에서도 반드시 출력 변수명을 넣은 후 **바꾸기(H)**를 선택해야 한다. 이제 **기존값 및 새로운 값(O)**을 선택한다. 아래의 그림처럼 기존에 변수변경을 했던 부분이 나타난다. 제거(R)를 선택하여 모두 제거해준다.

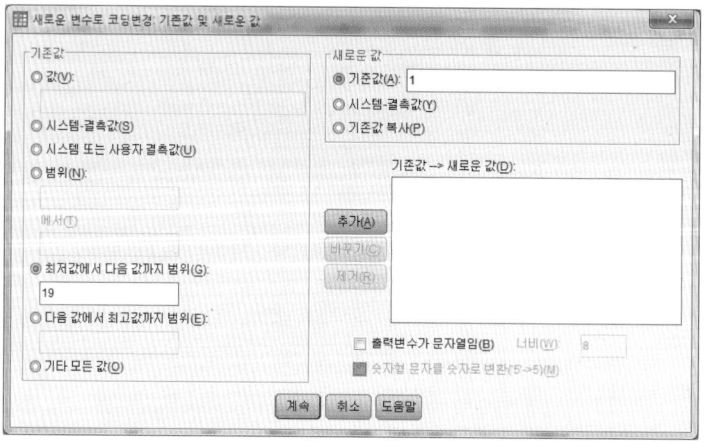

이제 새로운 코딩변경을 실시하자 먼저 최소값에서 19까지를 선택한 후 새로운 값에는 1을 넣은 후 추가버튼을 클릭한다.

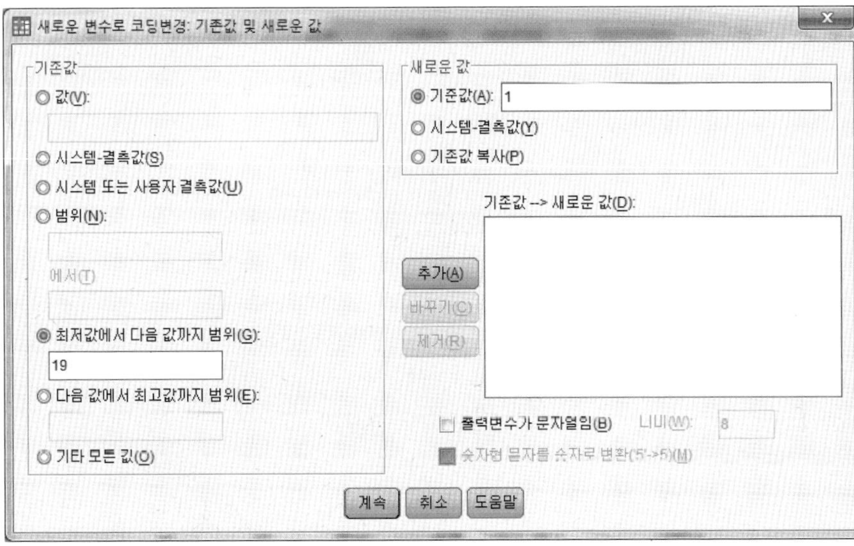

다음으로 범위(N)를 선택한 후 20, 29를 넣어주고 새로운 값에는 2를 넣어준다. 같은 방법으로 계속해서 추가를 해준다.

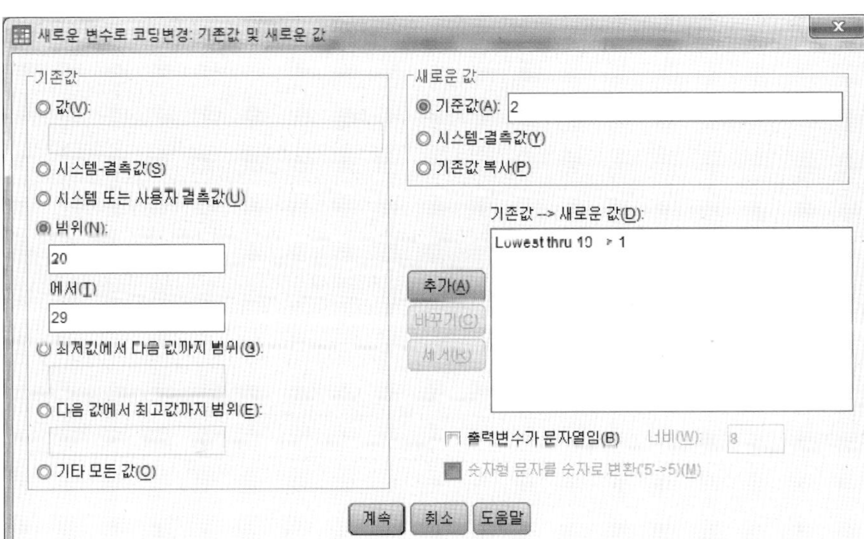

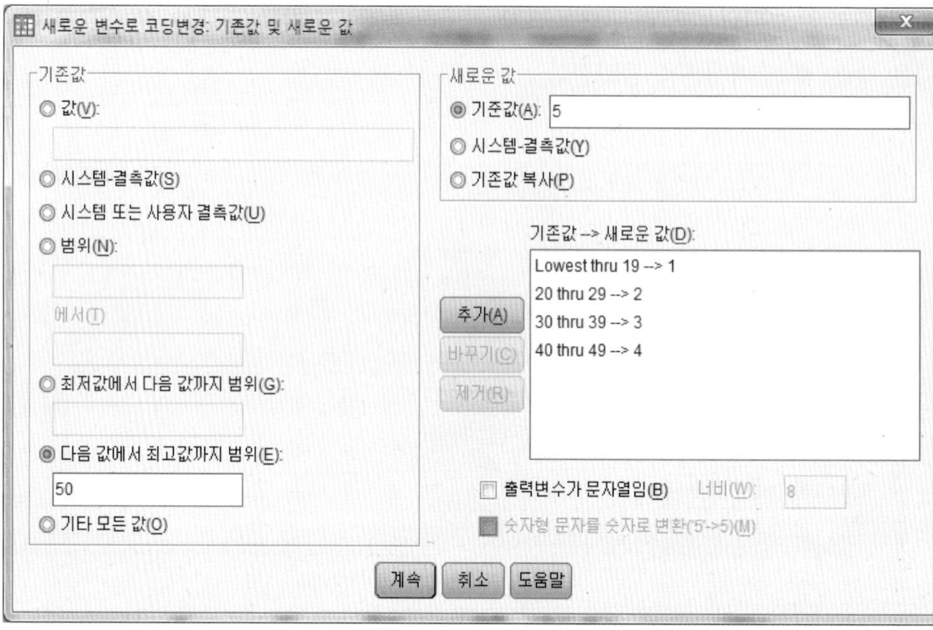

이제 마지막은 범위(E) 50에서 최대값까지를 선택한 후 값은 5를 넣어주고 추가를 해준다.

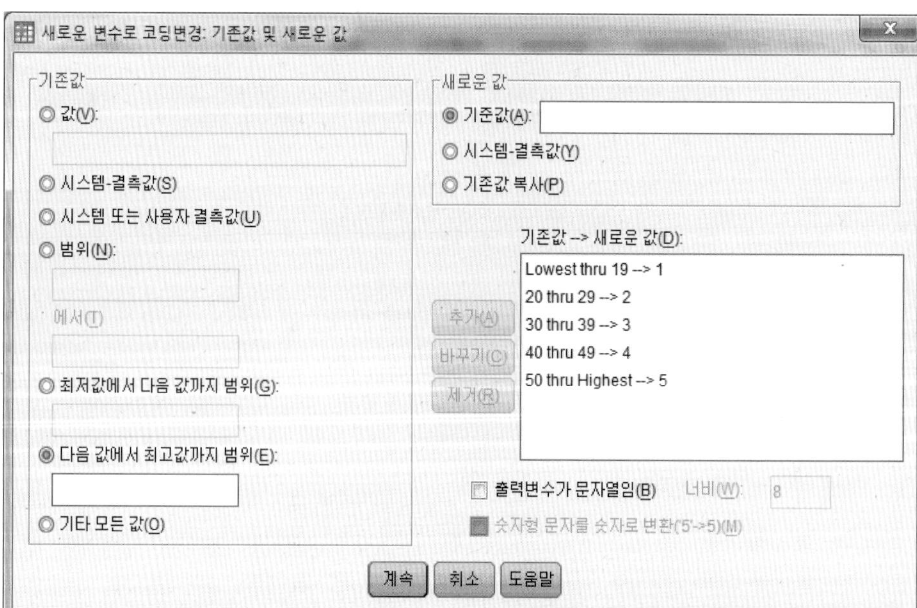

새로운 변수가 생성되었음을 데이터편집기창에서 알 수 있으며 변수보기 창에서 값부분을 선택하여 준다.

변수값설명부분에서는 변수값에는 숫자를 변수값설명은 각각의 내용을 넣어준후 추가를 눌러준다.

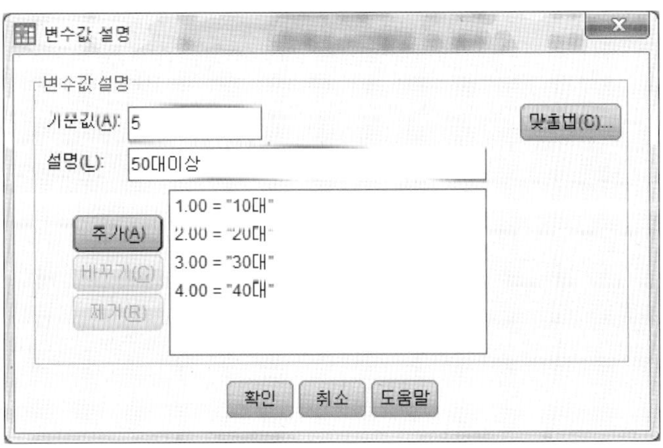

만일 아래의 창이 나타난다면 이것은 윗 창에서 추가를 누르지 않은 경우이다. 이런 창이 나타나면 다시 변수값 설명에 들어가서 확인해본다.

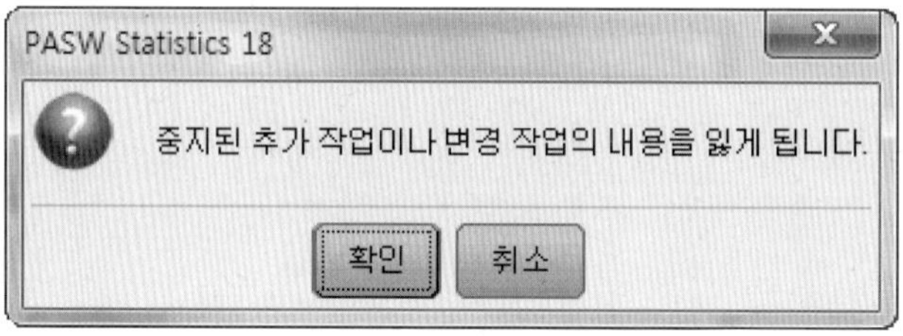

이제 데이터 편집기창의 데이터보기를 선택하여보면 나이가 범주형으로 나타나고 있음을 알 수 있다.

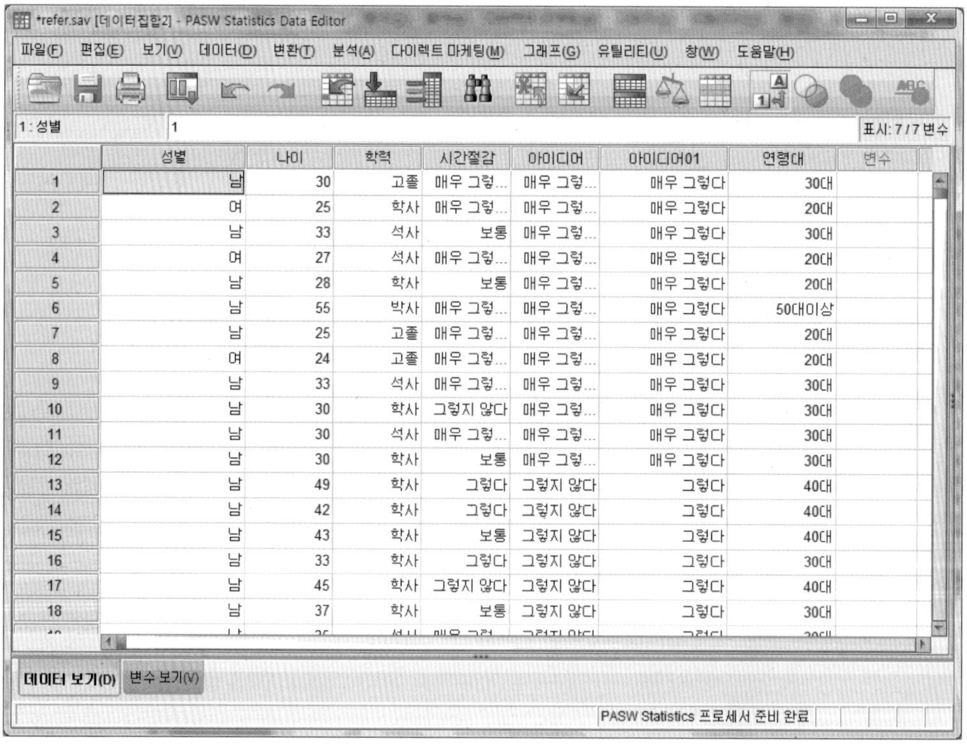

Chapter 2

사회과학 연구방법

1 과학의 목적

과학의 기본목적은 사회현상 및 자연현상을 포함하여 모든 현상을 설명하는 이론을 제시하는 것이다. 이론이란 현상을 설명하고 예측할 목적으로 변수 간의 관계를 상세히 기술함으로써 현상에 대한 체계적인 견해를 제시하는 것이다.

1) 과학은 이론을 연구의 대상으로 하는 것이지, 결코 가치관이나 철학을 연구의 대상으로 하는 것이 아니다.

과학은 존재(What is)하는 것에만 관심을 갖고 있으며 가치관이 개입된 당위(what should be)에 대해서는 관심을 갖지 않는다. 철학자들은 그들 주변에서 관찰한 사실, 추측된 내용, 바람직한 상태에 대한 아이디어를 섞어서 지식을 형성하는 반면 과학자들은 어떤 현상이 있으며, 그러한 현상이 발생하였는가에만 관심을 갖는다는 것은 매우 중요하다. 즉 과학적 이론, 나아가 과학 그 자체는 가치관의 문제를 다루지 않는다. 즉, 과학은 모든 사람이 동의하는 일련의 기준이 없는 한 자본주의가 사회주의보다 우월하다는 식의 가치관적 평가를 하지 않는다. 단지, 과학자들은 무엇이 어떤 상태로 존재하며 왜 그렇게 존재하고 있는가와 어떻게 될 것인가에 대해서만 우리들에게 지식을 줄 수 있을 뿐이며, 다만 모든 사람이 동의한 뚜렷하고 분명한 기준이 있을 때에만 어떤 상태로 존재하여야 한다고 말할 수 있다.

2) 과학은 규칙성을 알리는 데 있다.

과학적 이론은 자연현상 속에 존재하는 논리적이고 지속적인 패턴을 알리는 데 그 목적이 있다. 과학이 연구의 대상으로 보는 자연현상 및 사회현상은 궁극적으로 규칙적인 것으로 무작위 적이거나 혼란, 변덕스러움의 연속은 아닌 것이다.

3) 과학은 변수들 사이의 관계를 기술하고 설명하려는데 있다.

과학에서는 연구의 대상이 되는 다수의 변수가 있으며 이러한 변수는 동일한 기준으로 분류된 연구객체의 속성을 집단화한 개념을 의미한다. 예를 들어 농부, 어부, 회사원 … 등의 연구객체를 속성별로 집단화하여 직업이라는 변수가 되며, 남자, 여자라는 속성을 묶어서 성별(gender)이라는 변수가 형성된다. 과학에서는 이들 모든 변수 사이의 관계를 기술하거나 관계를 설명하는 데 그 목적을 두고 있으며, 특히 변수들 사이의 관계를 설명하는 진술(statement)을 이론이라 할 수 있다.

4) 과학은 이론을 바탕으로 현상을 예측하는 데 있다.

예측은 이론의 한 측면이라고 말할 수 있는 것으로 이론의 기초적인 명제로부터 보다 복잡한 명제를 추론할 때 이를 예측이라고 한다. 어떤 이론을 가지고 성공적으로 예측을 할 수 있다면 그 이론의 가치는 높다고 할 수 있다. 많은 과학적 연구는 명확한 관계를 찾으려는 좁은 범위의 관계정립에 몰두하고 있다. 그러나 단순히 관계를 밝히는 것은 과학의 일부분에 지나지 않는다. 궁극적이고 가장 유용한 이론은 많은 현상과 다양한 분야에 있는 여러 사람들에게 적용될 수 있는 이론이다. 물론, 특수한 관계는 널리 적용하기는 어렵다. 이를테면 학생의 시험성적이 시험 전의 불안과 관계가 있다는 것을 발견한다면, 이러한 관계가 흥미롭고 중요하더라도 다른 이론과 관련되어 적용하는 것이 쉽지가 않다. 그러므로 적당하게 한정되고 구체적인 연구목표가 필요할 것이다.(채서일, 1990)

2 과학적 방법

사회과학이란 사회현상(social phenomena)을 과학적 방법을 통하여 연구하는 학문 분야라고 할 수 있다. 따라서 사회과학은 사회 내에서 일어나는 여러 가지 현상들을 과학적으로 기술(describe), 설명(explain), 예측(predict)하는 것을 목적으로 한다. 여기서 사회현상이란 사회 내의 인간 혹은 인간들의 상호작용, 그리고 사회 내의 집합체들 사이에서 일어나는 모든 현상을 의미한다.

그러면 현상이란 무엇인가? 어떠한 물체나 사건의 속성이 관찰 가능한 한 그 모두가 현상이라 볼 수 있다. 다시 말해서 관찰될 수 있는 실체(reality)의 모든 부분을 현상이라 할 수 있겠는데, 이러한 현상을 흔히 변수(variable)라고도 부른다. 즉 변수란 잘 만들어진 분류틀이나 측정들에 의해 기록될 수 있는 일련의 값을 가지고 있는 물체나 사건을 지칭한다. 또한 변수 그 자체의 속성이 연구의 대상이 되기도 하고, 한 변수와 다른 변수와의 관계로서 연구의 대상이 되기도 한다. 즉, 한 변수의 값을 알고 다른 변수의 값을 예측하는 것도 연구의 대상이 된다.(오태섭, 1994)

사회과학은 이상과 같은 사회현상들을 과학적으로 연구하는 학문이다. 그러면 과학적 방법이란 무엇인가? 간단히 말해서 과학적 연구방법이란 연구의 대상이 되는 현상을 체계적이고 정확하게 관찰하는 방법을 말한다. Kerlinger의 정의에 따르면 "현상들 사이에 가정된 관계에 대한 가설적 명제들을 체계적으로 통제된 관찰을 통하여 실증적이고 비판적으로 검증하는 방법"이 과학적 방법이다. 즉 어떤 현상을 체계적이고 객관적으로 관찰하여, 그 현상의 속성이나 관계를 기술하고 설명하고 예측하는 방법이다. 따라서 사회과학의 목적은 사회 내의 개인이나 개인들의 상호작용, 집단에서 일어나는 현상을 객관적이고 체계적인 관찰을 통하여 사회 내의 현상들의 속성과 관계 등을 기술, 설명, 예측하는 것이다. 여기서 사회과학의 목적인 기술, 설명, 예측에 대해 설명을 하면 다음과 같다.

첫째, 기술이란 현상 자체의 속성을 있는 그대로 알아보는 것으로, 크게 변수의 값의 상태를 기술하는 경우와 두 개 혹은 그 이상의 변수 사이의 관계를 기술하는 것으로 나눌 수 있다.

둘째, 설명이란 현상에 대해 원인을 밝히는 것을 말한다. 즉, 과학적인 검증과정을 통해 변수들의 속성에 대한 원인을 알아내는 것이다.

셋째, 예측은 변수들 간의 관계를 밝혀, 앞으로의 사실에 있어 그 현상을 과학적인 근거를 가지고 미리 서술하는 것을 말한다.

3 사회과학 연구절차

1) 연구주제의 선정

연구의 주제를 선정한다는 것은 연구를 수행함에 있어서 가장 어려운 일 중의 하나이다. 대체로 연구 주제는 막연한 상태에서 출발하여 점차로 분명해지는 단계로 발전하게 된다. 연구 주제를 선정함에 있어서 가장 먼저 생각해야 할 일은 예상되는 연구 주제가 자기 자신의 삶에서 중요하면서도 심각한 내용인가를 따져보는 것이다. 왜냐하면 자기 자신의 삶의 철학이나 일상생활에 비추어 꼭 알아보고 싶은 내용이나 해결하고 싶은 문제를 중심으로 연구 주제를 선택하는 것이 바람직하기 때문이다.

모든 연구는 그 내용에 있어서 독창성과 창의성이 매우 중시되기 때문에 자기 자신의 개성과 소질을 충분히 발휘할 수 있는 영역에서 연구 주제를 찾는 것이 가장 바람직하다. 연구를 위한 이론과 방법은 남들이 도와줄 수 있지만, 연구 주제 자체는 개인적인 관심과 고민에서 나올 때 가장 좋은 연구가 된다는 것을 명심해야 한다.

물론, 좋은 연구를 수행하기 위해서는 전공분야의 전문적인 지식이나 기술을 익히는 것이 필요하며, 최근의 연구 경향에 대해 관심을 가지는 것이 필요하다. 특히 관련분야 학회나 학술대회 등에 참여하여 새로운 학설이나 이론, 기법 등에 대해 익숙해지는 것이 중요하다.

연구 주제를 찾기 위해서 고려할만한 일반적인 방법은 다음과 같다.(임인재, 1993)

첫째, 기존의 연구를 새로운 상황에 적용하는 것이다. 기존의 학위 논문이나 연구 보고서 등을 읽고 그 연구에서 적용된 방법이나 기술 등이 새로운 상황에서도 적용가능한가를 검증하는 연구를 수행할 수도 있다. 예컨대, 미국에서 지능이 학업성취도에 미치는 영향에 대해 연구한 것을 보고 한국의 경우에는 지능이 학업성취도에 미치는 영향이 어떠한지 연구해 볼 수 있을 것이다.

둘째, 기존의 연구 주제에 대해 새로운 방식으로 접근하는 것이다. 기존의 연구 중에서 비록 비슷한 주제를 선정하더라도 연구 방법이나 접근 방법을 달리하여 연구를 수행할 수 있다. 예컨대, 선택형 검사를 활용하여 학생의 지능을 측정한 연구를 보고, 수행평가를 활용하여 학생의 지능을 측정하였을 경우에도 같은 결과가 나오는가를 검증하는 것이다.

셋째, 기존의 연구에서 후속연구로 제안하고 있는 내용 등을 비판적으로 검토하는 것이다. 기존의 학위 논문이나 연구 보고서 등에 제시되어 있는 해당 연구의 세한점이나 후속 연구에 대한 제안 등에 대해 비판적으로 검토함으로써 새롭고 창의적인 연구 주제를 찾을 수도 있다.

2) 연구의 필요성 및 목적

연구 주제 혹은 제목이 결정되면, 연구의 필요성 및 목적에 대한 진술이 필요하다. 최종 보고서 진술상의 순서로는 연구 주제 혹은 제목 다음에 '연구의 필요성 및 목적'이 제시되지만, 연구를 실제로 수행할 때는 연구의 필요성 및 목적을 분명하게 하는 것이 선행되어야 하는 경우가 많다. 연구의 필요성 및 목적이 분명하게 제시되면 연구 주제 혹은 제목이 쉽게 결정될 수 있기 때문이다.

먼저 연구의 필요성 부분에서는, 이 연구가 왜 필요한 것인지, 무슨 가치가 있는 것인지, 왜 중요한 것인지를 설득력 있게 제시해야 한다. 해당 연구 주제에 대하여 전혀 모르거나 관심을 두지 않았던 사람, 관심을 두었어도 심각하게 생각을 안 해 본 사람들이 이 부분을 읽고 "야! 이런 연구가 필요하겠구나!" 또는 "야! 과연 이런 연구는 중요하겠구나!" 하고 설득될 수 있도록 진술해야 한다. 독자들을 설득시키기 위해서는 연구자가 연구의 중요성과 가치 그리고 필요성에 대하여 객관적이고 타당한 근거와 논리를 제시하는 것이 가장 바람직하다. 연구자가 아무리 중요하다고 강조해도 객관적이고 타당한 근거와 논리가 없이는 그 의미가 전달되지 않는다. 거창한 용어들(예컨대 국가적 요청, 시대적 요청, 민족사적 요청, 교육자적 양심 등)을 나열한다고 해서 중요성이나 가치가 부각되는 것은 더욱 아니다. 자기 자신에게 중요하다고 생각되는 것을 다른 사람들에게 제대로 설득시키기 위해서는 감정적인 호소가 필요한 것이 아니라 합리적인 근거와 논리가 요청된다.

연구의 목적 부분에서는 앞서 제시한 연구의 필요성에 근거하여 진술하되, 가능한 한 분명하게 진술해야 한다. 연구의 목적을 보다 명확하게 설정하기 위해서는 때때로 하나의 일반적인 목적과 여러 개의 하위 목적으로 나누어 진술하기도 한다.(백순근, 2004)

3) 연구 문제

연구의 필요성 및 목적을 진술한 후에는, 구체적인 연구 문제의 진술과 함께 이론적인 배경(혹은 선행연구)에 대한 분석과 그에 대한 논의가 필요하다.

연구 문제 부분에서는 앞서 제시한 연구의 필요성과 연구의 목적에 근거하여 연구자가 실제로 취급할 연구 문제를 진술해야 한다. 이 때 진술하게 되는 연구 문제는 결국 수행할 연구의 내용과 연구의 범위를 제한하는 중요한 부분이 된다. 다시 말해서 연구 문제는 연구 주제(혹은 제목)를 세분하는 것으로, 연구를 통하여 밝히고자 하는 해답이 무엇인지를 찾아가는 모든 과정과 내용에 대한 간절한 진술이라고 할 수 있다.

그런데 연구문제들이 실제로 연구되기 위해서는 연구 문제 자체의 학문적 공헌도 혹은 실질적 효용성이 있어야 한다. 물론 어떠한 문제라 할지라도 실제로 연구의 수행을 위해서는 연구가 관련분야의 지식축적에 상당한 공헌을 할 수 있어야 한다. 연구라는 것은 현상에 대한 이해와 설명 및 미래의 예측을 위한 지식의 축적에 의의를 두기 때문에 지식의 축적에 도움을 줄 수 없는 문제는 연구의 가치를 상실하게 되는 것이다. 따라서 연구문제는 지식의 축적에 공헌하지 않으면 안되므로 이를 위해서는 연구 문제의 해결이 학문적으로 중요한 의미를 갖거나 연구 결과에 의해 얻어진 정보가 활용될 수 있는 실질적인 효용성을 갖고 있어야 한다. 또한 연구 문제는 기존의 연구결과와 연관성이 있거나 아직 검증되지 못한 주장이나 가정들에 대한 평가에 도움이 되거나, 많은 사람의 관심이 집중되는 문제일 필요가 있다. 물론 이상의 모든 조건이 충족되는 연구과제가 보다 학문적인 의의가 크겠으나 어느 한 요소라도 그 조건이 제대로 갖추어지고 중요하다고 판단된다면 일단 연구의 의의가 있다고 할 수 있다.

4) 연구가설

연구가설이란 연구 문제를 경험과학적인 방법을 활용하여 검증 가능한 형태로 발전시킨 것으로, 주요 변수 간의 관계에 대한 추론이며, 연구 문제에 대한 잠정적인 결론이라 할 수 있다. 일반적으로 이러한 가설은 다음과 같은 특성을 가지고 있다.(채서일, 1990)

(1) 연구가설의 특성

첫째, 가설은 문제를 해결해 줄 수 있어야 한다. 가설의 가장 큰 목적은 문제를 해결하는 데 있다. 따라서 가설이 참이라고 밝혀지면 문제가 해결된다. 그러나 가설이 거짓이라고 밝혀지면 이는 문제가 해결될 수 없는 경우가 많다. 예를 들면 해결하려는 문제가 '작업능력이 높은 환경은 무엇인가'라고 하고, 가설은 '조명이 밝으면 작업능률이 높다'라고 하자. 이 경우에 가설이 참이면 작업능률이 높은 환경은 조명이 밝다는 사실을 알게 되고 문제가 해결되었다고 볼 수 있다. 그러나 가설이 거짓이 되면 조명과 작업능률은 관련이 없거나 혹은 역의 관계를 가지고 있다는 것만이 밝혀졌을 뿐이므로 문제가 해결된 것은 아니다.

둘째, 가설은 변수로 구성되며 그들 간의 관계를 나타내고 있어야 한다. 문제는 주로 어떤 사건을 중심으로 이루어져 있으나 가설은 이러한 사건들을 숫자로 표시할 수 있는 변수의 형태로 바꾸어야 한다. 예를 들어 '부유한 사람들은 많이 배운 사람들이다'라는 가설은 잘못된 것이다. 부유하다는 것과 많이 배웠다는 것은 사건이라고 할 수 있다. 그러므로 이를 변수로 바꾸려면 '소득수준이 높은 사람은 학력이 높다'라고 바꾸어야 한다. 소득수준과 학력수준은 숫자를 부여할 수 있다. 이와 같이 사건을 변수로 바꾸는 과정을 개념의 조작적 정의라고 한다. 또한 가설은 이러한 변수들 간의 관계를 나타내어야 하는 바, 주로 이러한 관계는 특정변수의 조건이 어떠할 때, 다른 특정변수의 조건이 어떠하다 라는 형태로 표현된다. 즉 소득수준이라는 조건이 높을 때 학력수준이 높다라고 표시될 수 있다.

셋째, 가설은 검증될 수 있어야 한다. 가설은 우리가 실제로 자연을 관찰하여 얻은 자료를 이용하여 검증할 수 있어야 한다. 즉, 검증 가능한 가설에 포함되어 있는 변수들은 조작적으로 정의할 수 있어야 하며, 이들은 직접 관찰되거나 측정될 수 있어야 한다. 조작적 정의란 변수들이 실제로 관찰, 측정될 수 있도록 구체적으로 정의되어야 한다는 것이다.

한편, 연구가설을 진술함에 있어서 고려해야 할 사항은 다음과 같다.

① 설정된 가설은 구체적이고 분명하게 진술되어 있는가?
② 설정된 가설은 연구 문제를 해결하는데 필요한가?
③ 설정된 가설은 모두 검증이 가능한 것인가?
④ 설정된 가설은 관련 연구 또는 선행 연구들의 결과에 비추어 적절한가?
⑤ 설정된 가설은 새로운 사실이나 관계를 설명하고 예언하는 데 도움이 되는 것인가?

(2) 가설의 종류

가설에는 다음과 같이 귀무가설(null hypothesis, H_0)과 연구가설(research hypothesis, H_1) 두 가지가 있다.

귀무가설(H_0) : 우리나라 평균 가족 수는 변화가 없다.($\mu = 2.87$명)
연구가설(H_1) : 우리나라 평균 가족 수는 변화하였다.($\mu \neq 2.87$명)

귀무가설은 통계값이 제공하는 확률의 측면에서 평가하는 것이며 연구가설은 논리적 대안으로서 검정하고자 하는 현상에 관한 추정이다. 연구가설은 귀무가설을 부정하고 논리적 대안을 받아들이기 위한 진술이므로 대립가설(alternative hypothesis)이라고도 한다.

또, 범죄를 저질러 기소된 사람에 대한 비통계적인(nonstatistical) 예를 고려해보기로 하자. 이 사건은 법정에 계류중에 있다. 유효한 증거에 근거하여 재판관은 다음의 두 가지 가능한 결정 중의 하나를 택할 것이다.

1. 그 사람은 죄가 없다.
2. 그 사람은 죄가 있다.

재판을 시작할 땐 그 사람은 죄가 없는 것으로 가정한다. 검사는 그 사라마이 범죄를 저지른 것을 증명하려고 노력할 것이다. 그러므로 검사측에서 보면 그 사람은 죄가 있는 것이다. 이러한 예를 통계학적인 문제로 바꾸어 생각해 보자. 즉, "그 사람은 죄가 없다"를 귀무가설이라고 부르고 H_0로 나타낸다. 또한 "그 사람은 죄가 있다"를 연구가설이라 부르고 H_1으로 나타낸다. 이러한 법정의 문제에 대한 두 가설은 다음과 같이 나타낸다.

귀무가설 : H_0 ⇨ 그 사람은 죄가 없다.
연구가설 : H_1 ⇨ 그 사람은 죄가 있다.

논문에서 제시하는 가설은 연구 가설이다. 귀무가설은 논문에서 제시하지 않는다. 단지 연구가설의 반대되는 의미로서 연구가설이 기각 되었을 때 해석의 차원에서 머릿속에 기억하고 있으면 된다.

5) 가설검정과정

가설검정의 절차에 대하여 간단히 살펴보면 다음과 같다.

① 귀무가설(H_0)과 연구가설(H_1)의 설정
② 유의수준과 임계값의 결정

③ H_0의 채택 영역과 기각 영역 결정

④ 통계량의 계산

⑤ 통계량과 임계값의 비교 및 결론

첫째, 귀무가설과 연구가설은 서로 반대이다. 두 개의 상반된 가설 중에서 어느 것을 귀무가설로 정하고 어느 것을 연구가설로 정할 것인가 하는 문제는 일반적으로 다음과 같다. 현재까지 주장되어 온 것을 귀무가설로 정하며, 반대로 기존 상태로부터 새로운 변화 또는 효과가 존재한다는 주장을 연구가설로 정하게 된다.

가설검정의 정류는 크게 양측검정과 단측검정으로 나누며, 단측검정은 다시 왼쪽꼬리 검정과 오른쪽꼬리 검정으로 나눈다. 이것을 표로 나타내면 다음과 같다.

▌표 2-1▌ 가설검정의 종류

양측검정	단측검정	
	왼쪽꼬리 검정	오른쪽꼬리 검정
$H_0: \mu = 2.87$ $H_1: \mu \neq 2.87$	$H_0: \mu \geq 2.87$ $H_1: \mu < 2.87$	$H_0: \mu \leq 2.87$ $H_1: \mu > 2.87$

위의 표에서 보면 양측검정은 등호를, 단측검정은 부등호를 가지고 있다. 검정방법을 선택하는 기준은 연구자의 관심에 달려 있다. 연구자의 연구가설에서 모평균이 진술된 값(여기서는 2.87)과 같지 않다고 주장하면 양측검정을 이용한다. 그리고 모평균이 진술된 값보다 작다면 왼쪽꼬리 검정, 진술된 값보다 크다면 오른쪽꼬리 검정을 이용한다. 양측검정에서는 진술된 가설이 참인가 아닌가만을 밝히며, 단측검정은 증감 방향을 구체적으로 검정한다. 귀무가설은 각각의 연구가설과 반대로 하면 된다. 그러나 유의할 것은 가설의 채택 또는 기각 대상이 귀무가설이라는 점이다.

둘째, 일반적으로 가설검정에서 α의 유의수준은 $\alpha = 0.10, 0.05, 0.01$ 등으로 정한다. 이때 α를 유의수준이라고 한다. 다시 말하면 유의수준이란 제 1종 오류 α의 최대치를 말한다. “유의하다”라고 할 때, 이것은 모수와 표본통계량의 차이가 현저하여 통계치의

확률이 귀무가설을 부정할 수 있을 만큼 낮은 경우를 뜻한다. 유의수준이 설정되었을 때 가설을 채택하거나 기각시키는 판단 기준이 있어야 하는데, 이 값을 임계값이라고 한다. $\alpha = 0.05$ 수준에서 $P < 0.05$로 표기할 수 있는데, 이것은 계산된 확률 수준이 0.05보다 작으면 귀무가설을 기각시킨다는 의미이다. 이때 통계적으로 유의하다라고 해석한다. 만일 $P < 0.01$이면 매우 유의하다라고 한다. 여기서 P값은 귀무가설을 가정했을 때 주어진 표본 관측 결과 이상으로 귀무가설에서 먼 방향의 값이 나올 확률이다. 가설검정을 시행할 때에는 두 가지 오류를 범할 수 있다. 실제로 올바른 가설을 기각시키는 경우 또는 그릇된 가설을 채택하는 경우이다. 예를 들어, 무죄의 피의자를 유죄로 선고한다든지, 또는 유죄의 피의자를 무죄로 선고하는 경우이다. 전자의 경우를 제1종 오류라고 하여, α로 나타내고, 후자의 경우는 제2종 오류라고 하여 β로 나타낸다. 이 오류를 쉽게 설명하기 위하여 귀무가설의 검정결과에 대해 의사 결정을 하는 경우를 표로 나타내면 표 2.2와 같다.

표 2-2 실제현상과 법원의 결정

		실제현상	
		무죄인 경우(올바른 H_0)	유죄인 경우(그릇된 H_0)
법원의 결정	무죄인 경우 H_0채택	올바른 결정	제2종 오류 : β오류
	유죄인 경우 H_1 기각	제1종 오류 : α오류	올바른 결정

$$P(\text{제1종 오류}) = P(H_0 \text{ 기각} \mid H_0 \text{ 진실}) = \alpha$$
$$P(\text{제2종 오류}) = P(H_0 \text{ 채택} \mid H_0 \text{ 거짓}) = \beta$$

끝으로, 세 종류의 검정방법에서 H_0의 채택 및 기각 영역을 그림으로 나타내고, 계산된 통계량을 임계값에 기준해서 비교할 때에 귀무가설(H_0)이 어떻게 채택 또는 기각되는가를 살펴보면 그림 2.1과 같다.

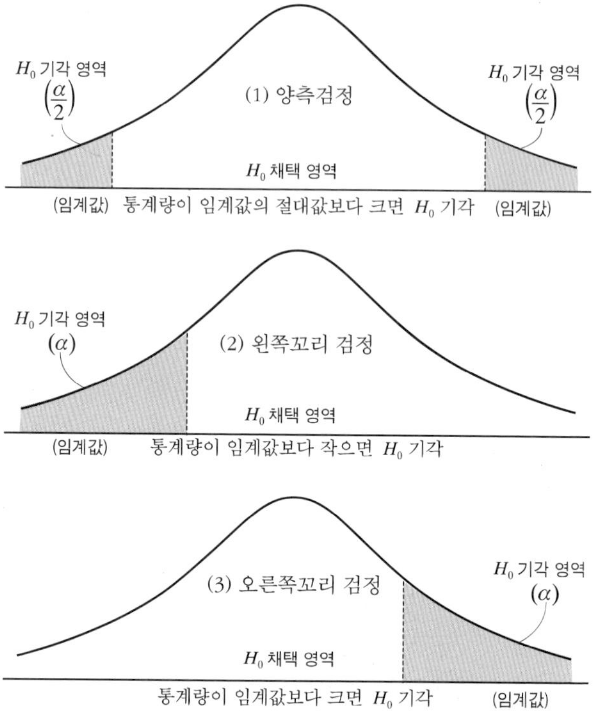

▌그림 2-1▌ H_0의 채택 영역 및 기각 영역

예제 [2.1]

어느 대학의 모든 학생의 평균 I.Q가 120이라고 하는데 다른 이들은 120과는 다르다고 주장했다. 그런데 과연 120과 다르다는 주장자들은 120보다 더 높은지 낮은지를 모르고 있다. 여기에 우리가 알고자 하는 사실은, 이 I.Q가 표준편차 σ가 5.4이고 정규분포를 한다고 할 때 임의의 표본 n=36명의 학생 I.Q를 조사하여 과연 평균이 120인지 아닌지를 검정하고자 하는 것이다. 여기서 유의수준은 5%이다.

(1) 가설의 설정

우리가 든 예에서 어느 대학의 모든 학생들의 평균 I.Q가 120이라고 할 경우 이 사실의 진위여부를 검정하기 위해 이 가설을 귀무가설로 다음과 같이 설정한다. 즉,

$$H_0 : \mu = 120$$

위의 귀무가설 H_0에 대해 우리는 다음과 같은 세 가지 형태의 연구가설을 설정 할 수 있다.

① 학생들의 평균 I.Q가 120이 아니다 ⇨ $H_1 : \mu \neq 120$

② 학생들의 평균 I.Q가 120이 높다 ⇨ $H_1 : \mu > 120$

③ 학생들의 평균 I.Q가 120이 낮다 ⇨ $H_1 : \mu < 120$

그런데 위에서 설명한 귀무가설 $H_0 : \mu = 120$이 사실이라고 가정할 때 사용할 수 있는 표본평균의 분포는 대표본일 경우에 중심극한정리에 의해서 정규분포를 이루게 된다. 따라서 이 표본분포에서 각 연구가설의 형태를 그림으로 나타내면 그림 2.2와 같다.

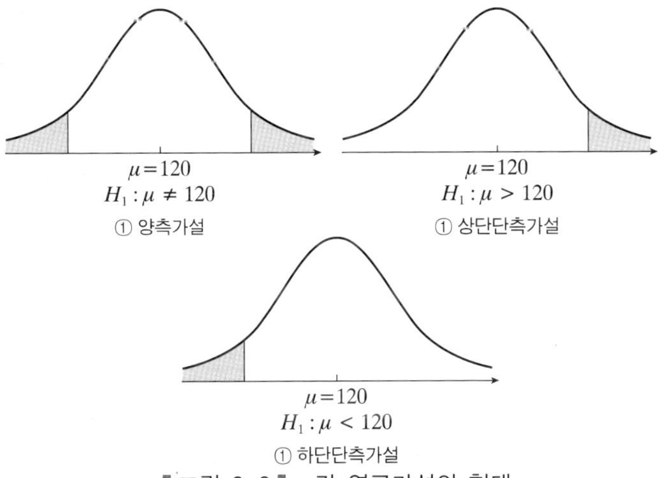

▌그림 2-2▌ 각 연구가설의 형태

(2) 검정통계량의 결정

검정통계량이란 가실검징에 사용되는 통계량을 의미한다. 표본의 크기가 크기 때문에 (n〉30) $\overline{x}$의 표본분포는 근사석으로 정규분포를 한다. 결과적으로 이 검정을 하기 위하여 정규분포를 이용한다.

$$Z = \frac{\bar{x} - \mu}{\sigma / \sqrt{n}}$$

μ는 귀무가설하에서 앞에서 설명되어진 모평균 μ의 값이고 확률변수 Z는 이 예에 있어서는 검정통계량이라 한다.

(3) 임계값의 결정

유의수준은 0.05이다. 연구가설에서의 부호 $\neq$는 이 검정이 두 개의 기각범위를 갖는 양측검정이라는 것을 의미한다. 두 개의 기각범위의 전체면적은 0.05이기 때문에, 각 꼬리의 기각범위의 면적은 0.025라 된다. 그림 2.3에 이들 면적이 그려져 있다. 정규분포의 기각범위의 면적을 이용하여 두 개의 임계값에 대한 Z값을 구하면 다음과 같다. 즉, 그림 2.3에서 보는 바와 같이 $Z_{0.95} = 1.96$이다.

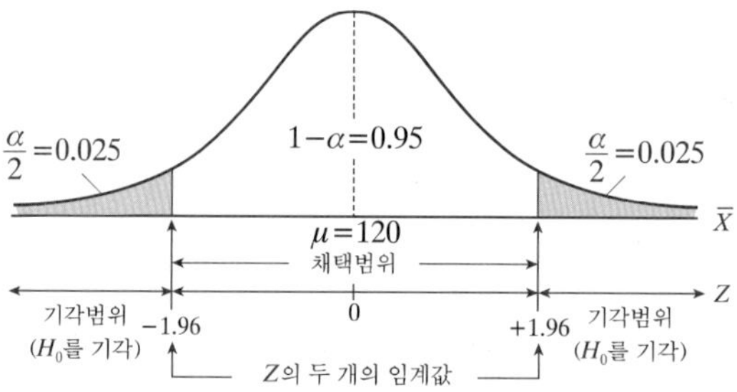

▌그림 2-3▐ 두 개의 임계값

(4) 검정통계량값의 계산

표본이 큰 경우에 모평균 μ에 관한 가설검정에서 표본평균 $\bar{x}$에 대한 검정통계량 Z의 값은 다음과 같이 계산된다.

$$Z = \frac{\bar{x} - \mu_0}{\sigma_{\bar{x}}} (\sigma\text{를 알고 있으면})$$

$$Z = \frac{\bar{x} - \mu_0}{s_{\bar{x}}} (\sigma\text{를 모르고 있으면})$$

여기에서 $\sigma_{\bar{x}} = \sigma / \sqrt{n}$ 이며 $s_{\bar{x}} = s / \sqrt{n}$ 이다. 표본에서 나온 결과가 n=36, $\bar{x} = 118$ 이며 표준편차 σ는 5.4이다. 따라서 검정통계량 Z값을 계산하면

$$Z = \frac{\bar{x} - \mu}{\sigma / \sqrt{n}} = \frac{118 - 120}{5.4 / \sqrt{36}} = -2.22$$

이다.

(5) 통계적 결정과 해석

검정통계량의 값과 임계값을 비교하면 검정통계량의 값이 −2.22로 임계값 −1.96보다 작다. 그림 2.4에서 보는 것처럼 연구가설이 양측검정 $H_1 : \mu \neq 120$일 때 검정통계량의 값 Z=−2.22는 기각범위에 속해 있다. 따라서 μ=120 이라는 귀무가설을 기각할 충분한 증거가 있다고 볼 수 있다.

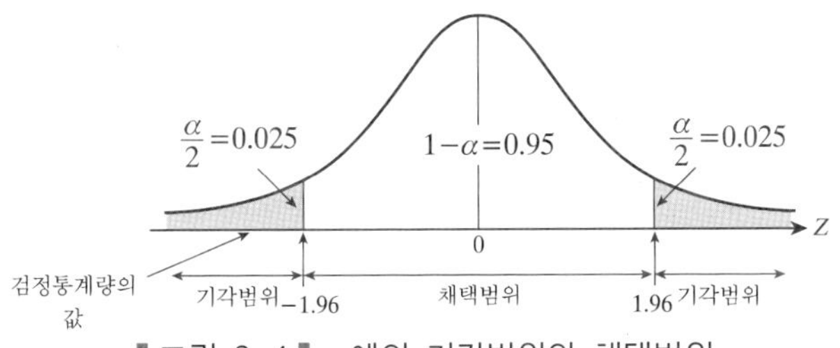

그림 2-4 예의 기각범위와 채택범위

4 연구 방법

연구 방법은 가설을 검증하거나 구체적인 연구 문제를 해결하기 위해 연구의 진행방법이나 후속 조치에 대한 계획을 언급하는 부분이다. 특히 가설이 설정된 연구의 경우는 이 가설이 과연 타당한지를 검증하기 위한 모든 활동과 과정의 계획을 의미한다. 이 부분에서는 보통 ① 연구 대상, ② 측정, ③ 종류, ④ 자료 수집 등이 포함된다.

1) 연구 대상

연구 가설을 제대로 검증하기 위해서는 적절한 연구 대상을 선정해야 한다. 사람을 연구 대상으로 할 경우에, 어떤 사람을(성별, 연령별, 학년별, 지역별, ……), 얼마나 많은 사람을(30명, 50명, 100명, 1000명, ……), 어떠한 방법으로 선정하느냐 하는 것을 결정해야 한다.

어떤 사람을 얼마나 많이 선정해야 하느냐는 전적으로 가설의 성격이나 특성에 달린 문제이기 때문에 일반적인 논의를 하기에는 거의 불가능하다. 다만, 모집단(population)의 수가 얼마냐에 따라 표본(sample)의 수가 달라질 수 있으나, 중심 극한 정리에 근거하여 통계적인 분석을 하기 위해서는 분석 대상이 되는 집단별로 적어도 30명 이상이 되는 것이 바람직하다.

2) 측정

연구를 수행함에 있어 자료를 수집하기 위해서는 측정을 많이 활용하게 된다. 다양한 측정 방법을 선정할 때 고려 사항들은 다음과 같다.

첫째, 연구의 본질적인 목적이나 취지에 적합한 도구이어야 한다. 즉, 적합도(properness)가 높아야 한다.

둘째, 연구하고자 하는 구체적인 목표나 내용을 제대로 측정할 수 있는 도구이어야 한다. 즉, 타당도(validity)가 높아야 한다.

셋째, 측정 결과의 정확성과 일관성을 보장할 수 있는 도구이어야 한다. 즉, 신뢰도(reliability)와 실용도(usability)가 높아야 한다.

자료의 수집방법이 어떠하던 원소단위들에 대해 숫자를 지정할 때 어떤 법칙이 있어야 하는데 이러한 법칙을 척도(scale) 또는 측정수준(level of measurement)이라고 한다. 척도란 한 대상을 측정하기 위해 일정한 규칙에 의하여 만들어진 수의 양을 나타내는 일련의 기호 또는 숫자를 의미한다. 수치자료를 분석하기 위한 통계방법의 적절한 선택은 다른 여타의 것들 가운데에서도 수치자료를 표현하는 척도의 형태에 달려 있다.

즉 자료들에 대해 적용되는 특정한 수학적 연산은 관측되는 척도에 달려 있다. 측정수준은 4가지 서로 다른 형태가 있다. 정보의 내용이나 정확성의 관점에서 보다 고차원적인 수준에 따라 이들은 명명척도, 순위척도, 구간척도 그리고 비율척도 등이 있다.

(1) 명명척도

명명척도(nominal scale)는 응답대안들을 상호배타적으로(mutually exclusive) 분류하기 위하여 각각의 응답대안에 임의적으로 숫자를 부여한 척도이다. 따라서, 숫자는 그 자체적으로 크거나 작다는 의미를 갖지 않는다. 운동선수의 등 번호(back number), 주민등록번호의 뒷자리 숫자 등이 이에 해당한다. 각각의 응답대안은 범주(category)의 정보를 갖는다. 즉, 성별로 분류하여 남자에게는 '1', 여자에게는 '2'라는 수치를 부여한다면 이것이 명목척도가 되는 것이다.

1. 성별 : 남자 = 1, 여자 = 2
2. 학력 : 중졸 = 1, 고졸 = 2, 대졸 = 3, 대학원졸 이상 = 4
3. 지역 : 서울 = 1, 부산 = 2, 광주 = 3, 대전 = 4,
   인천 = 5, 대구 = 6, 전주 = 7

명명척도의 각 범주를 구별하여 나타내기 위하여 숫자 1, 2, 3, 4, ……, n 및 I, II, III, ……, n 또는 기호 A, B, C, ……, Z 등을 사용할 수도 있다. 그러나 이들 숫자 및 기호는 단지 각각이 나타내는 범주를 가리킬 뿐 어떤 뜻을 가질 수 없으며, 이들 숫자 및 기호는 단지 범주를 가리키는 이름으로 사용될 뿐이다. 그러나 필요한 경우에는 그들 숫자를 사용하여 "헤아릴 수 있는 것"에 한하여 적절한 통계기법으로서 최빈수(mode), 도수(frequency) 등을 산출할 수 있다.

(2) 순위척도

순위척도(ordinal scale)는 명명척도보다 한 단계 높은 측정수준이다. 순위척도의 경우 관측값들에 부여한 수치값들 간에는 순위관계가 존재한다. 바꿔 말해서 순위척도를 나타내는 수치는 순서의 관점에서 분명 어떤 관계를 가지는 서로 다른 범주들의 순위를 나타낸다. 그리고 순위척도를 나타내는 숫자의 경우 단위들 간에 간격이 거의 항상 일치하지 않는다. 이와 같이 단위들 간에 간격이 불일치하기 때문에 명명척도에서와 마찬가지로 순위자료에 대해서도 기본적인 수학적 연산을 적용할 수 없다. 그러나 서로 다른 순위척도의 숫자는 측정하고 있는 특성들의 수량이나 선호가 서로 다른 순위척도의 숫자는 측정하고 있는 특성들의 수량이나 선호가 서로 다르다는 것을 말해 준다. 예를 들어, 소비자 만족도에 대한 조사에서 종업원 서비스에 대한 만족도에 따라 "매우 불만족 = 1", "불만족 = 2", "보통 = 3", "만족 = 4", "매우 만족 = 5" 등으로 수치를 부여했다면 1과 5는 수치가 커질수록 선호도가 높아졌다는 것을 의미한다. 그러나 "매우 만족 = 5"라고 응답한 사람이 "매우 불만족 = 1"이라고 응답한 사람보다 5배만큼 만족도를 많이 느끼고 있다고 말할 수는 없다.

즉, 순위척도를 이용하는 경우 수치 간의 차이는 아무런 의미가 없다.

예문

1. 다음의 다섯 가지 음료 브랜드를 당신이 좋아하는 순서에 따라 순위를 표시하십시오.
   ① 코카콜라(　)　② 펩시콜라(　)
   ③ 칠성사이다(　)　④ 게토레이(　)
   ⑤ 포카리스웨트(　)

(3) 구간척도

구간척도(interval scale)는 속성에 대한 각 수준간의 간격이 동일한 경우에 이용된다. 인치(inch), 센티미터(centimeter), 파운드(pound), 정도와 같은 단위로 측정이 된다. 그러나 절대적인 원점은 존재하지 않는다는 점이 다르다. 이 척도는 순위 뿐만 아니라 측청치간의 차이에 대해서도 그 의미가 있는 척도이다. 예를 들어 화씨 40도와 화씨 44도는 화씨 90도와 화씨 94도 사이의 간격과 같으나 화씨 0도가 절대온도라는 의미는 아니다. 또한 화씨 0도는 섭씨 0도와 다르다. 일반적으로 5점 척도 또는 7점 척도의 리

커트 척도(Licart scale)에서 많이 사용된다. 구간척도는 마케팅조사에 있어서 대부분의 분석도구에 이용하는데 바람직하다.

예문

1. 귀하가정의 연간소득은 다음 중 어디에 해당합니까?
   ① 1000만원 (　)　② 2000만원-3999만원 (　)
   ③ 4000만원-5999만원 (　)　④ 6000만원~7999만원 (　)
   ⑤ 8000만원 이상 (　)

2. 귀하의 나이는?
   ① 19세 이하 (　)　② 20~29세(　)
   ③ 30~39세(　)　④ 40~49세(　)
   ⑤ 50~59세(　)　⑥ 60세 이상(　)

3. 당신은 우유를 좋아하십니까?

①	②	③	④	⑤
----------	--------	---------	---------	---------
전혀좋아하지 않음				매우좋아함

(4) 비율척도

비율척도(ratio scale)는 가장 높은 수준의 측정척도이며 절대원점을 갖는 구간척도로 정의할 수 있다. 절대원점(absolute zero point)에 따라 숫자 0은 측정하고 있는 특성이 전혀 존재하지 않는 것을 나타낸다. 이러한 속성에 따라 척도로서의 두 숫지상의 비율은 측정하고 있는 특성의 단위와 무관하다. 예컨대 어떤 상품의 화폐가치는 달러, 파운드, 페소, 원 또는 어떤 다른 화폐단위로 환산하여 측정될 수 있으며, 각 화폐단위의 원점은 동일하다. 즉 이때 각각의 경우에서 숫자 0은 상품가치가 전혀 없다는 것을 의미한다. 절대원점이 있는 경우 모든 수학적 연산은 비율자료에 적용할 수 있다.

예문

1. 귀하는 지난 7일 동안 식품을 쇼핑하러 점포에 몇 번 가셨습니까? 회
2. 귀하의 나이는 만으로 몇 세 입니까? 세
3. 귀하는 1년에 대새 몇 km 정도 운전하십니까? km

* 귀하는 호텔숙박시 가장 중요시하는 정도에 따라 100점으로 할당하여 주십시오.

서비스	( )
위치	( )
안정성	( )
명성	( )
부대시설	( )
계	100

지금까지 설명한 네가지 측정에 대한 척도는 그림 2.5에서와 같이 비교하여 설명하게 쉽게 이해할 수 있다.(이준희, 2001)

명목척도	선수들에게 고유 숫자를 부여한다.	3번 선수	11번 선수	23번 선수
서열척도	선수의 기량에 따라 순위를 정한다.	1등(금메달)	2등(은메달)	3등(동메달)
구간척도	심사자가 10점 만점을 기준으로 선수의 기량을 평가한다.	9.8(점)	9.1(점)	8.5(점)
비율척도	200m 단거리 육상기록을 측정한다.	13.4(초)	14.2(초)	15.8(초)

▌그림 2-5▐ 측정을 위한 주요 척도의 해석

5 자료의 수집 방법

1) 출처에 따른 통계자료 분류

출처의 관점에서 통계자료는 두 개의 범주로 분류될 수 있다. 첫째, 어떤 특정한 의사결정 문제와 관련하여 직접적으로 도출된 자료가 있다. 이러한 정보를 1차 자료(primary data)라 한다. 둘째, 어떤 주어진 의사결정 문제에 유용한 자료이지만 다른 목적에 따라 수집되었으며 이미 책, 잡지, 신문, 정부간행물, 기업보고서 등에 발표된 자료가 있다. 이러한 종류의 수치정보를 2차 자료(secondary data)라고 한다.

1차 자료는 내부자료와 외부자료로 더욱 세분할 수 있다. 내부자료(internal data)는 기업경영에 관한 내부기록, 즉 선적문서, 인사서류, 생산실적, 회계시스템 등으로부터 얻어진다. 외부자료(external data)는 기업 외부의 기관에 의해 수집되고 발표된 자료이다. 더욱이 외부자료는 두 개의 서로 다른 출처, 즉 1차 출처와 2차 출처 중의 하나에 해당된다. 외부자료의 출처(source)는 자료가 수집된 기관에 의해 공표 또는 발표되는 경우 1차 출처(primary source)라고 한다. 그리고 자료를 수집한 기관이 아닌 다른 기관에 의해 자료가 공표 또는 발표되는 경우 2차 출처(secondary source)라고 한다.

1차 출처이든 2차 출처이든 외부자료를 이용할 때는 매우 주의해야 한다. 여기서 우리 자신이 보지 못했던 자료를 다루고 있다고 하자. 자료들은 다른 사람들의 눈에 비친 적이 있으며 다른 의도에서 분석된 적이 있다. 따라서 외부자료에 대해 많은 의문을 끊임없이 제기해야만 한다. 즉 자료수집기관은 이러한 특수한 종류의 자료조사자들을 어떻게 교육시켰는가? 믿을 만한 절차를 통해 얻은 자료인가? 만일 그것이 표본이라면 어떻게 추출되었는가? 자료수집기관은 편견이 있었는가, 없었는가? 사실들이 정당하게 수립되었는가 아니면 어떤 특정한 입장이나 수상을 내세우기 위해 제시되었는가? 이러한 모든 것들은 외부자료가 타당하지 않을 수 있다는 것을 말하려는 것은 아니다. 이것은 외부자료를 바로 문제에 적용하는 데 있어서 확신을 가질 수 있도록 현재의 각 출처들을 앞서의 문제점들에 대해서 주의깊게 조사해야만 한다는 것을 말해 주고 있다.

2) 외부자료의 수집방법

(1) 직접관찰

직접관찰방법(direct observation method)이나 직접계산방법은 어떤 종류의 통계자료를 수집하는 데 있어 꽤 타당하고도 매우 효율적이다. 예컨대 도로, 고속도로, 교량건설 등을 계획하는 데 있어 매우 유용한 정보를 제공해 주는 교통량 분석은 정기적으로 이러한 방법을 이용한다. 관찰자들은 어떤 일정한 지점을 통과하는 차량의 수를 계산하고 기록하기 위해 배치된다. 이러한 방법은 또한 상업구역 내에서 전망 있는 백화점의 위치를 선정하는 데 도움이 되는 통행인의 수에 대한 자료를 수집하는 데 이용될 수 있다. 최근에는 직접 계산을 용이하게 할 수 있도록 자동장치가 도입되었다.

직접관찰방법의 큰 장점은 보통 질문지의 방법보다 정확한 정보를 제공해 준다는 점이다. 그러나 직접 계산에 의해 수집될 수 있는 자료의 양과 종류는 보통 제한되어 있다. 더욱이 이러한 방법은 보통 비용이 매우 많이 들며 바람직한 표본추출방법으로서는 채택될 수 없다. 따라서 인간 모집단에 대한 정보는 대개 정보를 소유하고 있는 사람들에게 질의 응답하여 얻어진다.

(2) 대인질문방법

필요로 하는 정보는 몇 가지 통신방법을 통해 얻을 수 있다. 가장 흔히 이용되는 방법은 개인면접, 우편질문지 발송 그리고 전화면접방법 등이다. 서로 상이한 이들 방법의 장·단점은 상황에 따라 달라진다. 일반적으로 정확도가 가장 높고, 비용과 시간을 가장 적게 들여 필요한 정보를 얻는 방법이 주어진 조사에서 가장 훌륭한 방법으로 간주된다.

대인면접방법(personal interview)은 조사자가 응답자를 직접 만나서 필요한 정보를 얻는 것이다. 조사자는 토론할 주제나 문제에 대해 설명을 하고 토론 및 면접의 형식을 통하여 주제에 대한 질문이나 토론을 이끌어가며 응답자의 반응을 기록하여야 한다.

이 방법은 우편이용법이나 전화면접법보다 자세하고 상세한 내용을 질문할 수 있으며 다양한 내용 등을 물을 수 있고, 연구에 필요한 기타 관련된 정보들도 취득할 수 있다는 장점이 있다. 그러나 비용과 시간이 많이 들며, 조사자와 응답자의 상호 이해 부족이나 조사 외적인 요인들로부터 오류가 개입될 가능성이 많이 있다. 면접이 성공적으로 되기 위해서는 먼저 필요한 정보를 제공할 수 있는 응답자를 선정해야 하며, 그 응답자가 자신의 역할을 이해하고 있어야 하고, 응답자로 하여금 면접에 자발적으로 응할 수 있도록 동기유발을 해주어야 한다. 또한 조사자는 면접기술을 잘 알고 있어야 하고 질문 등을 명확히 하여야 한다.

우편조사(mail survey)는 응답자에게 설문지를 우편으로 발송하여 응답자로 하여금 이를 완성하여 조사자에게 반송하게 하는 방법이다. 우편조사의 주된 장점은 광범위한 지역을 대상으로 하여 비교적 저렴한 비용으로 쉽고 빠르게 조사할 수 있다는 점이다. 우편질문지를 이용하면 면접자를 훈련시킬 필요는 없지만 그 대신 표준화된 일련의 질문지를 준비할 필요가 있다. 이 방법은 응답자가 가정의 사생활에 대해 진솔하게 질문에 응하도록 하며 면접자의 주관적인 영향이 미치지 않는다는 점에서 또 다른 상점을 가지고 있다.

그러나 낮은 응답률은 우편질문지의 주된 단점이 된다. 보통 우편조사에서 단지 10 ~ 20%만이 응답한 사실은 질문지가 발송된 전체집단의 대표가 못 된다는 것을 시사해 주고 있다. 분명히 우편질문지의 성공을 보장하기 위해서는 응답자들의 협조가 요청되어야 하며 조사결과의 심각한 편의를 피하기 위해 무응답을 반드시 조사하여야 한다. 이것은 보통 반복해서 권유장을 내는 우편질문지를 추가시킴으로써 실시할 수 있다. 그런 다음 만일 필요하면 비용이 적게 드는 경우에는 무응답자에 대한 개인면접을 실시할 수 있다. 우편조사와 개인면접을 결합시킨 방법은 가장 훌륭하고도 경제적인 자료수집방법이 된다. 이 방법이 조사연구에서 가장 널리 이용되어 왔다는 것은 의심할 여지가 없다.

전화면접(telephone interview)은 직접 응답자를 만나는 대신에 전화를 이용하여 면접을 하는 방법이다. 이 방법은 비용과 시간이 비교적 적게 들고, 얻고자 하는 정보를 정확하게 얻을 수 있으므로 효과적인 방법으로 인식되어 실무조사에서 많이 쓰이는 방법 중의 하나이다.

전화면접은 전화번호부를 이용하여 비교적 쉽고 정확하게 모집단에서 표본을 추출할 수 있고 간단히 응답자와 대화를 할 수 있으며, 조사자와 면접자가 얼굴을 맞대고 의사소통을 하지 않으므로 면접 도중에 발생할 수 있는 많은 오류를 줄일 수 있다. 예를 들어 면접자의 외모나 차림 등에 의한 응답자의 선입관이 배제되는 경우이다. 그러나 조사할 수 있는 양이 제한되어 있고 응답자를 통제할 수 있는 방법이 한정되어 있으므로 대인면접에서와 같이 많은 정보를 얻기는 힘들다. 또한 특정층을 대상으로 조사할 경우에 응답자와 전화통화를 하기가 힘들어서 정보를 얻기가 힘든 경우가 있으며 전화응답자가 선정된 표본인지를 확인하기도 힘들 수 있다. 예를 들어 정부의 고위관리자나 기업의 최고경영자들에게 면접원이 전화응답을 받기는 정말 어렵다.

전화면접은 신뢰성뿐만 아니라 비용의 관점에서 개인면접과 우편질문지의 중간에 위치한다. 비록 전화면접이 우편조사보다 비용이 약간 더 들지만 거부율은 훨씬 더 낮다.

6 측정의 신뢰도와 타당도

1) 신뢰도

신뢰도(reliability)란 그 도구를 이용하여 수집한 점수가 얼마나 정확하고 일관성이 있는가 하는 정도, 즉 측정의 오차(measurement error)가 얼마나 적은가 하는 정도를 의미한다. 예컨대, 어떤 도구를 이용하여 아침에 측정한 결과와 저녁에 측정한 결과가 동일하다면 신뢰도가 높은 도구라 할 수 있겠지만, 반대로 두 결과 간에 차이가 크다면 신뢰도가 낮은 도구라고 할 수 있다. 신뢰도는 타당도와는 달리 대부분의 경우 숫자(혹은 계수)로 표시하는 경우가 많다.

어느 사건이나 현상을 측정하는데 신뢰성이 있어야 하는 것은 말할 나위가 없다. 그러나 측정에 있어서 신뢰성은 언제나 당연히 확보되지는 않는다. 측정의 신뢰성을 저해하는 주관성(subjectivity)과 부주의의 요인은 애써 고안한 측정도구들의 효용을 떨어뜨린다. 실제 통계조사를 하다 보면, 조사자의 주관개입이나, 실수 혹은 교육훈련의 부족으로 신뢰성을 떨어뜨리는 사례들을 많이 접할 수 있다.

이러한 측정상의 신뢰성을 떨어뜨리는 요인을 제거하기 위하여 조사자들은 훈련을 받고, 조사의 설계자는 측정자료들을 재검증하는 과정을 거치면서 조사를 진행하게 되는 것이다.

신뢰도를 측정하는 방법으로 재검사법, 대체법(또는 동형법, 대안법), 반분법, 그리고 내적일치도법 등이 널리 사용되고 있다.

(1) 재검사법(test-retest method)

재검사법은 설문지의 신뢰도 지표로써 가장 널리 사용된다. 응답들이 얼마나 안정적인가를 알기 위해서 같은 응답자들을 서로 다른 두 시점에서 검사하여 측정한다. 이는 하나의 결과들이 얼마나 재생 가능한가에 대한 척도이다. 두 개의 응답 집단을 비교하기 위해서 상관계수를 이용한다. 상관계수가 설문지의 신뢰도가 된다. 일반적으로 0.7이면 신뢰도가 좋다고 할 수 있다.

장점은 측정도구 자체를 직접 비교할 수 있고, 적용이 간편하다는 것이다.

단점은 동일한 측정도구를 두 번 적용하기 때문에 앞의 측정이 뒤의 측정에 영향을 줄 수 있으며, 외생변수의 영향을 파악하기가 곤란하다는 점이다. 또한 조사기간과 비용이 많이 든다는 단점도 있다.

(2) 대체법(alternative-form method)

대체법(대안법 또는 동형법)은 측정하고자 하는 조사도구를 사용하여 측정값을 얻고, 이와 형식이 유사한 다른 조사도구를 사용하여 측정값을 얻은 후 두 측정값들 간의 상관계수를 구해 신뢰 정도를 측정한다. 대체법은 재검사법의 단점인 기억효과의 문제를 피할 수 있는 하나의 방법이다. 만약 상관계수가 높으면 설문지나 설문들은 좋은 신뢰도를 갖는다.

대체법으로 신뢰도를 측정하는 일반적인 방법은 단순히 응답의 순서를 바꾸는 것이다. 이 방법은 두 시점의 차이가 나지 않을 때 가장 효과적이다. 응답자들로 하여금 설문과 응답 문항들을 주의 깊게 읽게 해서 기억효과를 줄여준다. 또 다른 방법은 의미변화 없이 응답 문항들의 단어만을 바꾸어주는 것이다. 문항들을 유사한 단어로 바꾸는 방법도 있다.

대체법의 단점은 서로 유사한 문항을 만드는 일이 쉽지 않다는 것이다. 즉, 동일 내용을 다루어야 하고, 문항의 난이도와 변별력도 동일해야 하는 데 이를 위해서는 응답자들의 독해력과 이해 정도를 잘 측정해야 한다.

예제 [2.2]

[응답 순서]

〈A형〉 : 지난 4주 동안 당신은 얼마나 자주 슬프고 우울함을 느꼈는가?
항상 느꼈다 ( ) 대부분 느꼈다 ( ) 좀 느꼈다 ( )
가끔 느꼈다 ( ) 전혀 없었다 ( )

〈B형〉 : 지난 4주 동안 당신은 얼마나 자주 슬프고 우울함을 느꼈는가?
전혀 없었다 ( ) 가끔 느꼈다 ( ) 좀 느꼈다 ( )
대부분 느꼈다 ( ) 항상 느꼈다 ( )

(3) 반분법(split-half method)

반분법이란 한 개의 측정 도구를 같은 피험자 집단에게 실시한 다음, 그 검사에 포함된 문항들을 가능한 한 동형검사에 가깝도록 두 부분으로 나눈 다음, 각 부분을 독립된 하나의 동형검사인 것처럼 생각하여 반분된 검사의 점수들간 상관계수를 산출하는 방법이다. 하나의 평가 도구 혹은 검사를 두 부분으로 나누는 방법에는 여러 가지가 있다. 즉, 전반부와 후반부로 나누는 방법(예컨대 100문항 중 1번에서 50번까지와 51번부터 100번까지 둘로 나눔), 홀수번호 문항과 짝수번호 문항으로 나누는 방법(예컨대 1, 3, 5, 7, …, 99번까지와 2, 4, 6, 8, …, 100번까지로 둘로 나눔), 난수표(random numbers table)를 사용하여 문항들을 두 부분으로 나누는 방법, 의도적으로 문항의 난이도나 내용에 따라 비슷한 것끼리 짝지어 두 부분으로 나누는 방법들이 있다. 어떤 방법을 이용하든지 두 부분으로 나눌 때 주의해야 할 점은 두 부분으로 나눈 각각의 부분이 가능한 한 동형검사가 되도록 해야 한다는 것이다. 일반적으로 검사가 짧을수록(즉 검사 문항이 적을수록) 신뢰도는 낮아지고, 검사가 길수록(즉 검사 문항이 많을수록) 신뢰도가 높아지기 때문에, 하나의 검사를 반분하여 추정된 반분법은 반분하지 않은 상태의 전체 검사의 신뢰도보다 낮게 추정되는 경향이 있다.

(4) 내적일치도법(internal consistency method)

내적일치도법은 설문지나 문항들을 평가하는 심리측정 척도로 널리 사용되는 또 하나의 신뢰도 측정 방법이다. 이는 동일한 개념을 나타내는 서로 다른 특성들을 측정하는 문항들이 같은 내용을 얼마나 잘 측정하는가에 대한 지표이다. 내적일치신뢰도는 1951년 이를 처음으로 사용한 20세기 심리측정학자의 이름을 딴 Cronbach의 알파계수(alpha coefficient)를 계산함으로써 측정된다. 즉, 알파계수는 여러 문항들로 된 그룹 내의 내적일치신뢰도를 나타낸다. 이는 척도의 동질성을 나타내는 통계량이다. 즉, 같은 변수나 내용을 다른 방향으로 측정할 때 서로 다른 문항들이 얼마나 잘 보완해 주는지에 대한 척도이다.

알파계수를 구하는 공식은 다음과 같다.

$$\alpha = \frac{N}{N-1}(1 - \Sigma\frac{\sigma_i^2}{\sigma_t^2})$$

N=문항수, σ_t^2=총분산, σ_i^2=각 문항의 분산

문항 전체 수준인 경우, 알파계수가 0.5이상, 개별 문항 수준인 경우 0.9이상 정도이면 신뢰도가 높다고 할 수 있다. 만약 신뢰도가 이보다 낮은 경우 신뢰도를 개선하기 위해서 ① 측정항목의 모호함을 제거하거나,② 측정항목수를 늘리거나, ③ 사전에 신뢰도가 검증된 측정항목을 이용하거나, ④ 척도점을 조정하기도 한다.

2) 타당도

측정에 대한 신뢰도의 문제는 조사를 중단시킬 정도로 중대하다고 할 수는 없지만, 타당성문제는 조사를 진행할 수 없게 할 정도로 중대한 것이다. 즉, 신뢰성은 조사를 진행하면서도 확보해 갈 수 있지만, 타당도는 애당초 다른 측정도구를 사용해야 한다는 점에서 조사의 전제를 뒤흔들게 된다.

왜냐하면 측정의 타당도란 조사자가 측정하고자 하는 사건이나 현상을 측정하고 있느냐 하는 문제이기 때문이다. 즉, 측정도구가 제대로 설계되었느냐의 문제이다.

일반적으로 자연과학적 현상을 측정하는데 사용할 측정도구의 선택은 그리 어려운 문제가 아니다. 그러나 사회현상이나 사람의 내면적인 상태를 측정하기 위한 도구의 개발은 쉽지 않다. 부처별, 또는 국가별 부패지수를 정확히 측정하기 위해서 사용할 측정도구의 개발은 대단히 어렵고 논란의 여지가 많게 된다. 마찬가지로 인간의 감성을 정확히 측정하는 일도 어렵다.

미국심리학회에서는 타당도를 내용타당도, 기준관련타당도, 그리고 구성체타당도의 3가지로 분류하고 있다.

(1) 내용타당도(content validity)

내용타당도란 검사도구가 측정하고자 하는 내용을 모두 측정하고 있는지를 보는 척도이다. 예를 들어, 영어능력 평가시험은 통상적으로 읽기, 쓰기, 듣기, 어휘 등의 능력을 검사한다. 새로이 개발된 영어능력 평가시험의 내용을 분석한 결과 위 항목 중 어휘능력을 평가하는 부분이 누락되어 있다면 새로이 만들어진 영어능력 평가시험은 영어능력을 제대로 평가할 수 없다. 즉, 내용타당도가 결여되어 있다. 내용타당도는 심리학이나 교육학 분야 등에서 여러 종류의 검사를 개발하고 평가하는 데 주로 사용된다.

(2) 기준관련타당도(criterion-related validity)

내용타당도는 측정하고자 하는 내용에 대한 개념 정의가 명확치 않고 때론 상이할 수 있으며, 평가자들의 판단기준도 다를 수 있어 객관적 평가가 곤란하다. 그러나 만약 적절한 평가기준을 사용할 수 있다면 타당도를 객관적으로 평가할 수 있다.

기준관련타당도는 이와 같이 이미 타당성이 입증되거나 지금까지 널리 사용되고 있는 기준을 타당성의 평가 잣대로 사용한다. 따라서 경험적 타당도라고도 한다.

(3) 구성체타당도(construct validity)

내용타당도나 기준관련타당도는 사회과학에서 사용되는 추상적이거나 이론적 개념에 대한 척도의 타당성을 평가하는 데 한계가 있다. 이 점에 구성체타당도를 사회과학으로 널리 사용하는 하나의 이유가 된다. 구성체타당도란 1차적으로 측정하고자 하는 개념을 나타내는 요인들을 가상적으로 정의하고, 이 요인들을 측정하는 경험적 검사점수(평가점수)를 구해서 이 점수가 측정하고자 하는 개념과 어느 정도 관계가 있느냐에 따라 구성요인들의 타당성을 평가하는 것이다.

권기만, 안민영, 최종후(2001)는 서울시의 반부패지수를 산출하기 위해서 부패유발이 행정제도, 행정통제, 그리고 사회조직문화 등 3개의 요인에 의한다고 정의하였다. 이 세 가지 요인이 구성체타당도가 있는가의 여부는 각 요인을 측정하는 문항들을 만들어 요인별 점수를 구하고, 이들 점수와 부패유발 요인들의 총 점수와 상관을 구하면 된다. 만약 상관관계가 높으면 구성체타당도가 있다고 하고 상관관계가 낮으면 구성체 타당도가 없다고 할 수 있다. 상관관계가 낮은 요인은 측정하고자 하는 개념을 구성하는 요인으로 보기 어려우므로 이 요인을 제외시킨다.

구성체타당도가 없게 나타나는 경우는 크게 두 가지 원인에 의한다. 하나는 측정 개념을 구성하는 가상적 요인의 설정이 적절치 못한 경우이고, 둘째는 요인을 측정하는 문항들을 잘못 만든 경우이다. 이때는 측정도구(설문지)를 수정해야 한다. 따라서 구성체타당도가 높기 위해서는 요인들 간의 상관뿐만 아니라 요인을 측정하고자 하는 문항들 간의 상관도 높아야 한다.

3) 타당도와 신뢰도의 관계

조사도구의 타당도와 신뢰도는 측정을 하는 데 있어서 매우 중요하다. 그러나 이러한 타당도와 신뢰도의 문제는 조사 설계 단계부터 다루어져야 한다 조사 설계 단계에서 조사도구인 설문지를 작성하는 과정에서 타당도와 신뢰도가 높은 조사도구가 만들어져야 한다. 애써서 조사를 수행하고 나서 타당도와 신뢰도를 분석해 보니 원하는 정도의 타당도와 신뢰도가 충족되지 못한다면 그 조사는 가치를 잃게되어 많은 문제가 제기되거나 새로운 조사도구를 만들고 조사를 다시 실시해야 한다. 따라서 전문가들의 검토를 거치고 사전조사나 모의조사 등을 통해 사전에 타당도와 신뢰도를 검사해서 조사도구를 수정해야 한다.

성태제(2000)는 관측점수=타당한 관측점수 + 타당하지 않은 관측점수 + 오차로 정의하고 다음과 같이 나타냈다.

$$\text{타당도}=\frac{\text{타당한 관측점수}}{\text{관측점수}}$$

$$\text{신뢰도}=\frac{\text{타당한 관측점수}+\text{타당치 않은 관측점수}}{\text{관측점수}}$$

따라서 타당도의 값은 신뢰도의 값을 초과하지 않는다. 신뢰도가 낮은 어떤 척도도 타당도가 높을 수 없지만, 신뢰도가 높기 위해서 반드시 타당도가 높아야 되는 것은 아니다. 즉 신뢰도가 높은 것이 타당도가 높기 위한 필요조건이지 충분조건은 아니다.

예제 [2.3]

[prg1_1.sav]

다음의 자료는 전주의 한 대학식당의 식당이용 만족도를 조사한 결과이다. 설문내용으로는 식당 내부의 청결상태, 음식의 양, 식사 대기시간, 음식의 맛, 직원들의 친절도를 7점척도로 점수가 높을수록 만족하는 것으로 측정하였으며 이용횟수는 1주당 평균 이용횟수로 측정하였다. 이 설문조사의 문항들에 대한 신뢰도를 구하여라.

관찰번호	청결상태	음식의량	대기시간	음식의맛	친절도	이용횟수	성별
1	5	3	6	5	4	3	남
2	6	6	6	5	5	5	남
3	4	3	3	4	5	4	남
⋮	⋮	⋮	⋮	⋮	⋮	⋮	⋮
29	6	6	5	4	6	5	여
30	6	6	6	5	4	6	여

풀이 PASW 자료 중 prg1_1.sav를 불러온다. 자료의 형태를 보면 문항의 만족도 변수가 있다.

먼저 메뉴에서 먼저 **분석(A) ⇨ 척도(A) ⇨ 신뢰도 분석(R)**을 선택한 후 아래의 그림과 같이 **항목(I)**란에 6개 변수를 넣어준다.

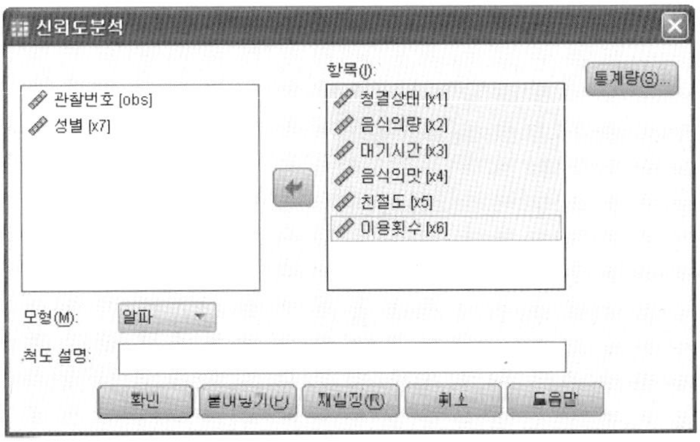

옆의 옵션의 **통계량(S)**을 선택해서 **항목(I)**과 **항목제거시 척도(A)**를 선택해 준 후 실행시킨다.

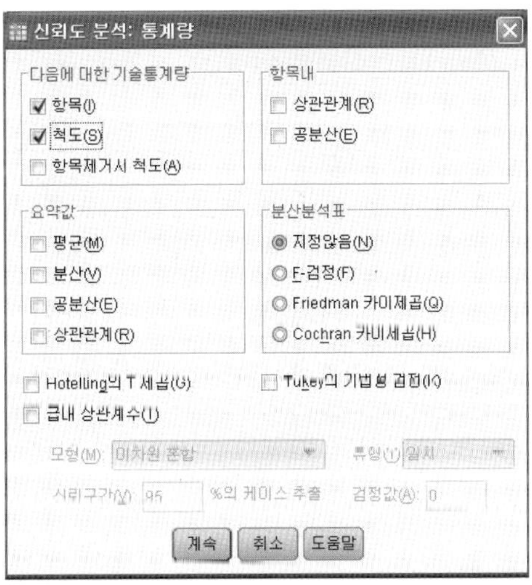

분석결과는 다음과 같다.

신뢰도 통계량

Cronbach의 알파	항목 수
.755	6

신뢰도분석결과 Cronbach－α 값은 0.755이 나왔다. Cronbach－α의 범위는 0~1 사이의 수이며 0에 가까워질수록 신뢰도가 떨어지는 것으로 해석되어진다. 하지만 1에 가까워진다고 해서 반드시 신뢰도가 높다라고 해석하는 것은 약간 위험하다. 그 이유는 표본의 수가 커질수록 Cronbach－α값은 1에 가까워지는 성질을 가지고 있다. 그러므로 1에 가까워질 때는 "신뢰도가 나쁘지 않다"라고 해석하는 것이 옳은 방법이다. 또한 어느 정도 이상이 되어야 나쁘지 않은지에 대한 기준은 없다. 일반적으로 0.7 이상이 되면 나쁘지 않은 것으로 해석한다. 여기에서는 0.755가 나타나 신뢰도가 나쁘지 않은 것으로 해석할 수 있겠다. 또한 각각의 항목에 대해 알아보면 다음과 같다.

항목 총계 통계량

	항목이 삭제된 경우 척도 평균	항목이 삭제된 경우 척도 분산	수정된 항목 전체 상관관계	항목이 삭제된 경우 Cronbach 알파
청결상태	21.77	17.082	.673	.678
음식의 량	22.20	16.924	.518	.713
대기시간	22.50	16.879	.488	.723
음식의 맛	22.50	19.845	.389	.745
친절도	22.47	17.706	.376	.758
이용횟수	22.90	16.990	.584	.696

이 결과에서는 마지막 셀의 항목이 삭제된 경우의 Cronbach－α를 주의 깊게 봐야 한다.

즉 해당변수가 삭제되었을 경우(다섯 변수가 남았을 경우)의 신뢰도인 것이다.

그러므로 그 변수가 삭제되었을 때 원래의 신뢰도 값보다 하락하면 그 변수는 매우 중요한 변수이며 반대로 원래의 신뢰도 값보다 상승할 경우는 그 변수는 문제가 있는 변수로 생각된다. 즉 삭제 또는 수정을 요하는 변수로 해석하면 된다. 여기에서는 음식량변수를 제외한 대부분의 변수가 원래의 신뢰도 0.755보다 많이 하락하는 것을 알 수 있다. 즉 이 변수들은 매우 중요한 변수임을 알 수 있으며 음식량의 경우는 신뢰도가 다소 상승하는 것을 알 수 있다. 이 변수는 신뢰도에 좋지 않은 영향을 끼치고 있음을 알 수 있다. 그러므로 음식량이라는 변수의 삭제 혹은 수정을 고려해 볼 수 있다.

Chapter 3

기초적인 통계자료분석

1 통계자료분석의 과정

통계적 방법은 매우 다양한 분야에서 광범위하게 이용되고 있다. 경영학이나 경제학 등의 사회과학에서 이용되고 있는 통계적 방법들과 자연과학에서 이용되는 방법들이 세부적인 기법 상에는 약간의 차이가 있을지라도 기본적인 접근방법은 동일하다. 즉, 어떤 분야에서는 특정한 통계적 방법들이 다른 분야에 비해 많이 이용되기도 하지만, 그 근본 목적이 불확실성 하에서의 의사결정에 필요한 정보의 수집과 분석이라는 점에서는 다를 수 없다. 이러한 관점에서 어떤 문제를 해결하기 위한 통계자료분석과정을 공통적으로 다음 5단계로 나누어 볼 수 있다.

1) 문제의 서술

연구 문제들은 대체적으로 간략한 주제이지만, 한편으로는 막연한 문제들도 포함하고 있다. 그러므로 연구목적의 모호함을 없애기 위해 문제가 분명하고도 상세하게 제시되어야 한다. 또한 자료수집이 설문조사를 통할 때, 대답을 요하는 내용은 일반 대중이 이해하기 쉽게 표현되어야 한다. 연구 문제에서 사용되는 용어, 의사결정 내용들의 정의가 명확하고 보편적이어야 한다. 그리고 조사대상의 범위가 확실하게 지정되어 있어야 한다.

2) 실험 설계

실험을 설계할 때 전체를 대상으로 조사할 것인지 표본을 추출하여 조사할 것인가를 결정하여야 한다. 만일 표본추출조사가 선택되면 표본조사의 항목을 어떻게 선정하고, 몇 개의 항목을 선정하며, 관측 대상항목들 각각으로부터 어떠한 자료를 얻을 것인가를 결정하는 것이 필요하다. 또한 이 단계에서 최종적으로 어떤 분석방법이 사용될 것인지도 동시에 고려하여 분석방법에 적합한 자료수집을 설계하는 것도 필요하다. 어렵지 않다면 분석이론의 가정에 벗어나지 않는 실험 설계를 하도록 노력해야 할 것이다.

3) 자료의 수집

때때로 기존 자료가 연구 질문에 만족스러운 답을 제시해 줄 때도 있다. 적절한 현존자료가 없을 경우에 조사자는 그 자신이 직접 자료를 수집해야 한다. 자료수집은 비용이 많이 들고, 시간의 낭비가 클 수 있으며, 많은 오기(誤記)의 가능성도 있다. 자료수집 과정을 적절히 통제하는 것도 매우 중요하다.

4) 자료의 요약 및 정리

원자료(raw data)를 통해 자료의 특성을 파악하는 것은 대부분 불가능할 것이다. 그 해결방법은 자료를 요약하는 것이다. 각각의 자료를 계급에 따라 분류하고, 표나 그래프 등을 이용하여 정리한다. 또한 비율이나 평균과 같이 자료를 대표하는 통계량을 제시한다. 기초적인 자료요약은 통계패키지의 이용보다는 EXCEL과 같은 spread sheet 프로그램을 이용하면 훨씬 더 쉽고 세련된 결과를 얻을 수 있는 것이 현 실정이다.

5) 자료의 해석

우리가 이 책에서 대부분의 지면을 할애하여 설명할 부분으로 분석의 가장 중요한 단계이다. 연구자가 얻은 자료에 정확한 통계분석법을 적용하여 문제를 해결하는 것은 그리

간단하지가 않다. 많은 통계적 분석방법이 여러 제약조건(restriction)과 가정(assumption) 하에서 유도된 수학적인 이론을 토대로 정립되었기 때문에, 그 분석법을 적용하려면 자료가 요구하는 조건과 가정에 합당한가를 먼저 염두에 두어야 한다.

요즘은 컴퓨터와 통계패키지의 보급으로 인하여, 통계학을 체계적으로 공부하지 않은 이들도 간단한 프로그램만으로 통계분석결과를 얻을 수 있게 되었다. 이는 잘못된 분석의 적용으로 오류를 범할 가능성을 크게 하였기에, 좀더 세심한 주의 아래 자료를 분석하고 해석해 주기를 당부한다.

2 기초적인 탐색적 자료분석

탐색적 자료분석(exploratory data analysis: EDA)이란 자료의 구조와 특징을 알아내기 위한 기법들을 통칭한다. 실제적인 자료를 다루는 사람들은 데이터를 일차적으로 요약한 후, 추정 및 가설검정에 들어가기 전에 데이터를 면밀하게 살펴보는 것이 옳은 태도일 것이다. EDA는 바로 이러한 단계에서 데이터의 여러 면모를 파악할 수 있도록 여러 기법들을 갖추고 있다.

1) 줄기와 잎 그림

데이터를 정리하는 방법을 설명하기 위하여 한 예를 들어본다. 〈표 3.1〉은 진주지역의 50개의 슈퍼마켓에 대한 2005년 월 평균 매출액이다. 이 매출액 자료는 쭉 훑어보는 것만으로는 쉽게 감이 잡히지 않는다. 그러면 이 데이터를 어떻게 쉽고 빠르게 파악할 수 있을까? 〈그림 3.1〉은 그래프로 데이터를 표현하는 것이 한 방법이다.

▌표 3-1▌ 50개 슈퍼마켓의 월평균 매출액

(단위: 백만원)

슈퍼마켓	매출액	슈퍼마켓	매출액	슈퍼마켓	매출액
1	8.0	18	11.1	35	10.5
2	11.8	19	9.9	36	10.3
3	8.7	20	9.8	37	11.1
4	10.6	21	11.6	38	9.6
5	9.5	22	15.1	39	9.0
6	9.3	23	12.5	40	14.5
7	11.5	24	6.5	41	13.0
8	10.7	25	7.5	42	6.7
9	11.6	26	10.0	43	11.0
10	7.8	27	12.9	44	8.4
11	10.5	28	9.2	45	10.3
12	7.6	29	10.0	46	13.0
13	10.1	30	12.8	47	11.2
14	8.9	31	12.5	48	7.3
15	8.6	32	9.3	49	5.3
16	11.1	33	10.4	50	12.5
17	10.2	34	12.7		

이 그래프는 줄기-잎 그림(stem and leaf display)이라고 하는 것으로, 가운데 길다란 네모 안의 숫자들은 나무의 줄기를 이루는데 각 슈퍼마켓 매출액의 백만원 자릿수에 해당하고 그 밖의 숫자들은 나무의 잎을 이루는데 매출액에 대한 십만원 단위를 의미한다. 〈그림 3.1〉을 보면 줄기가 10인 단위에 잎이 가장 많은 빈도를 나타내고 있음을 알 수 있다. 그런데 줄기의 개수를 어떻게 정하는가 하는 것도 하나의 문제이다. 즉 줄기의 수가 너무 많으면 줄기-잎 그림을 사용하지 않는 것이 좋다.

```
15   1
14   5
13   0 0
12   5 5 5 7 8 9
11   0 1 1 1 2 5 6 6 8
10   0 0 1 2 3 3 4 5 5 6 7
 9   0 2 3 3 5 6 8 9
 8   0 4 6 7 9
 7   3 5 6 8
 6   5 7
 5   3
```

▌그림 3-1▌ 줄기-잎 그림표

2) 사분위수

집중경향, 산포도 등의 측정과는 별개로 좀 더 자세한 자료의 구성비 형태를 표현하는 척도를 분위수(quantiles)라고 한다. 우리가 가장 많이 이용하는 분위수는 사분위수(quartile)와 백분위수(percentile)이다.

사분위수는 N개의 관측값을 크기 순으로 배열했을 때 전체 관측값을 4등분하는 위치에 오는 값을 말한다. 즉 누적도수가 (N+1)/4, 2(N+1)/4, 3(N+1)/4인 것에 대응하는 위치의 관측값을 말한다. 이들은 각각 Q1, Q2, Q3으로 표시하면 Q1을 제 1사분위수, Q2를 제 2사분위수, Q3를 제 3사분위수라 한다. 여기서 제 2사분위수는 중앙값(median)과 같다. 앞의 예에서, 제 1사분위수 Q1은 (N+1)/4 = 51/4 = 12.75번째 값이니, 소수점이 있으므로 13번째 값으로 한다. 13번째의 슈퍼마켓의 매출액은 9백만 원이다. 제 2사분위수는 Q2 = 중앙값 = (N+1)/2 = 51/2 = 25.5번째로 10.3(백만원)이다. 또한 제 3사분위수 Q3는 3(N+1)/4 = 3(50+1)/4 = 38.25번째이나 반올림하여 38번째의 매출액(11.6백만원)이 제 3사분위수가 된다. 이상의 내용을 그림으로 나타내면 〈그림 3.2〉와 같다.

요약값	줄기	잎
최대값 = 15.1	15	1
	14	5
	13	0 0
	12	5 5 5 7 8 9
제 3 사분위수 = 11.6	11	0 1 1 1 2 5 6 6 8
중앙값 = 10.3	10	0 0 1 2 3 3 4 5 5 6 7
제 1 사분위수 = 9.0	9	0 2 3 3 5 6 8 9
	8	0 4 6 7 9
	7	3 5 6 8
	6	5 7
최소값 = 5.3	5	3

▮그림 3-2▮ 줄기-잎 그림과 사분위수

3) 상자와 수염 그림

탐색적 자료분석의 관점에서 살펴볼 때 한 묶음의 데이터를 정리하는 숫자로서 다섯 숫자요약(최소값, 최대값, 중앙값, 제1사분위수, 제3사분위수)이 이용된다. 상자그림은 이 수치 데이터의 요약을 특이점(outlier)과 함께 그래프로 표현한 것으로서 분포의 형태, 특이점의 유무, 여러 집단의 수치 데이터를 비교하고자 할 때 유용하게 이용된다. 앞 절에서의 슈퍼마켓 예제를 상자와 수염 그림으로 표시한 것이 〈그림 3.3〉이다.

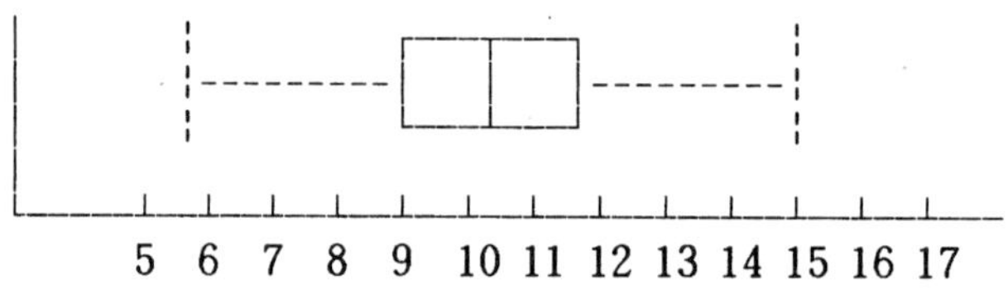

▮그림 3-3▮ 상자와 수염 그림

상자 가운데 그려진 수직선은 자료의 중앙값의 위치를 표시한다. 상자의 왼쪽의 수직선은 제 1사분위수의 위치를, 상자의 오른쪽의 수직선은 제 3사분위수의 위치를 나타낸다. 그러므로 좌우에서 사분위수들로 막은 네모꼴 상자를 그린다. 그리고 상자의 좌우 양단에서 수염(점선)을 그리고 양극단 값에서 끝을 맺도록 한다.

4) P-P(Q-Q)도표 및 정규성 검정

P-P도표와 Q-Q 도표는 자료들의 분포 형태가 귀무가설하에서의 확률분포의 형태와 같은지를 알아보고자 하는 경우 사용하는 도표이다. P-P도표에서는 귀무가설하의 확률분포의 누적비율과 자료들의 누적비율의 산점도를 그리고, Q-Q도표에서는 귀무가설하의 확률분포의 분위수와 자료들의 경험적 분포의 분위수의 산점도를 그린다. 점들이 원점을 지나며 기울기가 1인 직선상에 놓이면 자료들이 귀무가설하의 확률분포를 따른다고 보아도 좋다.

예를 들어 정규분포를 가정하면, 거의 모든 자료가 직선상위에 존재하면 정규분포를 하고 있다고 판단하며 그렇지 않은 경우는 정규분포를 하지 않는다고 판단한다. 객관적으로 데이터의 정규성을 검정하는 방법으로 표본의 수가 51개 이상이면 Kolmogorov-Smirnov 검정을 사용하고 50개 이하이면 Shapiro Wilk 검정법을 이용하여 검정한다. 두 검정 통계량은 'H0 : 표본의 분포가 정규분포이다'인 귀무가설을 검정한다.

예제 [3.9]

[prg3_1.sav]

앞 예의 슈퍼마켓 자료(〈표 3.1〉)에 대해 SPSS를 이용하여 기초적인 통계량들의 값과 그림을 구하여 보자.

풀이 prg3_1.sav를 불러온다. 메뉴에서 분석(A) ⇨ 기술통계량(E) ⇨ 데이터탐색(E)을 선택하고 그림과 같이 변수를 종속변수에 보낸다.

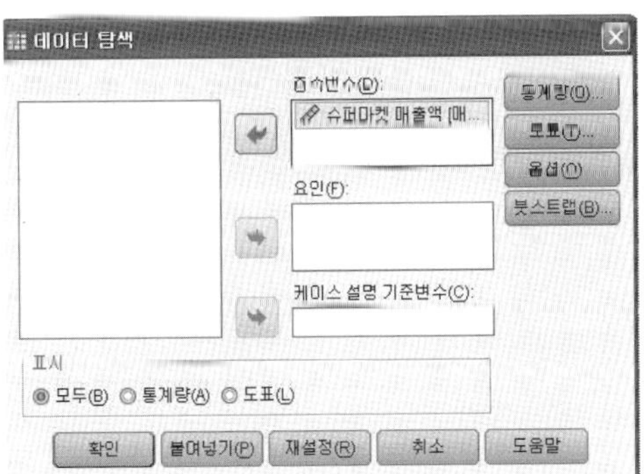

그 후 오른쪽 상단의 **도표(T)**를 선택한 후 다음의 그림과 같이 기술통계부분의 줄기와 잎그림, 히스토그램을 선택한다. 또한 정규성 검정을 위해 **검정과 함께 정규성 도표(T)**를 선택한다. 계속을 선택한 후 확인을 선택한다.

아래의 그림은 프로그램을 실행한 결과이다.

☆ **기술통계**

슈퍼마켓 매출액		통계량	표준오차
평균		10.280	.2892
평균의 95% 신뢰구간	하한	9.699	
	상한	10.861	
5% 절삭평균		10.283	
중위수		10.300	
분산		4.182	
표준편차		2.0450	
최소값		5.3	
최대값		15.1	
범위		9.8	
사분위수 범위		2.6	

☆ 정규성 검정

	Kolmogorov-Smirnov (a)			Shapiro-Wilk		
	통계량	자유도	유의확률	통계량	자유도	유의확률
슈퍼마켓 매출액	.061	50	.200 (*)	.992	50	.986

위에 제시된 두 검정 통계량은 정규분포의 가정을 만족하는 지를 검정한다. 이때 표본의 개수가 51 이상이면 Kolmogorov-Smirnov 검정을 이용하며 표본의 수가 51 미만이면 Shapiro-Wilk 검정을 사용한다. 두 검정 모두 귀무가설은 "H0 : 자료의 분포는 정규분포이다"이다. 여기에서는 표본의 수가 50개이므로 Shapiro-Wilk 검정을 사용하면 된다. 이때 유의확률(p-value)이 0.986으로 유의수준 0.05보다 매우 크므로(P > 0.05) 귀무가설을 채택한다. 즉, 이 자료의 분포는 정규분포한다라고 할 수 있다.

검정과 함께 정규성도표는 정규분포를 따르는지 검정하기 위한 정규 Q-Q 그림을 보여준다. 또한 히스토그램, 줄기와 잎그림, 상자와 수염그림 등을 살펴보더라도 거의 정규분포의 모양을 하고 있는 것을 알 수 있다.

☆ **히스토그램**

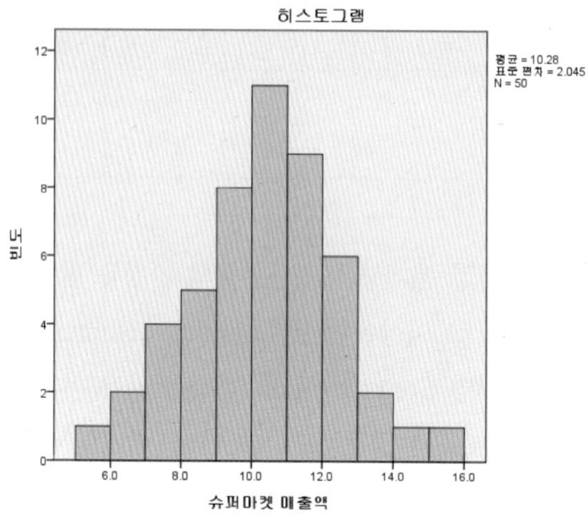


```
슈퍼마켓 매출액 Stem-and-Leaf Plot

 Frequency    Stem &  Leaf

     1.00        5 .  3
     2.00        6 .  57
     4.00        7 .  3568
     5.00        8 .  04679
     8.00        9 .  02335689
    11.00       10 .  00123345567
     9.00       11 .  011125668
     6.00       12 .  555789
     2.00       13 .  00
     1.00       14 .  5
     1.00       15 .  1

 Stem width:      1.0
 Each leaf:       1 case(s)
```

☆ **정규확률도표**

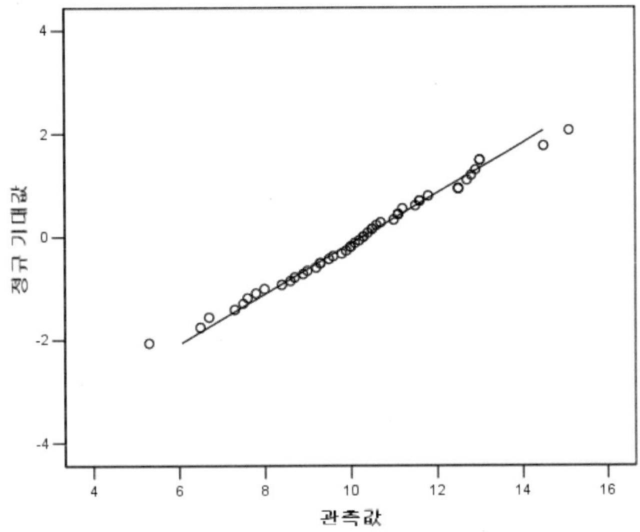

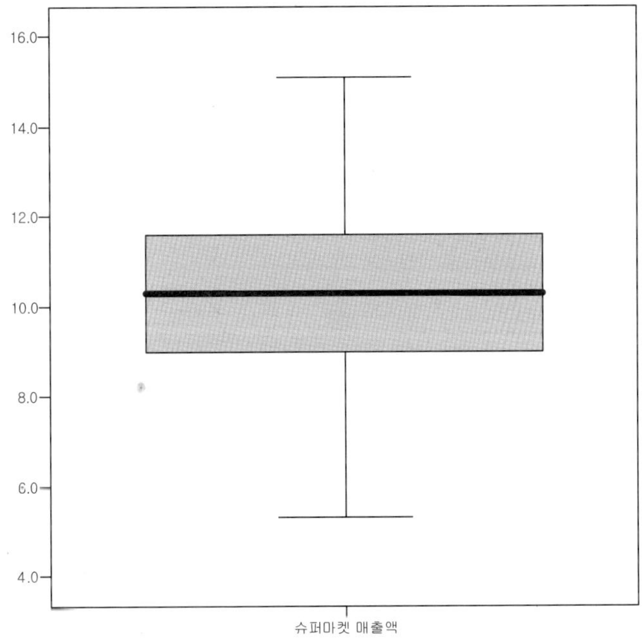

그리고 정규분포 여부를 검정하는 방법을 P-P 도표 절차에 의하여 할 수 있다. **분석 ⇨ 기술통계량 ⇨ P-P 도표** 절차를 선택하고 대화상자에서 변수를 택하고, 검정하고자 하는 분포를 택한다. 디폴트는 정규분포이다.

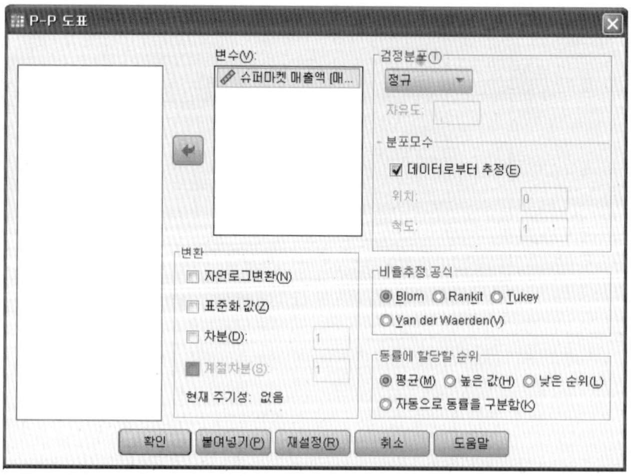

P-P 도표의 출력결과를 보면, 정규분포를 귀무가설로 하는 슈퍼마켓매출액 자료의 P-P분포는 점들이 직선상에 대부분 놓여 있으므로 정규분포를 따른다고 보아도 좋다.

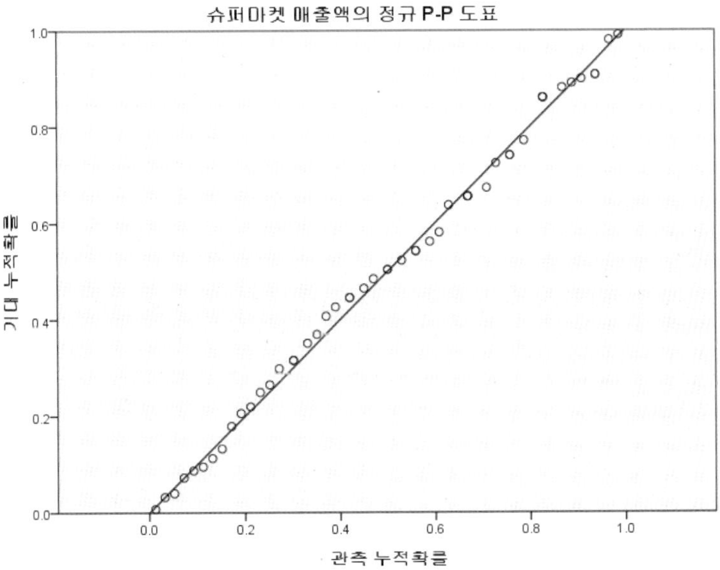

3 빈도분석

1) 단순빈도분석

빈도분석은 설문조사 결과에 대한 가장 간편하며, 중요한 기초정보를 알려준다. 성별에서 남자가 몇 명에 몇 %인지, 여자가 몇 명에 몇 %인지 알려주는 기능을 한다. 즉, 한 변수 내의 범주들에 속해 있는 사례(응답자수, cases)들이 얼마인지를 알려주는 것(빈도)이며, 이들 각 사례수들이 전체 응답자 중에 차지하고 있는 비율(%)을 동시에 보여준다. 그리고 빈도분석은 척도에 관계없이 모든 변수에 사용할 수 있는 가장 기본이 되는 분석이며, 등간척도와 비율척도로 구성된 변수의 경우 적절한 구간으로 코딩변경을 한 후에 사용하면 더욱 좋다. 또한 평균과 표준편차도 구할 수 있다.

빈도분석은 설문조사 후 입력된 분산되고 체계적이지 않은 원시자료를 요약 · 정리하는 기능을 가지고 있으며, 기술통계의 한 방법이다. 또한 빈도분석만 잘 활용해도 멋진 분석을 할 수 있으며, 막대도표, 히스토그램 등 다양한 도표를 그릴 수도 있다.

예제 [3.2]

[prg3_2.sav]

아래의 설문지는 어느 지역의 중학교 학생들을 대상으로 한 설문지의 일부이다.

1. 학교 소재지는?
   ① 대도시 ② 중소도시 ③ 농촌
2. 학생의 성별은?
   ① 남자 ② 여자
3. 학생의 학년은?
   ① 1학년 ② 2학년 ③ 3학년
4. 가장 좋아하는 과목은? (모두 선택해 주십시오)
   ① 국어 ② 영어 ③ 수학 ④ 과학
5. 환경오염의 유형은 무엇이라고 생각하십니까? (2개만 선택해 주십시오)
   ① 수질 ② 공기 ③ 토양
   ④ 쓰레기 ⑤ 소음/진동 ⑥ 식품

앞의 자료를 이용하여 응답 학생들의 소재지와 성별과 학년에 대한 빈도를 구하시오.

풀이 PASW를 이용한 분석을 실시하기 위해 먼저 prg3_2.sav 파일을 불러온다. 메뉴에서 **분석(A)** ⇨ **기술통계량(E)** ⇨ **빈도분석(F)**을 선택한다.

빈도분석 대화상자가 나오면 분석하고자 하는 변수를 클릭하여 **변수(V)**난으로 이동시킨다. 여기에서는 소재지, 성별, 학년 변수를 옮겨 놓는다. 이때 왼쪽 아래쪽의 빈도표 출력(D)은 빈도표의 출력을 원하지 않을 경우, 즉 예를 들어 도표만 출력하고자 할 때에는 옵션을 해제하면 된다.

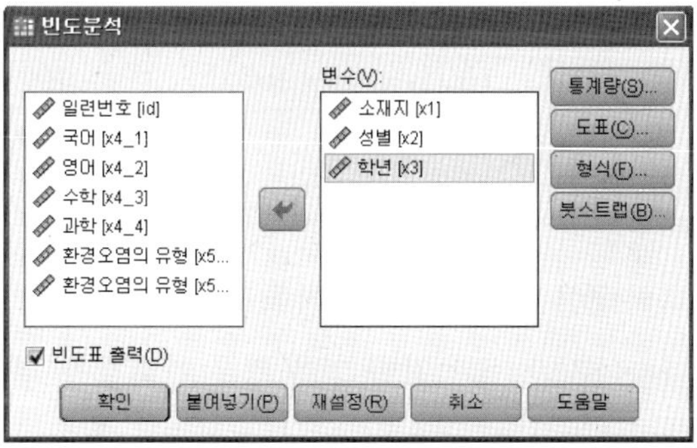

아래쪽의 통계량의 내용에는 다양한 통계량들을 보여준다. 여기에서는 빈도분석에 관한 내용이므로 이러한 통계량은 기술통계분석에 다루기로 한다. 또한 도표(C)를 선택하면 막대도표, 원도표, 히스토그램을 나타낼 수 있다.

이제 분석된 결과를 확인하자.

☆ 소재지

		빈도	퍼센트	유효 퍼센트	누적퍼센트
유효	대 도 시	195	32.5	32.5	32.5
	중소도시	210	35.0	35.0	67.5
	농 촌	195	32.5	32.5	100.0
	합 계	600	100.0	100.0	

☆ 성별

		빈도	퍼센트	유효 퍼센트	누적퍼센트
유효	남학생	289	48.2	48.2	48.2
	여학생	311	51.8	51.8	100.0
	합 계	600	100.0	100.0	

☆ 학년

		빈도	퍼센트	유효 퍼센트	누적퍼센트
유효	1학년	209	34.8	34.8	34.8
	2학년	207	34.5	34.5	69.3
	3학년	184	30.7	30.7	100.0
	합 계	600	100.0	100.0	

각 변수들의 빈도값이 나타나고 있음을 알 수 있다. 이때 퍼센트는 결측값을 포함한 비율을 나타내며 유효퍼센트는 결측값이 없을 경우 퍼센트와 유효 퍼센트는 동일하게 나타나지만, 결측값이 있을 경우 결측값을 제외한 나머지만을 가지고 다시 백분율을 낸다. 누적퍼센트는 유효퍼센트의 누적 비율을 나타낸다. 누적백분율은 대부분 서열 이상의 척도에서만 의미를 가지므로 유의해서 보아야 한다.

위의 결과로는 소재지는 중소도시가 35.0%인 210명으로 가장 많았으며 성별로는 여학생이 51.8%로 남학생에 비해 약간 많았으며 학년별로는 1학년과 2학년이 거의 비슷한 34%가 나타났다.

2) 기술통계분석

많은 경우에 주어진 데이터를 적절히 요약할 필요가 있다. 정보의 손실을 최대로 줄이면서 주어진 데이터를 가장 효과적으로 요약할 수 있는 몇 개의 요약값을 찾아내는 분석방법이 바로 기술통계분석이다.

대표적인 기술통계값은 크게 분포의 중심을 나타내는 중심경향값, 분포의 퍼짐정도를 나타내는 산포도, 분포의 모양을 나타내는 분포도 등으로 나누어 볼 수 있다. 중심경향값으로는 평균, 중위수, 최빈값 등을 많이 사용하며, 산포도는 표준편차, 분산, 범위, 사분위범위 등이 있으며, 분포도로써 왜도와 첨도가 있다.

예제 [3.3]

[prg3_3.sav]

다음의 자료는 한국대학교 통계학과 학생들의 통계학개론 점수이다. 이를 이용하여 통계학개론 점수의 평균점수, 표준편차 최대값, 최소값을 구하시오.

학번	성적
2005110001	73
2005110002	89
2005110003	58
⋮	⋮

풀이 기술통계의 분석방법은 앞에서 알아본 빈도분석과 실행방법은 유사한 방법이다. prg3_3.sav 파일을 불러온 후 메뉴에서 **분석(A) ⇨ 기술통계량(E) ⇨ 기술통계(D)**를 선택한다.

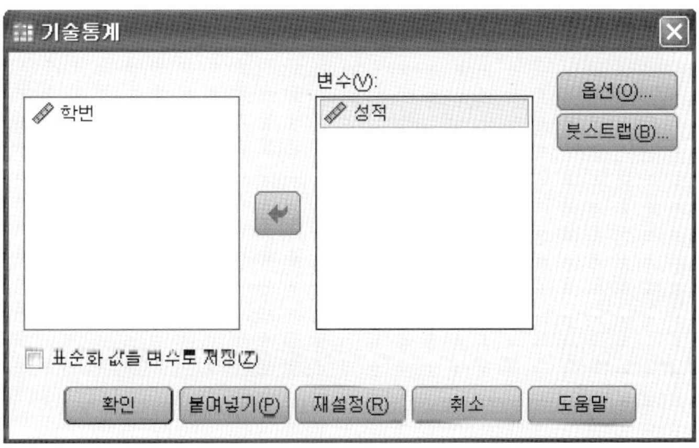

변수(V)란에 성적변수를 옮겨 놓은 후 오른쪽 아래의 **옵션(O)**을 선택하여 다음의 그림처럼 통계량들을 선택해 준다.

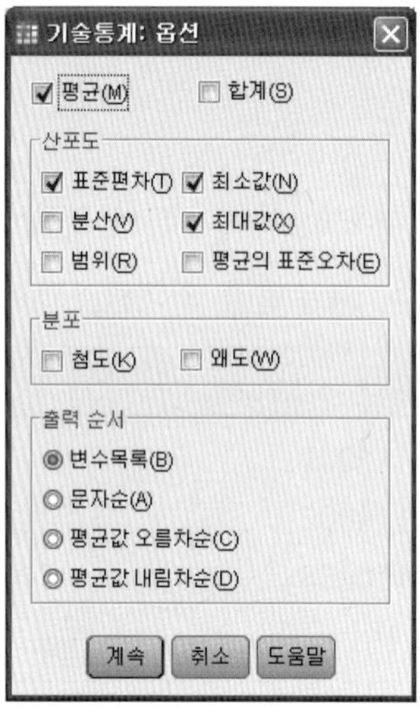

표준화된 변수의 값을 생성하기 위해서는 기술통계 대화상자에서 표준화 값을 변수로 저장에 체크한다. 표준화 변수는 변수 이름 앞에 Z를 붙인 이름으로 저장된다. 즉 변수 '성적'의 표준화 변수는 'Z성적'이라는 이름으로 생성된다. 임의의 변수 x에 대한 표준화 점수는 평균을 $\overline{x}$, 표준편차를 s라 하면,

$$z_i = \frac{x_i - \overline{x}}{s}$$

를 말하며, 표준화 점수의 평균은 0, 분산은 1이 된다. 이러한 표준화 변수는 판별분석이나 군집분석 등에 이용된다.

☆ 기술통계량

	N	최소값	최대값	평균	표준편차
성적	53	50	100	75.79	15.308
유효수 (목록별)	53				

선택한 성적 변수에 대한 분석대상의 개수(N), 최소값, 최대값, 평균, 표준편차가 각각 얼마인지 보여준다. 유효수(목록별)는 목록별 유효한 응답자수이다.

여기에서는 성적에 대한 결과로는 시험을 응시한 학생수는 N=53명이며, 최소값은 50점, 최대값은 100점, 평균성적은 75.79점, 표준편차는 15.308이다. 아래의 그림은 표준화된 변수인 Z성적 변수가 생성되어 데이터 편집기에 추가된 것을 보여주고 있다.

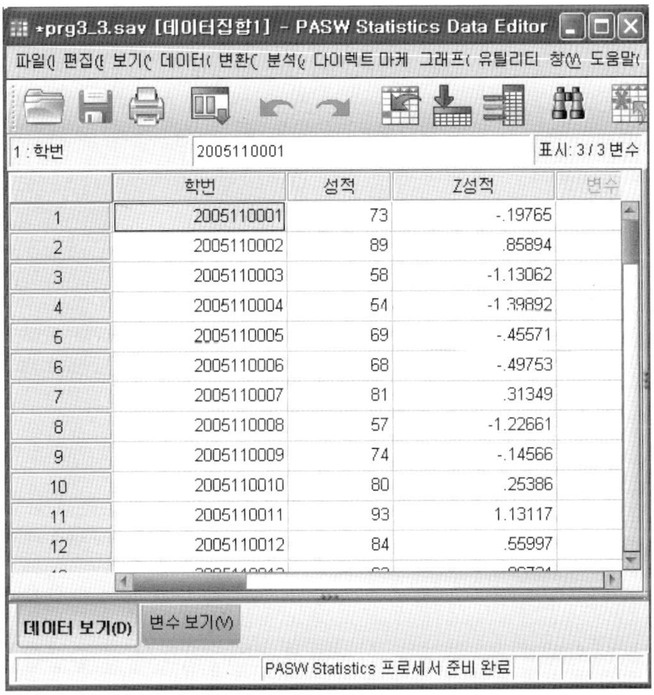

3) 다중응답분석

일반적인 설문조사시 한 개의 질문에 한 개의 답변을 얻게 된다. 그러나 어떤 문항에 대해서는 한 개의 질문에 여러 개의 답변이 나타날 수 있다. 이러한 응답결과를 다중응답이라고 한다. 예를 들어 당신이 좋아하는 운동은 무엇입니까?라는 질문의 답변으로 ① 축구 ② 농구 ③ 야구 ④ 배구 ⑤ 수영이다라고 가정하자. 이때 응답자는 축구와 야구를 가장 좋아한다 또는 수영을 가장 싫어한다고 하자. 만일 단일응답을 요구한다(1개만 선택)면 이 응답자는 많은 고민을 할 것이며 고민 끝에 만약 축구를 선택했다면 축구라는 종목은 1점을 가져가겠지만 두 번째로 좋아하는 야구와 가장 싫어하는 수영은 똑같이 0점을 가져가게 된다. 어딘가 불합리하게 느껴진다. 이러한 부분의 보완을 위해 다중응답을 요구한다. 이러한 다중응답은 질문지의 형태에 따라 크게 범주형분석과 이분형분석으로 나누어진다. 범주형분석이란 코딩시 선택한 변수번호를 입력하는 방법으로 질문시 몇 개를 선택해달라고 요구할 때 자주 사용된다. [예제 3.2]의 설문지에서 5번의 경우가 해당된다고 할 수 있다. 이분형분석이란 다중응답을 요구할 때 자유롭게 응답의 개수를 선택할 수 있게 하는 방법으로 [예제 3.2]의 4번 문항의 경우가 이에 해당된다. 이는 변수를 질문문항의 수만큼 만들어 놓고 0과 1로 입력하는 방법이다.

예제 [3.4]

[prg3_2.sav]

[예제 3.2]의 자료를 이용하여 4번과 5번 문항을 다중응답 빈도분석 및 성별과의 교차분석을 실시하여라.

풀이 PASW를 이용한 분석을 실시하기 위해 먼저 prg3_2.sav 파일을 불러온다. 이제 변수를 알아보면 x4_1부터 x4_4까지의 변수가 있는 것으로 보아 위의 설명처럼 이분형의 코딩이 되어 있으며 x5_1과 x5_2의 경우는 범주형 코딩이 되어 있다. 다중응답분석은 분석을 실시하기 전에 반드시 변수군을 설정해야 한다. 먼저 메뉴에서 **분석(A)** ⇨ **다중응답(U)** ⇨ **변수군정의(E)**를 선택한 후 4번 문항에 대해 설정해본다.

우선 x4_1에서 x4_4까지의 변수를 변수군에 포함된 변수(V)로 옮겨놓는다. 이후 아래의 변수들의 코딩형식에서 이분형을 선택한 후 빈도화 값에 1을 넣어준다. 그 아랫부분에 변수이름은 x4, 설명은 좋아하는 과목이라고 넣어준 후 **추가(A)**를 선택하면 **다중응답변수군(S)**에 $x4라는 변수가 생성됨을 알 수 있다. 이 변수는 실제적으로 변수가 만들어진 것이 아니라 임시적으로 만들어진 변수이다.

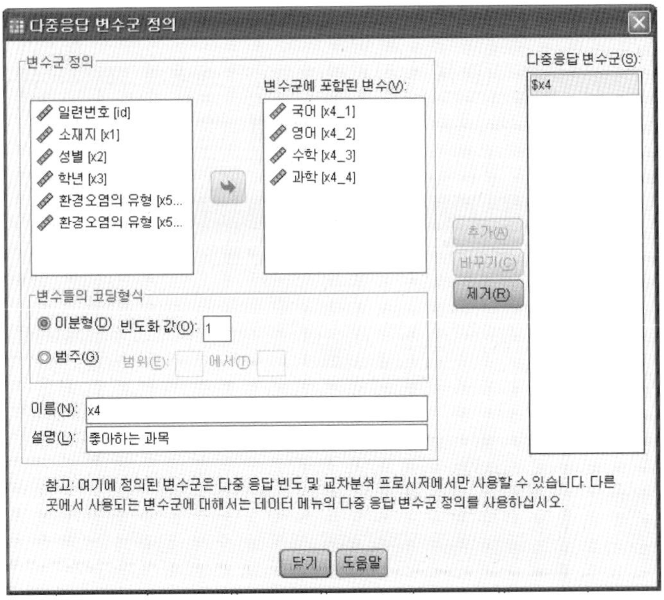

이번에는 x5변수를 정의하자. x5_1과 x5_2를 변수군에 포함된 변수(V)로 옮겨 놓은 후 변수들의 코딩형식을 범주형을 선택한 후 범위는 1에서 6으로 지정한다. 그 다음으로 이름과 설명을 입력한 후 추가를 선택하면 $x5의 다중 변수가 생성됨을 알 수 있다.

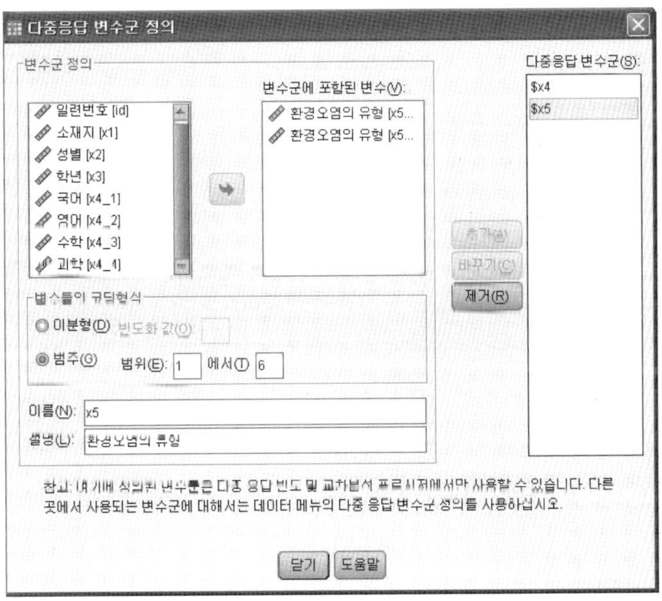

이제 빈도분석을 실시하자. 다중응답의 빈도분석은 메뉴에서 분석(A) ⇨ 다중응답(U) ⇨ 빈도분석(F)에서 실시한다. 이제 아래의 그림과 같이 표 작성 응답군에 두 개의 다중변수를 넘겨 놓은 후 분석을 실시한다.

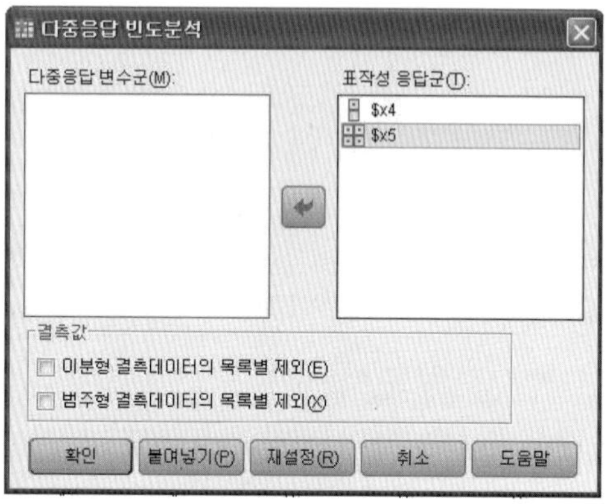

☆ **빈도분석 결과**

다중응답분석

Group $x4 좋아하는 과목(Value tabulated = 1)

Dichotomy label	Name	Count	Pct of Responses	Pct of Cases
국어	x4_1	283	23.2	51.0
영어	x4_2	332	27.2	59.8
수학	x4_3	293	24.0	52.8
과학	x4_4	313	25.6	56.4
	Total responses	1221	100.0	220.0

45 missing cases; 555 valid cases

Group $x5 환경오명의 유형

Category label	Code	Count	Pct of Responses	Pct of Cases
수질	1	159	13.4	26.5
공기	2	196	16.5	32.7
토양	3	210	17.7	35.0
쓰레기	4	205	17.3	34.2
소음/진동	5	184	15.5	30.7
식품	6	231	19.5	38.5
	Total responses	1185	100.0	197.5

0 missing cases; 600 valid cases

다중응답분석 결과 좋아하는 과목에 대해서는 영어가 전체의 27.2%인 332명이 선택하여 가장 많은 빈도를 나타내고 있음을 알 수 있으며 환경오염의 유형으로는 식품이 전체의 19.5%인 231명이 선택하여 가장 높은 빈도를 나타내고 있음을 알 수 있다.

이제 **교차분석**을 실시하자. 다중응답의 교차분석은 메뉴에서 **분석(A)** ⇨ **다중응답(U)** ⇨ **교차분석(C)**에서 실시한다. 이제 아래의 그림과 같이 **열(N)**에 다중변수 $x4, $x5를 입력하고 **행(W)**에 성별인 x2를 입력하면 x2(? ?)가 나타난다. 아랫부분의 범위를 반드시 지정해야 한다. **범위지정(G)**을 선택하여 범위를 1, 2로 지정해 x2(1 2)로 지정해준다. 옵션 단추는 분할표에서 각 칸의 비율 등을 출력 하고자 할 때 사용한다. 이제 분석을 실시한다.

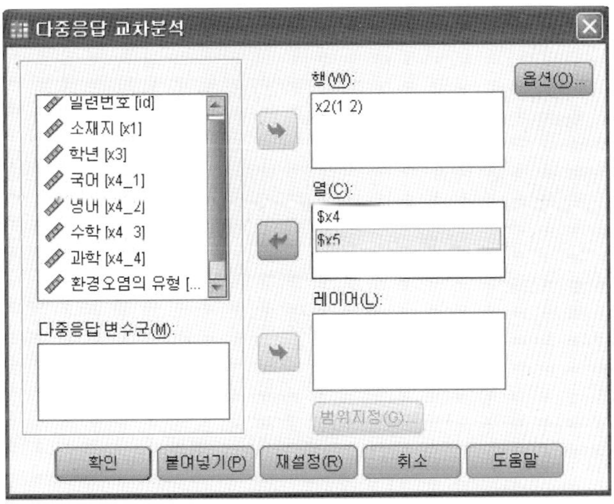

결과는 다음과 같다.

* * * C R O S S T A B U L A T I O N * * *
x2 성별 by $x4 (tabulating 1) 좋아하는 과목

x2	Count	국어 x4_1	영어 x4_2	수학 x4_3	과학 x4_4	Row Total
남학생	1	138	161	129	146	268 48.3
여학생	2	145	171	164	167	287 51.7
	Column Total	283 51.0	332 59.8	293 52.8	313 56.4	555 100.0

Percents and totals based on respondents 555 valid cases; 45 missing cases

성별에 따른 좋아하는 과목의 교차표이며 이때 Row Total과 Column total의 값은 실제값과 차이가 나고 있으므로 교차된 셀의 값만을 취하도록 한다. 이 표에서는 카이제곱 검정값을 제공하지 않는다. 카이제곱 검정을 실시하고자 할 때는 가중값을 이용한 교차분석을 실시한다.

* * * C R O S S T A B U L A T I O N * * *

x2 성별 by $x5 (group) 환경오명의 유형

x2	Count	$x5 수질 1	공기 2	토양 3	쓰레기 4	소음/진 5	Row Total
남학생	1	67	108	102	99	84	289 48.2
여학생	2	92	88	108	106	100	311 51.8
	Column Total	159 26.5	196 32.7	210 35.0	205 34.2	184 30.7	600 100.0

Percents and totals based on respondents
(Continued)

x2 성별 by $x5 (group) 환경오명의 유형
Page 2 of 2

x2	Count	$x5 식품 6	Row Total
남학생	1	111	289 48.2
여학생	2	120	311 51.8
	Column Total	231 38.5	600 100.0

Percents and totals based on respondents
600 valid cases; 0 missing cases

환경오염에 관한 부분은 항목의 수가 많아 2page에 걸쳐서 나타나고 있음을 알 수 있다.

4 교차분석

관측된 자료들이 어떤 특성을 갖는지에 따라 몇 개의 범주(categoty)로 나뉘어 분류 정리되었을 때, 범주에 속하는 도수(frequency)로 이루어진 자료 변수를 범주형 변수라고 한다. 교차분석(crosstab)은 2개 이상의 범주형 변수들 사이의 관련 정도를 알아보고자 하는 경우에 사용하는 분석 절차이다. 교차분석 절차를 이용하면 이차원 분할표를 만들 수 있으며 변수들 간의 연관성의 측도와 관련된 통계량들이 제공되고 독립성 검정, 동질성 검정 등을 시행할 수 있다.

1) 독립성 검정

앞절에서는 한 가지 분류기준에 의해 k개의 범주로 나누었었다. 여기에서는 분류기준이 두 가지인 경우를 다루어 보자. 이때 두 기준을 요인이라 하며 두 요인 간에 서로 영향을 주는가를 검정하는 독립성검정(test of independence)이 가능하다. 두 분류기준을 각각 A, B라 하고, A는 r개의 범주를, B는 c개의 범주로 나누어져 있을 때, 자료로 다음과 같은 $r \times c$ 분할표(contingency table)를 얻을 수 있다.

▌표 3-2▌ 독립성 검정을 위한 $r \times c$ 분할표

A \ B	B_1	B_2	$\cdots$	B_c	합계
A_1	n_{11}	n_{12}	$\cdots$	n_{1c}	$n_{1\cdot}$
A_2	n_{21}	n_{22}	$\cdots$	n_{2c}	$n_{2\cdot}$
$\vdots$	$\vdots$	$\vdots$	$\ddots$	$\vdots$	$\vdots$
A_r	n_{r1}	n_{r2}	$\cdots$	n_{rc}	$n_{r\cdot}$
합계	$n_{\cdot 1}$	$n_{\cdot 2}$	$\cdots$	$n_{\cdot c}$	n

여기서 n_{ij}는 A_i와 B_j의 속성에 속하는 관측도수이다.

전체집단을 두 가지 속성으로 분류 될때, 각 속성의 확률은 다음과 같이 정의된다.

$$p_{ij} = P(A_i B_j)\ :\ A_i\text{와 } B_j\text{에 속할 확률}$$

$$p_{i\cdot} = P(A_i)\ :\ A_i\text{에 속할 확률}$$

$$p_{\cdot j} = P(B_j)\ :\ B_j\text{에 속할 확률}$$

두 속성이 독립이라면 독립의 정의에 따라 다음과 같은 관계식이 모든 i와 j에 대해 성립한다.

$$P(A_i B_j) = P(A_i)\ P(B_j)\ ;\ i = 1, 2, \cdots, r,\ j = 1, 2, \cdots, c$$

즉 독립성 검정을 위한 가설은 다음과 같이 정의할 수 있다.

$$H_0 : p_{ij} = p_{i\cdot}\, p_{\cdot j}\ ;\ \text{모든 } i,\ j\text{(분류된 속성은 서로 독립이다)}$$

$$H_1 : p_{ij} \neq p_{i\cdot}\, p_{\cdot j}\text{(분류된 두 속성은 서로 독립이 아니다)}$$

이의 검정을 위해 다음과 같은 절차를 따른다.

① $p_{i\cdot}$와 $p_{\cdot j}$의 추정 값을 구한다. $p_{i\cdot} = P(A_i)$, $p_{\cdot j} = P(B_j)$이므로

$$\hat{p}_{i\cdot} = \frac{n_{i\cdot}}{n},\ \hat{p}_{\cdot j} = \frac{n_{\cdot j}}{n}$$

를 사용한다.

② 귀무가설이 옳을 때 $p_{ij} = P(A_i B_j)(= P(A_i)P(B_j))$의 추정량을 구한다.

$$\hat{p}_{ij} = \hat{p}_{i\cdot}\, \hat{p}_{\cdot j} = \frac{n_{i\cdot}\, n_{\cdot j}}{n^2}$$

③ 귀무가설이 옳다면 범주 $A_i B_j$의 기대도수는 다음과 같다.

$$E_{ij} = n\hat{p}_{ij} = n\frac{n_{i\cdot}\, n_{\cdot j}}{n^2} = \frac{n_{i\cdot}\, n_{\cdot j}}{n}$$

④ 검정통계량을 구한다.

$$\chi^2 = \sum_{i=1}^{r}\sum_{j=1}^{c}\frac{(n_{ij} - E_{ij})^2}{E_{ij}} = \frac{\Sigma(\text{관측도수} - \text{기대도수})^2}{\text{기대도수}}$$

이 통계량은 n이 클 때 근사적으로 자유도가 $(r-1)(c-1)$인 χ^2 분포를 따른다. $\chi^2 > \chi^2(\alpha;(r-1)(c-1))$이면 유의수준 α로 귀무가설을 기각한다. 즉 두 속성은 서로 연관이 있다고 추정된다.

예제 [3.5]

[prg3_3.sav]
다음은 어떤 가구제조업체에서 생산되는 가구를 흠집의 형태와 생산방법에 따라 분류한 자료이다. 흠집의 형태는 네 가지로 구분(틀어짐, 변색, 모서리, 앞면)하였으며 제조방법은 세 가지(수제, 자동, 자동+수제)로 구분하였다. 흠집의 형태가 제조방법과 서로 독립인지 여부를 a = 0.05로 검정하여라.

흠집형태 / 제조방법	틀어짐	변색	모서리	앞면	합계
수제	15	21	45	13	94
자동	26	31	34	5	96
자동+수제	33	17	49	20	119
합계	74	69	128	38	309

풀이 귀무가설과 대립가설은 다음과 같이 설정할 수 있다.

H_0 : 제조방법과 흠집의 형태는 상호 독립적이다.

H_1 : 제조방법과 흠집의 형태는 상호 종속적이다.

prg3_3.sav를 불러오자. 세 변수로 구성되어 있으며 제조방법, 흠집형태는 각각 구분을 위한 명목형 변수로 구성되어 있으며 실제로 관찰한 가구수로 구성되어 있다. 교차분석을 위해서는 반드시 구분변수가 2개가 있어야 한다.
분석을 위해 메뉴바의 **분석(A)** ⇨ **기술통계량(E)** ⇨ **교차분석(C)**을 선택하고 그림과 같이 **행**에는 제조방법을, **열**에는 흠집형태를 보내두고 확인을 눌러보자.

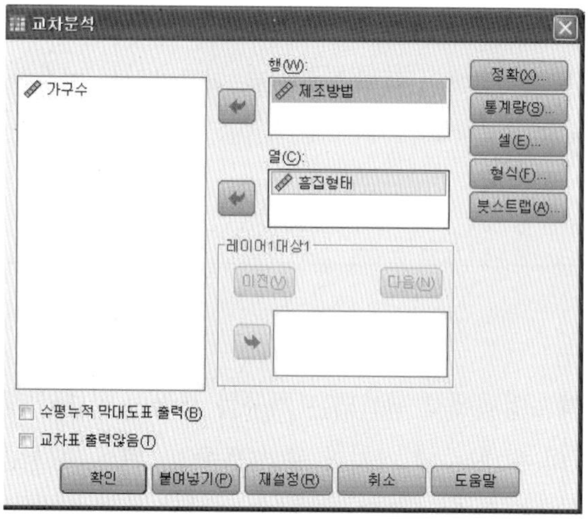

결과를 확인하자.

제조방법 * 흡집형태 교차표

빈도

		흡집형태				전체
		틀어짐	변색	모서리	앞면	
제조방법	수제	1	1	1	1	4
	자동	1	1	1	1	4
	자동+수제	1	1	1	1	4
전체		3	3	3	3	12

결과의 내용이 예제의 내용과 일치하고 있지 않음을 알 수 있다.

여기에서 중요한 것은 자료의 입력과정이다. 우리는 자료를 입력할 때 반드시 변수중 분류를 위한 변수 2개가 있어야 한다고 앞에서 언급하였다. 이때 분류를 위한 변수의 케이스의 수가 309개가 되어야 한다. 그러나 예제에서는 누군가 이미 분류표를 작성해 놓았기 때문에 PASW의 prg3_3.sav에서는 12의 케이스만 존재한다. 이럴 때 일반적인 교차분석을 실시하면 위의 결과처럼 모든 셀의 빈도는 1로 나타난다. 이 예제의 경우는 실제 관찰한 가구수라는 변수를 각 셀에 대응할 수 있게끔 해야한다. 이것을 가중케이스라 한다.

이제 SPSS의 메뉴에서 데이터(D) ⇨ 가중케이스(W)를 선택하자. 아래의 그림과 같은 창이 나타나면 현재상태 : 가중케이스 지정않음으로 되어 있다. 이제 **가중케이스 지정(W)**을 선택한 후 "가구수" 변수를 빈도변수에 보내놓자. 그리고 확인버튼을 선택하자.

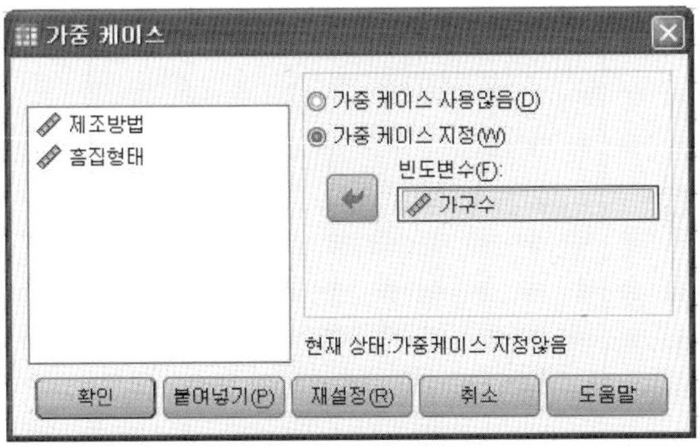

다시 데이터 장의 상태로 돌아왔지만 아무런 변화는 없는 것처럼 나타난다. 이제 다시 교차분석을 실시하자. 다시 분석을 위해 메뉴바의 **분석(A)** ⇨ **기술통계량(E)** ⇨ **교차분석(C)**을 선택하고 아래 그림과 같이 **행**에는 제조방법을, **열**에는 흠집형태를 보내두고 통계량(S)을 선택하자.

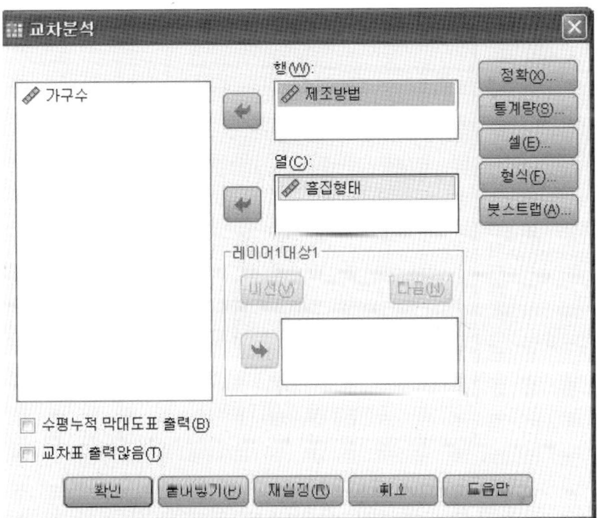

통계량(S) 창에는 많은 통계량을 나타내고 있다. 이중 카이제곱을 선택하자.

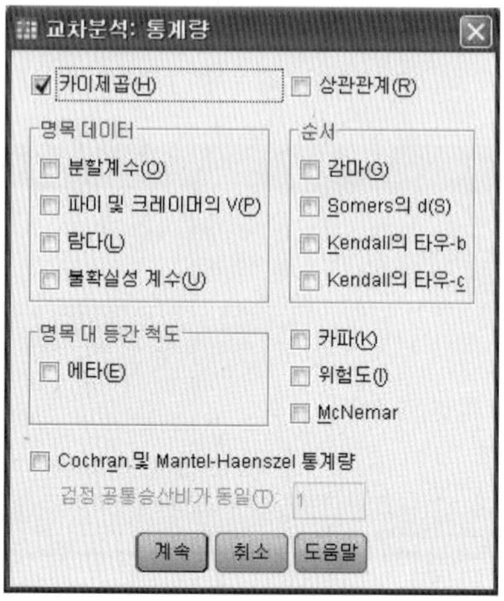

계속버튼을 선택한 후 다음으로 셀(E)을 선택하자. 또한 퍼센트란에는 행(R), 열(C), 전체(T)를 나타낼 수 있다. 이것은 각자가 필요한 퍼센트를 지정하면 된다. 여기에서는 편의상 행(R)만 선택하기로 한다.

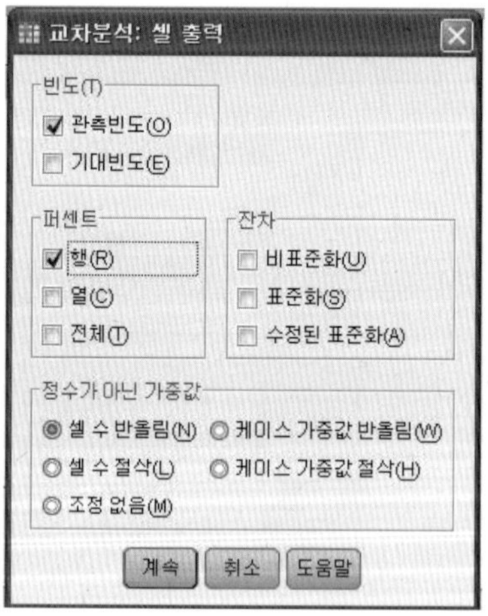

이제 분석을 실행하자. 아래의 결과를 얻을 수 있다.

제조방법 * 흠집형태 교차표

			흠집형태				전체
			틀어짐	변색	모서리	앞면	
제조방법	수제	빈도	15	21	45	13	94
		제조방법 중 %	16.0%	22.3%	47.9%	13.8%	100.0%
	자동	빈도	26	31	34	5	96
		제조방법 중 %	27.1%	32.3%	35.4%	5.2%	100.0%
	자동+수제	빈도	33	17	49	20	119
		제조방법 중 %	27.7%	14.3%	41.2%	16.8%	100.0%
전체		빈도	74	69	128	38	309
		제조방법 중 %	23.9%	22.3%	41.4%	12.3%	100.0%

이제는 각 셀에 1 값이 아닌 예제에서 제시된 형태로 나타남을 알 수 있으며 기대빈도 또한 위에서 계산한 방법과 일치함을 알 수 있다.

카이제곱 검정

	값	자유도	점근 유의확률 (양측검정)
Pearson 카이제곱	19.178[a]	6	.004
우도비	20.336	6	.002
선형 대 선형결합	.540	1	.463
유효 케이스 수	309		

a. 0 셀 (.0%)은(는) 5보다 작은 기대 빈도를 가지는 셀입니다. 최소 기대빈도는 11.56입니다.

다음으로 검정을 실시하자. 카이제곱검정 결과 Pearson 카이제곱의 값은 19.178로 위의 계산과 일치하며 이때 유의확률(p-value)은 0.004로 귀무가설을 기각한다. 즉, 제조방법에 따라 흠집의 형태가 달라진다고 볼 수 있다(상호관련성이 존재한다고 결론을 내릴 수 있다)는 결론을 내릴 수 있다.

2) 동질성 검정

동질성 검정(test of homogeneity)을 위한 자료의 형태는 독립성 검정의 자료와 동일하다. 단지 차이가 있다면 독립성 검정의 분할표에서는 전체 n만이 고정되어 있고 나머지 $n_i.$ 나 $n._j$는 모두 확률변수였다. 그러나 어떤 분할표에서는 한 속성의 범주에 속하는 표본의 수가 고정적으로 할당되어져 있는 경우가 있을 것이다. 즉 $n_i.$ 나 $n._j$ 중의 하나가 미리 결정되어 있는 것이다. 다음의 예를 통해 두 형태를 비교해 보자.

100명의 성인 남녀를 대상으로 식이요법의 실시에 관한 질문을 하여 다음과 같은 결과를 얻었다.

	남	여	합계
다이어트 경험	4	24	28
다이어트 안함	46	26	72
합계	50	50	100

앞의 자료에서 조사된 남녀의 수가 50명씩이다. 이는 두 가지 가능성이 있다. 우선 남여 50명 씩 조사를 하리라고 결정한 후에 결과를 얻은 경우와 100명을 조사하겠다는 것만 결정하였는데 우연히 조사에 응한 남녀의 수가 50 : 50으로 나타난 경우의 둘이다.

앞 절의 독립성 검정의 절차에서 $p._j$를 추정하는 것을 상기해보자.

여기서는 $\hat{p}._1 = 50/100 = 1/2$로 추정이 되는데 이는 50명의 숫자가 확률변수인 경우에만 의미를 갖는다. 즉 미리 결정된 숫자라면 확률변수가 아니므로 더 이상 독립성 검정을 해나갈 수 없다는 것이다.

그렇다면 어떤 형태의 검정이 가능할까? 남자들 중에 다이어트를 하는 사람의 비율과 여자들 중에 다이어트를 하는 사람의 비율이 같다고 볼 수 있는가? 우리는 이런 질문에 대하여는 대답할 수 있다. 위에 설명한 자료의 형태를 일반적인 표로 나타내면 다음과 같다.

▌표 3-3▌ 동질성 검정을 위한 $r \times c$ 분할표

$A \backslash B$	B_1	$\cdots$	B_c	합계
A_1	n_{11}	$\cdots$	n_{1c}	$n_{1.}$
$\vdots$	$\vdots$	$\ddots$	$\vdots$	$\vdots$
A_r	n_{r1}	$\cdots$	n_{rc}	$n_{r.}$
합계	$n_{.1}$ (고정)	$\cdots$	$n_{.c}$ (고정)	n

이때 $B_j, j=1, \cdots, c$에서 $A_1, A_2, \cdots, A_r$에 속하는 비율을 $W_{1j}, W_{2j}, \cdots, W_{rj}$ $(W_{1j}+W_{2j}+\cdots+W_{rj}=1)$이라 놓으면 검정하고자 하는 가설은 다음과 같다.

$$H_0 : W_{i1} = W_{i2} = \cdots = W_{ic} ; i = 1, \cdots, r$$

$$H_1 : H_0\text{가 아니다.}$$

그리고 W_{ij}의 추정값은 귀무가설 하에서 $\widehat{W}_{ij} = n_{i.}/n$이므로 A_iB_j범주의 기대값은 $n_{.j} \times n_{i.}/n$이다. 즉 독립성 검정에서의 E_{ij}와 동일하게 추정이 되므로 검정통계량의 값은 독립성 검정의 χ^2 통계량과 같다. 그래서 가설의 형태는 다르지만 검정절차는 동일하다.

예제 [3.6]

[prg3_6.sav]

다음의 3가지 TV 프로그램에 대한 신호도를 각 연령별로 정해진 수의 시청자들에게 조사한 자료이다. 다음과 같이 설정한 가설에 대해서 유의수준 $\alpha = 0.05$로 검정하여라.

풀이 H_0 : TV 프로그램의 선호도에 관하여 3가지 연령집단은 동질성을 갖는다.

H_1 : 3가지 연령집단은 동질성을 갖지 않는다.

prg3_6.sav 파일을 불러온다. 세 변수로 구성되어 있으며 [예제 3.3]와 마찬가지로 자료는 누군가가 정리를 해놓은 상태이다. 그러므로 가중케이스를 지정한다.

메뉴에서 데이터(D) ⇨ 가중케이스(W)를 선택하자. 다음 그림과 같은 창이 나타나면 현재상태 : 가중케이스 지정되지 않음으로 되어 있다. 이제 가중케이스 지정을 선택한 후 "시청률" 변수를 빈도변수에 보내놓자. 그리고 확인버튼을 선택하자.

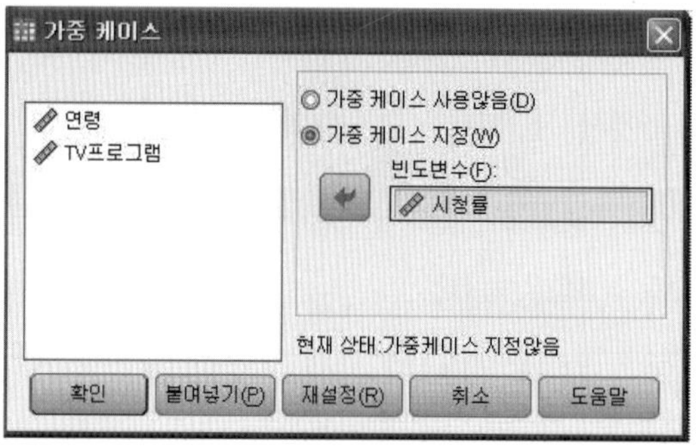

분석을 위해 메뉴바의 분석(A) ⇨ 기술통계량(E) ⇨ 교차분석(C)을 선택하고 아래 그림과 같이 행에는 연령을, 열에는 TV프로그램을 보내두고 통계량(S)을 선택하자.

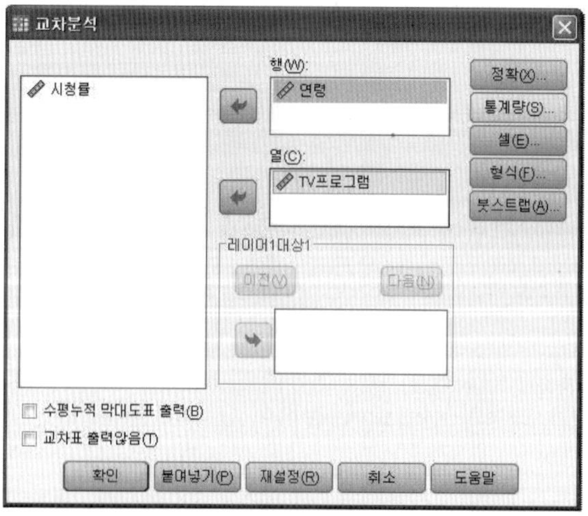

통계량과 셀의 메뉴는 [예제 3.3]와 동일하게 설정한다.

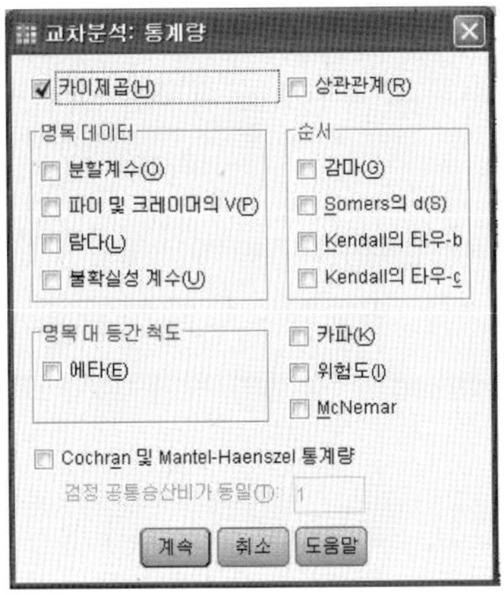

□ 상관관계(Correlations) : 피어슨 상관계수 출력

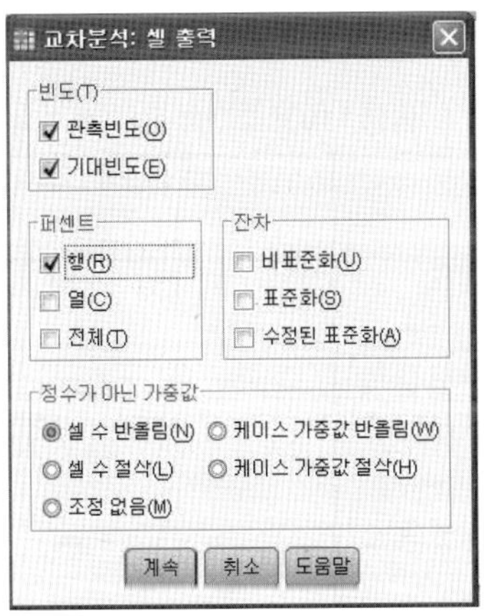

◆ **빈도(Counts)**

- 관측빈도(Observed) : 관측값에서 계산된 빈도
- 기대빈도(Expected) : 해당하는 셀을 기준으로 행과 열의 주변 관측빈도의 곱을 전체 관측빈도로 나눈 값

◆ **퍼센트(Percentages)**
- 행(Row) : 행을 기준으로 계산한 퍼센트
- 열(Column) : 열을 기준으로 계산한 퍼센트
- 전체(Total) : 전체를 기준으로 계산한 퍼센트

◆ **잔차(Residuals)**
- 표준화하지 않음(Unstandardized) : 관측빈도에서 기대빈도를 뺀 것을 잔차라고 한다. 이는 표준화하지 않은 잔차
- 표준화(Standardized) : 잔차의 평균이 0, 표준편차가 1이 되도록 표준화된 잔차
- 수정된 표준화(Adj. standardized) : 수정된 표준화 잔차

이제 분석을 실시하면 다음과 같은 결과가 나타난다. 교차표의 결과는 위에서 제시된 표의 기대빈도, 행의 비율과 동일함을 알 수 있다.

연령 * TV프로그램 교차표

			TV프로그램			전체
			A	B	C	
연령	30세 이하	빈도	120	30	50	200
		기대빈도	70.0	67.5	62.5	200.0
		연령 중 %	60.0%	15.0%	25.0%	100.0%
	30-44세	빈도	10	75	15	100
		기대빈도	35.0	33.8	31.3	100.0
		연령 중 %	10.0%	75.0%	15.0%	100.0%
	45세 이상	빈도	10	30	60	100
		기대빈도	35.0	33.8	31.3	100.0
		연령 중 %	10.0%	30.0%	60.0%	100.0%
전체		빈도	140	135	125	400
		기대빈도	140.0	135.0	125.0	400.0
		연령 중 %	35.0%	33.8%	31.3%	100.0%

카이제곱 검정

	값	자유도	점근 유의확률 (양측검정)
Pearson 카이제곱	180.495[a]	4	.000
우도비	177.248	4	.000
선형 대 선형결합	74.149	1	.000
유효 케이스 수	400		

a. 0 셀 (.0%)은(는) 5보다 작은 기대 빈도를 가지는 셀입니다. 최소 기대빈도는 31.25입니다.

검정결과 카이제곱통계량은 180.495로 위의 계산과 동일하며 이때 유의확률 (p-value)은 0.000으로 귀무가설을 기각한다. 그러므로 TV 프로그램의 선호 형태는 연령에 의하여 분류된 시청자들의 집단은 동질성을 갖고 있지 않았다고 추정할 수 있다.

예제 [3.7]

[prg3_7.sav]

다음은 전국의 성인 남녀 1,500명을 대상으로한 생활 실태 및 의식성향에 관한 조사이다. 이 자료를 이용하여 취업상태에 따라 주택보유현황, 정치성향, 출생지역에 대해 가설을 설정하고 검정하시오.

[설문지]

1. 귀하의 취업상태는?(　　　　)

① 전일제근무　② 시간제근무　③ 일시적 휴직
④ 실직　⑤ 은퇴　⑥ 재학
⑦ 가사　⑧ 기타　⑨ 응답거부

2. 귀하의 학력은?(　　　　)

① 고졸미만　② 대졸　③ 석사　④ 박사

3. 귀하의 성별은?(　　　　)

① 남자　② 여자

4. 귀하의 주택보유현황은?(　　　　)

① 주택소유　　② 임대　　③ 기타　　④ 응답거부

5. 귀하의 연령대는?(　　　　)

① 20대 이하　　② 30대　　③ 40대　　④ 50대 이하

6. 귀하가 생각하는 본인의 정치성향은?(　　　　)

① 개방적　　② 개방적인편　　③ 중립

④ 보수적인 편　　⑤ 보수적

7. 귀하의 출생지역은?(　　　　)

① 북동부　　② 중서부　　③ 남부　　④ 서부

자료의 코딩 형태

번호	취업상태	최종학력	성별	주택소유	연령	정치	지역
1	1	1	1	9	3.00	4.00	1.00
2	1	3	1	2	3.00	1.00	1.00
⋮				⋮			
1499	3	3	1	9	1.00	4.00	.
1500	7	3	2	2	2.00	4.00	.

풀이 prg3_7.sav를 이용하여 앞 예제의 방법대로 작성하면 다음의 결과를 얻게 된다. 먼저 취업상태에 따른 주택보유현황에 대한 가설은 취업상태는 명목형이며 보유현황 또한 명목형이므로 독립성 검정을 실시한다. 가설은 다음과 같다.

H_0 : 취업상태와 주택보유현황은 독립이다.

vs.

H_1 : 취업상태와 주택보유현황은 종속이다.

분석결과는 다음과 같다.

☆ **교 차 표**

			주택소유 또는 임대			전체
			주택소유	임대	기타	
취업상태	전일제 근무	빈도	329	160	9	498
		취업상태의 %	66.1%	32.1%	1.8%	100.0%
	시간제 근무	빈도	78	39	5	122
		취업상태의 %	63.9%	32.0%	4.1%	100.0%
	일시적 휴직	빈도	10	6	1	17
		취업상태의 %	58.8%	35.3%	5.9%	100.0%
	실직	빈도	16	20	2	38
		취업상태의 %	42.1%	52.6%	5.3%	100.0%
	은퇴	빈도	122	31	4	157
		취업상태의 %	77.7%	19.7%	2.5%	100.0%
	재학	빈도	16	6	1	23
		취업상태의 %	69.6%	26.1%	4.3%	100.0%
	가사	빈도	77	53	6	136
		취업상태의 %	56.6%	39.0%	4.4%	100.0%
	기타	빈도	14	7	0	21
		취업상태의 %	66.7%	33.3%	.0%	100.0%
전 체		빈도	662	322	28	1012
		취업상태의 %	65.4%	31.8%	2.8%	100.0%

☆ **카이제곱 검정**

	값	자유도	점근 유의확률 (양측검정)
Pearson 카이제곱	29.566	14	.009
우도비	30.188	14	.007
선형 대 선형결합	.699	1	.403
유효 케이스 수	1012		

분석결과 $\chi^2 = 29.566$이며 이때의 p-value는 0.009로 귀무가설을 기각한다. 즉 취업상태와 주택소유와는 관련이 있는 것으로 나타났으며 교차표에 의해 해석하면 실직의 상태가 다른 상태에 비해 임대의 비율이 높게 나타나고 있음을 알 수 있다.

다음으로 취업상태에 따른 정치성향에 대한 가설은 취업상태는 명목형이며 정치성향은 서열형이므로 동질성 검정을 실시한다. 가설은 다음과 같다.

H_0 : 취업상태에 따라 정치성향은 동질적이다.

vs.

H_1 : 취업상태에 따라 정치성향은 이질적이다.

분석결과는 다음과 같다.

☆ **교 차 표**

			정치성향					전체
			개방적	개방적인편	중립	보수적인편	보수적	
취업상태	전일제 근무	빈도	107	111	259	137	119	733
		취업상태의 %	14.6%	15.1%	35.3%	18.7%	16.2%	100.0%
	시간제 근무	빈도	20	13	60	34	31	158
		취업상태의 %	12.7%	8.2%	38.0%	21.5%	19.6%	100.0%
	일시적 휴직	빈도	5	6	10	6	4	31
		취업상태의 %	16.1%	19.4%	32.3%	19.4%	12.9%	100.0%
	실직	빈도	8	6	24	6	5	49
		취업상태의 %	16.3%	12.2%	49.0%	12.2%	10.2%	100.0%
	은퇴	빈도	17	23	82	33	60	215
		취업상태의 %	7.9%	10.7%	38.1%	15.3%	27.9%	100.0%
	재학	빈도	6	10	14	6	6	42
		취업상태의 %	14.3%	23.8%	33.3%	14.3%	14.3%	100.0%
	가사	빈도	25	18	73	22	48	186
		취업상태의 %	13.4%	9.7%	39.2%	11.8%	25.8%	100.0%
	기타	빈도	5	6	5	4	9	29
		취업상태의 %	17.2%	20.7%	17.2%	13.8%	31.0%	100.0%
전체		빈도	193	193	527	248	282	1443
		취업상태의 %	13.4%	13.4%	36.5%	17.2%	19.5%	100.0%

☆ **카이제곱 검정**

	값	자유도	점근 유의확률 (양측검정)
Pearson 카이제곱	54.472	28	.002
우도비	55.220	28	.002
선형 대 선형결합	6.172	1	.013
유효 케이스 수	1443		

분석결과 $\chi^2 = 54.472$이며 이때의 p-value는 0.002로 귀무가설을 기각한다. 즉 취업상태에 따른 정치성향은 이질적 즉 다른 것으로 나타났으며 교차표에 의해 해석하면 재학과 기타의 경우는 개방적의 비율이 높은 반면 전일제, 시간제의 경우는 보수적인 것으로 나타나고 있음을 알 수 있다.

다음으로 취업상태에 따른 출생지역에 대한 가설은 취업상태는 명목형이며 출생지역 또한 명목형이므로 독립성 검정을 실시한다. 가설은 다음과 같다.

H_0 : 취업상태와 출생지역은 독립이다.

vs.

H_1 : 취업상태와 출생지역은 종속이다.

분석결과는 다음과 같다.

☆ **교 차 표**

			출생지역				전체
			북동부	중서부	남부	서부	
취업상태	전일제 근무	빈도	73	111	114	76	374
		취업상태의 %	19.5%	29.7%	30.5%	20.3%	100.0%
	시간제 근무	빈도	19	29	16	19	83
		취업상태의 %	22.9%	34.9%	19.3%	22.9%	100.0%
	일시적 휴직	빈도	2	4	8	2	16
		취업상태의 %	12.5%	25.0%	50.0%	12.5%	100.0%
	실직	빈도	5	7	7	7	26
		취업상태의 %	19.2%	26.9%	26.9%	26.9%	100.0%
	은퇴	빈도	16	26	52	27	121
		취업상태의 %	13.2%	21.5%	43.0%	22.3%	100.0%
	재학	빈도	1	7	9	4	21
		취업상태의 %	4.8%	33.3%	42.9%	19.0%	100.0%
	가사	빈도	19	35	32	15	101
		취업상태의 %	18.8%	34.7%	31.7%	14.9%	100.0%
	기타	빈도	1	2	10	2	15
		취업상태의 %	6.7%	13.3%	66.7%	13.3%	100.0%
전 체		빈도	136	221	248	152	757
		취업상태의 %	18.0%	29.2%	32.8%	20.1%	100.0%

☆ **카이제곱 검정**

	값	자유도	점근 유의확률 (양측검정)
Pearson 카이제곱	32.747	21	.049
우도비	33.664	21	.039
선형 대 선형결합	1.187	1	.276
유효 케이스 수	757		

분석결과 $\chi^2 = 32.747$이며 이때의 p-value는 0.049이다. 유의수준(a)가 0.05이므로 귀무가설을 기각한다. 즉 취업상태와 출생지역과는 관련이 있는 것으로 나타났으며 교차표에 의해 해석하면 기타인 경우 남부의 비율이 매우 높게 나타나고 있음을 알 수 있다.

5 평균비교

어떤 집단의 평균이 얼마인가를 검정하거나 두 집단의 평균이 같다고 볼수 있는지를 검정하고자 할 때, t-검정이 사용된다. 여기서는 세 가지의 경우로 나누어 그 방법을 살펴볼 수 있다.

1) 한 집단의 평균비교

하나의 모집단에서 확률표본이 얻어진 경우에 모평균에 관한 검정과 추정 문제를 다루어 보자. 케이스들이 얻어진 모집단의 어떤 변수의 모평균에 대하여 $100(1-\alpha)\%$ 신뢰구간은 표본평균이 $\bar{x}$ 이고 표본표준편차가 s인 경우에 다음과 같이 구한다.

$$\bar{x} \pm t(n-1,\ \frac{\alpha}{2})\frac{s}{\sqrt{n}}$$

그리고 모평균이 μ_0 인가 아닌가를 검정하는 양쪽검정인 경우에 가설은

$$H_0 : \mu = \mu_0$$

$$H_1 : \mu \neq \mu_0$$

이 되고, 만약 검정통계량의 값이 $|t| = \left| \dfrac{\bar{x} - \mu_0}{s - \sqrt{n}} \right| > t(\alpha/2, n-1)$

이면, 유의수준 α에서 H_0를 기각한다. PASW에서는 유의확률이 출력되는데, 이 값이 유의수준보다 작으면 H_0를 기각하게 된다.

예제 [3.8]

[prg3_8.sav]

한국 과학고 학생 20명의 지능지수를 다음과 같이 측정하였다. 이들의 평균이 전체 고교생 평균 130과 다른지 여부를 유의수준 5%에서 검정하시오.

자료 :									
120	136	127	118	105	120	115	125	115	101
130	100	105	103	142	121	119	114	122	108

풀이 가설은 다음과 같다.

$$\mathrm{H}_0 : \mu = 130 \quad vs. \quad \mathrm{H}_1 : \mu \neq 130$$

즉 귀무가설은 "한국과학고 학생의 평균 지능지수와 전체 고교생의 평균 지능지수와 같다"이며 대립가설은 "한국과학고 학생의 평균지능지수가 전체 고교생의 평균 지능지수 130과 다르다" 이다.

prg3_8.sav를 불러온다. 메뉴에서 **분석(A)** ⇨ **평균비교(M)** ⇨ **일표본 T검정(S)** 을 선택하고 그림과 같이 변수를 종속변수에 보낸다. 이때 아래쪽의 **검정값(V)** 란에는 귀무가설에서 검정하려고 했던 값 130을 입력해준다. 이렇게 하면 귀무가설을 검정해 준다.

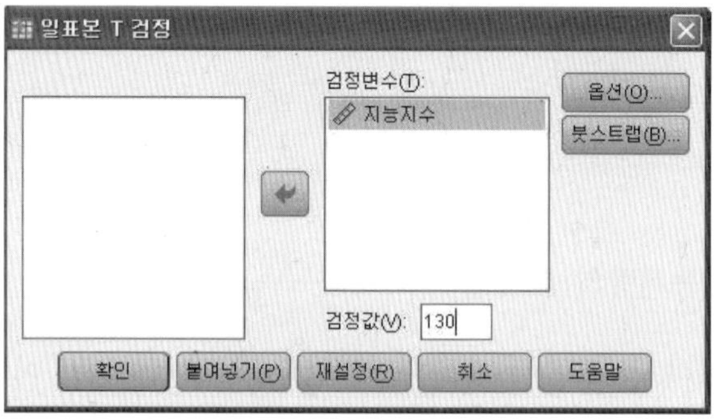

일표본 통계량

	N	평균	표준편차	평균의 표준오차
지능지수	20	117.80	10.900	2.437

일표본 검정

	검정값 = 130					
					차이의 95% 신뢰구간	
	t	자유도	유의확률 (양쪽)	평균차	하한	상한
지능지수	-5.006	19	.000	-12.200	-17.30	-7.10

유의확률(p-value)의 값이 양쪽검정의 결과를 나타내고 있음을 알 수 있다. 그러므로 이 가설검정의 경우는 유의수준 0.05로 검정하게 된다면 유의확률(p-value) < 유의수준(α)이므로 귀무가설을 기각하게 된다. 즉 한국과학고 학생의 평균 지능지수와 전체 고교생의 평균 지능지수와 같다라고 할 수 없으며 한국과학고 학생의 평균 지능지수가 전체고교생의 평균 지능지수보다 높다라고 할 수 있다. 그리고 모평균 μ의 95% 신뢰구간은 $-17.3 < \mu - 130 < -7.10$ 즉 $112.7 < \mu < 122.9$ 임을 알 수 있다.

2) 독립된 두 집단의 평균비교

2개의 모집단간에 모평균의 차이가 있는가를 검정하고 싶은 경우에 사용되는 명령이

T-test이다.

$x_1, x_2, \cdots, x_n$과 $y_1, y_2, \cdots, y_n$이 각각 $N(\mu_1, \sigma_1^2)$, $N(\mu_2, \sigma_2^2)$에서 추출한 확률표본이라 할 때, 두 모집단의 평균차이$(\mu_1 - \mu_2)$에 대한 가설을 다음과 같이 설정한다.

$$H_0 : \mu_1 - \mu_2 = 0$$

$$H_1 : \mu_1 - \mu_2 \neq 0$$

이 검정은 ${\sigma_1}^2 = {\sigma_2}^2$ 와 ${\sigma_1}^2 \neq {\sigma_2}^2$ 경우로 나누어 설명하고 검정방법은 유의확률 p값을 주어진 유의수준 α와 비교하여 p값이 작으면 두 모집단간에 평균차이가 있다고 한다.

(1) 모분산이 같을 경우(${\sigma_1}^2 = {\sigma_2}^2 = \sigma^2$)

이 경우 검정통계량은 각각 크기 n_1, n_2 인 표본평균이 $\bar{x}, \bar{y}$ 인 경우에 다음과 같이 주어진다.

$$T = \left| \frac{\bar{x} - \bar{y}}{s_p \sqrt{\frac{1}{n_1} + \frac{1}{n_2}}} \right|$$

단,

$${s_p}^2 = \frac{\sum(x_i - \bar{x})^2 + \sum(y_i - \bar{y})^2}{n_1 - n_2 - 2}$$

$$T = \left| \frac{\bar{x} - \bar{y}}{s_p \sqrt{\frac{1}{n_1} + \frac{1}{n_2}}} \right| > t(\alpha/2,\ n_1 + n_2 - 2)$$

이면, 유의수준 α%에서 귀무가설 H_0를 기각한다.

위에서 두 모집단의 분산이 같다는 가정하에서 검정을 실시하였는데, 분산의 동일성 여부를 검정하고 싶은 경우에는 다음의 가설을 검정하여야 한다.

$$H_0 : {\sigma_1}^2 = {\sigma_2}^2$$

$$H_0 : {\sigma_1}^2 \neq {\sigma_2}^2$$

검정통계량은 $s_1{}^2$이 $s_2{}^2$보다 크다고 가정하는 경우에

$$F = \frac{s_1{}^2}{s_2{}^2}$$

이며, 귀무가설이 참일 때, 검정통계량 F는 자유도가 $(n_1 - 1, n_2 - 1)$인 F-분포를 따른다. 검정방법은 유의확률 p-값이 주어진 유의수준보다 작으면 두 분산이 같지 않다고 결론을 내린다.

(2) 모분산이 다른 경우($\sigma_1{}^2 \neq \sigma_2{}^2$)

앞 절에서 소개한 분산의 동일성 검정에서 귀무가설이 기각되면 분산의 추정치를 그대로 이용한 다음의 검정통계량을 사용한다.

$$T = \left| \frac{\bar{x} - \bar{y}}{\sqrt{\frac{s_1{}^2}{n_1} + \frac{s_2{}^2}{n_2}}} \right| > t(\alpha/2, \phi)$$

이면 유의수준 α에서 H_0를 기각한다. 여기에서 자유도 ϕ는 새터스웨이트(Satterthwaite)가 제안한 값으로 계산방법은 다음과 같다.

$$\phi = \frac{\left(\frac{s_1{}^2}{n_1} + \frac{s_2{}^2}{n_2}\right)^2}{\left(\frac{s_1{}^2}{n_1}\right)^2 \frac{1}{n_1 - 1} + \left(\frac{s_2{}^2}{n_2}\right)^2 \frac{1}{n_2 - 1}}$$

예제 [3.9]

[prg3_9.sav]

다음은 한국대학교 체육학과 남·여학생들의 100m 달리기 기록이다. 남녀간의 기록에 대한 차이가 있다고 할 수 있는지를 검정하시오.

남 :	14.22	12.7	13.5	13.0	12.5	13.1	12.6	13.9	13.4
여 :	15.2	16.0	14.3	13.5	18.0	17.0	15.8	11.8	12.1

풀이 가설은 다음과 같다.

$$H_0 : \mu_{남} = \mu_{여} \quad vs. \quad H_1 : \mu_{남} \neq \mu_{여}$$

즉 귀무가설은 남학생과 여학생의 100m 기록은 같다이며 대립가설은 남학생과 여학생의 100m 기록은 다르다이다. 이때 남학생의 평균이 크던지 여학생의 평균이 크던지 상관없이 다르다이다.

prg3_9.sav를 불러오면 두 개의 변수가 존재하는 것을 알 수 있다. 이때 한 변수는 남학생과 여학생을 구분하는 명목형 변수이다. 여기에서는 남학생은 1, 여학생은 2로 입력하였다. 또 하나의 변수는 100m 기록이다. 두 집단의 평균비교를 위해서는 반드시 집단을 구분하는 변수가 필요하다.

메뉴바의 **분석(A)** ⇨ **평균비교(M)** ⇨ **독립표본 T검정(T)**을 선택하고 그림과 같이 100m 기록 변수를 검성변수에 보낸다. 그리고 성별변수를 **집단변수**로 보낸 후 그러면 성별(?,?)으로 나타난다. 이때 **집단정의**를 눌러준다.

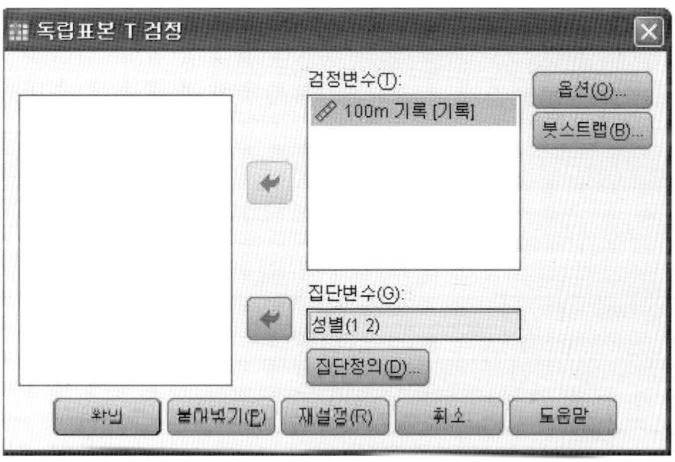

집단정의는 코딩시 입력했던 집단의 구분을 각각 넣어주면 된다. 이 예제에서는 남학생은 1, 여학생은 2로 입력하였으므로 지정값에 각각 1과 2를 입력해 성별(1 2)로 정의해준다.

<분석결과>

집단통계량

	성별	N	평균	표준편차	평균의 표준오차
100m 기록	남학생	9	13.211	.5883	.1961
	여학생	9	14.856	2.1178	.7059

각 집단의 통계량으로 남학생의 경우 평균 100m에 13.211초의 기록이 나타났으며 여학생의 경우는 14.856초의 기록이 나타났다. 직관적으로 보면 남학생이 여학생보다 빠를것으로 나타난다. 하지만 평균만 가지고 집단을 비교하는 것이 아니라 집단의 분산도 고려해야 하므로 $t-$검정의 결과를 살펴보자.

독립표본 검정

		Levene의 등분산 검정		평균의 동일성에 대한 t-검정						
									차이의 95% 신뢰구간	
		F	유의확률	t	자유도	유의확률 (양쪽)	평균차	차이의 표준오차	하한	상한
100m 기록	등분산이 가정됨	10.928	.004	-2.244	16	.039	-1.6444	.7327	-3.1977	-.0912
	등분산이 가정되지 않음			-2.244	9.227	.051	-1.6444	.7327	-3.2957	.0068

두 집단의 평균비교를 위해서는 각각의 두 집단의 분포의 형태가 같은지 다른지를 알아봐야 한다. 이것이 Levene의 등분산 검정이다. 이 검정의 가설은 $\mathrm{H}_0 : \sigma_{남}^2 = \sigma_{여}^2 \quad vs. \quad \mathrm{H}_1 : \sigma_{남}^2 \neq \sigma_{여}^2$이다. 즉 귀무가설은 “두 집단의 분산이 같다”이며 대립가설은 “두 집단의 분산이 다르다”이다. 위의 분석 결과 검정통계량 F값은 10.928이며 이때 유의확률(p-value)이 0.004이므로 유의수준(α) 0.05보다 작으므로($0.004 < 0.05$) 귀무가설을 기각한다. 즉 두 집

단의 분산은 같다라고 할 수 없다.

이제 평균에 대한 분석을 시작하자. 위의 분석결과의 왼쪽부분에 "등분산이 가정됨"과 "등분산이 가정되지 않음"이라는 각각의 행이 존재한다. 위의 분산에 대한 검정결과 등분산이라고 할 수 없으므로 "등분산이 가정되지 않음"의 행을 가지고 분석을 실시한다.

가설은 위에서 나타났듯

$$\mathrm{H}_0 : \mu_{남} = \mu_{여} \quad vs. \quad \mathrm{H}_1 : \mu_{남} \neq \mu_{여}$$ 이며

이때의 $t-$값은 -2.244, 자유도는 9.227, 유의확률은 0.051이다. 유의수준(a) 0.05보다 크므로(0.051 > 0.05) 귀무가설을 기각할 수 없다. 즉 두 집단의 평균은 남학생의 100m 평균기록과 여학생의 100m 평균기록은 같다라고 할 수 있다.

3) 대응표본 T 검정

두 집단에서 표본을 얻었음에도 불구하고 이 표본이 서로 독립이 아닌 경우가 있다. 즉, $(X_1, Y_1), (X_2, Y_2), \cdots, (X_n, Y_n)$의 표본에서 X_i와 $Y_i(i = 1, \cdots, n)$는 같은 조건에서 수준을 달리해 얻은 값이고, 벡터들끼리는 독립인 형태를 의미한다. 이때, $X_i - Y_i = D_i;\ i = 1, \cdots, n$이라 하면 D_i는 $N(\mu_D, \sigma_D^2)$에서 추출한 확률표본이라 할 수 있다. 그러므로 이 두 집단의 비교는 D 집단에서의 평균이 0인가를 검정하는 경우와 동일해진다.

$$H_0 : \mu_D = 0 \quad vs. \quad H_1 : \mu_D \neq 0$$

이를 검정하는 검정통계량은 다음과 같다.

$$\left| \frac{\overline{D} - 0}{s_D / \sqrt{n}} \right| > t(\alpha/2;\ n-1)$$

이면, 유의수준 α에서 귀무가설 H_0을 기각한다.

여기서

$$\overline{D} = \sum D_i / n, \quad s_D^2 = \sum (D_i - \overline{D})^2 / (n-1)$$

이 경우 μ_0의 $100(1-\alpha)\%$ 신뢰구간은 다음과 같다.

$$\overline{D} \pm t(n-1, \frac{\alpha}{2}) \frac{s_D}{\sqrt{n}}$$

예제 [3.10]

[prg3_10.sav]

다음은 대한웰빙회사에서 실시하는 다이어트 프로그램에 참여한 사람들의 체중 자료이다. 이 자료는 다이어트 프로그램의 효과가 과연 있었는지를 알기 위해 프로그램 참여 전의 체중을 측정한 후 프로그램에 참여하였다. 프로그램이 끝난 후 다시 체중을 측정한 결과이다. 다이어트 프로그램의 효과가 있는지를 검정하시오.

	유예슬	한유화	유성훈	박홍은	박원동	곽재욱
전(Before)	60	70	82	55	66	90
후(After)	53	57	85	53	62	78

풀이 위의 예제는 두 집단(Before, After)으로 보여지지만 실제로는 한 사람에서 각각을 측정한 자료이다. 그러므로 이 자료는 D=Before−After로 놓은 후 이 차이값인 D의 평균이 0인지를 보는 것과 같다. 즉 일표본 t 검정과 같은 결과인 것이다. 가설은 다음과 같다.

$$H_0 : \overline{D} = 0 \quad vs. \quad H_1 : \overline{D} \neq 0$$

즉 귀무가설은 체중의 변화가 없었으므로 다이어트 프로그램의 효과가 없다라고 할 수 있으며 대립가설은 체중의 변화가 있었으므로 다이어트 프로그램의 효과가 있었다고 할 수 있다. 만일 $\overline{D} > 0$이면 Before > After의 등식이 성립함으로 '살이 빠졌다' 즉 '다이어트 프로그램의 효과가 있었다'고 할 수 있으며 만일 $\overline{D} < 0$이면 Before < After의 등식이 성립해 살이 더 찐 것으로

나타났으나 이 경우에도 다이어트 프로그램의 효과는 있었다라고 할 수 있다. 단지 그 효과가 부작용으로 나타난 것일 뿐이다.

prg3_10.sav를 불러오면 세 개의 변수가 존재하는 것을 알 수 있다. 이때 첫 번째 변수는 성명으로 분석대상이 아니며 두 번째 변수는 프로그램 참여 전 체중, 세 번째 변수는 프로그램 참여 후 체중이다. 대응집단의 평균비교를 위해서는 반드시 짝을 이루는 케이스끼리 대응되게 입력해야 한다.

메뉴바의 **분석(A)** ⇨ **평균비교(M)** ⇨ **대응표본 T검정(P)**을 선택하고 그림과 같이 프로그램 참여 전 변수를 선택한다.

대응표본 통계량

		평균	N	표준편차	평균의 표준오차
대응 1	프로그램 참여전	70.500	6	13.2929	5.4260
	프로그램 참여후	64.667	6	13.6333	5.5658

대응표본 상관계수

		N	상관계수	유의확률
대응 1	프로그램 참여전 & 프로그램 참여후	6	.897	.015

대응표본 검정

		대응차					t	자유도	유의확률 (양쪽)
					차이의 95% 신뢰구간				
		평균	표준편차	평균의 표준오차	하한	상한			
대응 1	프로그램 참여전 - 프로그램 참여후	5.8333	6.1128	2.4956	-.5817	12.2484	2.337	5	.067

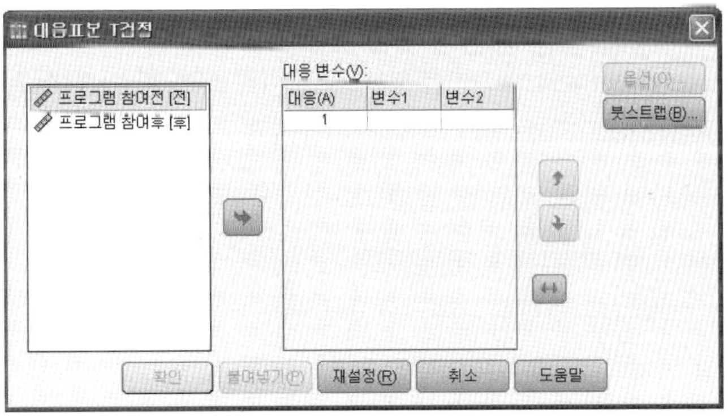

프로그램 참여 전의 평균 평균은 70.5kg이었으며 프로그램 참여 후의 평균 체중은 64.667kg이다. 직관적으로 보면 다이어트 프로그램의 효과가 있는 것처럼 보인다. 그러나 분포의 형태를 모르는 상태에서 평균값만을 가지고 비교할 수 없으므로 대응 $t-$검정을 실시해 보면 다음과 같다.

다이어트 프로그램의 참여 전에서 참여 후를 뺀 평균값은 5.83이 나타났다. 앞에서 언급한 가설은 다음과 같다.

$$H_0 : \overline{D} = 0 \quad vs. \quad H_1 : \overline{D} \neq 0$$

이때의 $t-$값은 2.337, 유의확률(p-value)은 0.067이다. 유의수준(α) 0.05로 유의확률보다 크므로 귀무가설을 기각하지 못한다. 즉 다이어트 프로그램의 참여 전에서 참여 후를 뺀 평균값은 0이라고 할 수 있다. 그러므로 A회사에서 실시하는 다이어트 프로그램은 효과가 있다 라고 할 수 없다.

4) 일원배치 분산분석

(1) 분산분석의 개념

기초통계학에서 두 모집단의 평균의 차이에 대한 검정문제를 흔히 접할 수 있다. 예를 들면 두 개의 공정에서 나오는 제품수명, 두 대의 자동차가 소비하는 휘발유량, 또는 A대학의 통계학과 학생과 경제학과 학생들의 학업 성취도 등을 비교하는 것이다. 여기에는 주로 2장에서 소개한 2표본 $t-$검정(two sample t-test)이 이용되었다. 그런데 이러한 절차가 단순히 두 모집단의 비교에만 그치지 않고 다수의 모집단을 비교하는 경우로 확장될 수 있는가? 즉 여러 집단의 평균의 비교는 어떻게 행할 것인가?

이러한 문제에는 여러 집단을 총괄적으로 분석할 수 있는 분산분석(analysis of variance : ANOVA)이라는 별도의 기법이 필요하다. 분산분석은 1919년 피셔(R. A. Fisher; 1890-1962)에 의해 고안된 방법으로서, 실험계획법(experimental design)과 회귀분석(regression analysis)에 주로 사용되어 왔다.

실험 연구에서 특성치에 영향을 주는 실험의 조건들을 인자(factor)라고 하고, 각 인자의 실험 조건을 인자의 수준(level) 또는 처리(treatment)라고 한다. 어떤 관심 있는 특성치에 대하여 하나의 인자만의 영향을 조사하기 위하여 쓰이는 실험계획법을 '일원배치법(one-way-factorial design)'이라 하고, 인자가 3개 이상인 경우를 '다원배치법'이라고 한다. 일원배치법에서는 인자의 수준(또는 처리)간의 평균차이에 관한 검정이 주 관심 대상이고, 이는 일원배치 분산분석(one-way ANOVA)에 의하여 검정이 실시된다.

(2) 일원배치법

일원(one-way 또는 one factorial)은 실험에 영향을 미치는 요인(처리)이 하나라는 의미이다. 처리수준의 수가 a이고 각 처리마다 n번의 반복실험을 한 자료의 구조를 다음의 〈표 3.3〉에 나타내 보았다.

▌표 3-3▐ 일원배치의 자료구조

반복 \ 처리	1	2	…	i	…	a
1	x_{11}	x_{21}	…	x_{i1}	…	x_{a1}
:	:	:		:		:
j	x_{1j}	x_{2j}	…	x_{ij}	…	x_{aj}
:	:	:		:		:
n	x_{1n}	x_{2n}	…	x_{in}	…	x_{an}
합계	$x_{1.}$	$x_{2.}$	…	$x_{i.}$	…	$x_{a.}$
평균	$\bar{x}_1$	$\bar{x}_2$	…	$\bar{x}_i$	…	$\bar{x}_a$

일원배치법의 데이터의 구조식은 표현하면 다음과 같다.

$$x_{ij} = \mu + \alpha_i + \epsilon_{ij} = \mu_i + \epsilon_{ij}$$

여기서, μ : 전체 모평균

α_i : i 처리 효과 ($\Sigma\,\alpha_i = 0$)

ϵ_{ij} : 오차 (단, $\epsilon_{ij} \sim N(0,\ \sigma^2)$) ; $i = 1, \ldots\ a\ ; j = 1, \ldots, n.$

위 식의 μ_i는 i처리 그룹의 모평균이 되며 i처리 간에 특성값 평균의 차이가 있는가를 검정하기 위한 가설은 다음과 같다.

$H_o: \alpha_1 = \alpha_2 = \cdots = \alpha_a =$ (또는 $\mu_1 = \mu_2 = \cdots = \mu_a$)

H_1: a개의 모평균중 적어도 한 쌍의 모평균들은 서로 다르다.

(또는 모든 μ_i가 동일하지 않다.)

대부분의 자료값들은 전체평균과는 다른 값들을 갖게 되는데, 그 이유는 두 가지 요인에 기인한다. 즉, 처리효과와 우연성(오차)의 요인 때문에 자료의 변동이 발생하는 것이다. 그래서 자료의 전체변동을 두 가지 요인에 의한 변동으로 분해하는데 그 식은 다음과 같다.

$$\sum_{i=1}^{a}\sum_{j=1}^{n}(x_{ij}-\overline{x}_{.})^2 = \sum_{i=1}^{a} n(\overline{x}_i-\overline{x}_{.})^2 + \sum_{i=1}^{a}\sum_{j=1}^{n}(x_{ij}-\overline{x}_i)^2$$

$$SST = SSA + SSE$$

여기서, $\overline{x}_{.} = \sum_i\sum_j x_{ij} / an$은 전체평균이다.

앞의 SST는 전체제곱합(total sum of squares), SSA는 처리제곱합(sum of squares due to treatments), SSE는 오차제곱합(sum of squares due to error)이다. 그런데 이 값들은 처리수준의 수나 반복회수가 많아지면 당연히 커지게 되므로 상대적인 비교를 위해 이들의 평균을 구할 필요가 있다. 이것이 평균 제곱합이며 다음과 같이 구한다.

평균 처리제곱합: $MSA = SSA \,/\, (a-1)$

평균 오차제곱합: $MSE = SSE \,/\, a(n-1)$

이때 $E(MSA) = \sigma^2 + \frac{n}{a-1}\Sigma\alpha_i^2$ 이고 $E(MSE) = \sigma^2$이 된다.

가설검정은 처리효과의 존재유무를 판단하는 것이므로, 평균제곱합의 기대값들로부터 검정통계량은 다음과 같이 될 것임을 짐작할 수 있다.

$$F = \frac{MSA}{MSE} \left(= \frac{s_b^2}{s_w^2}\right)$$

이 검정통계량은 귀무가설 하에서 $F(a-1,\ a(n-1))$분포를 따른다. 처리효과가 없다면 위의 값은 1에 가깝게 나올테고, 처리효과가 존재하면 임계값(기각값)보다 큰 값이 나올 것이다.

이제까지 소개한 계산값들을 정리하면 다음의 〈표 4.2〉와 같으며 이 표를 분산분석표라 한다. 분산분석에 필요한 모든 정보를 한 표에 요약해 놓은 것으로서 유용한 정보를 제공해 준다. 통계패키지 프로그램에서 제공하는 분산분석표에서는 F값 옆에 $p-$값이 주어지므로, 일일이 기각역을 구할 필요 없이 단지 이 값을 유의수준과 비교하여 적으면 기각, 크면 채택하는 식으로 간단히 검정을 하게 해준다.

표 3-4 일원배치의 분산분석표(ANOVA table)

요 인	제곱합(SS)	자유도(d.f)	평균제곱(MS)	검정통계량(F)
처리(treatment) 오차(error)	SSA SSE	$a-1$ $a(n-1)$	MSA MSE	$F=MSA/MSE$
전체(total)	SST	$an-1$		

예제 [3.11]

[prg3_11.sav]

다음의 자료는 어떤 회사에서 3개 회사에서 생산되는 기계를 1대씩 구입하여 이들중 어느 회사 기계가 우수한가의 여부를 분석하는 자료이다. 각각의 기계를 가동시킨 후 임의로 시간당 생산량을 각 기계마다 5번 측정한 결과이다. 각 회사의 기계간에 평균 생산량이 차이가 존재하는지 PASW를 이용하여 분석하시오.

A 회사	B 회사	C 회사
6.00	5.53	5.03
6.08	5.50	5.00
6.06	5.57	4.96
5.92	5.49	4.92
5.94	5.41	5.09

풀이 이 예제의 경우는 회사의 종류가 요인이 되며 생산량이 종속변수가 된다. 그러므로 가설은

$$H_0 : \mu_A = \mu_B = \mu_C \text{ vs. } H_1 :$$

적어도 한 집단의 평균은 다르다.

이다.

즉 귀무가설은 세 대의 기계의 평균생산량은 같다이며 대립가설은 최소한 어느 한 기계만이라도 다르다라는 것이다.

PASW로 분석하여 보자. prg3_11.sav 파일을 불러온다. 두 변수로 구성되어 있으며 회사라는 변수는 회사 구분을 위한 명목형 자료이며 생산량이라는 변수는 측정자료이다.

메뉴바의 **분석(A)** ⇨ **평균비교(M)** ⇨ **일원배치 분산분석(O)**을 선택하고 그림과 같이 **종속변수(E)**에는 생산량 변수를, **요인(F)**에는 회사변수를 각각 옮겨준다.

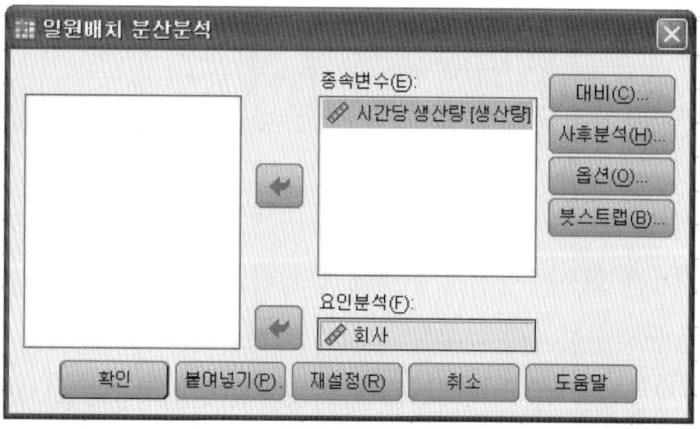

실행(확인 버튼을 선택)을 시키게 되면 다음과 같은 결과를 얻을 수 있다.

분산분석

시간당 생산량

	제곱합	df	평균 제곱	거짓	유의확률
집단-간	2.500	2	1.250	294.118	.000
집단-내	.051	12	.004		
합계	2.551	14			

분석결과 검정통계량인 F값은 294.118이며 이때의 유의확률(p-value)은 0.000으로 매우 작게 나타났다. 귀무가설을 채택할 수가 없다. 즉 평균생산량에 차이가 있는 것으로 추정된다.

(3) 다중비교

앞 절에서 a개 모평균의 동일성에 대한 검정 절차를 설명한 바 있다. 검정통계량 F값이 임계값보다 크면 귀무가설을 기각하고, a개의 모평균이 모두 같지는 않다고 결론을 내린다. 그러면 a개 모평균 중 어떤 것들이 서로 심각하게 달라서 귀무가설이 기각되었는가 하는 문제를 제기해 볼 수 있다. 예를 들면 μ_1이 μ_2, 혹은 μ_3과 다른가? μ_3은 μ_4, μ_5와 다른가? 다중비교(multiple comparison)는 이렇듯 여러 개의 모평균을 비교하여 차이의 구조를 밝히는 통계적 절차를 의미한다.

모평균을 비교하는 방법으로서, 모평균의 각 쌍에 대하여 유의수준 α로 t-검정을 하는 것이 가장 간단히 생각할 수 있는 방법이지만, 분산분석의 개념에서 설명한 바와 같이 모든 쌍에 대하여 옳은 결정을 내렸을 확률이 $(1-\alpha)$가 되지 못한다. 그래서 전체적인 실험별 유의수준을 고려해준 다중비교 방법이 요구된다.

피셔(R. A. Fisher)가 제안한 최소유의차(least significant difference : LSD)검정법은 전체적인 실험별 유의수준을 관리해 주지 못하고 단지 비교하는 그룹 간 유의수준만 맞추어 주기 때문에 많이 사용되지는 않지만 다중비교의 개념을 이해하는데 도움을 주고 있다.

이 방법은 각 쌍의 평균에 대하여 전통적인 t-검정을 행하는 것이다. 두 모평균 차이의 신뢰구간을 구하여 구간 안에 0이 포함되어 있으면 두 모평균은 같다고 결론짓는다.

i와 j의 두 집단 평균차를 검정해보자. 여기서 두 집단의 표본의 크기가 n으로 같다고 가정하자. 이때 최소유의차는 다음과 같이 정의한다.

$$LSD = t(\alpha/2;\, a(n-1))\sqrt{\frac{2MSE}{n}}$$

단, $t(\alpha/2;\, \phi)$는 자유도가 ϕ인 t-분포의 상위 $\alpha/2(100)\%$ 백분위수이다. 위에서 t-분포의 자유도가 $a(n-1)$인 이유는 σ^2의 추정량인 MSE를 구하는데 이용된 정보의 개수(자유도)가 각 그룹마다 $(n-1)$개씩 모두 a개 있기 때문이다.

만일 $|\overline{x_i} - \overline{x_j}| \geq LSD$이면, 모평균의 차 $\mu_i - \mu_j$의 신뢰구간에 0이 포함되어 있지 않기 때문에 $\mu_i \neq \mu_j$라고 판단하게 된다. 이 절차를 다음 예에 실제로 적용하여 보자.

예제 [3.12]

[prg3_12.sav]

다음 자료는 5가지의 다른 진통제를 25명에게 나누어 투여한 후 환자가 진통이 가라앉을 때까지 걸리는 시간을 측정한 것이다. 각 진통제의 효과에 대해 차이가 있는지 차이가 있다면 어떤 진통제가 우수한지에 대해 분석하시오.

표본 \ 진통제	P1	P2	P3	P4	P5
1	5	9	3	2	7
2	4	7	5	3	6
3	8	8	2	4	9
4	6	6	3	1	4
5	3	9	7	4	7

풀이 이 예제의 경우는 진통제의 종류가 요인이 되며 시간이 종속변수가 된다. 그러므로 가설은

$$H_0: \mu_{P1} = \mu_{P2} = \mu_{P3} = \mu_{P4} = \mu_{P5}$$

vs.

H_1: 적어도 한 집단의 평균은 다르다

이다.

즉 귀무가설은 다섯종류의 진통제의 진통해소시간은 같다이며 대립가설은 최소한 어느 한 진통제만이라도 다르다라는 것이다.

PASW로 분석하여 보자. prg3_12.sav 파일을 불러온다. 두 변수로 구성되어 있으며 진통제라는 변수는 구분을 위한 명목형 자료이며 시간이라는 변수는 측정자료이다.

메뉴바의 분석(A) ⇨ 평균비교(M) ⇨ 일원배치 분산분석(O)을 선택하고 그림과 같이 종속변수(E)에는 시간 변수를, 요인(F)에는 진통제 변수를 각각 옮겨준다.

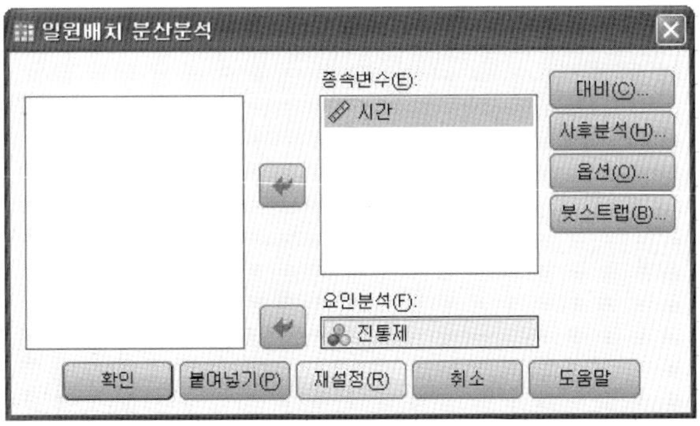

다음으로 대비를 선택하고 다항식을 체크하고 자수에서 1차식을 신댁한다.사후분석을 선택하고 다중비교에 의한 평균차이를 조사하는데 선택사양으로 최소유의차검정(LSD), TUKEY와 Scheffe 방법들을 선택한다.

다음으로 옵션을 선택하여 분산 동질성 검정을 체크한다.

분석결과는 다음과 같다.

분산의 동질성 검정

시간

Levene 통계량	df1	df2	유의확률
.394	4	20	.810

분산의 동질성에 관한 검정 결과 유의확률 p=0.81로서 유의수준 α=0.05보다 크므로 각 진통제 효과에 대한 분산이 같다는 귀무가설을 채택한다.

분산분석

시간

			제곱합	df	평균 제곱	거짓	유의확률
집단-간	(조합됨)		79.440	4	19.860	6.896	.001
	선형 항	대비	2.420	1	2.420	.840	.370
		편차	77.020	3	25.673	8.914	.001
집단-내			57.600	20	2.880		
합계			137.040	24			

분산분석결과 유의확률(p-value)이 0.001이므로 귀무가설을 기각한다. 즉 진통제간의 평균진통해소시간에 차이가 있는 것으로 나타났다. 그러므로 다중비교를 통한 어떤 진통제가 더 우수한지를 알아볼 수 있다.

다중 비교

종속 변수:시간

	(I) 진통제	(J) 진통제	평균차(I-J)	표준오차	유의확률	95% 신뢰구간	
						하한값	상한값
Tukey HSD	P1	P2	-2.60000	1.07331	.150	-5.8118	.6118
		P3	1.20000	1.07331	.795	-2.0118	4.4118
		P4	2.40000	1.07331	.207	-.8118	5.6118
		P5	-1.40000	1.07331	.692	-4.6118	1.8118
	P2	P1	2.60000	1.07331	.150	-.6118	5.8118
		P3	3.80000*	1.07331	.016	.5882	7.0118
		P4	5.00000*	1.07331	.001	1.7882	8.2118
		P5	1.20000	1.07331	.795	-2.0118	4.4118
	P3	P1	-1.20000	1.07331	.795	-4.4118	2.0118
		P2	-3.80000*	1.07331	.016	-7.0118	-.5882
		P4	1.20000	1.07331	.795	-2.0118	4.4118
		P5	-2.60000	1.07331	.150	-5.8118	.6118
	P4	P1	-2.40000	1.07331	.207	-5.6118	.8118
		P2	-5.00000*	1.07331	.001	-8.2118	-1.7882
		P3	-1.20000	1.07331	.795	-4.4118	2.0118
		P5	-3.80000*	1.07331	.016	-7.0118	-.5882
	P5	P1	1.40000	1.07331	.692	-1.8118	4.6118
		P2	-1.20000	1.07331	.795	-4.4118	2.0118
		P3	2.60000	1.07331	.150	-.6118	5.8118
		P4	3.80000*	1.07331	.016	.5882	7.0118
Scheffe	P1	P2	-2.60000	1.07331	.249	-6.2341	1.0341
		P3	1.20000	1.07331	.866	-2.4341	4.8341
		P4	2.40000	1.07331	.322	-1.2341	6.0341
		P5	-1.40000	1.07331	.789	-5.0341	2.2341
	P2	P1	2.60000	1.07331	.249	-1.0341	6.2341
		P3	3.80000*	1.07331	.037	.1659	7.4341
		P4	5.00000*	1.07331	.004	1.3659	8.6341
		P5	1.20000	1.07331	.866	-2.4341	4.8341
	P3	P1	-1.20000	1.07331	.866	-4.8341	2.4341
		P2	-3.80000*	1.07331	.037	-7.4341	-.1659
		P4	1.20000	1.07331	.866	-2.4341	4.8341
		P5	-2.60000	1.07331	.249	-6.2341	1.0341
	P4	P1	-2.40000	1.07331	.322	-6.0341	1.2341
		P2	-5.00000*	1.07331	.004	-8.6341	-1.3659
		P3	-1.20000	1.07331	.866	-4.8341	2.4341
		P5	-3.80000*	1.07331	.037	-7.4341	-.1659
	P5	P1	1.40000	1.07331	.789	-2.2341	5.0341
		P2	-1.20000	1.07331	.866	-4.8341	2.4341
		P3	2.60000	1.07331	.249	-1.0341	6.2341
		P4	3.80000*	1.07331	.037	.1659	7.4341
LSD	P1	P2	-2.60000*	1.07331	.025	-4.8389	-.3611
		P3	1.20000	1.07331	.277	-1.0389	3.4389
		P4	2.40000*	1.07331	.037	.1611	4.6389
		P5	-1.40000	1.07331	.207	-3.6389	.8389
	P2	P1	2.60000*	1.07331	.025	.3611	4.8389
		P3	3.80000*	1.07331	.002	1.5611	6.0389
		P4	5.00000*	1.07331	.000	2.7611	7.2389
		P5	1.20000	1.07331	.277	-1.0389	3.4389
	P3	P1	-1.20000	1.07331	.277	-3.4389	1.0389
		P2	-3.80000*	1.07331	.002	-6.0389	-1.5611
		P4	1.20000	1.07331	.277	-1.0389	3.4389
		P5	-2.60000*	1.07331	.025	-4.8389	-.3611
	P4	P1	-2.40000*	1.07331	.037	-4.6389	-.1611
		P2	-5.00000*	1.07331	.000	-7.2389	-2.7611
		P3	-1.20000	1.07331	.277	-3.4389	1.0389
		P5	-3.80000*	1.07331	.002	-6.0389	-1.5611
	P5	P1	1.40000	1.07331	.207	-.8389	3.6389
		P2	-1.20000	1.07331	.277	-3.4389	1.0389
		P3	2.60000*	1.07331	.025	.3611	4.8389
		P4	3.80000*	1.07331	.002	1.5611	6.0389

*. 평균차는 0.05 수준에서 유의합니다.

동일 집단군

시간

	진통제	N	유의수준 = 0.05에 대한 부집단		
			1	2	3
Tukey HSD[a]	P4	5	2.8000		
	P3	5	4.0000	4.0000	
	P1	5	5.2000	5.2000	5.2000
	P5	5		6.6000	6.6000
	P2	5			7.8000
	유의확률		.207	.150	.150
Scheffe[a]	P4	5	2.8000		
	P3	5	4.0000	4.0000	
	P1	5	5.2000	5.2000	5.2000
	P5	5		6.6000	6.6000
	P2	5			7.8000
	유의확률		.322	.249	.249

동일 집단군에 있는 집단에 대한 평균이 표시됩니다.

a. 조화평균 표본 크기 5.000을(를) 사용합니다.

즉 진통제의 종류에 따른 두통해소시간은 짧을수록 좋은 약으로 판정한다면 이때 P4와 P3의 약의 평균 진통 해소시간이 같다고 할 수 있으며 P3과 P1, P1과 P5, P5와 P2가 같다고 할 수 있으나 P4와 P1의 약의 평균 진통해소시간은 같다고 할 수 없다. 마찬가지로 P3과 P5, P1과 P2의 평균 진통해소시간은 같다고 할 수 없다.

Chapter 4 상관분석

변수들 간의 연관성(association)은 여러 가지 방법으로 측정될 수 있다. 측정된 변수의 형태와 조사자가 관심을 갖고 있는 연관성의 형태에 따라서 그 분석방법도 여러 가지이다. 두 양적 변수들 간의 선형 관계는 상관계수를 이용하여 측정한다. 상관분석은 단순상관계수, 순위상관계수, 편상관계수 등을 구할 수 있는 절차를 제공하고 있다. 두 변수간의 연관성 정도를 알기 위해서는 먼저 두 변수간의 산점도를 그려보아 이들 간의 관계를 먼저 알아보는 것이 좋다.

1 상관계수

1) 상관계수의 유도

연관성은 여러 가지 수량적인 방법으로 표현될 수 있는데 여기서는 그 중 하나인 상관계수(correlation coefficient)에 대하여 설명하고자 한다. 이 때 두 변수는 이론적으로 구간 또는 비율척도로 측정되는 수량변수(metric variable)이어야 한다. 만일 서로 연관성이 있는 두 변수가 구간 혹은 비율척도로 측정되었다면 이 변수 사이의 연관성은 방향을 갖게 된다. 즉 한 변수의 값이 커질 때 다른 변수의 값도 커지면 두 변수는 양의 연관성이 있다고 하며 한 변수의 값이 커질 때 다른 변수의 값이 작아지면 두 변수는 음의 연관성이 있다고 한다. 예를 들어 사람들의 키와 몸무게 사이에는 양의 연관성이 있고 흡연량과 기대수명 사이에는 음의 연관성이 있을 것이다. 그런데 우리는 기초통계학에서 두 변수 간의 선형 연관성을 나타내는 도구인 공분산을 배운 바 있다. 공분산은 다음과 같이 표현된다.

$$Cov(X, Y) = E(X-\mu_X)(Y-\mu_Y),$$

$$\text{단, } \mu_X = E(X),\ \mu_Y = E(Y)$$

비록 공분산이 선형관계를 나타내준다 하여도, 그 크기가 변수의 단위나 범위에 영향을 받기 때문에 선형관계를 측정하는 적당한 통계량이라 할 수 없다. 이는 〈그림 4.1〉을 보면 명확해진다. 두 변수의 선형관계가 (1)에 비해 (2)가 더 밀접해 보이지만 공분산의 값은 (1)의 범위가 큰 이유로 해서 (1)이 더 크게 나올 것이다. 이를 해결하기 위해서 공분산을 각 변수의 표준편차로 나누어 표준화하여 준다.

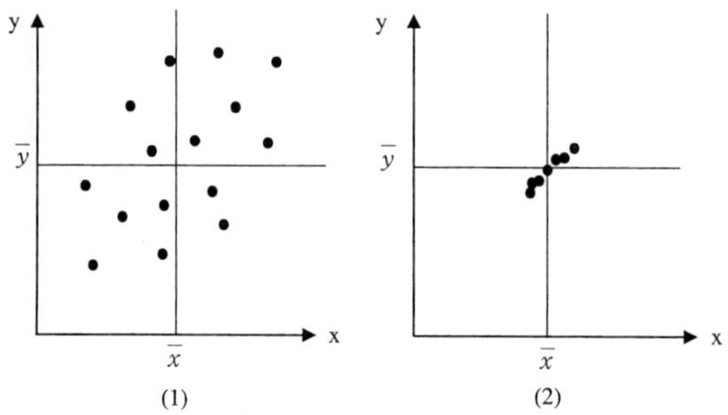

▌그림 4-1▐ 범위가 다른 변수들의 비교

이와 같이 표준화된 공분산을 모상관계수(population correlation coefficient)라 하며, 다음과 같이 정의한다.

$$\rho = \frac{Cov(X, Y)}{\sigma_X \sigma_Y},\ \text{단 } \sigma_X = \sqrt{Var(X)},\ \sigma_Y = \sqrt{Var(Y)}$$

그러나 현실적으로 두 모집단을 전부 고려하여 모상관계수를 산출할 수 있는 경우는 거의 드물다. 따라서 우리가 일반적으로 사용하게 되는 측도는 표본으로부터 산출된 표본상관계수(sample correlation coefficient)가 된다. 공분산과 편차의 추정량을 대입하여 얻은 표본상관계수(Pearson correlation coefficient)는 다음과 같다.

$$r = \frac{\sum(X_i - \overline{X})(Y_i - \overline{Y})}{\sqrt{\sum(X_i - \overline{X})^2}\sqrt{\sum(Y_i - \overline{Y})^2}}$$

2) 모상관계수에 대한 가설검정

이변량 정규 모집단을 구성하는 두 변수 X와 Y 사이에 아무런 상관관계가 존재하지 않는다는 귀무가설 즉 $H_0 : \rho = 0$ vs $H_1 : \rho \neq 0$을 검정하기로 한다. 그런데 이 귀무가설의 의미는 두 변수 간에 선형 연관성이 없다는 것을 의미한다. 또한 두 변수 간에 연관성이 없다는 귀무가설을 기각하게 되면 두 변수 간에 선형 연관성이 존재함을 의미한다.

귀무가설 $\rho = 0$이 사실일 때, 상관계수의 분포는 평균이 0이고, 좌우대칭이며, 이 분포는 정규분포를 하지 않는다.

모상관계수에 대한 가설검정을 t분포를 이용해서 수행하면 다음과 같다. $\rho = 0$이라고 가정했을 경우 표본상관계수 r의 분산은 다음과 같다.

$$Var(r) = \frac{1 - r^2}{n - 2}$$

따라서 상술한 귀무가설 $H_0 : \rho = 0$을 검정하는데 이용되는 검정통계량은 다음과 같다.

$$t_{n-2} = \frac{r - 0}{\sqrt{Var(r)}} = r\sqrt{\frac{n-2}{1-r^2}}$$

위의 통계량은 자유도가 $n-2$인 t분포를 따르게 된다. 그러므로 $|t_{n-2}| > t(\alpha/2; n-2)$이면 $H_0 : \rho = 0$을 기각한다. 물론 이 검정통계량도 표본규모가 커지면 $(n > 30)$ 정규분포에 가까워진다.

예제 [4.1]

[prg4_1.sav]

한국대학교 통계학과 학생 중에서 임의 추출한 표본그룹 8명의 어휘력점수(X)와 수학성적(Y)에 관한 측정값이 다음과 같다. 표본상관계수와 상관관계에 대한 검정을 유의수준 5%에서 검정하시오.

x	y	$x-\bar{x}$	$y-\bar{y}$	$(x-\bar{x})(y-\bar{y})$	$(x-\bar{x})^2$	$(y-\bar{y})^2$
36	35	−24	−15	360	576	225
80	65	20	15	300	400	225
50	60	−10	10	−100	100	100
58	39	−2	−11	22	4	121
72	48	12	−2	−24	144	4
60	44	0	−6	0	0	36
56	48	−4	−2	8	16	4
68	61	8	11	88	64	121
$\Sigma x = 480$	$\Sigma y = 400$	0	0	654	1304	836

풀이 주어진 자료 옆에 계산한 값들을 이용하여 표본상관계수를 구한다.

$$r = \frac{\Sigma(x-\bar{x})(y-\bar{y})}{\sqrt{\Sigma(x-\bar{x})^2}\sqrt{\Sigma(y-\bar{y})^2}} = \frac{654}{\sqrt{1304}\sqrt{836}} = 0.63$$

또한 이를 SPSS 프로그램을 이용하여 분석하면 다음과 같다.

prg4_1.sav 파일을 불러온다. 두 변수로 구성되어 있으며 어휘력, 수학 변수이며 실제 측정한 자료이다.

메뉴바의 **분석(A) ⇨ 상관분석(C) ⇨ 이변량 상관계수(B)**를 선택하고 그림과 같이 어휘력과 수학변수를 오른쪽 실행창에 옮겨놓은 후 실행을 한다.

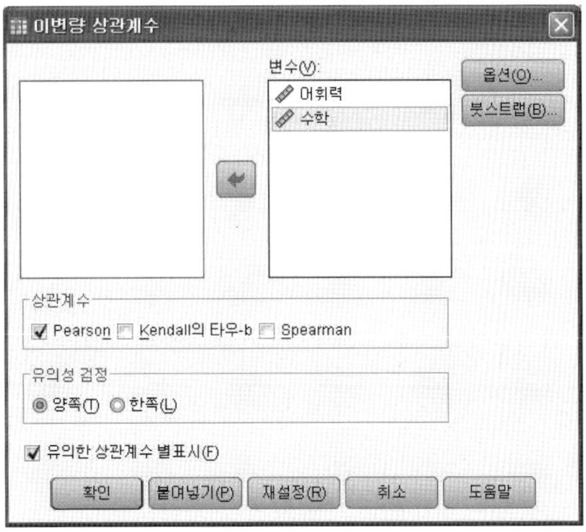

여기에서 아래의 상관계수의 경우 Pearson(N)이 선택되어져 있는 것을 알 수 있다. 이 옵션은 모수적인 방법일 때이며 이 예제에 적합하다. 유의성 검정은 양쪽을 선택한다. 또한 Kendall의 타우-b(K), Spearman(S)의 옵션은 비모수적인 방법이므로 비모수부분에서 설명하기로 한다.
분석결과는 다음과 같다.

☆ 상관계수

		어휘력	수학
어휘력	Pearson 상관계수	1	.626
	유의확률 (양쪽)		.097
	N	8	8
수 학	Pearson 상관계수	.626	1
	유의확률 (양쪽)	.097	
	N	8	8

분석결과의 창은 대각원소를 기준으로 대칭행렬의 형태로 나타나고 있음을 알 수 있으며 대각원소는 변수 자신의 상관계수는 1로서 나타나고 있다.

이 예제에서는 어휘력과 수학점수와의 상관관계를 알아보고 있다. 그러므로 이 때의 가설은 다음과 같다.

$H_0 : \rho = 0$ (즉, 어휘력점수와 수학점수는 상관이 없다.)

vs.

$H_1 : \rho \neq 0$ (즉, 어휘력점수와 수학점수는 상관이 있다.)

이때의 검정통계량은 t 값인데 여기에서는 제공하지 않고 유의확률(p-value)만 제공한다. 상관계수값은 0.626으로 직관적으로 상관이 있을 것이라고 생각되지만 이때의 유의확률이 0.097로서 유의수준(a) 0.05보다 크므로 귀무가설을 채택한다. 즉 어휘력점수와 수학점수는 상관이 없다라고 할 수 있다.

2 편상관계수

종속변수가 하나이고 독립변수가 두 개인 다중회귀분석 모형을 생각하자. 이러한 모형에서 변수들 간의 상관관계 규명을 위해 이들 세 변수 Y, X_1, X_2들 중 임의의 두 변수를 택하여 단순상관계수를 계산할 수 있다.

그러나 이들 단순상관계수들은 다중회귀분석의 기본취지와는 상관없이 성립되는 개념들이어서, 다소의 조정작업이 필요하다. 즉 5장의 다중회귀분석에서는 어떤 한 독립변수가 Y에 미치는 영향을 파악함에 있어 여타 독립변수값은 일정하게 유지시키거나 고정된 것으로 간주하게 된다. 이러한 분석방법을 상관분석에 결합시킨다면, 예컨대 X_2가 일정할 때의 Y와 X_1과의 상관계수, X_1이 고정된 경우의 Y와 X_2와의 상관계수 개념을 창출해 낼 수 있다. 각각의 경우를 순서에 따라 r_{YX_1, X_2}, r_{YX_2, X_1}와 같이 표기하는데 이들을 편상관계수 또는 부분상관계수(partial correlation coefficient)라 정의한다.

예를 들어 편상관계수의 개념을 설명해보자. 평균기온 Y에 영향을 주는 요인으로 위도 X_1, 고도 X_2를 생각할 수 있다. 어느 국가에서 위도, 고도가 다른 여러 지역에서 기온을 측정하여 다음과 같은 가상의 자료를 얻었다고 하자.

▮표 4-1▮ 위도, 고도에 따른 지역들의 평균기온

Y(평균기온)	10	20	10	20	10	20
X_1(위도)	30	30	35	35	40	40
X_2(고도)	50	40	40	30	30	20

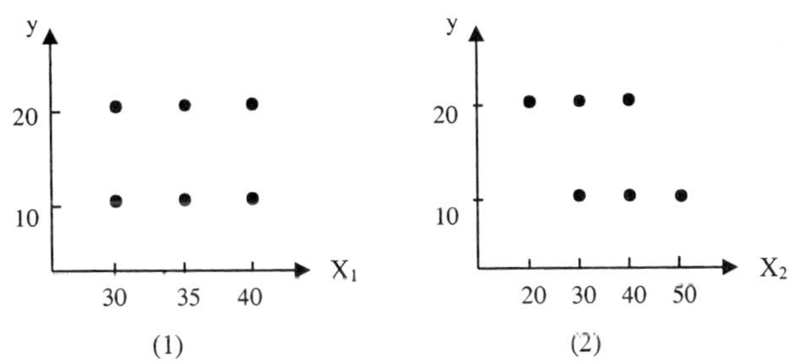

▮그림 4-2▮ 각 독립변수와 종속변수의 산점도

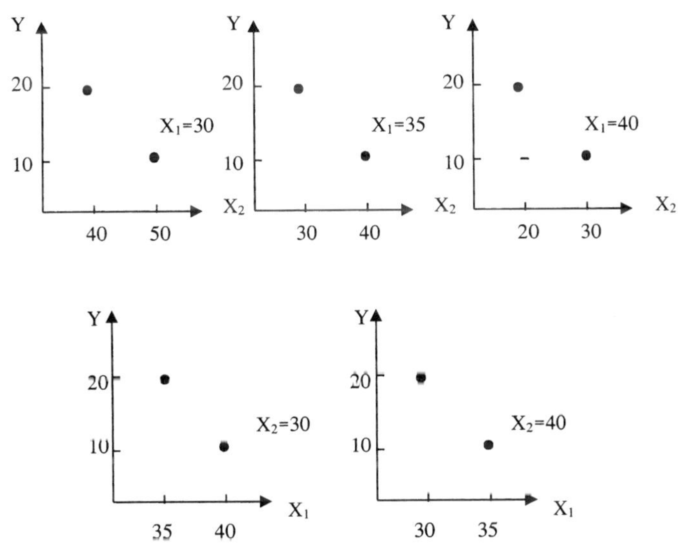

▮그림 4-2▮ 기타 독립변수의 고정값에 따른 종속변수와 독립변수의 산점도

〈그림4.2〉의 (1)만을 보면 Y와 X_1과의 상관관계는 없어 보인다. (2)에서 Y와 X_2의 상관관계도 매우 약해 보인다. 하지만 우리가 이 자료를 주의 깊게 살펴보면, 낮은 고도에서는 높은 위도의 지역이, 높은 고도에서는 낮은 위도의 지역이 관측되었음을 알 수 있다. 같은 고도에서는 위도가 높을 때 온도가 낮고, 같은 위도에서는 고도가 낮으면 온도가 높을 것이라는 우리의 상식을 다음 그림을 통해 확인할 수 있다.

편상관계수 유도의 자세한 계산절차는 생략하겠지만 대략적인 개요는 다음과 같다. 예를 들어 $r_{YX_1,\,X_2}$는 Y와 X_2의 관계식과 X_1과 X_2의 관계식을 구한 뒤, 이를 통하여 Y에서 X_2의 영향을 또 X_1에서 X_2의 영향을 제거한 다음에 순수한 Y와 X_1의 상관계수를 구한 것이다. 이는 다중회귀분석에서 각 변수를 표준화하였을 때 종속변수 Y에 대한 X_1의 회귀계수와 같은 값이 나온다.

r_{XY}를 X와 Y의 단순상관계수라 정의하면, 위의 편상관계수는 다음과 같은 식으로 표현할 수 있다.

$$r_{YX_1,\,X_2} = \frac{r_{YX_1} - r_{YX_2} r_{X_1X_2}}{\sqrt{(1-r_{YX_2}^2)(1-r_{X_1X_2}^2)}}$$

$$r_{YX_2,\,X_1} = \frac{r_{YX_2} - r_{YX_1} r_{X_1X_2}}{\sqrt{(1-r_{YX_1}^2)(1-r_{X_1X_2}^2)}}$$

$$r_{X_1X_2,\,Y} = \frac{r_{X_1X_2} - r_{YX_1} r_{YX_2}}{\sqrt{(1-r_{YX_1}^2)(1-r_{YX_2}^2)}}$$

이와 같이 산출된 편상관계수에 대하여서도 통계적 유의성 여부를 검정할 수 있는데, 유도과정은 생략하고 도출된 검정통계량만을 순서대로 소개하면 다음과 같다.

$$H_{01} : \ \rho_{YX_1,\,X_2} = 0 \ ; \quad t_{n-2-k} = \frac{r_{YX_1,\,X_2}\sqrt{n-2-k}}{\sqrt{1-r_{YX_1,\,X_2}^2}}$$

$$H_{02} : \ \rho_{YX_2,\,X_1} = 0 \ ; \quad t_{n-2-k} = \frac{r_{YX_2,\,X_1}\sqrt{n-2-k}}{\sqrt{1-r_{YX_2,\,X_1}^2}}$$

$$H_{03} : \ \rho_{X_1X_2,\,Y} = 0 \ ; \quad t_{n-2-k} = \frac{r_{X_1X_2,\,Y}\sqrt{n-2-k}}{\sqrt{1-r_{X_1X_2,\,Y}^2}}$$

여기서 k는 조정된 변수(계산시에 고정시키는 변수)의 개수인데, 이 경우에는 1이 된다. 위에서 구한 t통계량의 절대값이 임계값, $t(\alpha/2;\ n-2-k)$보다 크면 편상관계수가 0이라는 귀무가설을 기각한다.

예제 [4.2]

[prg4_2.sav]

다음과 같은 자료에 의하여 편상관계수를 구하고 또한 각각의 편상관계수의 유의성 여부를 유의수준 5%에서 검정하여라.

Y	30	20	40	20	55	45
X_1	10	25	25	30	40	50
X_2	15	15	20	20	40	40

풀이 각각의 단순상관계수를 구해보면 다음과 같다.

$r_{YX_1} = 0.56,\quad r_{YX_2} = 0.84,\quad r_{X_1X_2} = 0.89$

이를 이용해 편상관계수를 구할 수 있다.

$$r_{YX_1,\ X_2} = \frac{0.56 - 0.84 \cdot 0.89}{\sqrt{(1-0.84^2)(1-0.89^2)}} = -0.75$$

$$r_{YX_2,\ X_1} = \frac{0.84 - 0.56 \cdot 0.89}{\sqrt{(1-0.56^2)(1-0.89^2)}} = 0.90$$

$$r_{X_1X_2,\ Y} = \frac{0.89 - 0.56 \cdot 0.84}{\sqrt{(1-0.56^2)(1-0.84^2)}} = 0.93$$

또한 검정통계량의 값은 순서대로 다음과 같다.

$$t_3 = \frac{0.75\sqrt{3}}{\sqrt{1-0.75^2}} = 1.96,\ \frac{0.9\sqrt{3}}{\sqrt{1-0.9^2}} = 3.58,\ \frac{0.93\sqrt{3}}{\sqrt{1-0.93^2}} = 4.38$$

$t(0.025\,;3) = 3.182$ 이므로 $H_0: \rho_{YX_1, X_2} = 0$은 채택되지만, 나머지 귀무가설은 기각된다.

PASW를 이용하여 분석하면 다음과 같다. 먼저 prg4_2.sav 파일을 불러온다. 세 변수로 구성되어 있으며 y, x1, x2 변수이며 실제 측정한 자료이다. 메뉴바의 **분석(A)** ⇨ **상관분석(C)** ⇨ **편상관계수(R)**를 선택한다. 우선 y 변수를 통제하도록 해본다. **변수(V)**칸에 x1, x2 변수를 옮겨놓고 **제어변수(C)** 칸에는 y 변수를 옮긴 후 실행한다. 유의성검정은 양쪽을 선택한다.

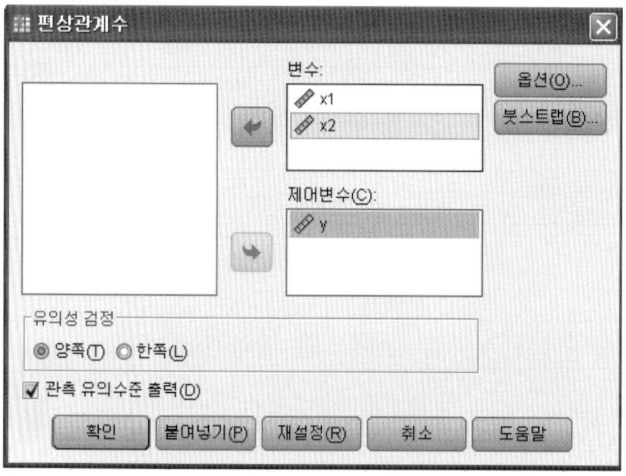

분석결과는 다음과 같다.

☆ **상관**

통제변수			x1	x2
y	x1	상관	1.000	.922
		유의수준(양측)	.	.026
		df	0	3
	x2	상관	.922	1.000
		유의수준(양측)	.026	.
		df	3	0

y변수를 통제한 상태에서의 x1과 x2 변수 간의 상관계수는 0.922로 매우 높게 나타나며 이때의 유의확률(p-value)은 0.026으로 귀무가설을 기각한다. 즉 y가 통제된 상태에서의 x1과 x2의 편 상관계수는 0이라고 할 수 없다. 즉 상관 있다고 할 수 있다.

다음으로 x1 변수를 통제하도록 해본다.
변수(V) 칸에 y, x2 변수를 옮겨놓고 **제어변수**(C) 칸에는 x1 변수를 옮긴 후 실행한다.

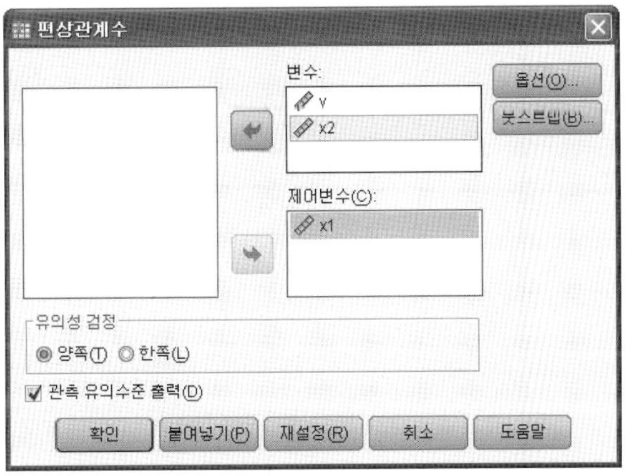

분석결과는 다음과 같다.

☆ 상관

통제변수			y	x2
x1	y	상관	1.000	.886
		유의수준(양측)	.	.045
		df	0	3
	x2	상관	.886	1.000
		유의수준(양측)	.045	.
		df	3	0

x1 변수를 통제한 상태에서의 y와 x2 변수 간의 상관계수는 0.886으로 매우 높게 나타나며 이때의 유의확률(p-value)은 0.045로 귀무가설을 기각한다. 즉 x1가 통제된 상태에서의 y와 x2의 편 상관계수는 0이라고 할 수 없다. 즉 상관 있다고 할 수 있다.

다음으로 x2 변수를 통제하도록 해본다.

변수(V) 칸에 y, x1 변수를 옮겨놓고 **제어변수(C)** 칸에는 x2 변수를 옮긴 후 실행한다.

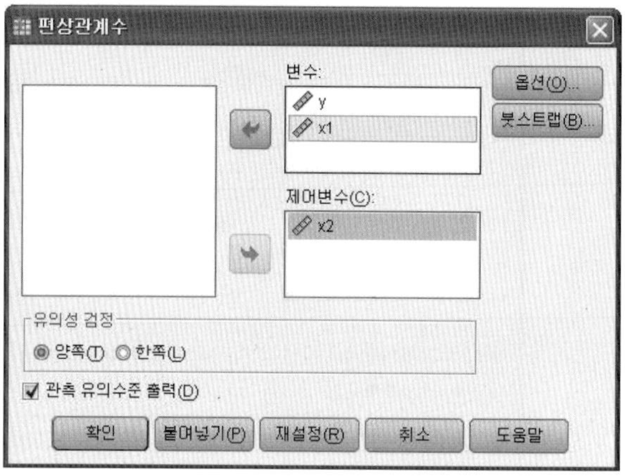

분석결과는 다음과 같다.

☆ 상관

통제변수			y	x1
x2	y	상관	1.000	-.716
		유의수준(양측)	.	.174
		df	0	3
	x1	상관	-.716	1.000
		유의수준(양측)	.174	.
		df	3	0

x2 변수를 통제한 상태에서의 y와 x1 변수 간의 상관계수는 −0.716으로 음의 상관이 높게 나타나나 이때의 유의확률(p−value)은 0.174로 귀무가설을 채택한다. 즉 x2가 통제된 상태에서의 y와 x1의 편 상관계수는 0이라고 할 수 있다. 즉 상관없다고 할 수 있다.

앞서 계산한 결과와 PASW 출력결과가 약간 다른 것은 소수점의 절사 때문이다.

3 비모수 상관계수

우리는 앞에서 상관계수 r을 측정할 때 수량화할 수 있는 확률변수들에 대해서만 알아보았다. 그러나 자료분석을 하다보면 질적 확률변수들에 대해서도 상관관계를 측정해야 될 때가 있다. 이렇듯 질적 변수에 대하여 상관계수를 측정하고자 할 때 스피어만의 순위상관계수(Spearman's rank correlation coefficient)와 켄달의 순위상관계수(Kendall's rank correlation coefficient) 등의 비모수적 상관계수를 이용한다.

이러한 비모수적 상관계수는 자료가 질적 변수이거나 순위변수인 경우에만 국한해서 사용하지는 않는다. 수량적인 변수인 경우에도 자료의 모집단이 이변량정규분포를 따른다는 가정이 명백히 위배되거나, 또는 심히 의심스러울 때에 모집단의 분포를 가정하지 않은 비모수적 방법을 사용하게 된다.

1) 스피어만의 순위상관계수

스피어만의 순위상관계수를 구하는 절차는 다음과 같다.

1. $(x_1, y_1), (x_2, y_2), \cdots, (x_n, y_n)$의 자료들에서 각 변수들 내의 순위를 다음과 같이 구한다.

$$(R_1, R_1'), (R_2, R_2'), \cdots, (R_n, R_n'),$$

여기서, R_i는 $(x_1, x_2, \cdots, x_n)$에서 x_i의 순위, R_i'는 $(y_1, y_2, \cdots, y_n)$에서 y_i의 순위이다.

2. 순위의 차이 d_i를 구한다. 즉, $d_i = R_i - R_i'$, $i = 1, 2, ..., n$.
3. 차이의 제곱합 $\sum_{i=1}^{n} d_i^2$을 이용해 스피어만 순위상관계수 r_s를 다음 식으로 구한다.

$$r_s = 1 - \frac{6\sum d_i^2}{n(n^2-1)}$$

x가 증가함에 따라 y도 정확히 증가한다면 d_i들의 값은 모두 0이고, 따라서 r_s의 값은 1이 될 것이다. 반대로 x가 증가함에 따라 y가 정확히 감소한다면 순위가 $(1, n), (2, n-1), \cdots, (n, 1)$의 형태가 된다. 그러므로 $d_i = n-(2i-1)$이고, 제곱합은 $\sum_{i=1}^{n} d_i^2 = 2(n^3-n)/6$이 되어 r_s는 -1임을 알 수 있다. 스피어만 상관계수는 순위들의 피어슨 상관계수와 같다.

예제 [4.3]

[prg4_3.sav]

국제 테니스대회에 8개국 국가대표가 참가하였는데 운영위원 및 스포츠기자들이 각 8개팀에 대한 실력을 평가한 순위가 다음과 같다. 두 집단의 평가에 대한 스피어만 순위상관계수를 구하시오.

대표참가팀	A	B	C	D	E	F	G	H
운영위원회의 순위 (X)	1	2	3	4	5	6	7	8
스포츠기자의 순위 (Y)	1	4	3	2	6	5	8	7

풀이 각 순위와 순위차이에 대한 편차제곱합을 구하면 다음과 같다.

팀 명	X의 순위	Y의 순위	D = X-Y	D2
A	1	1	0	0
B	2	4	−2	4
C	3	3	0	0
D	4	2	2	4
E	5	6	−1	1
F	6	5	1	1
G	7	8	−1	1
H	8	7	1	1

따라서 순위상관계수 r_s는

$$r_s = 1 - \frac{6\sum d_i^2}{n^3 - n} = 1 - \frac{6 \cdot 12}{8^3 - 8} = 0.857$$

이다. 순위평가에 대한 순위상관계수는 비교적 높은 상관관계를 나타내고 있다. SPSS로 분석하면 다음과 같다. 먼저 prg4_3.sav 파일을 불러오자. 이때 세 변수가 있으며 팀명을 분석과는 상관없는 구분을 위한 변수이며 x는 x의 순위에 대한 변수이며 y는 y의 순위에 대한 변수이다.

메뉴바의 **분석(A) ⇨ 상관분석(C) ⇨ 이변량 상관계수(B)**를 선택하고 그림과 같이 y와 x를 오른쪽 실행창에 옮겨놓은 후 여기에서 아래의 **상관계수**의 경우 Spearman(S)의 옵션을 선택한 후 실행을 한다.

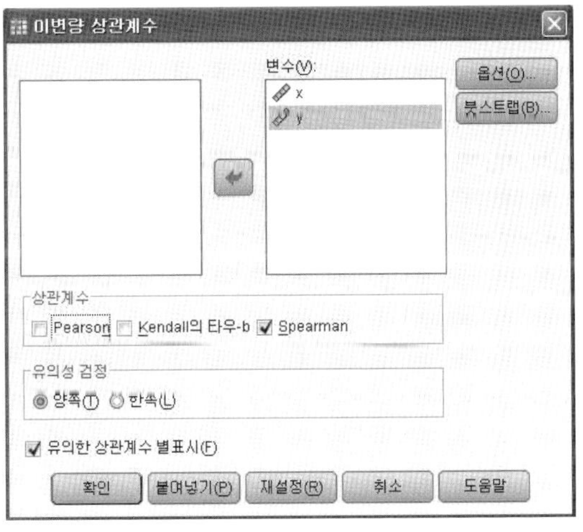

실행하면 분석결과는 다음과 같다.

☆ **상관계수**

			x	y
Spearman의 rho	x	상관계수	1.000	.857(**)
		유의확률(양측)	.	.007
		N	8	8
	y	상관계수	.857(**)	1.000
		유의확률(양측)	.007	.
		N	8	8

** < 0.01

x와 y의 Spearman의 순위상관계수는 $r_s = 0.857$로 앞에서 계산한 값과 일치하며 이때의 유의확률(p-value)은 0.007로서 유의수준(α) 0.01보다 작으므로 귀무가설을 기각한다. 즉 두 변수(x, y) 간의 상관계수는 0이라고 할 수 없다. 상관있다라고 할 수 있다. 이때 입력자료가 반드시 순위로 입력할 필요는 없다. 기본적인 자료를 입력하여도 PASW는 순위를 계산하여 분석한다.

2) 켄달의 순위상관계수

켄달의 순위상관계수의 계산절차는 다음과 같다.

1. $(x_1, y_1), (x_2, y_2), \cdots, (x_n, y_n)$의 자료들에서 각 변수들 내의 순위를 구한 뒤 x의 순위에 따라 자료의 순위를 나열한다.

$$(1,\ R_1^*),\ (2,\ R_2^*),\ \cdots,\ (n,\ R_n^*),$$

여기서 R_i^*는 x의 순위가 i일때 y의 순위이다.

2. $R_i^* > R_j^* (i < j)$가 되는 경우의 수의 합 Q를 구한다.

$$Q = \sum_{i<j}\sum \phi(R_j^* - R_i^*), \text{ 여기서 } \phi(x) = \begin{cases} 0, & x \le 0 \\ 1, & x > 0 \end{cases}$$

3. Q를 이용해 켄달의 순위상관계수 τ를 구한다. $\tau = 1 - \frac{4Q}{n(n-1)}$

예제 [4.4]

[prg4_3.sav]

[예제 4.3]의 자료를 이용하여 캔달의 순위상관계수를 구하시오.

풀이 X의 순위 순서대로 나열하면 다음과 같다.

참가팀	A	B	C	D	E	F	G	H
X의 순위	1	2	3	4	5	6	7	8
Y의 순위	1	4	3	2	6	5	8	7

Y의 순위에서 Q를 계산해 보자. A의 순위는 1로 더 작은 것의 개수는 없다. B의 순위 4보다 적은 C의 3과 D의 2가 존재하므로 더 작은 것의 개수가 2이다. 이런 식으로 차례로 구하면 0, 2, 1, 0, 1, 0, 1, 0이다. 이들 값을 모두 더하면 Q가 된다.

이를 이용해 켄달의 상관계수 τ를 구한다.

$$\tau = 1 - \frac{4 \cdot 5}{8(8-1)} = 0.64$$

위에서 구한 상관계수를 SPSS를 이용해 구해보면 다음과 같다. [예제 4.3]에서 사용한 prg4_3.sav 파일을 불러오자. [예제 4.3]과 같은 방법으로 메뉴바의 **분석(A) ⇨ 상관분석(C) ⇨ 이변량 상관계수(B)**를 선택하고 그림과 같이 y와 x를 오른쪽 실행창에 옮겨놓은 후 Kendall의 타우-b(K)를 선택한 후 실행을 한다. 또한 유의성검정은 양쪽을 선택한다.

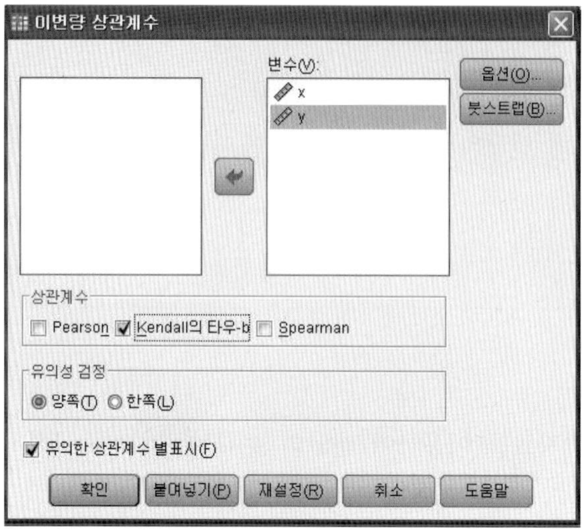

분석결과는 다음과 같다.

☆ 상관계수

			x	y
Kendall의 tau_b	x	상관계수	1.000	.643(*)
		유의확률(양측)	.	.026
		N	8	8
	y	상관계수	.643(*)	1.000
		유의확률(양측)	.026	.
		N	8	8

* < 0.05

x와 y의 Kendall의 순위상관계수는 $\tau = 0.643$으로 앞에서 계산한 값과 일치하며 이때의 유의확률(p-value)은 0.026으로서 귀무가설을 기각한다. 즉 두 변수(x, y)간의 상관계수는 0이라고 할 수 없다. 상관있다라고 할 수 있다.

이때 입력자료는 Spearman때와 마찬가지로 반드시 순위로 입력할 필요는 없다. 기본적인 자료를 입력하여도 PASW는 순위를 계산하여 분석한다.

Chapter 5 회귀분석

1 회귀분석의 개요

앞 장의 상관분석은 두 양적 변수 간의 선형 관계를 분석하는 방법인 반면에 회귀분석은 1개의 종속변수와 1개 이상의 독립변수들 간의 함수관계를 알아보는 분석 방법이다. PASW의 회귀분석 절차에는 선형회귀, 곡선추정, 로지스틱, 프로빗, 비선형회귀 등 다양한 회귀분석 절차를 제공하고 있다. 회귀분석은 기본적으로 모형설정, 모형적합, 모형진단의 3단계의 사이클을 거치며 데이터에 가장 적합한 모형을 선택하는 과정으로 집약된다. 데어터에 적합한 모형을 적합하고 진단하는 데 있어서 그래프는 매우 유용하게 이용된다. PASW에서 제공하는 회귀분석은 모형진단 등에 이용될 수 있는 다양한 그래프도 제공하고 있으므로 이를 잘 활용하도록 한다.

1) 개요와 모형

사회현상, 자연현상이 실험적인 규명이나 기타 모든 과학적인 연구행동에 있어서 변수들 간의 상호 관련성을 찾으려고 시도하는 경우가 많이 있다. 어떤 변수가 다른 변수에 영향을 주는 경우에, 영향을 주는 변수를 독립변수(independent variable)라 하고, 영향을 받는 변수를 종속변수(dependent variable) 또는 반응변수(response variable)라 하여 이 두 변수 간의 관계식을 구하는 것이다.

회귀분석(regression analysis)이란 종속변수(혹은 반응변수)와 하나 내지는 2개 이상의 독립변수들 간의 함수적 관련성을 규명할 수 있는 수학적 모형을 측정된 변수들의 자료로부터 추정하는 통계적 방법이다.

독립변수가 하나인 단순선형회귀모형은 다음 식과 같이 나타낼 수 있다.

$$y_i = \beta_0 + \beta_1 \cdot x_i + \epsilon_i \ ; \quad i = 1, \cdots, n$$

여기서 β_0, β_1은 미지의 모수이며 ϵ_i은 오차항이다.

오차항 ϵ_i에 관해서는 다음과 같이 가정한다.

(1) 오차항 ϵ_i의 기대값은 0이다.

$$E(\epsilon_i) = 0 \ ; i = 1, 2, ..., n$$

(2) 오차항 ϵ_i는 서로 독립이다.

$$Cov(\epsilon_i, \ \epsilon_j) = E(\epsilon_i \cdot \epsilon_j) = 0 \ (i \neq j)$$

(3) 오차항 ϵ_i는 모든 x값에 대하여 동일한 분산 σ^2을 갖는다. 즉

$$Var(\epsilon_i) = E(\epsilon_i^2) = \sigma^2 \ ; \ i = 1, 2, ..., n.$$

(4) 오차항 ϵ_i는 평균이 0이고, 분산이 σ^2인 정규분포를 따른다.

$$\epsilon_i \sim N(0, \ \sigma^2)$$

2 회귀직선의 추정과 검정

1) 회귀계수의 추정

회귀모형이 설정되면 회귀계수 β_0, β_1의 값을 구해야 한다. 그러나 모집단의 회귀선에서 β_0, β_1를 구할 수는 없고, 단지 관측된 두 변수 x, y의 표본측정값으로부터 회귀계수를 추정해야 한다. β_0, β_1의 추정량을 각각 $\widehat{\beta_0}$, $\widehat{\beta_1}$이라 하며, y_i의 추정값은 $\widehat{y_i}$라 쓰는데 이는 다음 식과 같다.

$$\hat{y_i} = \hat{\beta_0} + \hat{\beta_1} \cdot x_i \; ; \; i = 1, 2, \cdots, n.$$

이 식을 추정된 회귀선 또는 표본회귀선이라고 한다. 그리고 또한 $\hat{\beta_0}$, $\hat{\beta_1}$를 추정된 회귀계수라고 한다. 그런데 추정값은 $\hat{y_i}$는 측정에 의하여 얻은 y의 실제값 y_i와 일치하지는 않는다. 즉 y_i와 $\hat{y_i}$ 간에는 차이가 생기게 되는데 이 차이를 잔차(residual)라 한다. 잔차가 작으면 작을수록 좋은 추정회귀선임에 틀림없다. 이 잔차를 작게 하여 회귀선을 구하는 최소제곱방법에 대하여 살펴보도록 하자.

최소제곱법은 다음의 잔차제곱합을 최소로 하는 방법이다.

$$S = \sum e_i^2 = \sum (y_i - \hat{\beta_0} - \hat{\beta_1} x_i)^2$$

이때 S를 극소하하는 $\hat{\beta_0}$, $\hat{\beta_1}$의 값을 구하면 된다. 이 정규방정식을 풀면 $\hat{\beta_0}$, $\hat{\beta_1}$가 다음과 같이 구해진다.

$$\hat{\beta_1} = \frac{\Sigma (x_i - \bar{x})(y_i - \bar{y})}{\Sigma (x_i - \bar{x})^2}$$

$$\hat{\beta_0} = \bar{y} - \hat{\beta_1} \bar{x}, \quad \text{단 } \bar{y} = \frac{\Sigma y_i}{n}, \; \bar{x} = \frac{\Sigma x_i}{n}.$$

이 식으로부터 최소제곱법으로 구한 회귀선은 평균점 ($\bar{x}$, $\bar{y}$)를 항상 지나게 된다는 것을 알 수 있다.

2) 회귀계수의 유의성 검정

단순회귀분석에서 중요한 가실은 '$H_0 \cdot \beta_1 = 0$' 이다. y를 예측하는데 있어서 x가 유용하기 위해서는 위의 가설을 기각해야 한다. 왜냐하면 β_1이 x에 관한 y의 변화비율을 측정하기 때문이다. 그래서 β_1이 0이라면 x에서의 변화는 y에 어떤 효과도 가져오지 못할 것이다. β_1에 대한 가설과 검정절차는 다음과 같다.

가설 $H_0 : \beta_1 = 0$ (y는 x의 변화에 의존하지 않는다.)

$H_1 : \beta_1 \neq 0$ (y는 x의 변화에 의존한다.)

단순회귀에서는 기울기의 유의성 검정이 모형의 유의성 검정과 동일하다.

예제 [5.1]

[prg5_1.sav]

다음의 표는 봉강의 길이(y)와 온도(x)에 관한 자료이다. 최소제곱법에 의하여 x에 대한 y의 회귀선을 구하시오.

i	y_i	x_i	$y_i - \overline{y}$	$x_i - \overline{x}$	$(x_i - \overline{x})^2$	$(x_i - \overline{x})(y_i - \overline{y})$
1	1002	10	−5.6	−10	100	56
2	1006	15	−1.6	−5	25	8
3	1009	20	1.4	0	0	0
4	1007	25	−0.6	5	25	−3
5	1014	30	6.4	10	100	64
합계	5038	100	0	0	250	125
평균	1007.6	20				

풀이 자료의 옆에 필요한 각종 값을 계산해 두었으므로 공식에 대입하여 회귀계수를 간단히 구할 수 있다.

$$\widehat{\beta_1} = \frac{\Sigma(x_i - \overline{x})(y_i - \overline{y})}{\Sigma(x_i - \overline{x})^2} = \frac{125}{250} = 0.5$$

$$\widehat{\beta_0} = \overline{y} - \widehat{\beta_1}\,\overline{x} = 1007.6 - 0.5 \cdot 20 = 997.6$$

그러므로 추정된 회귀직선식은 다음과 같다.

$$\widehat{y_i} = 997.6 + 0.5 \cdot x_i$$

PASW를 이용하면 다음과 같다. 먼저 prg5_1.sav를 불러오자. 이때 두 변수가 있으며 봉강길이는 종속변수이며 온도는 독립변수이다. 메뉴바의 **분석(A)** ⇨ **회귀분석(R)** ⇨ **선형(L)**을 선택하고 그림과 같이 봉강길이는 **종속변수(D)**로 온도는 **독립변수(I)**로 옮겨놓은 후 실행을 한다. 그리고 메뉴중 **통계량(S)**을 선택한다. 아래의 그림과 같이 왼쪽메뉴의 회귀계수중 **신뢰구간(N)**을 선택해준다.

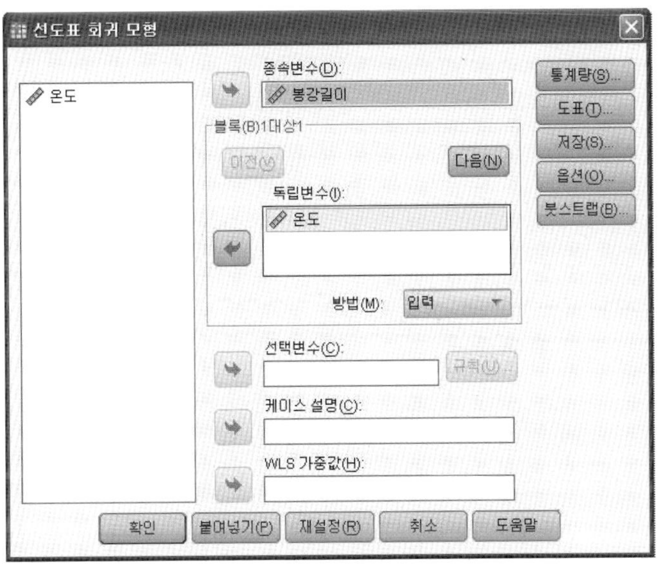

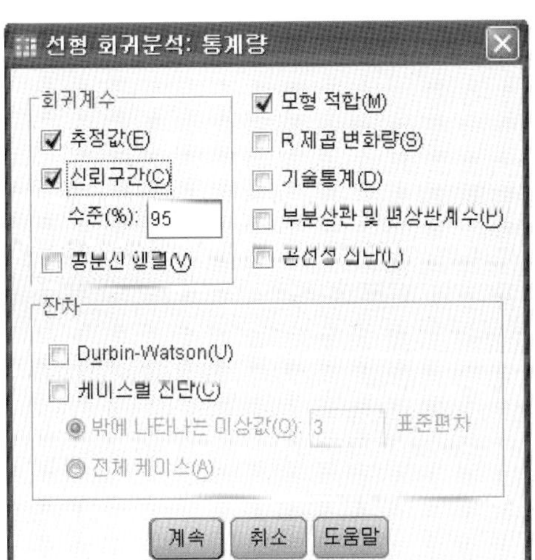

분석결과는 다음과 같다.

계수[a]

모형		비표준화 계수		표준화 계수	t	유의확률	B에 대한 95.0% 신뢰구간	
		B	표준오차	베타			하한값	상한값
1	(상수)	997.600	2.970		335.909	.000	988.149	1007.051
	온도	.500	.140	.900	3.571	.038	.054	.946

a. 종속변수: 봉강길이

pasw는 기본적으로 모형요약과 분산분석표 그리고 계수의 분석결과를 제공한다. 여기에서 우리는 계수에 대한 부분만 먼저 분석하자.

여기에서 비표준화계수와 표준화계수가 제공된다. 표준화계수란 평균이 0이며 분산이 1로 만들어준 계수이다. 우리가 추정회귀식을 사용하고자 할 때는 비표분화계수의 B를 사용한다. 즉 상수는 997.6, 온도는 0.5로 나타나 앞서 계산한 값과 같다. 즉 추정 회귀식은 다음과 같다.

$$\hat{y_i} = 997.6 + 0.5 \cdot x_i$$

β_0의 신뢰구간은 (988.149, 1007.051)이며 β_1의 신뢰구간은 (0.054, 0.946)이므로 앞에서 계산부분과 소수점 절사부분을 제외하면 같게 나타나 PASW를 이용하여 손쉽게 구할 수 있다.

3) 분산분석과 결정계수

관측값 y_i들이 전체평균 $\bar{y}$와 다른 이유는 두 가지 요인에 의한다고 추측할 수 있다. 하나는 변수 사이에 존재하는 어떤 연관성, 즉 회귀직선에 의한 변동이고, 또 하나는 설명할 수 없는 우연성, 즉 오차에 의한 변동으로 나눌 수 있다. 이는 다음 〈그림 5.1〉에 설명되어져 있다.

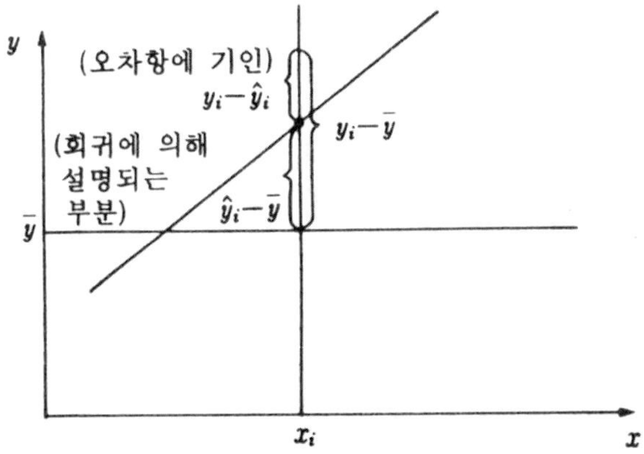

▮그림 5-1▮ 전체변동의 분해

전체변동(total sum of squares : SST)을 두 요인에 의해 다음과 같이 분해할 수 있다.

$$\sum_{i}^{n}(y_i-\bar{y})^2 = \sum_{i}^{n}(\hat{y}_i-\bar{y})^2 + \sum_{i}^{n}(y_i-\hat{y}_i)^2$$

$$SST \quad = \quad SSR \quad + \quad SSE$$

여기서 SSR은 회귀선에 의하여 설명되는 변동의 제곱합(sum of squares due to regression)이며 SSE는 오차변동에 의한 제곱합(sum of squares due to error)이다. 회귀변동이 총변동 중에서 차지하는 비율을 R^2이라고 쓰고 이를 '결정계수(coefficient of determination)'라고 부른다. 즉

$$R^2 - \frac{SSR}{SST}$$

이 값의 범위는 $0 \le R^2 \le 1$이 되고, 1에 가까우면 가까울수록 회귀방정식이 데이터에 잘 적합한다고 말한다. 분산분석표(analysis of variance table, 간단히 ANOVA table)는 다음과 같이 작성된다.

▌표 5-1▌ 분산분석표

요인	제곱합	자유도	평균제곱합	검정통계량
모형(model)	SSR	1	MSR	F=MSR/MSE
오차(error)	SSE	n−2	MSE	
합계(total)	SST	n−1		

이 분산분석표에 의하여 회귀방정식의 유의성을 보는 F−검정은 가설을

$H_0 : \beta_1 = 0$(회귀직선이 유의치 않다는 뜻)

$H_1 : \beta_1 \neq 0$(회귀직선이 유의하다는 뜻)

으로 나타내며, 만약 F−값 > F(1, n−2; α) 이면 유의수준 α에서 귀무가설 H_0를 기각한다. 통계패키지 분석 결과에서는 유의확률 p−값이 유의수준 α보다 작으면 귀무가설을 기각한다.

예제 [5.2]

[prg5_2.sav]

아래의 자료는 2000년도 한국 프로농구 선수들의 자료이다. 경기당 득점이 경기를 뛴 시간에 어떠한 영향을 주고 있는지 회귀분석을 실시하시오.

obs	선수명	총 경기시간	경기당 득점
1	김도명	196	1.1
2	김상식	721	7.9
3	김성철	1257	12.7
4	대릴프루	620	18.3
⋮	⋮	⋮	⋮
101	제런콥	1652	21.4
102	허재	1348	16.5

풀이 먼저 prg5_2.sav 파일을 불러온다. 세 변수가 있으며 선수명은 자료의 구분을 위한 변수이므로 분석에서는 사용하지 않는 변수이며 총 경기시간은 종속변수이며 경기당 득점은 독립변수이다.

메뉴바의 **분석(A)** ⇨ **회귀분석(R)** ⇨ **선형(L)**을 선택하고 그림과 같이 총 경기시간은 **종속변수(D)**로 경기당 득점은 **독립변수(I)**로 옮겨놓는다.

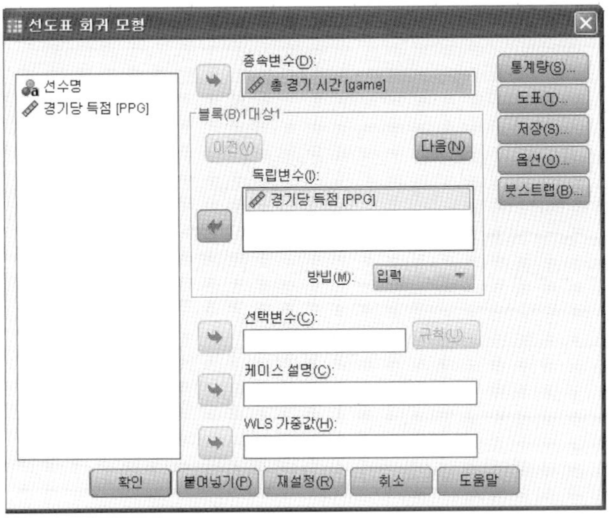

그리고 **통계량(S)**를 선택하여 R^2 변화량(S)를 클릭하고 계속한다.

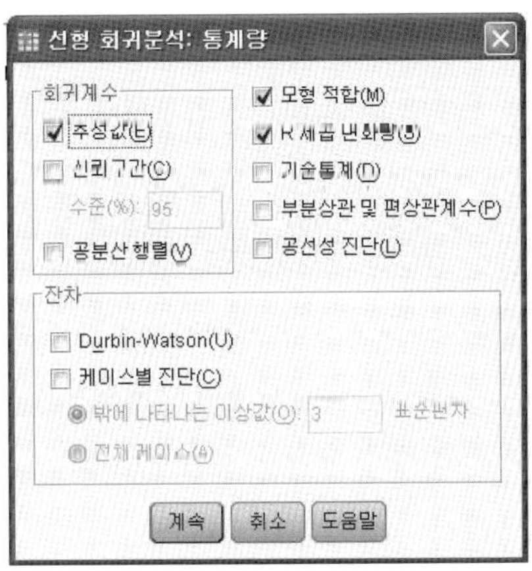

분석결과 R^2과 분석분석 결과는 다음과 같다.

모형 요약

모형	R	R 제곱	수정된 R 제곱	추정값의 표준오차	통계량 변화량				
					R 제곱 변화량	F 변화량	df1	df2	유의확률 F 변화량
1	.823[a]	.678	.674	305.043	.678	210.272	1	100	.000

a. 예측값: (상수), 경기당 득점

분산분석[b]

모형		제곱합	자유도	평균 제곱	F	유의확률
1	회귀 모형	1.957E7	1	1.957E7	210.272	.000[a]
	잔차	9305096.612	100	93050.966		
	합계	2.887E7	101			

a. 예측값: (상수), 경기당 득점

b. 종속변수: 총 경기 시간

계수[a]

모형		비표준화 계수		표준화 계수	t	유의확률
		B	표준오차	베타		
1	(상수)	295.775	50.142		5.899	.000
	경기당 득점	58.052	4.003	.823	14.501	.000

a. 종속변수: 총 경기 시간

회귀모형은 다음과 같다

$$y(\text{경기출전시간}) = 295.775 + 58.052 \times \text{경기당득점}$$

그리고 결정계수는 0.678로써 경기당 득점과 총 경기 시간과는 어느정도 설명력이 있다고 할 수 있다. 또한, 회귀모형에 대한 가설은 다음과 같다.

$H_0 : \beta_i = 0$

H_1 : 적어도 하나는 0이 아니다

이때의 귀무가설은 모든 계수값이 0이므로 모형이 타당하지 않다라고 해석되며 대립가설은 그중 어떤 하나의 계수값이 0이 아니면 되니 모형이 타당하다고 해석할 수 있다. 검정통계량 F값은 210.27이며 유의확률(p-value)은 0.000으로 귀무가설을 기각한다. 즉 모형이 타당한 것으로 분석된다.

예제 [5.3]

[prg5_3.sav]

다음의 자료는 체질량지수 참고표와 대한병원의 내원환자중 733명의 비만환자를 대상으로 혈중 콜레스테롤양과 체질량지수(BMI: Body Mass Index)를 측정한 자료이다. 회귀분석을 실시하고 잔차에 대한 가정을 검토하시오.

☆ BMI수치에 따른 체질량지수 및 비만관련 질환 위험도

분류	체질량지수	비만관련질환 위험
저 체 중	〈18.5	낮음
정 상 체 중	18.5 ~ 22.9	보통
과 체 중	≥ 23.0	보통
위 험 체 중	23.0 ~ 24.9	위험 증가
비 만 1단계	(obese class I) 25.0 ~ 29.9	중등도 위험
비 만 2단계	(obese class II) > 30	고도 위험
비 만 3단계	(obese class III) ≥ 40.0	극심한 위험

BMI = 체중/신장^2

obs	age	T.chol	BMI	gender
1	20	197	27.76343	m
2	29	137	29.7442	m
⋮	⋮	⋮	⋮	⋮
732	67	152	22.75831	f
733	61	189	23.87543	f

풀이 prg5_3.sav 파일을 불러온 후 단순회귀분석을 실시하기 위해 메뉴바의 분석(A) ⇨ 회귀분석(R) ⇨ 선형(L)을 선택하고 BMI은 종속변수(D)로 T.chol은 독립변수(I)로 옮겨놓는다. 잔차의 가정을 위해

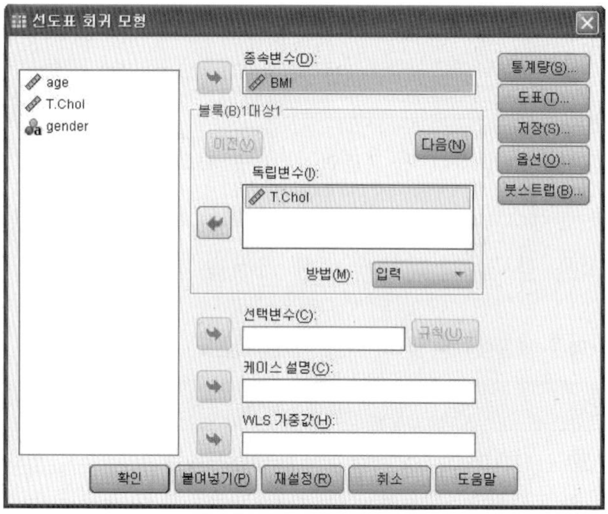

옆부분 메뉴의 **통계량(S)**을 선택한 후 아래의 그림과 같이 설정한다.

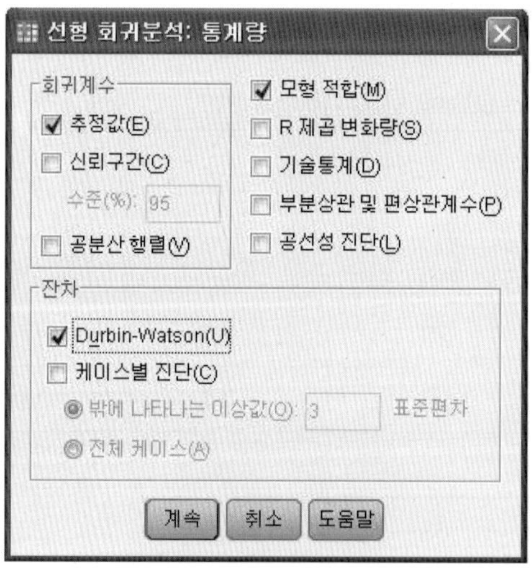

다음으로 그림상의 옆부분의 메뉴중 **도표(L)**를 선택하면 아래의 그림이 나타나고 이때 산점도의 Y축과 X축에 각각의 변수를 옮겨준다. 여기에서 주의할 것은 Y축에는 *ZRESID(표준화 잔차)를, X축에는 *ZPRED(표준화 예측값)을 넣어주어야 등분산성을 검토할 수 있는 도표를 그릴 수 있다. 또한 표준화 잔차도표에서 **히스토그램(H)**과 **정규확률도표(R)**를 선택하여 정규성도 검토할 수 있다.

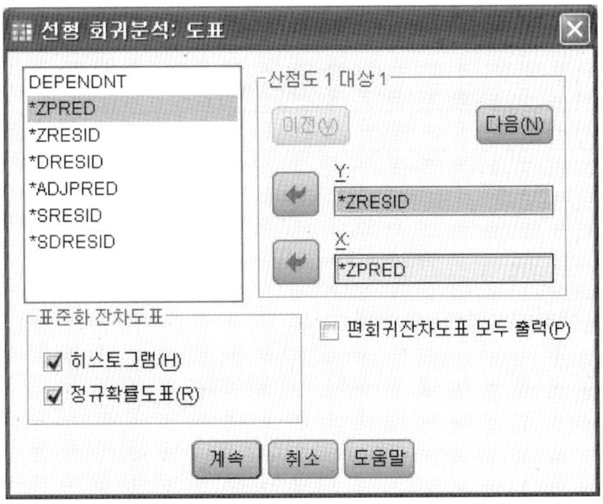

다음으로 그림상의 옆부분의 메뉴중 저장(A)을 선택하면 아래의 그림이 나타난다. 진차의 정규성 검정을 위해 잔차중 표준화(A)를 선택하면 자료창에 표준화 잔차를 저장해준다.

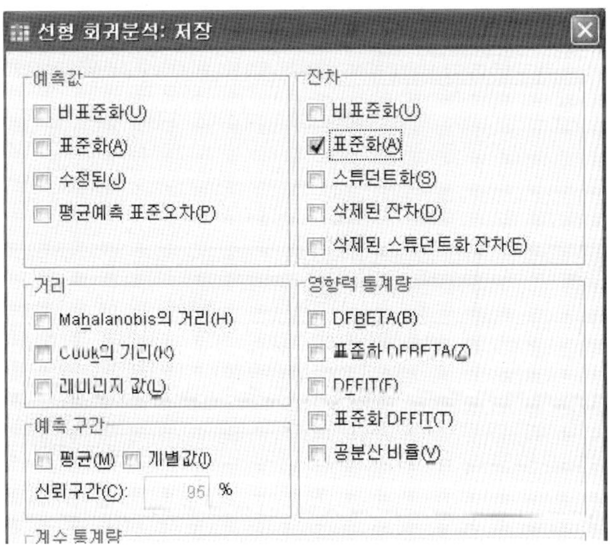

이제 분석을 실시하면 다음과 같다.

모형 요약[b]

모형	R	R 제곱	수정된 R 제곱	추정값의 표준오차	Durbin-Watson
1	.262[a]	.069	.067	2.753987710	1.923

a. 예측값: (상수), T.Chol

b. 종속변수: BMI

모형의 요약에서는 결정계수를 나타내고 있다. 이때 R 제곱값(결정계수)을 가지고 해석한다. 결정계수의 값이 0.067로 나타나 추정된 회귀식이 매우 낮은 설명력을 가지고 있는 것으로 나타났다.

분산분석[b]

모형		제곱합	자유도	평균 제곱	F	유의확률
1	회귀 모형	408.179	1	408.179	53.818	.000[a]
	잔차	5544.232	731	7.584		
	합계	5952.410	732			

a. 예측값: (상수), T.Chol

b. 종속변수: BMI

분산분석의 결과는 유의확률이 0.000으로 유의수준(p-value) 0.001에서 통계적으로 유의하므로 모형이 타당한 것으로 나타났다.

계수[a]

모형		비표준화 계수		표준화 계수	t	유의확률
		B	표준오차	베타		
1	(상수)	19.635	.625		31.415	.000
	T.Chol	.024	.003	.262	7.336	.000

a. 종속변수: BMI

회귀계수부분에 대한 분석으로는 회귀계수가 0인지에 대한 t 검정을 실시한다. 먼저 상수값은 19.635이며 이때의 유의확률(p-value)이 0.000로 귀무가설을 기각하여 회귀계수가 0이 아니라고 판단된다.(통계적으로 유의하다) 다음으로 콜레스테롤의 계수로는 0.024이며 이때의 유의확률(p-value)이 0.000으로 귀무가설을 기각하여 회귀계수가 0이 아니라고 판단된다. 그러므로 이 결과로서 산출된 추정회귀식은 다음과 같다.

$$\widehat{\text{BMI}} = 19.635 + 0.024 \times \text{콜레스테롤}$$

이제 잔차의 가정에 대한 검토를 실시한다. 잔차의 가정은 5가지이다. 첫 번째 가정으로, 잔차의 평균은 0이다. 이 부분은 아래의 결과를 보더라도 표준화 잔차의 평균이 0임을 알 수 있다. 그러나 회귀계수를 구하는 방법이 최소제곱법을 사용함으로 자연히 0이 된다.

잔차 통계량[a]

	최소값	최대값	평균	표준편차	N
예측값	22.11712646	26.84547233	24.15870115	.7467402939	733
잔차	-6.870429515	10.34925937	-.0000000000	2.752105928	733
표준 오차 예측값	-2.734	3.598	.000	1.000	733
표준화 잔차	-2.495	3.758	.000	.999	733

a. 종속변수: BMI

두 번째 가정으로, 잔차의 분산은 등분산한다. 두 번째 가정에 대한 검정으로는 예측값(x축)과 잔차(y축)를 통하여 알아볼 수 있다.

산점도

종속변수: BMI

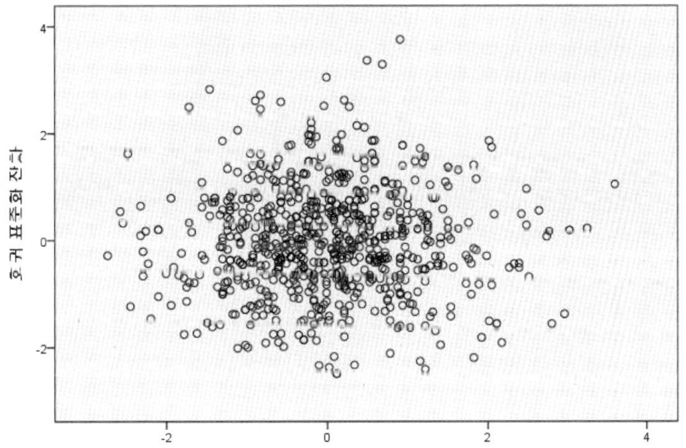

이 산점도로는 y축의 표준화 잔차의 0점을 중심으로 한 상하로 무작위로 분포가 되어 있어야 등분산 한다고 판단할 수 있다. 이 예제에서는 위의 그림을 가지고 판단해보면 등분산한다고 볼 수 있겠다.
세 번째 가정으로, 잔차가 정규분포를 한다는 가정이다. 이는 도표를 통하여 알 수 있으며 또는 가정의 검토를 통하여 알 수 있다. 위의 회귀분석 실행창에서의 옵션중 저장(A)에서 표준화 잔차를 선택한적이 있다. 이로 인해 자료창에는 다음의 그림과 같은 새로운 변수인 **표준화잔차(ZRE_1)**가 생성되었음을 알 수 있다.

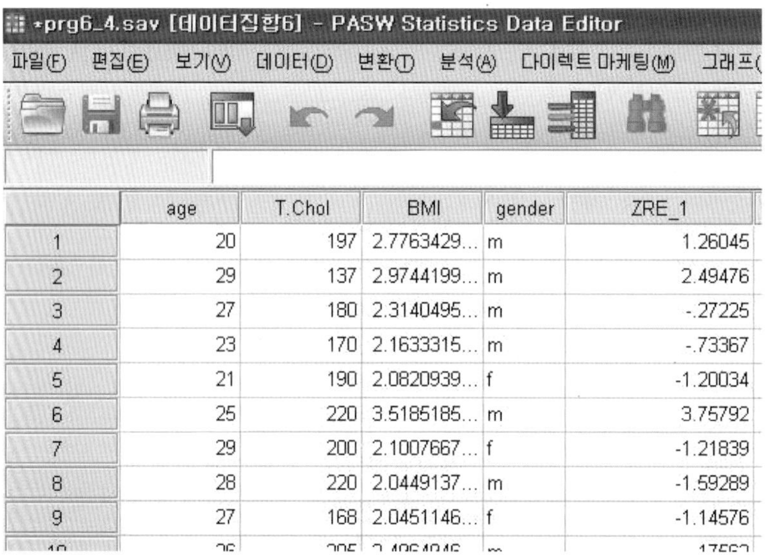

	age	T.Chol	BMI	gender	ZRE_1
1	20	197	2.7763429...	m	1.26045
2	29	137	2.9744199...	m	2.49476
3	27	180	2.3140495...	m	-.27225
4	23	170	2.1633315...	m	-.73367
5	21	190	2.0820939...	f	-1.20034
6	25	220	3.5185185...	m	3.75792
7	29	200	2.1007667...	f	-1.21839
8	28	220	2.0449137...	m	-1.59289
9	27	168	2.0451146...	f	-1.14576

이 자료를 가지고 정규성 분석을 실시하기 위해서 **분석(A) ⇨ 기술통계량(E) ⇨ 데이터탐색(E)**을 선택한 후 다음의 그림과 같이 **종속변수(D)**란에 표준화 잔차를 옮겨 놓는다.

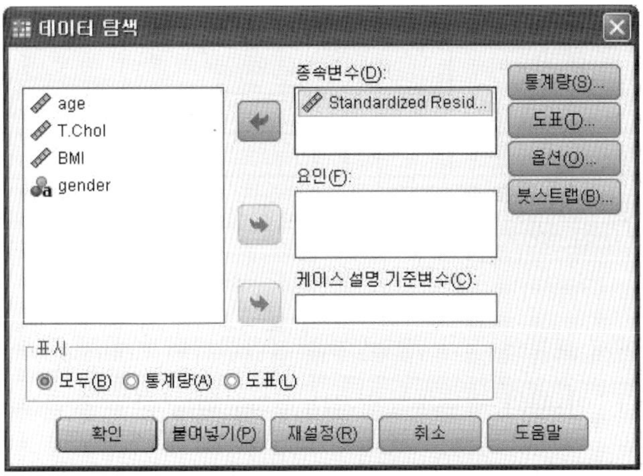

그 후 옆부분의 **도표(L)**를 선택하여 도표창에서 **검정과 함께 정규성도표(O)**를 선택해 준다.

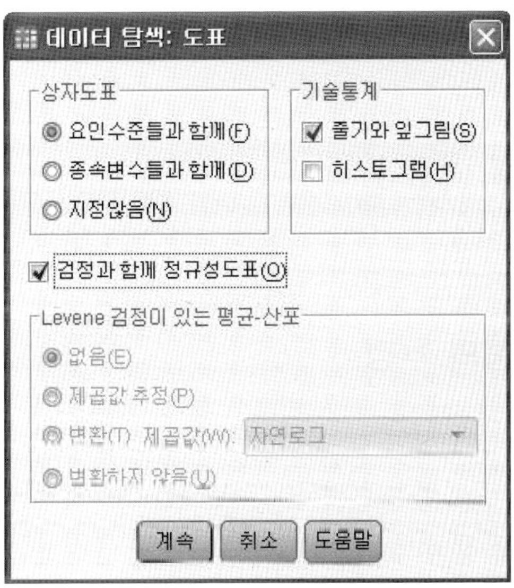

이제 분석을 실시하면 많은 결과가 나타나며 이중 정규성 검정에 대한 결과는 다음과 같다.

정규성 검정

	Kolmogorov-Smirnov[a]			Shapiro-Wilk		
	통계량	자유도	유의확률	통계량	자유도	유의확률
Standardized Residual	.027	733	.200*	.994	733	.004

a. Lilliefors 유의확률 수정

*. 이것은 참인 유의확률의 하한값입니다.

여기에서 표본의 수가 733개임을 감안한다면 Kolmogorov-Smirnov검정을 사용한다. 이 때의 귀무가설은 'H_0 : 자료의 분포는 정규분포이다' 이며 이때 유의확률(p-value)이 0.200으로 유의수준 0.05보다 매우 크므로(p>0.05) 귀무가설을 채택한다. 즉, 잔차의 분포는 정규분포한다라고 할 수 있다.

이제 네 번째와 다섯 번째 가설인 독립성에 대한 검정을 실시한다. 독립성에 대한 가설은 회귀분석결과중 가장 먼저 나타나는 결정계수와 더불어 Durbin-Watson의 값이 나타난다. 다음 절에서 설명하기로 한다.

3 다중회귀모형

1) 다중회귀모형의 추정

일반적으로 대부분의 자연적 · 사회적인 현상을 설명하는데 있어서 종속변수 y의 변화가 두 개 이상의 독립변수에 의하여 설명되는 경우가 허다하다. 설득력 있는 적절한 독립변수를 여러 개 잘 선택하여 이들의 함수로써 종속변수의 변화하는 특성을 설명할 수 있다면, 단순회귀분석보다 더 정확한 분석을 할 수 있을 것이다.

이처럼 종속변수의 변화를 설명하기 위하여 두 개 이상의 독립변수가 사용되고, 종속변수와 독립변수의 관계가 선형으로 가정되는 회귀모형을 다중선형회귀모형(multiple linear regression model)이라 하고 간단히 다중회귀모형이라고도 하는데 이를 수식으로 나타내면 다음과 같다.

$$y_i = \beta_0 + \beta_1 x_{i1} + \beta_2 x_{i2} + \cdots + \beta_k x_{ik} + \epsilon_i \;;\; i = 1, 2, \cdots, n(n > k)$$

여기서, y_i : 모집단으로부터 추출한 종속변수 y의 i번째 측정값, $x_{i1}, x_{i2}, \cdots, x_{ik}$: 모집단으로부터 추출한 독립변수 $x_1, x_2, \cdots, x_k$의 i번째 측정값, $\beta_0, \beta_1, \beta_2, \cdots, \beta_k$: 모집단의 회귀계수라 부른다.

다중회귀모형에서도 단순선형회귀모형에서와 같이 최소제곱법을 적용해서 회귀계수 β들에 대한 추정량을 구할 수 있다. 즉 k개의 독립변수가 있는 다중회귀모형을 생각하여 보자. 여기서 $\beta_0, \beta_1, \cdots, \beta_k$에 대한 최소제곱추정량을 구하기 위해서는 앞 절에서 설명한 단순회귀모형에 적용했던 절차를 동일하게 수행하면 된다. 즉

$$SSE = \sum_{i=1}^{n} (y_i - \hat{y_i})^2$$

를 최소화하는 다음 추정회귀식을 구한나.

$$\hat{y} = \widehat{\beta_0} + \widehat{\beta_1} x_1 + \cdots + \widehat{\beta_k} x_k$$

여기서 $\beta_0, \beta_1, \cdots, \beta_k$에 대한 추정값들은 정규방정식(normal equations)이라는 일련의 연립방정식의 해를 구함으로써 얻어진다.

2) 분산분석과 결정계수

(1) 분산분석표

다중회귀에서도 총편차의 제곱합 $\Sigma(y_i - y)^2$는 다음과 같이 두 개의 독립적인 부분으로 분할할 수 있는데, 하나는 회귀직선에 의해서 설명된 y의 총변동의 일부분을 나타내고 다른 한 부분은 회귀직선으로 설명되지 않는 y의 총변동의 일부분을 나타낸다. 즉,

$$\sum_{i=1}^{n} (y_i - \overline{y})^2 = \sum_{i=1}^{n} (\hat{y_i} - \overline{y})^2 + \sum_{i=1}^{n} (y_i \quad \hat{y_i})^2$$

$$SST \quad = \quad SSR \quad + \quad SSE$$

을 얻게 된다. 이는 단순회귀에서와 마찬가지로 각각 총변동, 회귀변동, 잔차변동이라 한다. 또한 SST, SSE, SSR의 자유도는 각각 $n-1, n-k-1$, k로 알려져 있다.

그리고 각 제곱합을 각각에 대응하는 자유도의 수로 나누어주면 평균제곱(mean square : MS)이 된다. 그러면 지금까지 설명한 것을 토대로 분산분석표(ANOVA table)를 작성해 보자.

▌표 5-2▌ 다중회귀모형의 분산분석표

요인	제곱합(SS)	자유도(d.f)	평균제곱(MS)	F
회귀	SSR	k	$MSR = SSR/k$	$F = MSR/MSE$
오차	SSE	$n-k-1$	$MSE = SSE/(n-k-1)$	
합계	SST	$n-1$		

분산분석표를 이용하여 검정할 귀무가설과 대립가설은 다음과 같다.

$$H_O : \beta_1 = \beta_2 = \cdots = \beta_k = 0$$

$$H_1 : \text{적어도 하나의 } \beta_j \text{는 0이 아니다}$$

본 검정에서 사용되는 통계량은 H_0가 진실인 경우에 $(k, n-k-1)$의 자유도를 갖는 F분포를 따른다. 그러므로 $F > F(\alpha ; k, n-k-1)$이면 유의수준 α로 귀무가설을 기각한다. 즉 적어도 하나의 β_j는 0이 아니라고 판단한다.

(2) 다중결정계수

$R^2_{y \cdot x_1 x_2 \cdots x_k}$으로 표기되는 다중결정계수는 y의 총변동 SST에 대한 $\hat{y}$의 회귀방정식으로 설명되는 변동 SSR과의 비율로 정의된다. 즉,

$$R^2_{y \cdot x_1 x_2 \cdots x_k} = \frac{SSR}{SST}$$

y에 있어서의 총변동과 추정된 회귀방정식에 의해 설명된 변동의 비율로서 $R^2_{y \cdot x_1 x_2 \cdots x_k}$

(앞으로 간단히 R^2)은 실제 관측값들과 회귀선의 근사성에 대한 추정값으로 생각할 수 있다. 그러므로 R^2의 값이 1에 가까우면 가까울수록, 실제 관측값들이 회귀선을 중심으로 밀집될 것이므로 보다 바람직한 적합이다.

(3) 수정 결정계수

앞에서 설명한 바와 같이 x변수를 추가하면 무조건 결정계수는 증가하므로, 새로 추가된 변수의 중요성을 측정하기 위해 R^2을 이용하는 데에는 문제가 있다. 이러한 문제를 풀기 위하여 새로 추가된 변수가 y의 예측에 기여를 하는 경우에만 증가하도록 수정된 R^2측정방법이 개발되었다. 이 새로운 측정값을 수정 $R_a{}^2$(adjusted R^2) 이라고 하며 다음과 같이 수정한 값으로 정의된다.

$$R_a^2 = 1 - \frac{n-1}{n-k-1} \cdot \frac{SSE}{SST}$$

3) 회귀계수의 신뢰구간과 유의성 검정

β_j에 대한 표준오차를 알고 있으면 β_j의 구간추정과 통계적 검정을 할 수 있다. 우선 β_j에 대한 $100(1-\alpha)\%$ 신뢰구간은 다음과 같다.

$$\hat{\beta}_j \pm t(\alpha/2;\ n-k-1)s(\hat{\beta}_j)$$

또한 각 변수를 개별적으로 검정하기 위해서는 부분 t-검정(partial t-test)이 이용된다. 이것은 어떤 변수가 여타의 예측변수를 이미 포함하고 있는 모형에 유의적으로 도입될 수 있는지를 검정하는 것이다. 귀무가설을 $\beta_j = 0$이라 하면 이때 x_j가 관심대상의 변수이다. 검정통계량은 표준화된 β_j로서, 이 통계량은 자유도가 $n-k-1$인 t분포를 따른다. 부분 t-검정의 가설과 절차는 다음과 같다.

가설 $H_0 : \beta_j = 0 \quad vs \quad H_1 : \beta_j \neq 0$

검정절차 $|t| = \left| \dfrac{\hat{\beta}_j}{s(\hat{\beta}_j)} \right| > t(\alpha/2;\ n-k-1)$이면 유의수준

α로 귀무가설을 기각한다. 즉 x_j를 제외한 모든 변수가 포함된 모형에 x_j를 추가했을 때 그 변수가 유의적으로 종속변수를 설명해준다.(SSR을 유의적으로 증가시킨다)

4 변수의 선택

종속변수 y에 대하여 회귀모형에 포함될 독립변수의 수가 많을 때에는 이중에서 중요한 변수만을 선택하거나 설명력이 없는 변수를 제거하여 회귀모형에 적합시켜야 할 것이다. 이처럼 많은 독립변수 중에서 중요한 변수만을 선택하는 것은 변수선택(variable selection)이라 한다.

1) 모든 가능한 변수를 포함한 회귀식

첫 번째로 설명할 변수의 선택절차는 종속변수와 하나 혹은 그 이상의 독립변수에 대한 모든 가능한 회귀선을 고려하는 분석방법이다. 이 방법은 독립변수가 k개 있을 때, 모든 가능한 변수들의 조합(전부 2^k개가 있으나 실은 2^k-1개)을 회귀분석하여 보는 것이다. 만약 $k=10$이라면 1023개의 회귀방정식을 적합시켜 보아 그 중 가장 적당한 회귀식을 찾는 것이다. 이와 같은 것은 방대한 계산을 요구하므로 컴퓨터의 도움 없이는 불가능하다고 보겠다.

2) 후진선택방법(backward elimination method)

이 방법은 완전모형에서부터 하나씩 변수를 제거해 나가는 방법이다.

이 방법은 독립변수가 k개 있을 때 계산하여야 할 회귀방정식의 최대수가 k로, 모든

가능한 회귀에서의 2^k에 비교하면 훨씬 작은 수이다. 일반적으로 k개의 회귀방정식을 전부 고려하여야 될 경우는 적으며 중간과정에서 $F_j \geq F_\alpha$가 성립되어 제거작업을 중단하게 되면 k보다 작은 수의 회귀방정식만이 검토되게 되는 것이다.

3) 전진선택방법(forward selection method)

전진선택방법은 가장 중요하다고 생각되는 변수부터 하나씩 골라주어 가면서 더 이상 중요한 변수가 없다고 판정될 때에 중단하여 이미 선택된 변수들만을 중요한 변수들로 간주하여 주는 방법이다.

이 방법은 독립변수의 수가 k일 때 계산하여야 할 회귀방정식의 최대수는 $k(k+1)/2$로 모든 가능한 회귀에서의 2^k에 비하면 훨씬 적은 수이다. 그러나 이 방법에 의하면 얻어진 회귀방정식이 최적이라는 보상은 없다. 예를 들이 회귀방정식 $\hat{y} - f(x_1, x_2, x_3)$이 최종적으로 선택되었다고 하자. 이 때에 세개의 독립변수를 사용한 모든 회귀선(${}_kC_3$개의 회귀방정식이 있음)을 검토하여 보면 $\hat{y} = f(x_1, x_2, x_3)$보다 R^2의 값을 더 크게 하여 주는 세 개의 변수를 사용한 회귀방정식이 있을 수 있다. 이런 경우가 생기는 이유는 처음에 들어간 변수 x_1은 다음에 어떤 변수가 선택되든지 간에 다시는 제외되지 않기 때문이다. 이와 같은 점을 보완하기 위하여 고안된 방법이 단계별회귀이다.

4) 단계별 회귀(stepwise regression)

단계식 회귀방법은 전진 선택 방법을 수정한 것으로, 새로이 변수를 선택하여 추가시킬 때 이미 모형에 포함된 변수 각각에 대하여 유의성을 검정하여 유의성이 없으면 모형에서 제거시키는 방법으로, 전진 선택 방법이 가지는 단점을 보완하고 있다. 이 방법은 계산양도 과다하지 않고 최적방정식을 구할 가능성이 높으므로 일반적으로 많이 쓰이는 방법이다.

예제 [5.4]

[prg5_4.sav]

다음은 어떤 지역의 고등학생 632명을 대상으로 한 게임 중독에 관한 자료이다. 독립변수로는 일상생활, 현실구분장애, 긍정적 기대, 금단, 가상적 대인관계 지향성, 일탈행동, 내성의 요인을 두었으며 종속변수로는 게임중독성의 점수를 조사하였다. 게임중독성 점수는 높을수록 게임 중독성이 높은 것으로 조사하였다. 어떤 변수가 게임중독성에 영향을 주고 있는지 각각의 변수선택법을 이용하여 검정하시오.

번호	계열	지역	성별	요인1	요인2	요인3	요인4	요인5	요인6	요인7	중독성
1	인문계	도시	남학생	18	4	10	11	12	6	11	25
2	인문계	도시	남학생	14	2	7	12	5	4	9	22
⋮	⋮	⋮	⋮	⋮	⋮	⋮	⋮	⋮	⋮	⋮	⋮
631	실업계	도시	남학생	7	2	4	4	3	3	4	10
632	실업계	도시	남학생	13	2	4	5	3	4	5	17

풀이 자료중 prg5_4.sav를 불러온다.

이제 각각의 변수선택법을 이용한 회귀분석을 실시하자.

① 후진선택법

메뉴에서 **분석(A)** ⇨ **회귀분석(R)** ⇨ **선형(L)**을 선택하고 아래의 그림과 같이 **종속변수(D)**에는 종속변수인 게임중독을 넣어주며 **독립변수(I)**에는 [요인1]-[요인7]을 선택하여 넣어준다. 변수선택에 대해서는 **방법(M)**에는 **후진**을 선택한다.

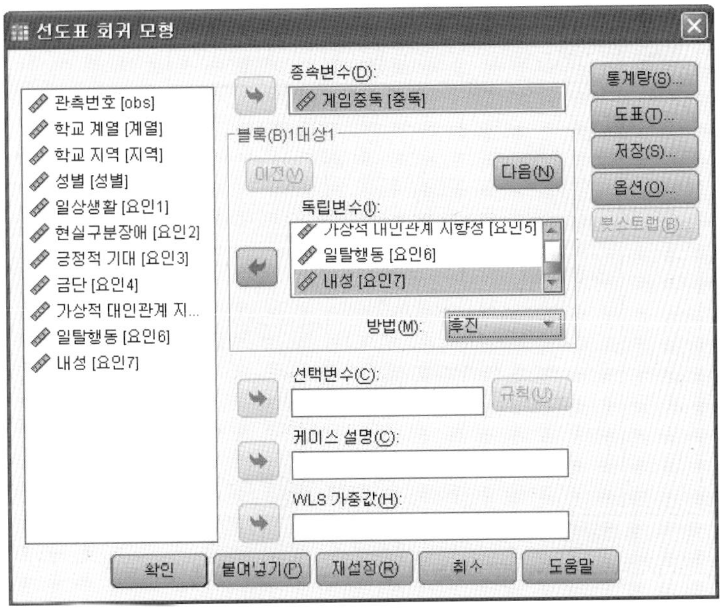

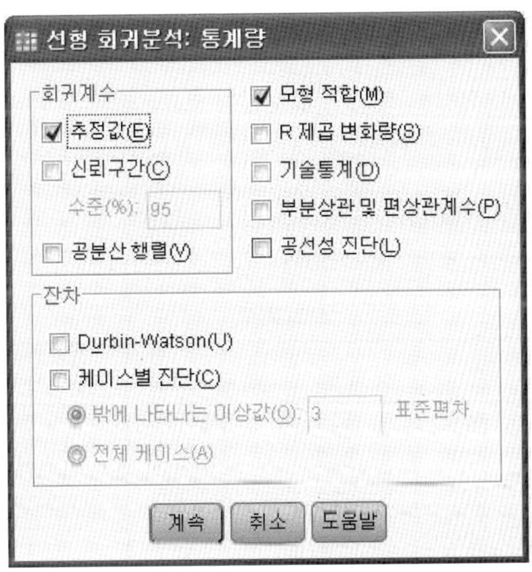

이제 확인을 클릭하여 분석을 실시한다. 분석결과는 다음과 같다.

진입/제거된 변수[b]

모형	진입된 변수	제거된 변수	방법
1	내성, 긍정적 기대, 일상생활, 현실구분장애, 가상적 대인관계 지향성, 금단, 일탈행동[a]	.	입력
2	.	긍정적 기대	후진 (기준: 제거할 F의 확률 >= .100).
3	.	일상생활	후진 (기준: 제거할 F의 확률 >= .100).
4	.	금단	후진 (기준: 제거할 F의 확률 >= .100).

a. 요청된 모든 변수가 입력되었습니다.

b. 종속변수: 게임중독

위의 결과 단계1에서는 모든 변수가 들어있는 전체모형(full model)에서부터 시작하여 단계2에서는 유의확률이 0.1보다 높은 변수인 긍정적 기대가 제거되었으며 단계3에서는 일상생활이, 단계4에서는 금단변수가 제거되었다. 그러므로 남은 변수는 내성, 현실구분장애, 가상적 대인관계 지향성, 일탈행동이 남아있는 것으로 나타났다.

모형 요약

모형	R	R 제곱	수정된 R 제곱	추정값의 표준오차
1	.907[a]	.822	.820	3.31284
2	.907[b]	.822	.821	3.31038
3	.907[c]	.822	.821	3.30960
4	.906[d]	.822	.821	3.31049

a. 예측값: (상수), 내성, 긍정적 기대, 일상생활, 현실구분장애, 가상적 대인관계 지향성, 금단, 일탈행동

b. 예측값: (상수), 내성, 일상생활, 현실구분장애, 가상적 대인관계 지향성, 금단, 일탈행동

c. 예측값: (상수), 내성, 현실구분장애, 가상적 대인관계 지향성, 금단, 일탈행동

d. 예측값: (상수), 내성, 현실구분장애, 가상적 대인관계 지향성, 일탈행동

결정계수에 대한 분석으로 이때 R 제곱값(결정계수)을 가지고 해석하나 회귀식이 단계적으로 전개될 때 자유도를 고려하여 수정된 R 제곱($Adj\ R^2$)을 사용한다.

이는 일반적으로 모집단의 결정계수를 추정할 때 사용되며 표본수가 충분히 크면 결정계수(R^2)값과 동일해진다.

$$Adj\ R^2 = 1 - \frac{n-1}{n-k-1}(1-R^2)\ \ (n\text{: 표본 수 } k\text{: 독립변수 수})$$

모형요약에서는 모형 4만 해석하면 된다. 수정된 결정계수는 0.821로 추정 회귀식이 전체 자료의 82.1%를 설명할 수 있는 것으로 나타났다.

이제부터 모든 결과는 네 번째 모형만 해석을 하면 된다 아래 그림상에서는 모형 1, 2, 3을 제외하기로 한다.

☆ 분산분석(e)

모형		제곱합	자유도	평균제곱	F	유의확률
4	선형회귀분석	31674.510	4	7918.628	722.548	.000(d)
	잔차	6871.488	627	10.959		
	합계	38545.998	631			

이제 모형의 타당성에 대한 분석이다. 위의 분산분석을 가지고 가설검정한다. 이때 가설은 다음과 같다.

$$H_0 :\ \forall \beta_i = 0 \quad vs. \quad H_1 : \text{적어도 하나는 0이 아니다}$$

이때의 귀무가설은 모든 계수값이 0이므로 모형이 타당하지 않나라고 해석되며 대립가설은 그중 어떤 하나의 계수값이 0이 아니면 되니 모형이 타당하다고 해석할 수 있다.

검정통계량 F값은 722.548이며 유의확률(p-value)은 0.000으로 귀무가설을 기각한다. 즉 모형이 타당한 것으로 분석된다.

☆ **계수(a)**

모형		비표준화 계수		표준화 계수	t	유의확률
		B	표준오차	베타		
4	(상수)	6.894	.413		16.710	.000
	현실구분장애	1.102	.078	.296	14.134	.000
	가상적 대인관계 지향성	.529	.053	.239	9.974	.000
	일탈행동	.867	.058	.374	15.032	.000
	내성	.323	.038	.192	8.416	.000

이제 계수에 대한 각각의 검정을 실시한다. 회귀계수부분에 대한 분석으로는 회귀계수가 0인지에 대한 t검정을 실시한다. 먼저 상수값은 6.894이며 이때의 유의확률(p-value)이 0.000으로 귀무가설을 기각하여 회귀계수가 0이 아니라고 판단된다.(통계적으로 유의하다)

일탈행동의 계수로는 0.867이며 이때의 유의확률(p-value)이 0.000으로 귀무가설을 기각하여 회귀계수가 0이 아니라고 판단된다.

현실구분장애의 계수로는 1.102이며 이때의 유의확률(p-value)이 0.000으로 귀무가설을 기각하여 회귀계수가 0이 아니라고 판단된다.

가상적 대인관계 지향성의 계수로는 0.529이며 이때의 유의확률(p-value)이 0.000으로 귀무가설을 기각하여 회귀계수가 0이 아니라고 판단된다.

내성의 계수로는 0.323이며 이때의 유의확률(p-value)이 0.000으로 귀무가설을 기각하여 회귀계수가 0이 아니라고 판단된다. 이 결과로서 산출된 추정회귀식은 다음과 같다.

$$\widehat{\text{게임중독성}} = 6.894 + .867 \times \text{일탈행동} + 1.102 \times \text{현실구분장애} + .529 \times \text{가상적 대인관계 지향성} + .323 \times \text{내성}$$

② 전진선택방법

메뉴에서 **분석(A)** ⇨ **회귀분석(R)** ⇨ **선형(L)**을 선택하고 아래의 그림과 같이 종속변수(D)에는 종속변수인 게임중독을 넣어주며 **독립변수(I)**에는 [요인1]-[요인7] 선택하여 넣어준다. 변수선택에 대해서는 **방법(M)**에는 **전진**을 선택한다.

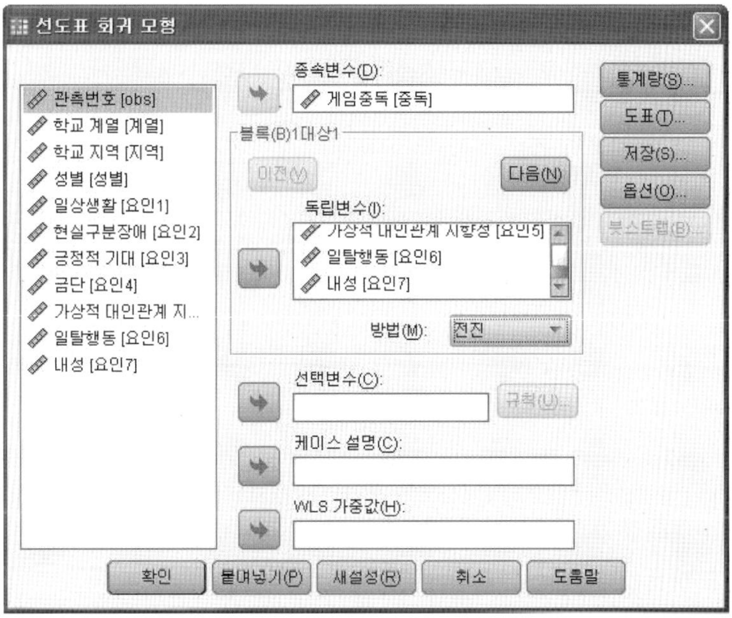

이제 확인을 선택하여 분석을 실시한다. 분석결과는 다음과 같다.

☆ 진입/제거된 변수(a)

모형	진입된 변수	제거된 변수	방법
1	일탈행동	.	전진 (기준: 입력할 F 확률 <= .050)
2	현실구분장애	.	전진 (기준: 입력할 F 확률 <= .050)
3	가상적 대인관계 지향성	.	전진 (기준: 입력할 F 확률 <= .050)
4	내성	.	전진 (기준: 입력할 F 확률 <= .050)

위의 결과 전진선택법은 변수가 들어있지 않은 빈모형(null model)에서부터 시작하여 단계 1에서는 유의확률이 0.05보다 낮은 변수인 일탈행동변수가 진입하였으며 단계 2에서는 현실구분장애, 단계 3에서는 가상적 대인관계 지향성이, 단계 4에서는 내성변수가 진입되었다. 그러므로 최종적으로 진입된 변수는 일탈행동, 현실구분장애, 가상적 대인관계 지향성, 내성이 진입한 것으로 나타났다.

아래의 결과는 후진선택법에서 선택되어진 변수와 전진선택법에서 선택되어진 변수가 동일하므로 결과 또한 동일하게 나타난다.

☆ **모형 요약(e)**

모형	R	R 제곱	수정된 R 제곱	추정값의 표준오차
1	.801(a)	.642	.641	4.68167
2	.872(b)	.761	.760	3.82760
3	.895(c)	.802	.801	3.48970
4	.906(d)	.822	.821	3.31049

a 예측값 : (상수), 일탈행동
b 예측값 : (상수), 일탈행동, 현실구분장애
c 예측값 : (상수), 일탈행동, 현실구분장애, 가상적 대인관계 지향성
d 예측값 : (상수), 일탈행동, 현실구분장애, 가상적 대인관계 지향성, 내성
e 종속변수 : 게임중독

결정계수에 대한 분석으로 모형 1부터 4까지 수정된 결정계수가 점점 올라가는 것을 알 수 있으며 최종 모형인 모형 4의 수정된 결정계수는 0.821로 추정 회귀식이 전체 자료의 82.1%를 설명할 수 있는 것으로 나타났다.
이제부터 모든 결과는 네 번째 모형만 해석을 하면 된다. 아래 그림상에서는 모형 1, 2, 3을 제외하기로 한다.

☆ **분산분석(e)**

모 형		제곱합	자유도	평균제곱	F	유의확률
4	선형회귀분석	31674.510	4	7918.628	722.548	.000(d)
	잔차	6871.488	627	10.959		
	합계	38545.998	631			

이제 모형의 타당성에 대한 분석이다. 위의 분산분석을 가지고 가설검정한다. 이때 가설은 다음과 같다.

$$H_0 : \forall \beta_i = 0 \quad vs. \quad H_1 : \text{적어도 하나는 0이 아니다}$$

이때의 귀무가설은 모든 계수값이 0이므로 모형이 타당하지 않다라고 해석되며 대립가설은 그중 어떤 하나의 계수값이 0이 아니면 되므로 모형이 타당하다고 해석할 수 있다.

검정통계량 F값은 722.548이며 유의확률(p-value)은 0.000으로 귀무가설을 기각한다. 즉 모형이 타당한 것으로 분석된다.

☆ **계수(a)**

모 형		비표준화 계수		표준화 계수	t	유의 확률
		B	표준 오차	베타		
4	(상수)	6.894	.413		16.710	.000
	현실구분장애	1.102	.078	.296	14.134	.000
	가상적 대인관계 지향성	.529	.053	.239	9.974	.000
	일탈행동	.867	.058	.374	15.032	.000
	내성	.323	.038	.192	8.416	.000

이제 계수에 대한 각각의 검정을 실시한다. 회귀계수부분에 대한 분석으로는 회귀계수가 0인지에 대한 t검정을 실시한다. 먼저 상수값은 6.894이며 이때의 유의확률(p-value)이 0.000으로 귀무가설을 기각하여 회귀계수가 0이 아니라고 판단된다.(통계적으로 유의하다)

일탈행동의 계수로는 0.867이며 이때의 유의확률(p-value)이 0.000으로 귀무가설을 기각하여 회귀계수가 0이 아니라고 판단된다.

현실구분장애의 계수로는 1.102이며 이때의 유의확률(p-value)이 0.000으로 귀무가설을 기각하여 회귀계수가 0이 아니라고 판단된다.

가상적 대인관계 지향성의 계수로는 0.529이며 이때의 유의확률(p-value)이

0.000으로 귀무가설을 기각하여 회귀계수가 0이 아니라고 판단된다.
내성의 계수로는 0.323이며 이때의 유의확률(p-value)이 0.000으로 귀무가설을 기각하여 회귀계수가 0이 아니라고 판단된다.
그러므로 이 결과로서 산출된 추정회귀식은 다음과 같다.

$$\widehat{\text{게임중독성}} = 6.894 + .867 \times \text{일탈행동} + 1.102 \times \text{현실구분장애} + .529 \times \text{가상적 대인관계 지향성} + .323 \times \text{내성}$$

③ 단계식 선택방법

메뉴에서 **분석(A)** ⇨ **회귀분석(R)** ⇨ **선형(L)**을 선택하고 아래의 그림과 같이 종속변수(D)에는 종속변수인 게임중독을 넣어주며 **독립변수(I)**에는 [요인1]-[요인7] 선택하여 넣어준다. 변수선택에 대해서는 **방법(M)**에는 **단계선택**을 선택한다.

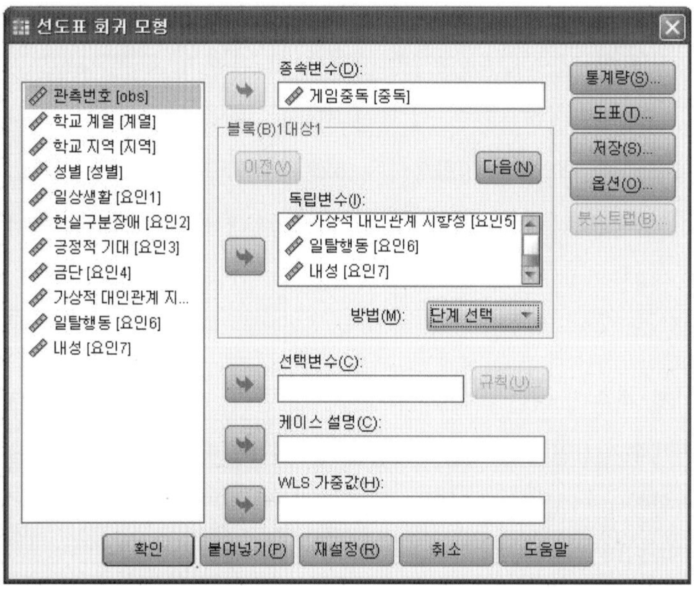

이제 확인을 선택하여 분석을 실시한다. 분석결과는 다음과 같다.

☆ 진입 / 제거된 변수(a)

모형	진입된 변수	제거된 변수	방 법
1	일탈행동	.	단계선택 (기준: 입력할 F의 확률 <= .050, 제거할 F의 확률 >= .100).
2	현실구분장애	.	단계선택 (기준: 입력할 F의 확률 <= .050, 제거할 F의 확률 >= .100).
3	가상적 대인관계 지향성	.	단계선택 (기준: 입력할 F의 확률 <= .050, 제거할 F의 확률 >= .100).
4	내성	.	단계선택 (기준: 입력할 F의 확률 <= .050, 제거할 F의 확률 >= .100).

a 종속변수 : 게임중독

위의 결과는 단계별선택법을 이용하여 변수를 선택한 과정을 보여준다. 모형이 4까지 진행되는 동안 진입된 변수만 나타나 제거된 변수는 없으며 4요인(일탈행동, 현실구분장애, 가상적 대인관계 지향성, 내성)이 선택되었음을 알 수 있다. 아래의 결과는 후진선택법 및 전진선택법에서 선택되어진 변수와 단계선택법에서 선택되어진 변수가 동일하므로 결과 또한 동일하게 나타난다.
이제부터 모든 결과는 네 번째 모형만 해석을 하면 된다. 아래 그림상에서는 모형 1, 2, 3을 제외하기로 한다.

☆ 모형 요약(e)

모형	R	R 제곱	수정된 R 제곱	추정값의 표준오차
4	.906(d)	.822	.821	3.31049

결정계수에 대한 분석으로 $Adj\ R^2$ = 0.821로 추정된 회귀식이 원 자료를 82.1% 정도 설명할 수 있고 해석할 수 있다.

☆ 분산분석(e)

모 형		제곱합	자유도	평균제곱	F	유의확률
4	선형회귀분석	31674.510	4	7918.628	722.548	.000(d)
	잔차	6871.488	627	10.959		
	합계	38545.998	631			

이제 모형의 타당성에 대한 분석이다. 위의 분산분석을 가지고 가설검정한다. 이때 가설은 다음과 같다.

$$H_0 : \forall \beta_i = 0 \quad vs. \quad H_1 : \text{적어도 하나는 0이 아니다}$$

이때의 귀무가설은 모든 계수값이 0이므로 모형이 타당하지 않다라고 해석되며 대립가설은 그 중 어떤 하나의 계수값이 0이 아니면 되니 모형이 타당하다고 해석할 수 있다.

검정통계량 F값은 722.548이며 유의확률(p-value)은 0.000으로 귀무가설을 기각한다. 즉 모형이 타당한 것으로 분석된다.

☆ 계수(a)

모형		비표준화 계수		표준화 계수	t	유의확률
		B	표준 오차	베타		
4	(상수)	6.894	.413		16.710	.000
	일탈행동	.867	.058	.374	15.032	.000
	현실구분장애	1.102	.078	.296	14.134	.000
	가상적 대인관계 지향성	.529	.053	.239	9.974	.000
	내성	.323	.038	.192	8.416	.000

이제 계수에 대한 각각의 검정을 실시한다. 회귀계수부분에 대한 분석으로는 회귀계수가 0인지에 대한 t검정을 실시한다. 먼저 상수값은 6.894이며 이때의 유의확률(p-value)이 0.000으로 귀무가설을 기각하여 회귀계수가 0이 아니라고 판단된다.(통계적으로 유의하다)

일탈행동의 계수로는 0.867이며 이때의 유의확률(p-value)이 0.000으로 귀무가설을 기각하여 회귀계수가 0이 아니라고 판단된다.

현실구분장애의 계수로는 1.102이며 이때의 유의확률(p-value)이 0.000으로 귀무가설을 기각하여 회귀계수가 0이 아니라고 판단된다.

가상적 대인관계 지향성의 계수로는 0.529이며 이때의 유의확률(p-value)이 0.000으로 귀무가설을 기각하여 회귀계수가 0이 아니라고 판단된다.

내성의 계수로는 0.323이며 이때의 유의확률(p-value)이 0.000으로 귀무가설을 기각하여 회귀계수가 0이 아니라고 판단된다.

그러므로 이 결과로서 산출된 추정회귀식은 다음과 같다.

$$\widehat{\text{게임중독성}} = 6.894 + .867 \times \text{일탈행동} + 1.102 \times \text{현실구분장애} + .529 \times \text{가상적 대인관계 지향성} + .323 \times \text{내성}$$

5 회귀진단

1) 오차항의 독립성 검정

회귀식의 오차항이 독립적이지 않은 것은 자기상관이 존재하기 때문이다. 대부분의 경우가 독립변수가 시간이거나, 관찰순서에 관측값이 영향을 받는 실험에서 야기된다. 자기상관이 존재하면 s_ϵ가 σ_ϵ를 과소추정하는 경향이 있어 t, F, R^2 통계량이 실제보다 크게 추정된다. 따라서 이러한 과대평가된 값은 모형이 자료를 얼마나 잘 적합시키고 있는가에 대해서 지나치게 낙관적인 결론에 이르게 할 수 있다.

자기상관된 잔차를 점검하는 한 가지 방법이 더빈-왓슨(Durbin-Watson) 검정법이다. DW 통계량의 범위는 $0 \leq DW \leq 4$로서 2에 가까울수록 독립이다라고 해석이 가능하며 4에 가까울수록 음의 상관이, 0에 가까울수록 양의 상관이 있는 것으로 해석한다. 가설검정절차는 다음과 같다.

(1) **가설** : H_0 : 잔차들은 독립이다.

vs. H_1 : 잔차들은 양으로 자기상관이다.

(2) **검정통계량** : $DW = \dfrac{\sum_{2}^{n}(e_t - e_{t-1})^2}{\sum_{1}^{n} e_t^2}$

(3) **의사결정규칙** : 자기상관 존재여부에 대한 판단. 여기에서 DW_L과 DW_U는 부록의 표에서 확인한다.

2) 분산 안정화 변환

회귀분석에서의 통계적 검정과 구간추정값은 회귀모형을 중심으로 하여 분산이 동일하다고 하는 가정에서 비롯되는데 이 가정이 성립하지 않을 때 유도되는 통계량과 추정값의 일상적인 해석은 더 이상 타당하지 않다.

이러한 문제에 대한 처치 방법의 한 가지로 y변수에 대한 분산안정화 변환(variance stabilizing transformation)이 있다. 만일 정확한 변환이 이용되면 새로운 모형의 분산을 안정화시킨 것이라고 한다. 분산을 안정화시키기 위해 세 가지 변환 즉 $(y)^{1/2}$, $\log y$, $1/y$ 중에서 한 가지가 이용된다. 변환이 어렵게 느껴지는 사용자들은 모형의 등분산성을 가정하지 않는 비모수적 방법을 사용하는 것도 또 다른 해결방안이다.

3) 정규성의 검정

회귀분석은 오차들이 평균 0을 갖는 정규분포를 따른다고 가정하고 있다. 그러므로 적어도 대표본의 경우에는 잔차들의 히스토그램은 0을 중심으로 한 정규분포모양을 해야 한다.

정규성을 탐색하는 가장 흔한 방법이 잔차의 정규확률지를 이용하는 것이라고 앞서 설명한 바 있으며 Kolmogorov-Smirnov 검정법과 Shapiro-Wilk 검정법을 이용할 수도 있다.

4) 다중공선성의 점검

회귀분석에서 한 모형 내의 둘 또는 그 이상의 독립변수가 매우 밀접한 상관관계를 갖는 경우가 쉽게 발생한다. 연관된 독립변수들이 야기시키는 추정문세를 총체적으로 다중공선성(multicollinearity)이라고 한다.

불행하게도 다중공선성을 발견하기 위한 증명된 통계적 검정은 없지만 널리 이용되는 몇 가지 경험의 법칙이 있다. 예컨대, 만일 다음 중에서 어떠한 것이든 사실이라면 다중공선성이 존재한다고 결론지을 수 있다.

① 두 인자 간의 단순상관계수 r 이 다중상관계수 R을 초과한다.
② 중요한 것으로 알고 있는 변수가 유의적이 아닌 부분 t값을 갖는다.
③ R^2과 F값은 높지만 부분 t값의 대부분이 유의적이지 않다.
④ pasw에서 지원하는 VIF(팽창계수)값이 10 이상이면 유의하지 않다.

만일 다중공선성이 존재하는 것으로 결정되면 다음과 같은 두 가지 주요 처치방법이 있다.

1) 많은 자료를 수집하거나 능형회귀를 이용한다.
2) 한 개 또는 2 이상의 변수를 모형으로부터 생략시킨다.

5) 이상값

이상값(outlier)은 다른 관측값들로부터 현저하게 떨어져 있는 자료의 관측값이다. 이상값은 통계분석에 해를 끼칠 수 있다. 왜냐하면 하나의 값이 너무 극단적인 경우에 전체분석에 매우 큰 영향을 주기 때문이다. 이러한 상황이 아래 〈그림 5.2〉에 제시되어 있다. 이상값(점 A)이 자료집합으로부터 제거되면 새로운 회귀선은 현저하게 변화한다.

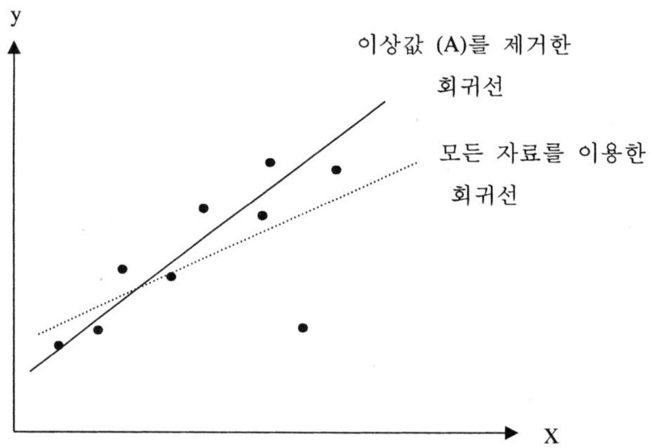

▌그림 5-2▐ 〈그림 5.2〉 이상값의 영향력

예제 [5.5]

[prg5_4.sav]

[예제 5.4]의 자료를 이용하여 변수를 단계선택한 후 오차항의 가정에 대해 검토하시오.

풀이 메뉴에서 분석(A) ⇨ 회귀분석(R) ⇨ 선형(L)을 선택하고 아래의 그림과 같이 종속변수(D)에는 종속변수인 게임중독을 넣어주며 독립변수(I)에는 [요인1]-[요인7]을 선택하여 넣어준다. 변수선택 방법(M)에는 단계선택을 선택한다.

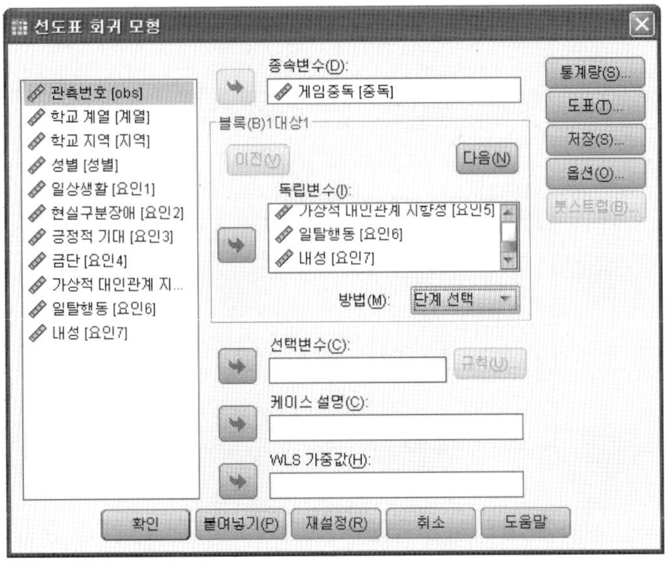

이제 옆부분옵션의 **통계량(S)**을 선택하여 **공선성 진단(L)**과 잔차부분의 Durbin-Watson(U)을 선택한다.

다음으로 옵션의 **도표(L)**를 선택하여 다음의 그림과 같이 Y축에는 *ZRESID를, X축에는 *ZPRED를 넣어준다. 또한 표준화 잔차도표부분의 **히스토그램(H)**과 **정규확률도표(R)**도 선택해 준다.

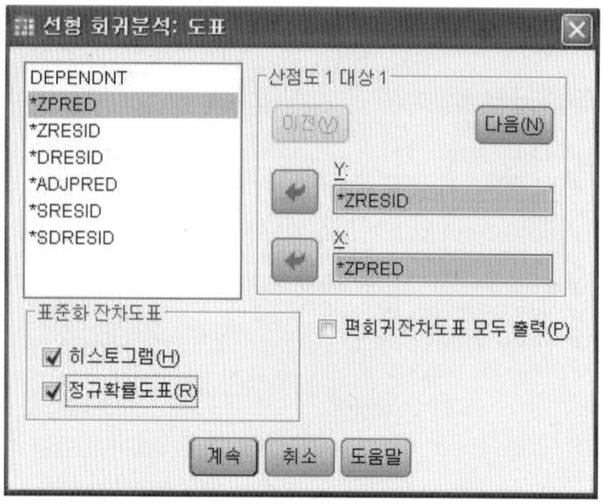

다음으로 아래 옵션의 **저장**(A)을 선택하여 아래의 그림과 같이 잔차의 **표준화**(A)를 선택해준다. 이는 분석후 데이터창에 ZRE_1라는 변수를 생성한다. 이를 가지고 정규성 분석을 실시하기 위해 선택한다.

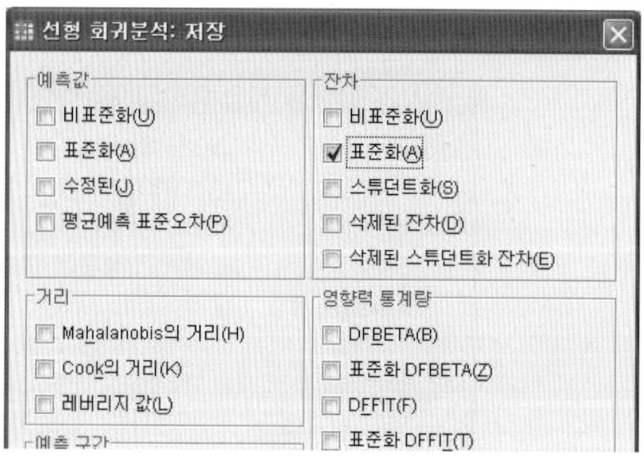

이제 잔차의 가정에 대한 검토를 실시한다. 잔차의 가정은 5가지이다. 첫 번째 가정으로, 잔차의 평균은 0이다. 이 부분은 아래의 결과를 보더라도 표준화 잔차의 평균이 0임을 알 수 있다. 그러나 회귀계수를 구하는 방법이 최소제곱법을 사용함으로 자연히 0이 된다.

잔차 통계량[a]

	최소값	최대값	평균	표준편차	N
예측값	13.7111	45.3136	27.4984	7.08501	632
잔차	-10.82971	8.22855	.00000	3.29998	632
표준 오차 예측값	-1.946	2.514	.000	1.000	632
표준화 잔차	-3.271	2.486	.000	.997	632

a. 종속변수: 게임중독

두 번째 가정으로, 잔차의 분산은 등분산한다. 두 번째 가정에 대한 검정으로는 예측값(x축)과 잔차(y축)를 통하여 알아볼 수 있다.

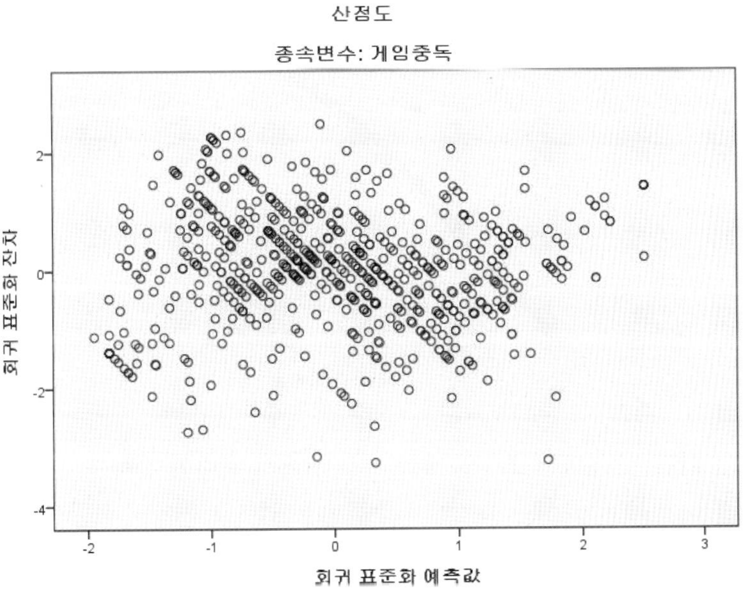

이 산섬도로는 y축의 표준화 잔차의 0점을 중심으로 한 상하로 무작위로 분포가 되어 있어야 등분산 한다고 판단할 수 있다. 위의 그림상으로는 이분산을 한다고 판단할 수 없다. 그러므로 등분산하는 것으로 판단한다. 또한 예측값의 변화에 따른 추세가 보이지 않음으로 등분산의 형태를 유지한다고 볼 수 있다.

세 번째 가정으로, 잔차가 정규분포를 한다는 가정이다. 이는 도표를 통하여 알 수 있으며 또는 가정의 검토를 통하여 알 수 있다. 일단 아래의 도표를 보면 왼쪽

하단에서 오른쪽 상단으로 그려져 있는 대각직선이 누적정규분포의 선이며 각각의 점들은 잔차가 정규직선상에서 얼마나 벗어나고 있는지를 알려준다. 이 예제는 약간 벗어난 점들이 존재하는 것으로 보여지고 있다. 그러나 그림을 이용한 판단은 다분히 주관적인 관점으로 판단할 수밖에 없다. 그러므로 Kolmogorov-Smirnov 검정 또는 Shapiro-Wilk 검정을 통한 분석이 더 객관적이라고 할 수 있겠다.

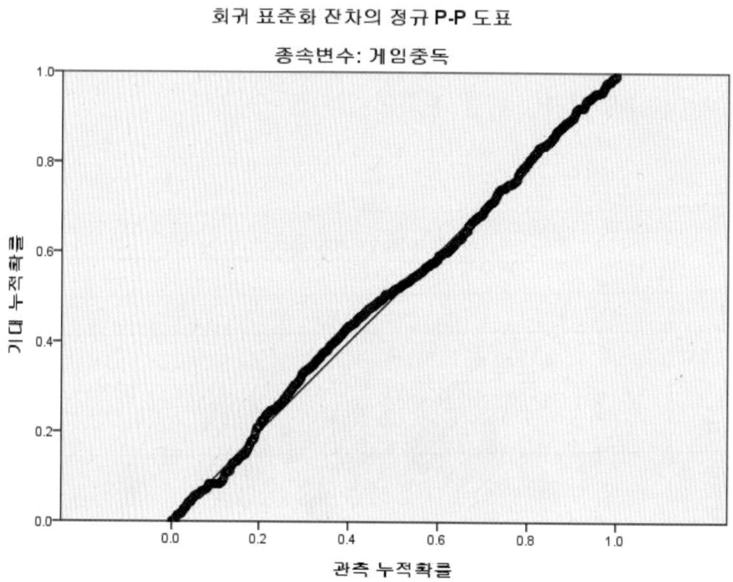

위의 회귀분석창에의 옵션중에서 저장(A)에서 표준화 잔차를 선택한 적이 있다. 이로 인해 자료창에는 다음의 그림과 같은 새로운 변수인 표준화잔차(ZRE_1)가 생성되었음을 알 수 있다.

11	요인7	숫자	8	2	내성
12	중독	숫자	8	2	게임중독
13	ZRE_1	숫자	11	5	Standardized Residual

이 자료를 가지고 정규성 분석을 실시하기 위해서 **분석(A) ⇨ 기술통계량(E) ⇨ 데이터탐색(E)**을 선택한 후 아래의 그림과 같이 **종속변수(D)**란에 표준화 잔차를 옮겨 놓는다.

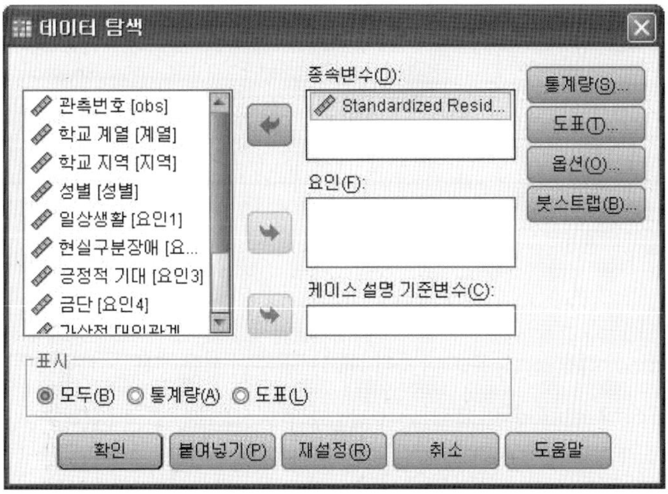

그후 아래의 도표(L)를 선택하여 도표창에서 검정과 함께 정규성도표(O)를 선택해 준다.

이제 분석을 실시하면 많은 결과가 나타나며 이중 정규성 검정에 대한 결과는 다음과 같다.

정규성 검정

	Kolmogorov-Smirnov[a]			Shapiro-Wilk		
	통계량	자유도	유의확률	통계량	자유도	유의확률
Standardized Residual	.036	632	.045	.994	632	.018

a. Lilliefors 유의확률 수정

여기에서 표본의 수가 633개임을 감안한다면 콜모고로프-스미노프(Kolmogorov-Smirnov)검정을 사용한다. 이 때의 귀무가설은 "H_0 : 자료의 분포는 정규분포이다"이며 이때 유의확률(p-value)이 0.045로 유의수준 0.01보다 크므로 귀무가설을 채택한다. 즉, 잔차의 분포는 정규분포한다라고 할 수 있다.

이제 네 번째와 다섯 번째 가설인 독립성에 대한 검정을 실시한다. 독립성에 대한 가설은 회귀분석결과중 가장 먼저 나타나는 결정계수와 더불어 Durbin-Watson의 값이 나타난다. 이 예제에서는 DW통계량은 1.894로 나타나며 양의 상관이 없다는 가설을 가지고 해석한다. 이때 표본수는 633이며 독립변수의 수는 4이므로 표에서 표본의 수가 100 이상은 없으므로 가장 많은 100인 경우를 가지고 해석하면 DW_L = 1.59이며 DW_U = 1.76이다. 그러므로 세 번째 조건인 DW (1.894) > DW_U (1.76)를 만족하고 있어 귀무가설을 채택한다. 즉 자기 상관이 없는 것으로 나타나 독립적이라고 할 수 있다.

이제 모든 가정의 검토가 만족하고 있어 이 분석의 결과는 매우 유의한 결과라고 할 수 있겠다. 참고로 회귀분석을 실시하기 전에 종속변수와 독립변수 간의 산점도와 상관분석을 권하는 바이다.

6 곡선추정 회귀분석

선형회귀모형은 x의 변화에 따라서 y가 직선적으로 변화한다고 가정할 때 사용되는 모형이다. 그러나 실무에서는 x의 변화에 따라서 y가 어떤 형태의 곡선을 그리는 경우가 많으며, 곡선추정(curve estimation) 회귀모형은 여러 가지 형태의 곡선을 적합시키는 회귀분석이다. PASW에서는 곡선추정 회귀모형으로 다음의 11가지가 사용 가능하다. (박성현, 2009)

모형	방정식	선형화된 방정식
선형모형	$y = b_0 + b_1 x$	
대수모형	$y = b_0 + b_1 In(x)$	
역모형	$y = b_0 + \frac{b_1}{x}$	
2차모형	$y = b_0 + b_1 x + b_2 x^2$	
3차모형	$y = b_0 + b_1 x + b_2 x^2 + b_3 x^3$	
복합모형	$y = b_0 b_1^{\ x}$	$In(y) = In(b_0) + [In(b_1)]x$
파워모형	$y = b_0 x^{b_1}$	$In(y) = In(b_0) + b_1 In(x)$
S-모형	$y = \exp\left(b_0 + \frac{b_1}{x}\right)$	$In(y) = b_0 + \frac{b_1}{x}$
성장모형	$y = \exp(b_0 + b_1 x)$	$In(y) = b_0 + b_1 x$
지수모형	$y = b_0 \exp(b_1 x)$	$In(y) = In(b_0) + b_1 x$
로지스틱모형	$y = \frac{1}{\frac{1}{\mu} + b_0 b_1^{\ x}}$	$In\left(\frac{1}{y} - \frac{1}{\mu}\right) = In(b_0) + [In(b_1)]x$

예제 [5.6]

[prg5_6.sav]

다음은 우리나라의 1985년부터 2004년까지의 국민소득(GNP)에 관한 자료이다. 이 자료를 이용하여 선형모형, 2차모형, 그리고 3차모형중에서 어떤 모형을 적합시키는 것이 좋은지 곡선추정을 실시하여 결정하시오.

▸ 국민소득

연도	국민소득	연도	국민소득	연도	국민소득
1985	2,309	1992	7,527	1999	9,438
1986	2,643	1993	8,177	2000	10,841
1987	3,321	1994	9,459	2001	10,160
1988	4,435	1995	11,432	2002	11,499
1989	5,418	1996	12,197	2003	12,720
1990	6,147	1997	11,176	2004	14,162
1991	7,105	1998	7,355		

[prg5_6.sav]을 불러온다. 메뉴의 **분석(A)** ⇨ **회귀분석(R)** ⇨ **곡선추정(C)** 절차를 선택하면 다음과 같은 상자가 열린다. 여기서 **종속변수**로 국민소득, **독립변수**로 연도를 선택하고, **모형**에서 선형모형, 2차모형, 3차모형을 선택한다. 각 모형에 대한 분산분석표를 비교해보기 위해서 분산분석표 출력을 체크한다.

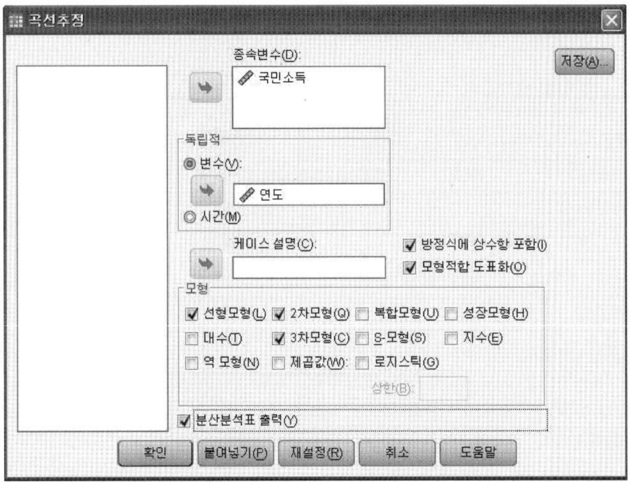

곡선추정의 결과는 다음과 같다.

선형모형

모형 요약

R	R 제곱	수정된 R 제곱	추정값의 표준오차
.910	.828	.819	1492.914

독립변수는 연도입니다.

분산분석

	제곱합	자유도	평균 제곱	거짓	유의확률
회귀 모형	1.932E8	1	1.932E8	86.692	.000
잔차	4.012E7	18	2228792.240		
합계	2.333E8	19			

독립변수는 연도입니다.

계수

	비표준화 계수		표준화 계수	t	유의확률
	B	표준오차	베타		
연도	539.031	57.893	.910	9.311	.000
(상수)	2716.226	693.506		3.917	.001

2차모형

모형 요약

R	R 제곱	수정된 R 제곱	추정값의 표준오차
.928	.862	.845	1378.118

독립변수는 연도입니다.

분산분석

	제곱합	자유도	평균 제곱	거짓	유의확률
회귀 모형	2.011E8	2	1.005E8	52.930	.000
잔차	3.229E7	17	1899209.241		
합계	2.333E8	19			

독립변수는 연도입니다.

계수

	비표준화 계수		표준화 계수		
	B	표준오차	베타	t	유의확률
연도	982.573	224.863	1.659	4.370	.000
연도 ** 2	-21.121	10.401	-.771	-2.031	.058
(상수)	1089.906	1025.295		1.063	.303

3차모형

모형 요약

R	R 제곱	수정된 R 제곱	추정값의 표준오차
.937	.877	.854	1337.017

독립변수는 연도입니다.

분산분석

	제곱합	자유도	평균 제곱	거짓	유의확률
회귀 모형	2.047E8	3	6.824E7	38.177	.000
잔차	2.860E7	16	1787615.129		
합계	2.333E8	19			

독립변수는 연도입니다.

계수

	비표준화 계수		표준화 계수		
	B	표준오차	베타	t	유의확률
연도	1765.954	587.638	2.981	3.005	.008
연도 ** 2	-112.145	64.198	-4.093	-1.747	.100
연도 ** 3	2.890	2.013	2.065	1.436	.170
(상수)	-445.359	1460.467		-.305	.764

세 모형에 대한 R^2값은 0.828, 0.862, 0.877으로서 2차 모형에서는 R^2값이 증가하였으나 3차 모형에서는 별로 증가하지 않았으므로 2차 모형이 적당하다고 볼수 있다. 또한 회귀계수에 대한 검정결과는 3차모형의 계수들이 유의하지 않은 것으로 추정되었다. 따라서 적합된 모형 $\hat{y}$ = 1089.91+982.57x − 21.12x^2이다.

그림으로 나타내면 다음 그림과 같다.

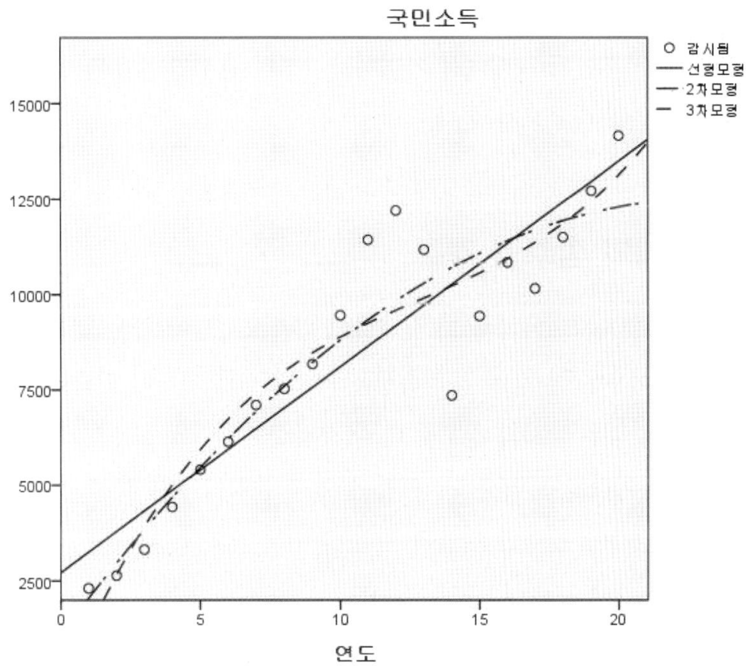

7 범주형 독립변수를 포함(가변수를 이용)한 회귀분석

지금까지 우리는 종속변수, 독립변수 모두 관측 및 관찰을 통한 양적변수를 이용한 회귀분석만을 다루어 왔다. 그러나 사회현상에서 종속변수에 영향을 끼치는 독립변수들이 수량화가 불가능한 질적변수의 성격을 가진 변수가 종종 나타난다. 예를 들어 학력,

성별, 인종, 종교 등은 분석에서 항상 중요하게 다루어지는 변수임에도 불구하고 이러한 변수들은 명목척도로 측정되어 정상적인 회귀분석에서 독립변수로 사용되기 곤란하다. 이러한 경우에 가변수(dummy variable)로 전환을 통해 회귀분석을 실시할 수 있다. 가변수를 이용한 회귀분석에서는 독립변수가 가변수만을 가지고 실행할 수도 있다. 그러나 이는 지극히 비현실적이며 일반적인 가변수를 이용한 회귀분석모형에서는 양적변수인 독립변수가 주된 설명을 하는 변수로 선택되어지고 가변수는 특수한 질적변화나 차이를 설명하게하는 보조적인 역할을 담당케하는 것이다. 이 절에서는 독립변수가 양적변수와 질적변수가 혼합된 형태에서 가변수가 2개의 범주인 경우와 3개 이상의 범주인 경우에 대한 경우를 다루고자 한다.

1) 가변수가 2개의 범주인 경우

가변수는 0과 1의 값만을 가지게 되며(임의의 다른 두 개의 값을 대입시켜도 논리상 문제가 없음) 이를 이용한 분석 시 특정속성을 가지고 있으면 1이 없으면 0을 부여하여 부호화 한다. 성별의 경우 남자의 경우를 0, 여자의 경우를 1로 표현한다면 이는 여자라는 속성을 특정 속성이라고 보면 된다. 예를 들어 최종학력에 따라 소득과 경력의 관계가 달라질 것으로 상각이 된다면 다음과 같은 회귀모형을 구성할 수 있다.

$$Y = \beta_0 + \beta_1 X + \beta_2 D_i + \epsilon_i$$

여기에서

Y : 소득, X : 경력, D_i : 0이면 대졸 미만, 1이면 대졸 이상

위의 식은 독립변수가 2개인 다중회귀분석의 형태를 가지고 있다. 따라서 다중회귀분석방법을 그대로 적용할 수 있다. 즉, 소득에 영향을 주는 경력이라는 변수를 일정하게 유지할 경우 학력 수준에 따른 소득의 차이를 분석할 수 있다.

이 회귀모형에서 가변수인 D_i는 0과 1의 값을 가지게 되므로 다음과 같은 회귀모형을 재구성할 수 있다.

$D_i = 0$인 경우(학력이 대졸 미만인 경우)

$$\begin{aligned}\widehat{Y} &= \widehat{\beta_0} + \widehat{\beta_1}X + \widehat{\beta_2} \times 0 \\ &= \widehat{\beta_0} + \widehat{\beta_1}X\end{aligned}$$

$D_i = 1$인 경우(학력이 대졸 이상인 경우)

$$\begin{aligned}\widehat{Y} &= \widehat{\beta_0} + \widehat{\beta_1}X + \widehat{\beta_2} \times 1 \\ &= (\widehat{\beta_0} + \widehat{\beta_2}) + \widehat{\beta_1}X\end{aligned}$$

따라서 학력이 대졸 미만인 경우의 절편은 β_0이며 학력이 대졸 이상인 경우의 절편은 $(\beta_0 + \beta_2)$로 각각의 평균소득을 나타내고 있는 것이다. 즉 이 예제에서의 β_2는 두 집단간의 평균소득의 차이를 나타내고 있는 것이다. 만일 $\beta_2 = 0$이라면 두 집단간의 소득차이는 없는 것이라고 할 수 있다.

2) 가변수가 3개의 범주인 경우

가변수는 0과 1의 값만을 가지게 되므로 2개의 범주인 경우는 특정 속성을 가지고 있으면 1을, 없으면 0을 부여하여 부호화하면 된다. 그러나 3개 이상이 되는 경우에도 가변수는 0과 1의 값을 취하게 되어 있으므로 하나의 변수로 3개 이상의 범주를 나누는 것은 불가능하다. 만일 범주의 수가 k개인 경우 각각의 범주를 k개 만들어서 회귀모형에 포함시키면 마지막 k번째 가변수와 $k-1$개의 가변수에 대해 완전한 함수관계를 가지게 되어 독립변수간 독립이라는 기본가정에 위배가 된다. 그러므로 k개의 범주로 이루어진 가변수의 경우는 $k-1$개의 가변수를 만들어 사용한다.

예를 들어 위의 예에서 교육수준은 2범주가 아닌 3범주로 나누었다. 즉 중졸 이하, 고졸 이하, 대졸 이상 그러면 다음과 같은 회귀식을 구성할 수 있다.

$$Y = \beta_0 + \beta_1 X + \beta_2 D_1 + \beta_3 D_2 + \epsilon_i$$

여기에서 Y : 소득, X : 경력,

D_1 : 1이면 중졸 이하

D_2 : 1이면 고졸 이하

D_1과 D_2 : 모두 0이면 대졸 이상

즉 위의 식은 다음의 세 가지의 추정식으로 나누어진다.

☆ $D_1 = 1$ 그리고 $D_2 = 0$이면 중졸 이하

$$\hat{Y} = \hat{\beta_0} + \hat{\beta_1} X + \hat{\beta_2} \times 1 + \hat{\beta_3} \times 0$$
$$= (\hat{\beta_0} + \hat{\beta_2}) + \hat{\beta_1} X$$

☆ $D_2 = 1$ 그리고 $D_1 = 0$이면 고졸 이하

$$\hat{Y} = \hat{\beta_0} + \hat{\beta_1} X + \hat{\beta_2} \times 0 + \hat{\beta_3} \times 1$$
$$= (\hat{\beta_0} + \hat{\beta_3}) + \hat{\beta_1} X$$

☆ D_1과 D_2 모두 0이면 대졸 이상

$$\hat{Y} = \hat{\beta_0} + \hat{\beta_1} X + \hat{\beta_2} \times 0 + \hat{\beta_3} \times 0$$
$$= \hat{\beta_0} + \hat{\beta_1} X$$

예제 [5.7]

[prg5_7.sav]

다음의 자료는 어느 도시의 중학교학생들의 컴퓨터 사용시간과 컴퓨터 단말기 증후군(Video Display Terminal Syndrome)의 위험도를 측정한 자료이다. 성별은 남학생은 1, 여학생은 0으로 코딩하였으며 VDT 증후군 값이 높을수록 위험이 높아진다. 이 자료를 이용하여 성별에 따라 사용시간이 VDT 증후군에 어떠한 영향을 주는지 분석하시오.

obs	성별	사용시간	VDT증후군
1.00	1.00	4.00	45.00
2.00	1.00	2.00	42.00
⋮	⋮	⋮	⋮
582.00	0.00	2.00	21.00
583.00	0.00	10.00	50.00

풀이 prg5_7.sav 파일에는 위의 표와 같은 형태의 자료가 입력되어져 있다. 가변수를 성별로 설정하고 이미 남학생은 1, 여학생은 0으로 코딩이 되어져 있다. 이제 메뉴에서 **분석(A)** ⇨ **회귀분석(R)** ⇨ **선형(L)**을 선택하고 아래의 그림과 같이 **종속변수(D)**에는 종속변수인 VDT증후군을 넣어주며 **독립변수(I)**에는 성별과 사용시간을 넣어준다. 변수선택에 대해서는 **방법(M)**에는 **입력**으로 놓아둔다.

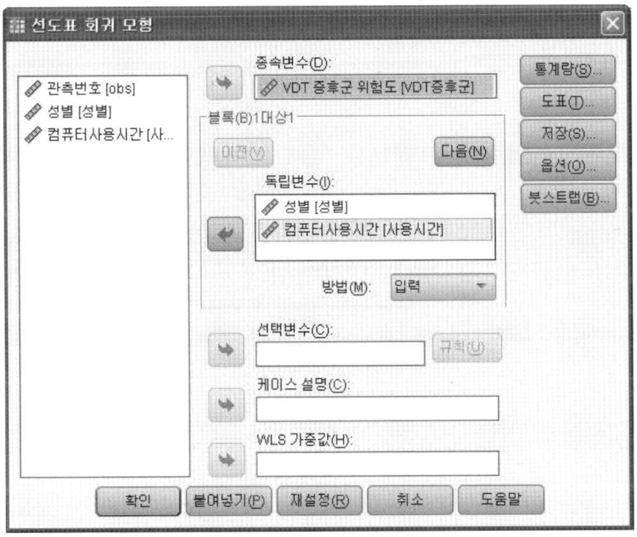

분석결과는 다음과 같다.

모형 요약

모형	R	R 제곱	수정된 R 제곱	추정값의 표준오차
1	.899[a]	.807	.807	5.53746

a. 예측값: (상수), 컴퓨터사용시간, 성별

분산분석[b]

모형		제곱합	자유도	평균 제곱	F	유의확률
1	회귀 모형	80899.862	2	40449.931	1319.156	.000[a]
	잔차	19287.339	629	30.663		
	합계	100187.201	631			

a. 예측값: (상수), 컴퓨터사용시간, 성별

b. 종속변수: VDT 증후군 위험도

모형의 요약의 결정계수는 0.807로 약 80.7%의 설명력을 가지고 있으며 분산분석에서의 유의확률이 0.000이므로 모형이 타당하다고 결론내릴 수 있겠다.

계수[a]

모형		비표준화 계수		표준화 계수	t	유의확률
		B	표준오차	베타		
1	(상수)	14.970	.603		24.809	.000
	성별	19.380	.446	.762	43.485	.000
	컴퓨터사용시간	2.633	.105	.439	25.061	.000

a. 종속변수: VDT 증후군 위험도

각각의 회귀계수의 검정결과 모두 0.000이므로 각각의 회귀계수가 0이 아닌 것으로 나타나 최종 모형은 다음과 같다.

$$\widehat{VDT\ 증후군} = 14.970 + 19.380 \times 성별 + 2.633 \times 컴퓨터\ 사용시간$$

이 모형을 이용하여 다음과 같은 두 개의 회귀 추정식을 만들 수 있다.

☆ 여학생(성별 = 0)인 경우

$$\begin{aligned}\widehat{VDT\ 증후군} &= 14.970 + 19.380 \times 0 + 2.633 \times 컴퓨터\ 사용시간 \\ &= 14.970 + 2.633 \times 컴퓨터\ 사용시간\end{aligned}$$

☆ 남학생(성별 = 1)인 경우

$$\begin{aligned}\widehat{VDT\ 증후군} &= 14.970 + 19.380 \times 1 + 2.633 \times 컴퓨터\ 사용시간 \\ &= 34.35 + 2.633 \times 컴퓨터\ 사용시간\end{aligned}$$

즉 남학생의 경우가 여학생에 비해 VDT 증후군의 위험이 평균 19.38점 높은 것으로 나타났다.

8 종속변수가 범주형인 로지스틱 회귀분석

이전 절에서 독립변수가 범주형인 가변수를 이용한 회귀분석을 실시하였다. 본 절에서는 종속변수가 특정한 값을 가지는 즉 범주형인 경우의 회귀분석을 실시한다. 예를 들면 어떤 상품에 대한 구입 또는 미구입, 어떤 학생들의 상, 하의 구분 등 일반적으로 종속변수가 취할 수 있는 값은 어떤 사건이 발생된 경우를 1로 하고, 발생하지 않은 경우 0으로 표시될 수 있다. 이러한 모형분석의 한 방법인 로지스틱 회귀모형(logistic regression model)에 대해 알아본다.

만약 종속변수가 범주형 변수일 때 비선형 함수형태의 회귀모형을 설정하자. 편의상 독립변수는 1개 이것으로 가정한다. 종속변수가 0 또는 1을 가지므로 아래의 표와 같이 확률을 표현할 수 있다.

표 5-3 이분형 종속변수의 확률

Y_1	Probability
0	$1-P_i$
1	P_i
합	1

위의 표를 토대로 회귀모형을 설정하면 일반적으로 주어진 독립변수하에서 종속변수의 평균이 독립변수에 대한 선형식으로 표현되어지는데 이 경우는 이분형 종속변수이므로 특정한 값 1을 가질 확률을 의미하는 식 $P_i = \beta_0 + \beta_1 X$로 표현되어진다. 이때 P_i는 확률이므로 독립변수의 수준이 변화할 때 종속변수의 기대값인 확률은 0과 1로 수렴할 수 있을 것이다. 이때 $\beta_0 + \beta_1 X$의 값의 범위는 $-\infty$에서 ∞의 값을 가질 수 있으므로 P_i의 적절한 변환을 통해서 범위를 $-\infty$에서 ∞가 되도록 해본다.

위의 표에서 어떤 사건이 발생되면 1의 값이 나타나게 되는데 P_i를 어떤 조건하에 일어날 확률로 정의한다면 다음의 승산(odds)를 구할 수 있다.

$$odds = \frac{P_i}{1-P_i}$$

여기에서 승산(odds)의 범위는 0에서 ∞가 된다. 여기에 자연대수를 취해주게 되면 범위는 $-\infty$에서 ∞가 된다. 즉 다음과 같이 표현할 수 있다.

$$\ln\left(\frac{P_i}{1-P_i}\right) = \beta_0 + \beta_1 X$$

이러한 변환을 로짓변환이라고 한다. 이제 P_i에 대해 정리하면 다음과 같다.

$$P_i = \frac{\exp(\beta_0 + \beta_1 X)}{1 + \exp(\beta_0 + \beta_1 X)}$$

즉 어떤 특정한 독립변수의 값을 가질 때 종속변수가 일어날 확률값을 계산을 해준다. 이 함수 형태는 〈그림 5.3〉과 같은 S형태의 곡선으로 나타나며 이는 누적로지스틱 확률함수의 형태이다.

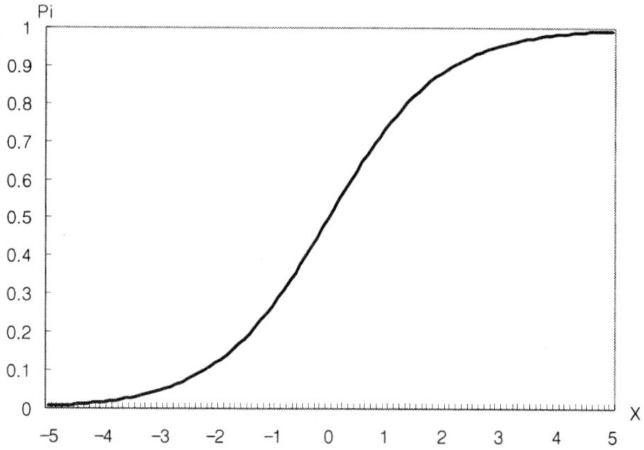

▌그림 5-3▐ 로지스틱 모형

로지스틱 회귀모형은 선형회귀모형의 제한적인 가정들을 극복할 수 있기 때문에 종속변수가 두 가지 값만을 가지는 모형에 널리 사용된다.

예제 [5.8]

[prg5_8.sav]

다음의 자료는 대한병원의 내원환자중 733명의 비만환자를 대상으로 혈중 콜레스테롤양, 체질량지수, 그리고 고혈압환자 유무에 대한 자료이다. 혈중 콜레스테롤과 체질량지수가 고혈압에 미칠 수 있는 영향에 대해 회귀분석을 실시하시오.

age	T.Chol	BMI	gender	hypertensive
41	105	21.34	f	0
34	110	23.74	m	0
⋮	⋮	⋮	⋮	⋮
64	294	27.22	m	1
46	305	29.74	m	1

여기에서 고혈압환자(hypertensive) 유무에 대해서는 정상환자인 경우는 0, 고혈압환자인 경우는 1로 자료화하였다.

풀이 먼저 prg5_8.sav 파일을 열면 위의 자료와 같음을 알 수 있다. 메뉴에서 **분석(A)** ⇨ **회귀분석(R)** ⇨ **이분형 로지스틱(G)**을 선택하고 아래의 그림과 같이 **종속변수(D)**에는 고혈압환자 유무를, **공변량**에는 콜레스테롤양과 체지방지수를 지정한다. 교호작용효과를 포함하고자 하는 경우에는 연관 변수들을 선택한 후 활성화되는 난추를 선택한나. 하단의 **신택변수**는 케이스를 신택할 조건을 부어할 때 이용된다.

우측의 **범주형** 단추는 범주형 공변량 변수를 선택할 때 이용되며, **저장**은 결과를 새 변수로 저장하고자 할 때, **옵션**은 통계량 및 도표 등을 구할 때 이용된다.

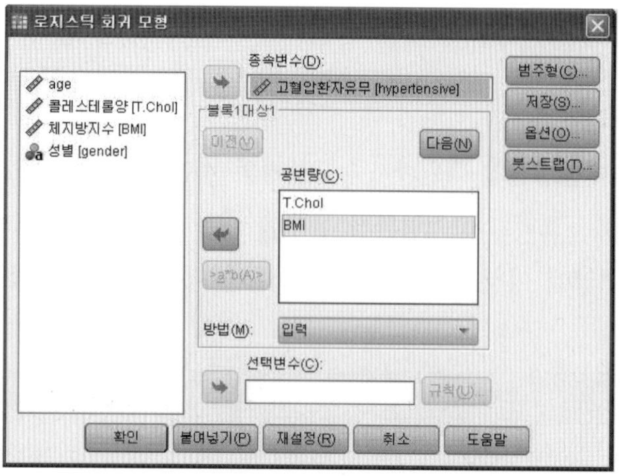
로지스틱 회귀 모형
age
콜레스테롤양 [T.Chol]
체지방지수 [BMI]
성별 [gender]
종속변수(D):
고혈압환자유무 [hypertensive]
블록1대상1
이전(V)
다음(N)
공변량(C):
T.Chol
BMI
>a*b(A)>
방법(M):
입력
선택변수(C):
규칙(U)...
범주형(C)...
저장(S)...
옵션(O)...
붓스트랩(T)...
확인
붙여넣기(P)
재설정(R)
취소
도움말

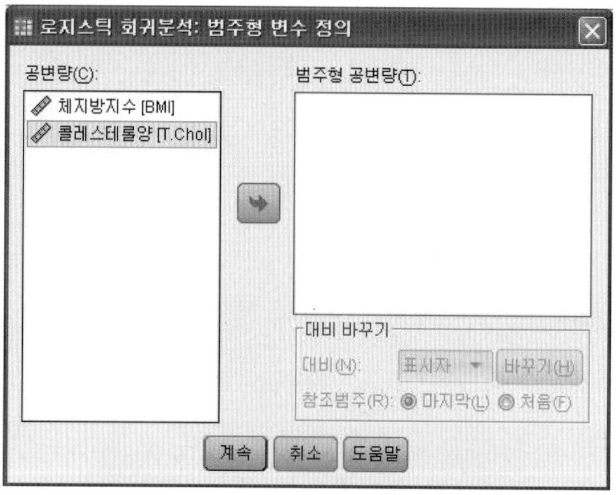
로지스틱 회귀분석: 범주형 변수 정의
공변량(C):
체지방지수 [BMI]
콜레스테롤양 [T.Chol]
범주형 공변량(T):
대비 바꾸기
대비(N):
표시자
바꾸기(H)
참조범주(R):
마지막(L)
처음(F)
계속
취소
도움말

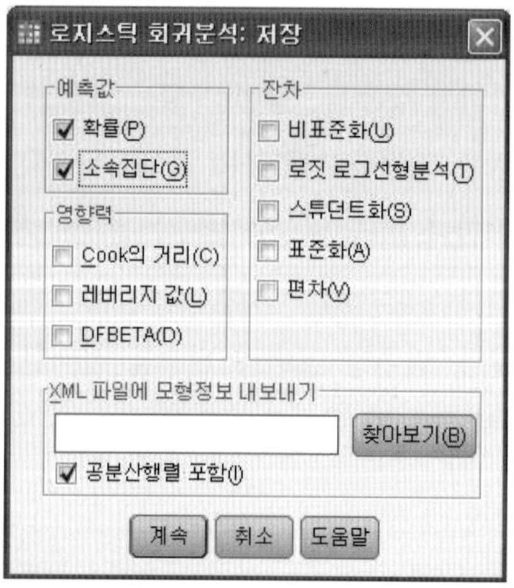
로지스틱 회귀분석: 저장
예측값
확률(P)
소속집단(G)
영향력
Cook의 거리(C)
레버리지 값(L)
DFBETA(D)
잔차
비표준화(U)
로짓 로그선형분석(T)
스튜던트화(S)
표준화(A)
편차(V)
XML 파일에 모형정보 내보내기
찾아보기(B)
공분산행렬 포함(I)
계속
취소
도움말

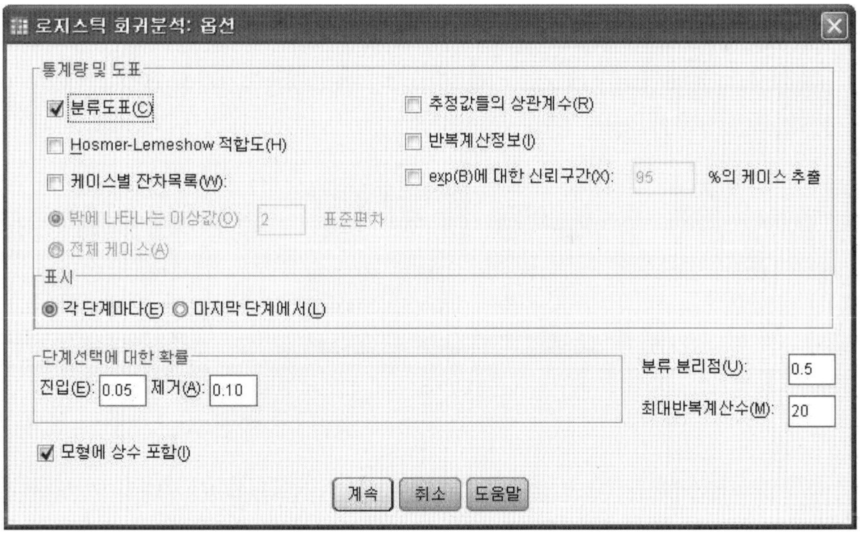

따라서 로지스틱 회귀분석 결과는 다음과 같다.

모형 계수 전체 테스트

		카이제곱	자유도	유의확률
1 단계	단계	635.634	2	.000
	블록	635.634	2	.000
	모형	635.634	2	.000

모형 요약

단계	-2 Log 우도	Cox와 Snell의 R-제곱	Nagelkerke R-제곱
1	343.058[a]	.580	.787

a. 모수 추정값이 .001보다 작게 변경되어 계산반복수 8에서 추정을 종료하였습니다.

모형계수 전체 테스트의 모형 값 635.634는 상수항만을 포함하는 모형의 −2log 우도비와 두 변수를 추가한 모형의 −2log 우도비의 차이를 의미한다. 따라서 모형값은 H_0 : “콜레스테롤양과 체질량지수의 계수들은 모두 0이다.”를 검정한다. 이에 대한 유의확률이 0.000이므로 H_0를 기각하게 되어 두 변수 중

적어도 하나 이상이 유의함을 알 수 있다. 블록은 모형선택의 과정에서 H_0 : "마지막 단계에서 추가된 변수의 계수는 모두 0이다."를 검정하는 내용으로, 여기서는 모형값과 같게 된다.

방정식에 포함된 변수

		B	S.E,	Wals	자유도	유의확률	Exp(B)
1 단계[a]	T.Chol	.122	.010	137.539	1	.000	1.130
	BMI	.777	.079	96.916	1	.000	2.175
	상수항	-40.602	3.336	148.173	1	.000	.000

a. 변수가 1: 단계에 진입했습니다 T.Chol, BMI. T.Chol, BMI.

B는 회귀계수를, S.E는 표준오차(standard error)를 나타낸다. Wald 통계량은 각 계수가 0인가를 검정하기 위한 통계량으로서 유의확률을 이용하여 검정하면 된다.

위의 결과에서 유의확률이 모두 0.000으로 통계적으로 유의하며 이때의 회귀모형은 다음과 같다.

$$\widehat{\text{고혈압유무}} = -40.602 + 0.122 \times \text{콜레스테롤} + 0.777 \times BMI$$

이제 위의 회귀식을 이용하여 로지스틱 반응함수에 대해 알아보면 다음과 같이 사용할 수 있다.

$$\widehat{P_i} = \frac{\exp(-40.602 + 0.122 \times \text{콜레스테롤} + 0.777 \times BMI)}{1 + \exp(-40.602 + 0.122 \times \text{콜레스테롤} + 0.777 \times BMI)}$$

원 자료에서 아래와 같은 케이스가 있다면 로지스틱반응함수는 다음과 같다.

T.Chol	BMI	$\widehat{P_i}$
105	21.34	0.000014
193	23.74	0.800423

즉 콜레스테롤이 105이며 체지방지수가 21.34인 경우 고혈압에 걸릴 확률이 0.000014이며 콜레스테롤이 193이며 체지방지수가 23.74인 경우 고혈압에 걸릴 확률이 0.800423인 것으로 해석하면 된다.

또한 결과중 Exp(B)의 값으로 Exp(콜레스테롤) = 1.130인 경우 BMI의 값을 일정하게 놓고 콜레스테롤이 1씩 증가할 때 고혈압에 걸릴 확률이 1.130배 증가한다는 것이다. 마찬가지로 Exp(BMI) = 2.175인 경우는 콜레스테롤이 일정한 경우 BMI의 수치가 1씩 증가할 때 고혈압에 걸릴 확률이 2.175배인 것으로 나타났다.

분류표[a]

감시됨			예측		
			고혈압환자유무		분류정확 %
			정상환자	고혈압환자	
1 단계	고혈압환자유무	정상환자	249	35	87.7
		고혈압환자	32	417	92.9
	전체 퍼센트				90.9

a. 절단값은 .500입니다.

적합된 회귀모형을 이용하여 분류한 결과의 분류표이다. 관측값이 정상환자인 경우, 32개의 케이스가 잘못 분류되었고, 관측값이 고혈압환자인 경우도 35개의 케이스가 잘못 분류되었다는 것을 알 수 있다. 전체적으로 90.9%의 성공률을 보이고 있다.

```
          Step number: 1

          Observed Groups and Predicted Probabilities

      200 +                                                                                                    +
          I                                                                                                   1I
          I                                                                                                   1I
 F        I                                                                                                   1I
 R    150 +                                                                                                   1+
 E        I                                                                                                   1I
 Q        I                                                                                                   1I
 U        I                                                                                                   1I
 E    100 +                                                                                                   1+
 N        I                                                                                                   1I
 C        I0                                                                                                  1I
 Y        I0                                                                                                  1I
       50 +0                                                                                                  1+
          I0                                                                                                 11I
          I00                                                                                               111I
          I00000 0 0  0          0                                                    1  1         11   111111111I
 Predicted ---------+---------+---------+---------+---------+---------+---------+---------+---------+----------
   Prob:   0       .1        .2        .3        .4        .5        .6        .7        .8        .9         1
   Group:  00000000000000000000000000000000000000000000000000111111111111111111111111111111111111111111111111111
```

```
Predicted Probability is of Membership for 고혈압환자
The Cut Value is .50
Symbols: 0 - 정상환자
         1 - 고혈압환자
Each Symbol Represents 12.5 Cases.
```

관측된 값의 예측 확률의 히스토그램이다. 0.5를 기준으로 오른쪽은 고혈압환자를, 왼쪽은 정상환자를 나타낸다. 예측 확률이 0.7이상인 경우는 모두 고혈압환자가 잘 분류되었음을 알 수 있다.

Chapter 6 일반선형모형

3장의 일원배치에서는 인자가 하나인 경우만을 다루었는데, 인자가 2개 이상인 경우에는 일반선형모형(general linear model)의 범주에 속하는 이원배치, 삼원배치법 등으로 분석할 수 있다. 여기서 일반선형모형이란 분산분석(ANOVA)과 회귀분석(regression)을 모두 포함하는 모형으로 생각하면 된다. PASW 일반선형모형에서는 분산분석, 다변량 분산분석, 반복측정 분석, 분산성분 추정 등의 다양한 분석 방법을 제공하고 있다.

1 확률화 블록계획법(난괴법)

일원배치에서 모든 실험을 동일한 조건하에서 수행하기 어려운 경우가 있다. 예를 들어 원료의 보관 용기가 틀려 각 용기에서 나온 원료들 간에 약간의 차이를 보이거나, 또는 실험의 특성상 하루에 실험을 다 완료할 수 없고 여러 날에 걸쳐서 실시해야 하는데 실험일이 틀리면 결과가 약간 다르게 나오는 경우도 있다. 이렇게 되면 실험결과에 처리요인 외에 새로운 요인이 영향을 미치게 되는 것이나. 이러한 요인을 무시하고 실험한다면 자료의 총변동에 이들 요인이 미치는 영향을 검출할 수 없고, 결과적으로 설명할 수 없는 변동, 즉 오차변동이 실제보다 크게 과장되어 정확한 분산분석을 어렵게 한다.

그래서 이러한 요인을 블록(block)이라 하고 전체 실험을 동일한 조건 아래 나누어 실시하는, 즉 블록으로 나누어 블록 내에서 모든 처리수준의 실험을 무작위로 실시하는 확률화 블록계획법(randomized block design 또는 난괴법)이 제안되었다. 이렇게 함으로써 블록요인을 제거한 정확한 오차변동을 구해줄 수 있고 처리효과의 검출을 더욱 용이하게 한다.

여기서 잠시 인자(또는 요인)의 종류에 대하여 언급하고자 한다. 인자에는 모수인자와 변량인자가 있다.

모수인자(fixed factor)는 실험자가 처리수준을 제어할 수 있고, 실험이 행해진 처리수준에만 실험결과의 해석을 적용할 수 있는 인자이다. 예를 들면 원료종류, 함유량, 처리시간, 처리온도 등이다.

변량인자(random factor)는 처리수준을 제어할 수 없는 인자이거나, 대단히 많은 인자의 수준에서 몇 개의 수준만 무작위로 뽑은 인자이다. 예를 들면 실험일자, 보관용기, 여러 기계 중에서 선택된 몇 대의 기계 등이 있다.

좀 더 구체적으로 예를 들어보자. 어떤 공장에서 제품을 생산하는데 기계가 미치는 영향을 조사하고자 한다. 그 공장에 서로 다른 A, B, C 회사의 같은 종류의 기계가 있는데 어떤 기계가 제품생산에 우수한가를 알기 위해 각 기계마다 반복 측정하여 실험했다면 이 기계는 모수인자이며, 기계가 달라서 생기는 효과는 모수효과(fixed effect)라 한다. 그와는 다르게 공장에 기계가 100여 대쯤 있는데 모든 기계가 거의 같은 생산성을 갖는지 알고 싶다고 하자. 모든 기계에서 관측값을 얻기 어려우므로 이중 3대를 무작위 추출하여 반복측정값을 얻었다면, 이때 기계는 변량인자이고 이의 효과는 변량효과(random effect)라 한다.

위의 예에서 알 수 있듯이 모수효과를 분석했을 때는 그 결과를 실험이 행해진 3대의 기계에만 국한시켜 적용할 수 있다. 그러나 변량인자에서는 무작위 추출하였기 때문에 변량효과가 전체 100여 대의 기계에 적용될 수 있다. 이런 특성으로 인해 변량인자의 분산 분석에서는 처리효과의 검출보다는 효과의 변동성에만 관심을 갖는다. 그리고 모수효과의 합은 0이라고 가정할 수 있지만 변량효과는 확률변수이기 때문에 합이 0이라 가정할 수 없다.

확률화 블록계획법의 자료구조를 살펴보자. a종류의 처리가 있고 블록이 b개 있을 때의 관측자료의 배열은 다음의 〈표 6.1〉와 같다.

▌표 6-1▐ 확률화 블록계획법의 자료구조

블록 \ 처리	1	2	…	i	…	a	합계 평균
1	x_{11}	x_{21}	…	x_{i1}	…	x_{a1}	$x_{.1}$ $\bar{x}_{.1}$
:	:	:		:		:	: :
j	x_{1j}	x_{2j}	…	x_{ij}	…	x_{aj}	$x_{.j}$ $\bar{x}_{.j}$
:	:	:		:		:	: :
b	x_{1b}	x_{2b}	…	x_{ib}	…	x_{ab}	$x_{.b}$ $\bar{x}_{.b}$
합계 평균	$x_{1.}$ $\bar{x}_{1}$	$x_{2.}$ $\bar{x}_{2}$	… …	$x_{i.}$ $\bar{x}_{i.}$	… …	$x_{a.}$ $\bar{x}_{a.}$	$x_{..}$ $\bar{x}_{.}$

확률화 블록계획법에서 관측값의 수학석 보형은 나음과 같다.

$$x_{ij} = \mu + \alpha_i + \beta_j + \epsilon_{ij}$$

여기서, μ는 미지의 모수인 전체평균,

α_i는 처리 i의 효과($\Sigma_i \alpha_i = 0$),

β_j는 블록 j의 효과($\beta_j \sim^{iid} \mathrm{N}(0, \sigma_\beta^2)$, $\Sigma_j \beta_j \neq 0$)

ϵ_{ij}는 오차항으로 독립적으로 평균이 0, 분산이 σ^2인 정규분포를 따른다고 가정한다.

$$(i = 1, \cdots, a;\ j = 1, \cdots, b)$$

위에서 블록효과가 변량효과라고 가정하였는데, 이는 확률화 블록계획에서의 블록이 변량인자인 경우가 대부분이기 때문이다. 그래서 처리효과의 합은 0이라 할 수 있는데 반해, 블록효과의 합은 0이라 가정할 수 없다. 또한 검정하고자 하는 가설의 형태도 달라진다.

실험결과에 영향을 미치는 요인이 처리효과와 블록효과임이 모형에서 가정되었으므로 다음과 같은 두 가지 가설의 검정에 관심을 갖는다.

우선 처리효과에 대한 가설은 나음과 같다.

$$H_{OA} : \alpha_1 = \alpha_2 = \cdots = \alpha_a = 0$$

H_{1A} : α_i 중에 적어도 하나는 0이 아니다.

블록효과에 대한 가설은 조금 다르다. 확률변수인 블록효과가 항상 0이라는 것은 그 분산이 없다는 것과 같은 의미이므로 다음과 같이 쓸 수 있다.

$$H_{OB} : \sigma_\beta^2 = 0$$

$$H_{1B} : \sigma_\beta^2 > 0$$

위의 가설을 검정하기 위한 통계량을 유도하여 보자. 이도 역시 전체제곱합을 각 요인이 설명하는 변동으로 나누어 그들의 상대적인 비교를 하게 된다. 전체제곱합(total sum of squares : SST)은 다음과 같이 세 부분으로 나뉘어진다.

$$\sum_{i=1}^{a}\sum_{j=1}^{b}(x_{ij}-\bar{x}_{..})^2 = b\sum_{i=1}^{a}(\bar{x}_{i.}-\bar{x}_{..})^2 + a\sum_{j=1}^{b}(\bar{x}_{.j}-\bar{x}_{..})^2 + \sum_{i=1}^{a}\sum_{j=1}^{b}(x_{ij}-\bar{x}_{i.}-\bar{x}_{.j}+\bar{x}_{..})^2$$

$$SST \quad = \quad SSA \quad + \quad SSB \quad + \quad SSE$$

여기서 SSA는 처리제곱합(sum of squares due to treatments)이고, SSB는 블록제곱합(sum of squares due to blocks)이며, SSE는 오차제곱합(sum of squares due to error)이다. 또한 이들을 각각의 자유도로 나누어준 평균제곱합을 차례로 MSA, MSB, MSE라 하자.

처리효과에 관한 가설, H_{OA}를 검정하는 검정통계량은

$$F_A = \frac{MSA}{MSE}$$

이다. 귀무가설 H_{OA}가 사실일 때 F_A는 자유도 $(a-1,\ (a-1)(b-1))$인 F분포를 따른다. 따라서 $F_A > F(\alpha;\ a-1,\ (a-1)(b-1))$이면 유의수준 α에서 귀무가설 H_{OA}을 기각한다. 마찬가지로 블록효과에 관한 가설, H_{OB}를 검정하는 검정통계량은

$$F_B = \frac{MSB}{MSE}$$

이다. 블록효과에 대한 가설검정절차는 $F_B > F(\alpha:\ b-1,\ (a-1)(b-1))$이면 유의 수준 α에서 귀무가설 H_{OB}을 기각한다.

▌표 6-2▐ 확률화 블록계획법의 분산분석표(ANOVA Table)

요인	제곱합(SS)	자유도($d.f$)	평균제곱(MS)	검정통계량(F)
처리(treatment)	SSA	$a-1$	MSA	$F=MSA/MSE$
블록(block)	SSB	$b-1$	MSB	$F=MSB/MSE$
오차(error)	SSE	$(a-1)(b-1)$	MSE	
전체(total)	SST	$ab-1$		

예제 [6.1]

[prg6_1.sav]

다음은 어떤 농작물에서 세 종류의 살충제 효과를 알아보는 실험자료이다. 전체 경작지 중에서 임의로 서로 다른 네 곳의 실험구(block)를 선정하고 각 실험구를 세 개의 열(row)로 구분하여, 각기 다른 살충제를 사용하였다. 그 결과 각 열에서 수확한 농작물의 양이 다음 표와 같았다. 살충제의 효과와 실험구의 효과에 대하여 검정하시오.

살충제	실험구			
	1	2	3	4
1	56	49	65	60
2	84	78	94	93
3	80	72	83	85

풀이 여기에서는 실험에 영향을 주는 요인이 살충제와 실험구, 두 가지이며 종속변수는 농작물의 수확량이 된다. prg6_1.sav 파일을 불러온다. 세 변수로 구성되어 있으며 살충제, 실험구라는 변수는 구분을 위한 명목형 자료이며 수확농산물이라는 변수는 측정자료이다.

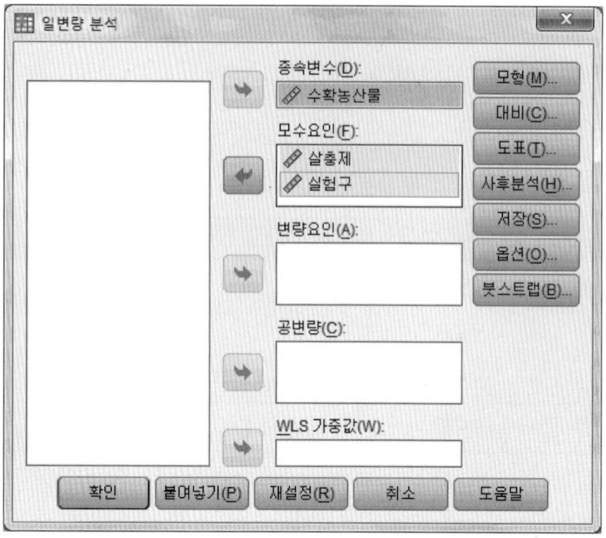

메뉴바의 **분석(A)** ⇨ **일반선형모형(G)** ⇨ **일변량(U)**을 선택하고 그림과 같이 종속변수(E)에는 수확농산물 변수를, **모수요인(F)**에는 살충제, 실험구 변수를 각각 옮겨준다. 다음으로 오른쪽 상단의 **모형(M)**을 선택해서 아래의 그림처럼 모형설정을 완전요인모형(A)이 아니라 **사용자정의(C)**를 선택한 후 왼쪽 요인 및 공변량(F)창의 요인들을 오른쪽 모형(M)창으로 각각 옮겨준 후 항 설정에서 주효과를 선택하고 계속을 선택한다.

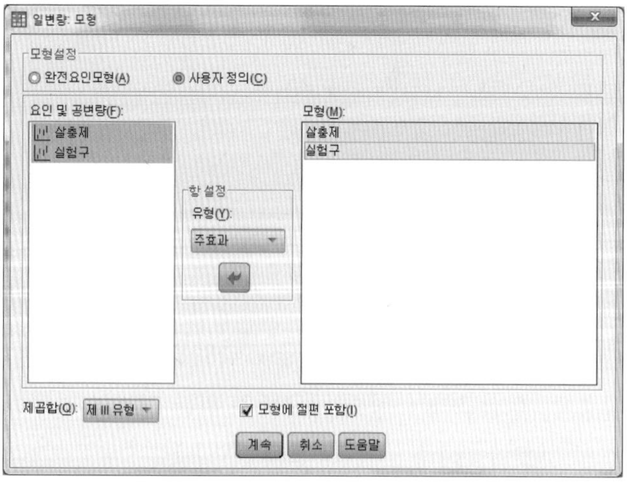

다음으로 오른쪽 메뉴의 **사후분석(H)**을 선택해 아래의 그림처럼 **사후검정변수**로 각각의 요인을 옮겨놓은 후 여기에서는 사후분석 도구로는 Duncan방법만 선택하기로 하자.

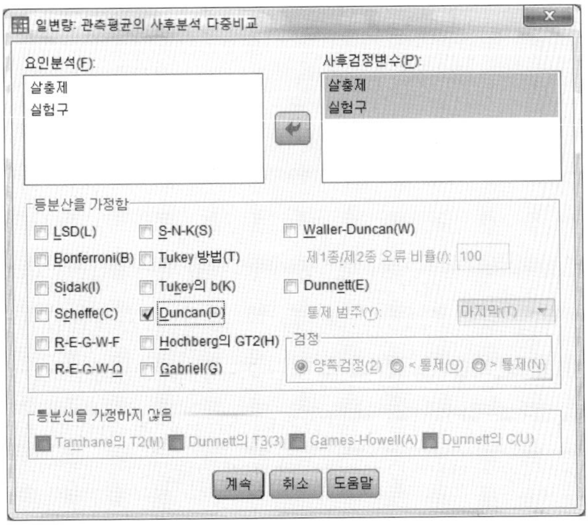

분석결과는 다음과 같다.

☆ 개체-간 효과 검정

[종속변수: 수확농산물]

소스	제 III 유형 제곱합	자유도	평균제곱	F	유의 확률
수정 모형	2311.417(a)	5	462.283	118.030	.000
절편	67350.083	1	67350.083	17195.766	.000
살충제	1925.167	2	962.583	245.766	.000
실험구	386.250	3	128.750	32.872	.000
오차	23.500	6	3.917		
합계	69685.000	12			
수정 합계	2334.917	11			

위의 결과를 토대로 분산분석표를 작성하면 다음과 같다.

요인	제곱합	자유도	평균제곱	F	유의확률
처리	1925.17	2	962.58	245.77	0.000
블록	386.25	3	128.75	32.87	0.000
오차	23.50	6	3.92		
합계	2334.92	11			

처리효과와 블록효과를 검정하는 통계량의 유의확률(p-value)이 각각 0.000과 0.000으로 작은 값이 나왔으므로 둘 다 효과가 존재한다고 결론지을 수 있다. 즉, 세 가지 처리(살충제) 간에는 평균의 차이가 있다고 볼 수 있다. 또한 실험을 위해 각기 다른 경작지를 택하였는데 이들 간에 변동이 존재한다고 여겨진다. 이를 토대로 사후검정을 실시하면 다음과 같다.

살충제	N	집단군		
		1	2	3
1.00	4	57.5000		
3.00	4		80.0000	
2.00	4			87.2500
유의확률		1.000	1.000	1.000

살충제의 경우는 1, 3, 2의 순서로 평균수확량의 크기가 나타나며 각각 차이가 존재하는 것으로 나타났다. 즉 2번 살충제의 경우가 가장 평균수확량이 많다고 할 수 있다.

실험구	N	집단군		
		1	2	3
2.00	3	66.3333		
1.00	3		73.3333	
4.00	3			79.3333
3.00	3			80.6667
유의확률		1.000	1.000	.441

실험구의 경우는 2, 1, 4, 3의 순으로 수확량의 크기가 나타나며 2와 1과 4, 3은 각각 평균수확량에 차이가 있으며 4와 3은 거의 차이가 없는 것으로 나타났다.

2 분산분석

두 개의 요인(factor)이 실험결과에 영향을 줄 때, 각 요인의 수준의 조합에서 r개의 관측값을 얻어 요인의 주효과(main effect)와 교호작용(interaction)에 관하여 분석하는 실험계획법이 이원배치(two-way layout 또는 two factorial design)이다. 자료의 배열은 다음 〈표 6.3〉과 같다.

▌표 6-3▌ 이원배치의 자료구조

<table>
<tr><th>처리 A / 처리 B</th><th colspan="2">1</th><th>⋯</th><th colspan="2">a</th><th>평균</th></tr>
<tr><td rowspan="2">1</td><td colspan="2">x_{111}
x_{112}
⋮
x_{11r}</td><td rowspan="2"></td><td colspan="2">x_{a11}
x_{a12}
⋮
x_{a1r}</td><td rowspan="2">$\bar{x}_{\cdot 1 \cdot}$</td></tr>
<tr><td>평균</td><td>$\bar{x}_{11\cdot}$</td><td>평균</td><td>$\bar{x}_{a1\cdot}$</td></tr>
<tr><td>⋮</td><td colspan="2">⋮</td><td>⋱</td><td colspan="2">⋮</td><td>⋮</td></tr>
</table>

처리 A / 처리 B	1		…	a		평균
b	x_{1b1} x_{1b2} : x_{1br}		…	x_{ab1} x_{ab2} : x_{abr}		$\bar{x}_{\cdot b \cdot}$
	평균	$\bar{x}_{1b\cdot}$		평균	$\bar{x}_{ab\cdot}$	
평균	$\bar{x}_{1\cdot\cdot}$		…	$\bar{x}_{a\cdot\cdot}$		$\bar{x}_{\cdots}$

이원배치 자료의 수학적 모형은 다음과 같다.

$$x_{ijk} = \mu + \alpha_i + \beta_j + (\alpha\beta)_{ij} + \epsilon_{ijk}$$

여기서, μ는 전체평균, α_i와 β_j는 각각 처리 A, B의 주효과, $(\alpha\beta)_{ij}$는 A와 B의 교호작용효과,

$$\epsilon_{ijk} \sim N(0,\ \sigma^2).\ \ (i = 1,\ ...,\ a;\ j = 1,\ \cdots,\ b;\ k = 1,\ \cdots,\ r)$$

요인이 두 개 이상인 다원배치에서는 각 요인의 처리효과 이외에도 두 개 이상의 요인이 결합함으로써 발생하는 새로운 효과가 존재하게 된다. 이것을 교호작용이라 한다. 교호작용의 개념을 이해하기 위해 다음과 같은 가상의 상황을 고려해보자.

남녀공학인 학교에서 남녀가 한 조가 되어 음악 시험을 보았다. 남자는 세 명이고, 여자는 두 명이었는데 번갈아 가며 짝을 지어서 각기 두 번씩 평가를 받았다. 그 평가점수의 평균들이 다음과 같다고 하자.

남자 / 여자	조 용 남	이 상 우	신 철
안 수 경	90	80	70
강 미 애	80	70	(?)

앞의 자료를 보면 남자 중에서는 신철이, 여자 중에서는 강미애가 음악실력이 가장 뒤쳐지는 것으로 추측이 된다. 그렇다면 이 둘이 한 조를 이루어 얻은 점수 (?)는 얼마

나 될까? 자료의 규칙성으로 보아 60점 가량 받았으리라 추측된다. 그런데 만약 이들의 점수가 90점이었다면 이를 어떻게 설명할 것인가? 우리는 과거에 자주 듣던 환상의 복식조라는 말을 떠올리며, 아마도 이 둘이 결합함으로써 생기는 어떤 효과가 존재한다고 생각할 것이다. 이 효과를 통계학에서 교호작용(interaction)이라 부른다. 60점과 90점을 받았을 경우를 각각 그림으로 표현하면 다음의 〈그림 6.1〉과 같다.

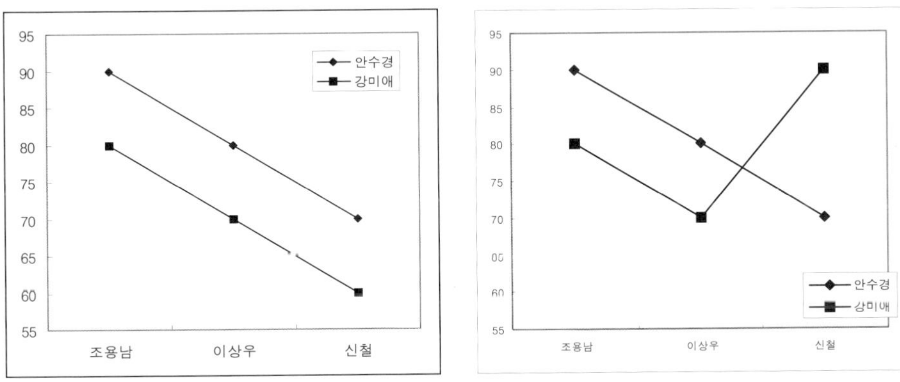

▌그림 6-1▌ 교호작용의 예

왼편의 그림에서와 같이 각 수준에서 관측값들을 연결한 직선이 평행하게 나타나면 교호작용은 존재하지 않는 것이다. 오른편과 같이 교차하거나 기울기가 뚜렷하게 틀리면 교호작용이 존재하는 것이다. 물론 교호작용 효과의 존재여부를 그림을 통해서만 판단하는 것은 아니고 분산분석을 통해 수치적으로 정확히 판정할 수 있다.

이원배치에서 검정하고자 하는 귀무가설들은 다음과 같다.

$$H_{OA}: \alpha_1 = \alpha_2 = \cdots = \alpha_a = 0$$

$$H_{OB}: \beta_1 = \beta_2 = \cdots = \beta_b = 0$$

$$H_{OAB}: (\alpha\beta)_{11} = (\alpha\beta)_{12} = \cdots = (\alpha\beta)_{ab} = 0$$

위의 가설들을 검정하기 위한 통계량을 유도하여 보자. 전체제곱합을 각 요인과 교호작용이 설명하는 변동으로 나누어 그들의 상대적인 비교를 하기 위해 다음과 같이 네 부분으로 나눈다.

$$\sum_{i=1}^{a}\sum_{j=1}^{b}\sum_{k=1}^{r}(x_{ijk}-\overline{x}_{...})^2 = br\sum_{i=1}^{a}(\overline{x}_{i..}-\overline{x}_{...})^2 + ar\sum_{j=1}^{b}(\overline{x}_{.j.}-\overline{x}_{...})^2$$

$$+ r\sum_{i=1}^{a}\sum_{j=1}^{b}(\overline{x}_{ij.}-\overline{x}_{i..}-\overline{x}_{.j.}+\overline{x}_{...})^2 + \sum_{i=1}^{a}\sum_{j=1}^{b}\sum_{k=1}^{r}(x_{ijk}-\overline{x}_{ij.})^2$$

$$SST \quad = \quad SSA \quad + \quad SSB \quad + \quad SSA*B \quad + \quad SSE$$

여기서 SSA와 SSB는 처리제곱합(sum of squares due to treatments)이고, $SSA*B$는 교호작용제곱합(sum of squares due to interaction)이며, SSE는 오차제곱합(sum of squares due to error)이다. 또한 이들을 각각의 자유도로 나누어 준 것을 차례로 MSA, MSB, $MSA*B$, MSE라 하자.

여기서 한 가지 주의할 점을 지적하고자 한다. 각 처리조합수준, 즉 한 실험칸(cell)에서 반복측정하지 않은 경우($r=1$)에는 $SSA*B$와 SSE를 분리해서 구할 수 없다. (왜?) 그러므로 교호작용효과를 검정할 수 없다. (교호작용이 존재하지 않는 것은 아니고 오차항과 교락(confounding)되어 있다고 표현한다) 그런 경우에는 SSE($SSA*B$가 포함된)의 값이 크게 나와도 이것이 오차항의 분산 때문인지, 아니면 교호작용의 영향 때문인지를 알 수가 없다. 그런데도 교호작용의 효과를 무시하고 검정통계량의 분모에 포함시키면 그릇된 검정을 하므로, 사전의 연구결과로 교호작용의 존재가 알려져 있을 때는 cell에서 반복 측정하도록 실험을 계획해야 한다.

A, B의 두 요인이 모수인자(fixed factor)라고 가정하면, 평균제곱합의 기대값은 다음과 같다.

$$E(MSA) = \sigma^2 + br\Sigma\frac{\alpha_i^2}{a-1}$$

$$E(MSB) = \sigma^2 + ar\Sigma\frac{\beta_j^2}{b-1}$$

$$E(MSA*B) = \sigma^2 + r\Sigma\frac{(\alpha\beta)_{ij}^2}{(a-1)(b-1)}$$

$$E(MSE) = \sigma^2$$

앞의 기대값을 통하여 검정하고자 하는 가설의 분자와 분모를 추측할 수 있다. 그러므로 가설검정의 절차는 다음과 같다.

1. $F_A = \dfrac{MSA}{MSE} > F(\alpha;\ a-1,\ ab(r-1))$이면 유의수준 α에서 귀무가설 H_{OA}을 기각한다.
2. $F_B = \dfrac{MSB}{MSE} > F(\alpha;\ b-1,\ ab(r-1))$이면 유의수준 α에서 귀무가설 H_{OB}을 기각한다.
3. $F_{AB} = \dfrac{MSA^*B}{MSE} > F(\alpha;\ (a-1)(b-1),\ ab(r-1))$이면 유의수준 α에서 귀무가설 H_{OAB}을 기각한다.

따라서 둘 다 모수인자인 이원배치의 분산분석표는 다음과 같다.

▮표 6-4▮ 이원배치의 분산분석표 (A:fixed, B:fixed)

요 인	제곱합	자유도	평균제곱합	검정통계량(F)
A 처리	SSA	$a-1$	MSA	MSA/MSE
B 처리	SSB	$b-1$	MSB	MSB/MSE
A*B(교호작용)	SSA^*B	$(a-1)(b-1)$	MSA^*B	MSA^*B/MSE
오차	SSE	$ab(r-1)$	MSE	
전체	SST	$abr-1$		

그러나 A, B 요인 중에 하나가 변량인자(random factor)라 하면 검정통계량의 형태가 달라진다. 이는 평균제곱합의 기대값이 틀려지기 때문이다

A, B 중에 B가 변량인자라 가정하면 A*B도 변량인자가 되며, $\beta_j \sim N(0,\ \sigma_\beta^2)$, $(\alpha\beta)_{ij} \sim N(0,\ \sigma_{\alpha\beta}^2)$라고 표시할 수 있다. 이때, 평균제곱합의 기대값은 다음과 같다.

$$E(MSA) = \sigma^2 + br\sum\frac{\alpha_i^2}{a-1} + r\sigma_{\alpha\beta}^2$$

$$E(MSB) = \sigma^2 + ar\sigma_\beta^2$$

$$E(MSA*B) = \sigma^2 + r\sigma_{\alpha\beta}^2$$

$$E(MSE) = \sigma^2$$

그러므로 A의 효과를 검정하는 통계량의 분모가 MSE에서 $MSA*B$로 바뀌어야 함을 짐작할 수 있다. 이 경우에 분산분석표는 다음과 같다.

▌표 6-5▐ 이원배치의 분산분석표 (A:fixed, B:random)

요인	제곱합	자유도	평균제곱합	검정통계량(F)
A 처리	SSA	$a-1$	MSA	$MSA/MSA*B$
B 처리	SSB	$b-1$	MSB	MSB/MSE
A*B(교호작용)	$SSA*B$	$(a-1)(b-1)$	$MSA*B$	$MSA*B/MSE$
오차	SSE	$ab(r-1)$	MSE	
전체	SST	$abr-1$		

예제 [6.2]

[prg6_2.sav]

대한석유회사는 서로 다른 네 종류 휘발유의 연료효율에 관심을 가지고 있다. 다음은 연료효율을 분석하기 위하여 세 명의 운전자가 같은 종류의 차종으로 네 가지 연료를 채우고 두 번씩 반복 측정한 연비이다. 휘발유의 종류는 모수인자이지만 운전자의 종류는 변량인자임에 유의하여 분산분석을 하시오.

운전자 (변량)	연료의 종류 (모수)			
	A	B	C	D
김진술	15.5	13.9	13.2	19.1
	16.2	15.0	14.7	11.8
이동기	16.1	14.3	13.9	17.4
	15.8	13.9	13.8	16.9
박수동	13.7	11.9	13.5	15.2
	12.6	12.1	13.0	16.3

풀이 위의 예에서 변수는 총 3가지이다. prg6_2.sav 파일을 불러온다. 세 변수로 구성되어 있으며 운전자, 연료의 경우는 구분을 변수이며 실제 측정한 자료는 연비이다. 특히 휘발류는 모수인자, 운전자의 경우는 변량인자이다.

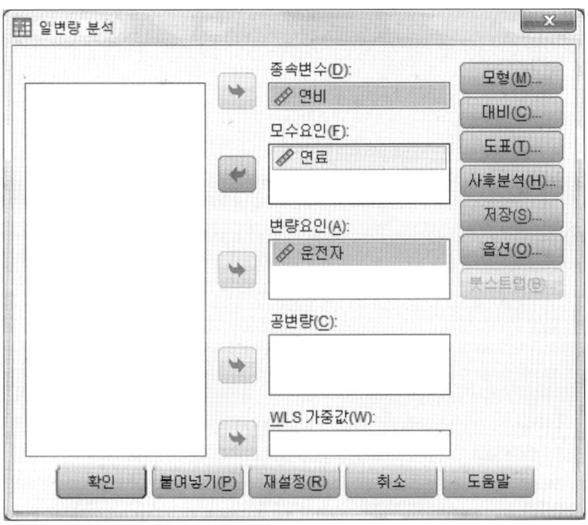

메뉴바의 **분석(A)** ⇨ **일반선형모형(G)** ⇨ **일변량(U)**을 선택하고 그림과 같이 **종속변수(E)**에는 연비 변수를, **모수요인(F)**에는 연료변수를, **변량요인(A)**에는 운전자 변수를 각각 옮겨준다. 모형에 대해서 이 예제는 완전요인모형을 사용함으로 [예제 6.1]와 같이 사용자정의가 아니라 다음 그림처럼 **완전요인모형(A)**으로 설정해야 한다.

또한 사후분석을 실시하기 위해 사후분석을 선택하면 연료 변수만 나타나므로 **사후검정변수**로 옮긴다. 변량인자는 사후분석을 할 수 없다. 여기에서는 Duncan만 알아보기로 한다.

분석결과는 다음과 같다.

☆ 개체-간 효과 검정

소스		제 III 유형 제곱합	자유도	평균제곱	F	유의 확률
절 편	가설	5098.335	1	5098.335	762.510	.001
	오차	13.372	2	6.686(a)		
연 료	가설	26.752	3	8.917	7.030	.022
	오차	7.611	6	1.268(b)		
운전자	가설	13.372	2	6.686	5.271	.048
	오차	7.611	6	1.268(b)		
연료 * 운전자	가설	7.611	6	1.268	.504	.794
	오차	30.230	12	2.519(c)		

a MS(운전자) b MS(연료 * 운전자) c MS(오차)

위의 분산분석표를 다시 정리하면 다음과 같다.

	제곱합	자유도	평균제곱	F	유의확률
연료	26.752	3	8.917	7.030	0.022
운전자	13.372	2	6.686	5.271	0.048
연료*운전자	7.611	6	1.268	0.504	0.794

이 분산분석표에 의해서는 각각 세 번의 가설검정이 이루어져야 한다. 분산분석을 할 때 중요한 점은 모든 검정시 고차교호작용의 유무에 대한 검정을 먼저 시행해야한다는 것이다.

① 운전자와 연료 간의 교호작용효과

운전자와 연료 간의 교호작용에 대한 가설은 다음과 같다.

H_0 : 운전자와 연료 간의 교호작용은 존재하지 않는다.
vs.
H_1 : 운전자와 연료 간의 교호작용은 존재한다.

이때의 검정통계량 값인 F 값이 0.504이며 유의확률(p-value)이 0.794이므로 귀무가설을 채택한다. 즉 운전자와 연료 간의 교호작용은 존재하지 않는다. 만일 교호작용이 존재한다면 변수변환을 통하여 교호작용을 제거할 수 있는지 알아봐야 한다. 변수변환을 통해 교호작용이 제거된다면 각각의 요인에 대한 분석이 가능해진다. 그러나 변수변환으로도 교호작용이 제거되지 않는다면 두 요인의 효과를 동시에 고려한 처리평균에 대하여 다중비교를 실시한다. 교호작용이 존재하면 해석상에 어려운 점이 생기므로 될 수 있는 한 교호작용을 제거하도록 해야 한다.

② 연료의 효과

가설은 다음과 같다.

H_0 : 연료 간에 차이가 없다.
vs.
H_1 : 적어도 한 연료는 차이가 있다.

이때의 검정통계량 값인 F 값이 7.030이며 유의확률(p-value)이 0.022이므로 귀무가설을 기각한다. 즉 연료 간에 연비의 차이는 존재한다고 할 수 있다. Duncan의 사후분석을 통하여 분석하면 다음과 같다.

☆ **연비**

연료	N	집단군	
		1	2
B	6	13.5167	
C	6	13.6833	
A	6	14.9833	14.9833
D	6		16.1167
유의확률		.153	.240

즉 B, C, A의 경우는 연비가 거의 같다고 볼 수 있으며 또한 A와 D도 같다고 볼 수 있다. 그러나 B, C와 D는 확연히 차이가 있음을 알 수 있다. 이 예제는 연비에 관한 것이므로 D사의 연료가 B사 또는 C사의 연료보다 연비가 좋다고 할 수 있다.

③ 운전자의 효과

운전자의 효과에 대한 가설은 다음과 같다. 단 운전자의 경우는 변량요인이므로 실험을 실시한 운전자에 대한 가설이 아니라 전체 운전자를 대표한다고 할 수 있다.

H_0: 전체 운전자의 운전습관에 따른 연비에는 차이가 없다

vs.

H_1: 적어도 한 운전자가 운전습관에 따른 연비에는 차이가 있다

이때의 검정통계량 값인 F값이 5.271이며 유의확률(p-value)이 0.048이므로 귀무가설을 기각한다. 즉 운전자 간에 운전습관은 연비의 차이가 존재한다고 할 수 있다.

3 공분산분석

공분산분석이란(analysis of covariance)이란 일원배치, 이원배치 등의 실험에서 인자 이외에 특성치 y에 선형 관계로 영향을 미치는 다른 연속인 변수 x가 있는 경우에 실시하는 분석을 말한다. 이러한 변수 x를 공변량(covariate)이라 하며, 인자가 하나인 경우의 데이터 구조식은 다음과 같다.

$$y_{ij} = \mu + a_i + \beta(x_{ij} - \bar{x}) + \epsilon_{ij}$$

$$i = 1, 2, \cdots, k,$$

$$j = 1, 2, \cdots, n_i$$

공분산분석은 특성치 y에 선형관계로 영향을 미치는 공변량 x의 요인을 제거한 순수한 인자의 효과만을 검출하고자 하는 데 목적이 있으며, 이는 분산분석과 회귀분석의 결합이라 할 수 있다.

예제 [6.3]

[prg6_3.sav]

다음은 어느 중학교에서 한 학급의 학생을 세 그룹으로 나눈 뒤 과학과목의 수업방식을 각각 ① 강의, ② 강의+토론, ③ 강의+토론+실습의 3가지 방식으로 나누어 실시하고 1달 후 과학시험을 치렀을 때의 자료이다. 각 수업방식별로 과학시험 점수의 차이가 있는가를 검정하여 보자.

iq	science	group
116	85	3
102	73	1
100	70	2
98	60	1
113	80	3
122	83	3
105	73	2
113	70	3
106	65	2
⋮	⋮	⋮

풀이 먼저 prg6_3.sav파일을 불러온다. 메뉴에서 **분석(A)** ⇨ **일반선형모형(G)** ⇨ **일변량(U)**을 선택한다. 아래의 그림과 같이 **종속변수(D)**에 science(과학점수)를 넣고 **모수요인(F)**에 group(그룹)을 넣고 오른쪽의 사후분석창에서는 **사후검정**

변수(P)에 Group을 보낸 후 Duncan을 선택한다. 이제 확인을 눌러주면 아래와 같은 분산분석표가 PASW 뷰어창에 나타난다.

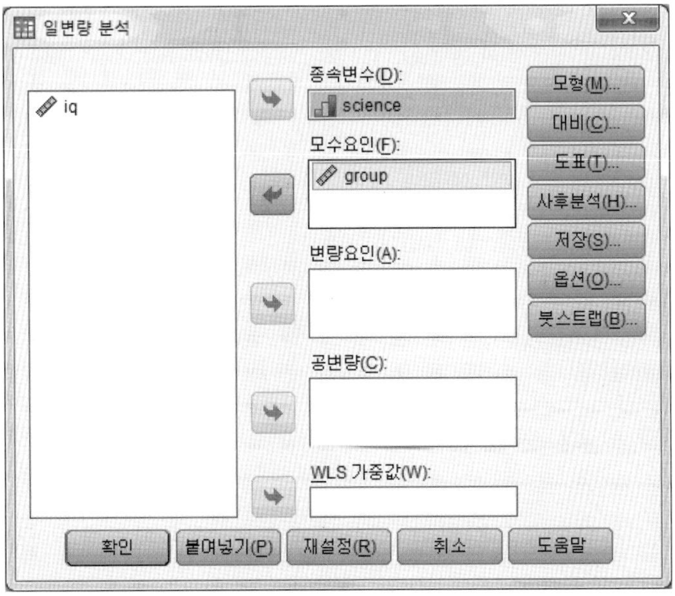

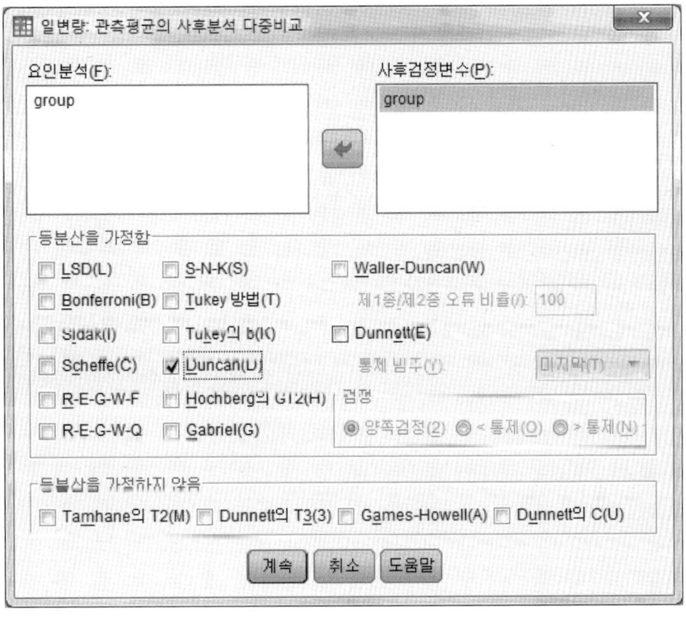

☆ **개체-간 효과 검정**

[종속변수: science]

소스	제 III 유형 제곱합	자유도	평균제곱	F	유의 확률
수정 모형	2534.333(a)	2	1267.167	22.048	.000
절편	503440.667	1	503440.667	8759.585	.000
group	2534.333	2	1267.167	22.048	.000
오차	5345.000	93	57.473		
합계	511320.000	96			
수정 합계	7879.333	95			

a R 제곱 = .322 (수정된 R 제곱 = .307)

위의 분산분석표에서 F 값이 22.048이고 유의확률이 0.000이므로 수업방식에 따른 집단간 과학점수의 차이가 나타난다고 할 수 있다.
이제 집단간 어떠한 차이가 있는지 알아보기 위하여 사후분석(Duncan)을 수행해보자.

☆ **Duncan**

group	N	집단군	
		1	2
강의	32	67.13	
강의+토론	32	70.75	
강의+토론+실습	32		79.38
유의확률		.059	1.000

Duncan의 집단간 다중비교에 의한 사후검정 결과 강의와 강의+토론과는 같은 과학점수를 갖는 것으로 나타나며 강의+토론+실습과는 과학점수에 대해 차이

가 있는 것으로 즉 유의한 차이가 나는 것으로 나타나고 있다. 따라서 수업방식의 차이에 따라 과학점수에는 차이가 있다고 말할 수 있다.

그러나 위의 예에서 간과하고 있는 사실은 각 교수법의 대상 학생들의 수준에 대한 언급이 있지 않았다. 위의 실험을 위한 가정으로는 대상 학생들의 수준이 같다라는 가정이 반드시 필요하다. 그러므로 대상학생들의 수준에 대한 보정이 필요하다. 가장 좋은 변수로는 예전에 치렀던 과학시험 점수가 있으면 좋겠으나 그 변수가 없고 대신 IQ가 있으므로 IQ에 따라 대상학생들의 수준이 분류된다고 가정을 하고 분석을 실시하면, 즉 제어변수를 IQ로 설정한 생태인 공분산분석을 실시하는 것이다.

공분산분석을 하는 절차는 다음과 같다. 메뉴에서 **분석**(A) ⇨ **일반선형모형**(G) ⇨ **일변량**(U)을 선택한다. 아래의 그림과 같이 **종속변수**(D)에 science(과학점수)를 넣고 **모수요인**(F)에 group(그룹)을 넣고 **공변량**(C)에는 iq 변수를 옮겨놓자. 이제 분석을 실시하자.

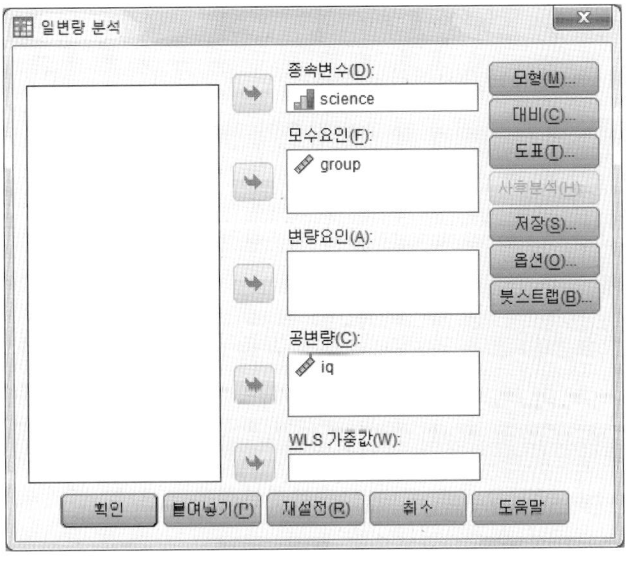

공분산 분석결과 분산분석의 결과는 다음과 같다.

☆ **개체-간 효과 검정**

[종속변수: science]

소 스	제 III 유형 제곱합	자유도	평균제곱	F	유의확률
수정 모형	5325.181(a)	3	1775.060	63.937	.000
절편	285.781	1	285.781	10.294	.002
iq	2790.848	1	2790.848	100.526	.000
group	16.711	2	8.356	.301	.741
오차	2554.152	92	27.763		
합계	511320.000	96			
수정 합계	7879.333	95			

a R 제곱 = .676 (수정된 R 제곱 = .665)

독립변수인 Group과 공변량인 IQ의 효과를 살펴보면 다음과 같다. 과학수업 Group의 F 값이 0.301이고 유의확률이 0.741이므로 귀무가설을 채택함에 따라 수업방식에 따른 집단 간 과학점수의 차이가 없는 것으로 나타난다고 할 수 있다. 공변량 IQ에 대한 F 값이 100.526이고 유의확률이 0.000이므로 IQ에 따라 과학점수에는 차이가 있는 것으로 나타났다.

이는 위에서 공변량 IQ를 고려하지 않았을 경우의 분산분석 결과에서는 수업방식의 차이에 따라 과학점수에 차이가 있는 것으로 나타났으며, Duncan의 사후검정 결과 수업방식에 따라 학생들의 과학점수에는 차이가 있다고 결론지었다. 그러나 일반적인 관점에서 시험점수와 IQ에는 상관관계가 높다는 가정 하에 학생들의 IQ를 공변량으로 고려한 공분산분석을 실시한 결과는 수업방식에 따른 과학점수의 차이는 나타나지 않았으며, 학생들이 IQ가 시험점수에 중요한 영향을 주는 것으로 나타나고 있다. 공분산분석은 단변량이나 다변량 분산 분석에서 모두 고려할 수 있다.

Chapter 7

판별분석

1 판별분석의 개념

판별분석(discriminant analysis)은 독립변수가 계량적이고 종속변수는 범주형일 때 유용한 통계적 분석방법이다. 예를 들어 어떤 개인의 수입이나 재산상태(독립변수)를 근거로 그의 신용상태를 양호나 불량(종속변수)으로 구별짓고자 할 때 이용될 수 있다. 대부분의 경우 종속변수는 남자 대 여자, 고급 대 저급, 가능 대 불가능 등과 같이 두 그룹으로 나누어져 있다. 일반적으로 종속변수가 세 그룹 이상으로 분류할 수도 있지만, 본 교재에서는 두 그룹 판별분석만 다루기로 하겠다.

판별분석은 미리 정해진 그룹 간의 차이를 잘 설명하여 줄 수 있는 독립변수들의 선형결합(판별함수)을 찾고, 이 함수식에 따라 새로운 개체를 분류하는 것이 주된 절차이다. 판별함수는 그룹 내 분산(variance within group)에 비하여 그룹간 분산(variance between group)이 최대화되도록 얻어지며 그 식은 다음과 같다.

$$Z = W_1X_1 + W_2X_2 + \cdots + W_pX_p$$

여기서 Z : 판 별 점 수

W_i : 판별가중값

X_i : 독 립 변 수

위 함수에서 독립변수를 선정하는 방법과 가중값들의 계산은 뒤에 자세히 설명하겠다. 자료들로부터 판별함수를 얻으면, 이로부터 각 그룹 내의 개체마다 판별점수를 모두 구한다. 그룹마다 판별점수의 평균을 구한 것을 그룹의 중심(centroid)이라 하여 이들 중심 간의 거리가 그룹들 간에 분류가 잘 되었는가를 판단하는 측도가 된다. 즉 이 그룹들 간의 중심들이 서로 멀리 떨어져 있으면 개체의 분류가 잘 된 것이다. 또한 이 중심을 이용하여 새로운 개체를 어느 그룹에 분류할 것인가를 결정하는 경계점을 구한다.

판별분석 시 이론적으로 독립변수의 정규성과 두 그룹의 공분산행렬이 같다는 가정이 필요하다. 그러나 지금까지의 연구에 따르면 이러한 가정이 다소 위배되더라도 크게 영향을 받지 않는 것으로 알려져 있으며, 특히 표본의 크기가 클 때는 ($n \geq 50$) 거의 영향을 받지 않는다.

2 판별함수의 의미

1) 수학적 유도

판별함수의 구조는 독립변수들과 그 가중값들의 선형결합으로 이루어져 있다. 독립변수의 선택방법에 관하여는 뒤에서 언급하겠고 여기서는 판별가중값 W_i를 구하는 방법을 설명하겠다.

가중값 W_i는 그룹 내 분산에 비하여 그룹간의 분산을 최대화하도록 정해져야 한다. 그 유도과정을 설명하기 위하여 다음 벡터들을 소개하겠다.

$$X_1 = (X_{11},\ X_{12},\ \cdots,\ X_{1p})'$$: 그룹 1의 독립변수 벡터

$$X_2 = (X_{21},\ X_{22},\ \cdots,\ X_{2p})'$$: 그룹 2의 독립변수 벡터

이때 가정은 $X_1 \sim N_p(\mu_1,\ \Sigma_1)$, $X_2 \sim N_p(\mu_2,\ \Sigma_2)$이다($\Sigma_1 = \Sigma_2 = \Sigma$). 또한 가중값을 벡터로 표현하면 $W = (W_1,\ W_2,\ \cdots,\ W_p)'$이고 각 그룹의 판별함수는

$$Z_1 = W'X_1,\ Z_2 = W'X_2$$

로 표시되며 이때

$$Z_1 \sim N_p(W'\mu_1,\ W'\Sigma W),\ Z_2 \sim N_p(W'\mu_2,\ W'\Sigma W)$$

가 된다.

그룹내 분산에 대한 그룹간(Z_1과 Z_2)의 분산비는 다음과 같이 표현된다.

$$\frac{(\text{그룹간 분산})}{(\text{그룹내 분산})} = \frac{(W'\mu_1 - W'\mu_2)^2}{W'\Sigma W}$$

위의 값을 최대화하여주는 W는 코쉬-쉬바르쯔 부등식을 이용하여 다음과 같이 구할 수 있다(자세한 풀이는 Johnson and Wichern(1982) Applied Multivariate Statistical Analysis를 참조).

$$W' = (\mu_1 - \mu_2)'\,\Sigma^{-1}$$

이때 μ_1, μ_2, Σ는 미지의 모수이므로 이들을 그 추정량으로 대치하고, 그때의 Z를 피셔의 표본판별함수(Fisher's sample linear discriminant function)라고 하며 이는 다음과 같다.

$$Z = W'X = (\overline{X_1} - \overline{X_2})'\,S_p^{-1}X$$

여기서 $\overline{X_1}$, $\overline{X_2}$는 각 그룹벡터의 표본평균이며 S_p는 합동표본공분산행렬이다.

2) 기하학적 의미

두 그룹 판별분석을 변수가 두 개일 때(p = 2)의 예를 그림으로 도시하면 분석의 본질을 깨닫는데 도움이 될 것이다. 〈그림 7.2〉는 독립변수가 두개인

경우 독립변수 X_1, X_2의 축과 Z축의 관계를 보여주고 있다. 두 그룹의 각 표본점들을 $X_1 - X_2$ 평면에 산포도로 표시한 후 각 그룹별로 타원을 그려 각 그룹의 대부분이 그 타원 안에 포함되도록 하였다.

X_2축에서 표본점들을 바라볼 때 그룹 1과 2의 많은 부분이 겹쳐져 있고 X_1축에서 볼 때도 마찬가지이다. 이떤 방향에서 표본점을 바라보았을 때 겹치는 부분이 가장 적어질 것인가? 이를 위하여 두 타원이 만나는 교점을 지나는 직선과 직교하도록 Z축을 잡아 $X_1 - X_2$ 평면에 표시된 점을 Z축에 투영시키면, 두 그룹의 겹치는 부분이 어떤

축으로 투영시킨 것보다 가장 적게 될 것이다.

즉, Z축은 X_1과 X_2의 선형결합으로 표기할 수 있다. 이 때 X_1과 X_2에 가중값을 위에서 설명한 대로 겹치는 부분이 가장 작아지도록 주어져야 한다. 이는 다시 말해 그룹 내 분산에 비해 그룹간 분산이 최대화되어야 한다는 수학적 의미와 상통한다.

판별분석에서는 미리 정하여진 두 그룹의 겹치는 부분이 가장 적도록 판별함수가 유도되는 것이 가장 바람직하다.

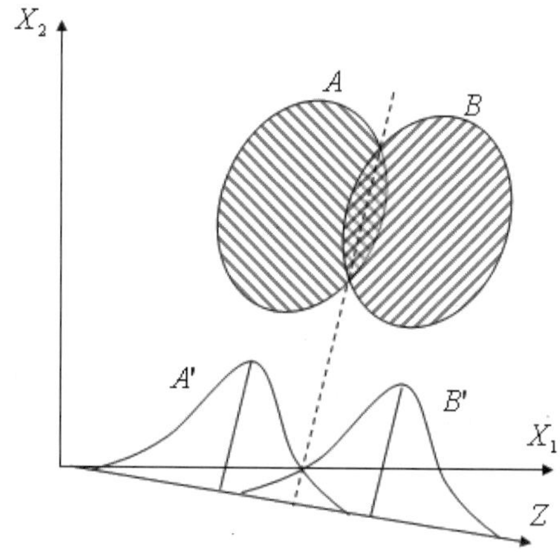

▌그림 7-2▌ 판별함수의 기하학적 의미

3 판별분석의 절차

판별분석의 절차는 다음 세 단계로 이루어져 있다.

1. 판별함수의 유도
2. 판별분석의 타당성 조사
3. 결과의 해석

유도단계에서는 두 그룹을 통계적으로 유의하게 구별지을 수 있는 판별함수가 유도될 수 있는가에 관심을 갖는다. 타당성 조사단계에서는 분류행렬(classification matrix)을 이용하여 판별함수의 정확성을 조사한다. 마지막 해석단계에서는 어느 독립변수가 두 그룹을 판별하는데 가장 큰 기여를 하는가를 본다.

1) 판별함수의 유도

(1) 변수선택

판별함수를 유도하기 위하여는 우선 독립변수와 종속변수를 결정하여야 한다. 종속변수는 두 개의 범주 또는 그 이상일 수도 있지만 상호배반적이고 모든 경우를 다 포함하여야 한다. 또한 범주형이어야 하나 그렇지 못하고 순서적이거나 구간척도의 형태로 나타날 수도 있다.

예를 들어, 청량음료의 하루 소비량이 종속변수일 때 소비량은 캔(또는 병)의 수로 표시된다. 이를 구간으로 나누어, 즉 0-1, 2-4, 5 이상 등으로 분류하여 이들을 각각 '적음', '중간', '많음' 등과 같이 범주형으로 바꾼다. 다음으로 어떤 독립변수들이 포함될 것인지 결정한다. 변수의 선택방법은 기존연구나 그 연구에 기초한 이론적 모형에 포함되는 독립변수를 택하는 방법과 직관에 의지하는 두 가지 방법이 보통 쓰인다.

(2) 표본의 분할

판별함수가 유도된 후 그 함수가 어느 정도 정확히 그룹을 분류하여 주는지 그 함수의 타당성을 조사하는 과정이 필요하게 된다. 가장 흔한 방법으로 표본을 두 집단으로 나눠 한 집단으로부터 판별함수를 유도하고 나머지 집단에 그 판별함수를 적용하여 실제로 어느 정도로 정확히 판별하는가를 시험해본다.

이때 처음 집단을 분석표본(analysis sample)이라 하고 두 번째 집단을 유보표본(holdout sample)이라 부른다. 이렇게 두 집단으로 나누어 분석하는 이유는 판별함수를 유도한 표본에 다시 그 함수를 적용하여 판별하면 분석의 정확도가 더 높게 과장되어 추측된다. 이는 그 함수가 그 자료에 의거하여 만들어졌기 때문이다. 이렇듯 두 집단으로 나누려면 전체표본의 개수가 커야하는 것(보통 100 이상)은 당연하다.

그러나 표본이 작은 경우에는 두 집단으로 나누지 않고 전체표본으로 판별함수를 유도한다. 이 함수로 타당성 조사를 하면 상향편의(upward bias)가 나타나지만 아무런 검정도 하지 않는 것보다는 낫다고 할 수 있다.

분석표본과 유보표본을 어떤 비율로 나눌 것인가에 대한 명확한 지표는 없고, 대부분 전체표본을 50 : 50으로 나누는데, 60 : 40이나 75 : 25 등도 가능하다. 나눌 때 무작위로 나누는 것은 당연하고, 한 번만 나누어 분석을 하는 것보다는 여러 번 나눠 매회마다 각 개체가 판별함수로 정확히 분류되는 적중률(hit ratio)을 구하여, 그 평균을 판별함수의 정확도로 사용하는 것도 바람직하다.

그러나 분석표본만으로 판별함수를 유도하는 것은 애써 구한 자료의 정보를 충분히 활용하지 못한다는 단점이 있다. 그래서 전체표본으로 판별함수를 유도한 뒤에 타당성 조사 시 상향편의를 줄이는 교차확인(cross validation) 방법이 사용되기도 한다. 이 방법은 전체 n개의 표본중 $n-1$개를 분석표본으로 하여 판별함수를 결정한 뒤에, 나머지 한개를 이

함수를 이용하여 분류하여 정확히 분류되는가를 검정한다. 이러한 요령으로 모든 n개를 한번씩 유보표본으로 하여 타당성조사를 하는 것이다. 이렇게 구한 적중률은 거의 불편추정량에 해당된다.

2) 계산방법

판별함수를 계산하는데는 동시적인 방법(simultaneous method)과 단계적인 방법(stepwise method)이 있다. 동시적인 방법은 모든 독립변수를 동시에 고려하는 것으로 어떤 독립변수가 판별하는데 유의한 영향을 주는지에 관계없이 모든 독립변수가 포함된 판별함수를 계산하는 것이다.

단계적인 방법은 가장 잘 판별하는 한 변수를 선택하는 것부터 시작한다. 다음에는 첫 번째 변수와 나머지 다른 변수들 중 하나와 차례로 짝을 지어서 판별력(discriminant power)을 가장 높여주는 두 번째 변수를 선택한다. 계속 이러한 요령으로 적합한 변수를 고르게 된다.

이때 어떤 변수가 첨가되면서 앞서 선택되었던 변수가 빠지는 경우가 생기기도 하는

데 이는 그전의 변수가 갖고 있던 정보를 새로 포함되는 변수와 다른 변수와의 결합으로 대치되기 때문이다. 이러한 단계적인 방법은 미리 고려된 독립변수의 수가 많을 때 판별하는데 별로 영향을 주지 못하는 변수들을 제거하므로 유용한 변수들만으로 판별함수를 만들 수 있다.

3) 타당성 조사

판별함수의 통계적 유의성도 판별분석의 관심의 대상이 된다.

예를 들어 두 그룹이 유의수준 0.01에서 통계적으로 유의하다고 해도 실은 두 그룹의 모평균이 거의 같은데 표본의 크기가 매우 커서 나타난 결과일 수도 있다.(표본의 크기가 클 때 두 그룹의 표본평균 차이가 매우 적어도 그 차가 통계적으로 유의하다고 판단하는 고전적 가설검정의 결점)

이런 경우 이 함수를 이용하여 분류하면 그 정확도가 매우 좋지 않을 것이기 때문에 통계적 유의성이 판별의 능력 정도를 정확히 대변해주는 것은 아니다. 판별함수의 예측능력을 보기위하여는 분류행렬을 만들어야 한다.

적중률은 회귀분석의 결정계수 R^2과 비교할 수 있다. 어떤 경우에 회귀직선이 유의하다 하더라도 R^2은 0.1 정도 밖에 되지 않는 경우를 종종 볼 수 있다.

이는 표본의 크기가 크면 R^2이 0이라는 가설이 기각되기 때문이다. 판별분석에서 R^2과 같은 역할을 하는 것이 적중률(hit ratio)이다. 그러므로 회귀분석에서 모형의 통계적 유의성 외에 R^2을 중요한 분석의 토대로 사용하듯이, 판별분석에서도 적중률을 중요하게 다루어야 한다. 이는 분류행렬을 만든 뒤에 설명하겠다.

4) 경계점(cutting score)

분류행렬을 만들기 전에 우선 경계점을 결정하는데, 이는 어떤 개체가 어느 그룹에 분류될 것인가를 결정하는 판별점수의 기준점을 뜻한다. 두 그룹의 표본의 크기가 같을 때에 최적의 경계점은 두 그룹 중심의 중간이 되며 다음과 같이 표시된다.

$$\overline{Z}_E = (\overline{Z}_A + \overline{Z}_B) / 2$$

여기서 $\overline{Z}_E$: 표본크기가 같을 때 경계점

$\overline{Z}_A$: A그룹의 중심(평균)

$\overline{Z}_B$: B그룹의 중심(평균)($\overline{Z}_A < \overline{Z}_B$)

표본의 크기가 같지 않을 때 경계점을 일반적으로 표시하면

$$\overline{Z}_{UE} = (N_A \overline{Z}_A + N_B \overline{Z}_B) / (N_A + N_B)$$

여기서 $\overline{Z}_{UE}$: 표본크기가 다를 때 경계점

N_A : A그룹의 표본크기

N_B : B그룹의 표본크기

5) 분류행렬

앞에서 설명한 바와 같이 분석표본과 유보표본으로 전체표본을 분류한 뒤 분석표본에서 판별함수를 유도하고 유보표본으로 분류행렬을 만든다. 유보 표본의 개체들의 판별점수 Z_i를 계산하여 이를 경계점과 비교, 다음과 같이 분류한다.

1. $Z_i < \overline{Z}_E$이면 A그룹에 분류한다.
2. $Z_i > \overline{Z}_E$이면 B그룹에 분류한다. (이때 Z_i은 i번째 개체의 판별점수)

분류행렬의 형태를 앞에서 본 한국전자 예제를 이용하여 설명하겠다. 한국전자 설문조사를 100명에게 시행하여 50명을 분석표본으로, 50명을 유보표본으로 한 뒤, 분석표본에서 판별함수를 얻어 이를 유보표본에 적용하여 올바르게 예측하는지를 검사한 가상자료가 있다고 하자.

다음 〈표 7.2〉에서 보면 실제로 구입하겠다는 유보집단 내의 인원수가 25명인데 판별함수는 이들 중 22명은 구입하는 것으로, 3명은 구입 안 할 것으로 예측하여 88%의 적중률을 보였다. 또한 구입의사가 없는 25명중 5명은 구입하고 20명은 구입하지 않을

것으로 예측하여 적중률은 80%가 되었다. 이와 같이 분류행렬의 대각선 원소가 올바르게 분류된 숫자이므로 전체의 적중률은 (22+20)/50으로 84%가 되고 있다.

▌표 7-2▐ 한국전자의 분류행렬

		예측그룹		합계	적중률
		(1)	(2)		
실제그룹	(1)	22	3	25	0.88
	(2)	5	20	25	0.80
합계		27	23	50	0.84

(단, (1)은 '구입함', (2)는 '구입 안함')

위와 같이 판별분석의 적중률이 84%로 계산된 다음에, 이 값이 판별함수를 이용하지 않고 무작위로 분류할 때 기대되는 적중률 50%와 유의한 차이가 있는지를 검정하여야 한다. 이를 분류정확도(classification accuracy)검정이라 하며 t-검정을 이용하게 된다.

$$t = \frac{\hat{p} - 0.5}{\sqrt{0.5(1-0.5)/n}}$$

여기서 $\hat{p}$는 표본 적중률이고 n은 유보표본의 크기이다.

이러한 유의성 검정 외에도 어느 정도의 적중률을 가져야 분석의 정확도가 좋은 편이라고 판단할 수 있는지에 관한 기준을 정하는 것도 중요한 문제이다. 이는 회귀분석에서 결정계수가 어느 정도 이상이어야 바람직한가를 묻는 것과 같이 어려운 문제이다. 판별분석에서도 이에 대한 확실한 기준은 없지만 대체로 무작위로 분류 시 얻을 수 있는 적중률보다 25% 정도 초과하면 정확도가 있다고 표현한다. 즉 무작위 적중률이 50%일 때(즉, 그룹이 둘) 적중률이 62.5% 이상이고, 무작위인 경우 33%이면(즉, 그룹이 셋) 41.7% 이상이면 된다.

예제 [7.1]

[prg7_1.sav]

한국그룹에서 대졸 신입사원을 모집하고 있다. 선발기준으로는 대학교의 평균학점(4.0만점 기준)과 입사시험성적(면접포함)이다. 한국그룹 인사담당자가 최근에 입사한 80명의 입사성적과 입사 후 근무실적평가에 관한 자료를 가지고 있다. 인사담당자는 이 자료를 활용하여 지원자가 입사한 후에 어떤 실적을 올릴 것인가를 판별하여 우수한 실적 집단으로 판별된 자만을 선발하고자 한다. 판별함수를 유도하고 적중율을 구하시오. 또한 평균학점이 3.0이고 입사시험성적이 520점인 응시자는 선발되겠는가 판별하여 보시오.

근 무 성 적							
보통이하				우수			
평균학점	시험성적	평균학점	시험성적	평균학점	시험성적	평균학점	시험성적
2.54	446	2.41	489	2.96	596	3.21	530
2.43	425	2.19	411	3.14	473	3.58	564
2.20	474	2.35	321	3.22	482	3.33	565
2.36	531	2.60	394	3.29	527	3.40	431
2.57	542	2.55	528	3.69	505	3.38	605
2.35	406	2.72	399	3.46	693	3.26	664
2.51	412	2.85	381	3.03	626	3.60	609
2.51	458	2.90	384	3.19	663	3.37	559
2.36	399	2.86	494	3.63	447	3.80	521
2.36	482	2.85	496	3.59	588	3.76	646
2.66	420	3.14	419	3.30	563	3.24	467
2.68	414	3.28	371	3.40	553	3.08	440
2.48	533	2.89	447	3.50	572	3.03	419
2.46	509	3.15	313	3.78	591	3.00	509
2.63	504	3.50	402	3.44	692	3.03	438
2.44	336	2.89	485	3.48	528	3.05	399
2.13	408	2.80	444	3.47	552	2.85	483
2.41	469	3.13	416	3.35	520	3.01	453
2.55	538	3.01	471	3.39	543	3.03	414
2.31	505	2.79	490	3.28	523	3.04	446

풀이 pasw자료중 prg7_1.sav를 불러온다. 메뉴에서 **분석(A)** ⇨ **분류분석(Y)** ⇨ **판별분석(D)**을 선택하고 아래의 그림과 같이 **집단변수(G)**에는 종속변수인 근무성적을 넣어준 후 **범위지정(D)**을 선택하여 최소값은 1, 최대값은 2를 넣어준다. 이제 **독립변수**에는 평균학점과 시험성적을 넣어준다. 변수선택에 대해서는 **독립변수들 모두 진입**하여 분석하는 방법을 선택한다.

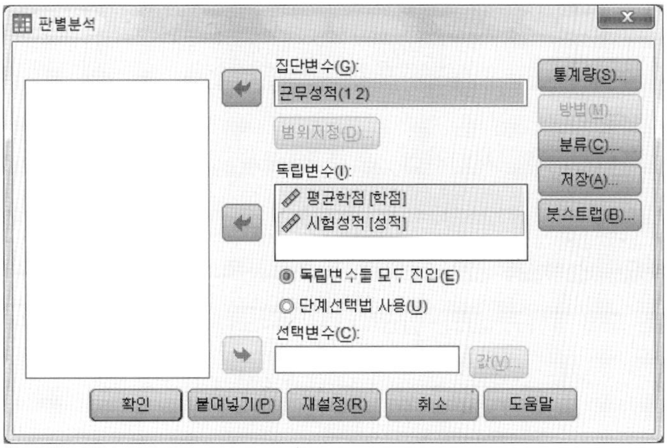

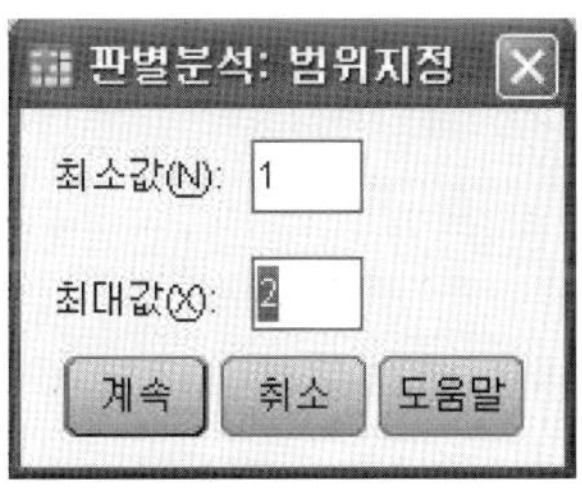

옆의 옵션에서 **통계량(S)**을 선택한다. 통계량의 창에서는 기술통계의 항목들을 모두 선택하고 함수의 계수는 표준화하지 않는 방법과 Fisher의 방법이 있는데 Fisher 방법이 일반적으로 많이 사용되며 또한 새로운 관찰치에 대해 손쉽게 적용할 수 있다. 또한 행렬 항목을 선택한다.

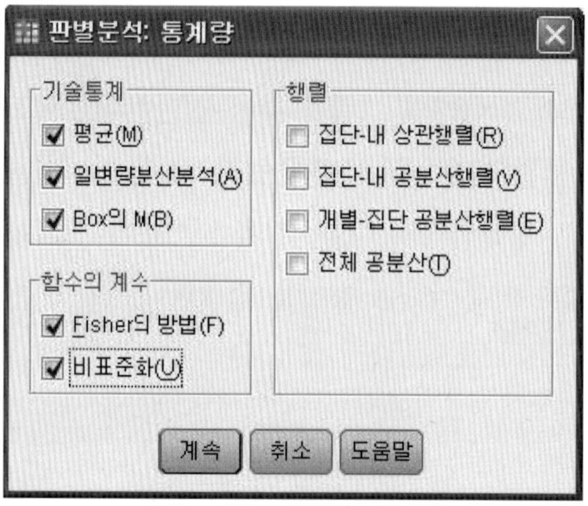

다음으로 **분류(C)**를 선택한다. 분류 창에서는 아래의 그림과 같이 출력부분의 각 케이스에 대한 **결과(E)**는 각 케이스에 대한 오분류 결과를 알 수 있으며 또한 **요약표(U)**는 전체 케이스에 대한 오분류의 요약을 간단 표의 형태로 나타내어 준다. 도표에서는 **결합-집단(O)**과 **영역도(T)**를 선택하여 시각화된 집단을 볼 수 있도록 하자.

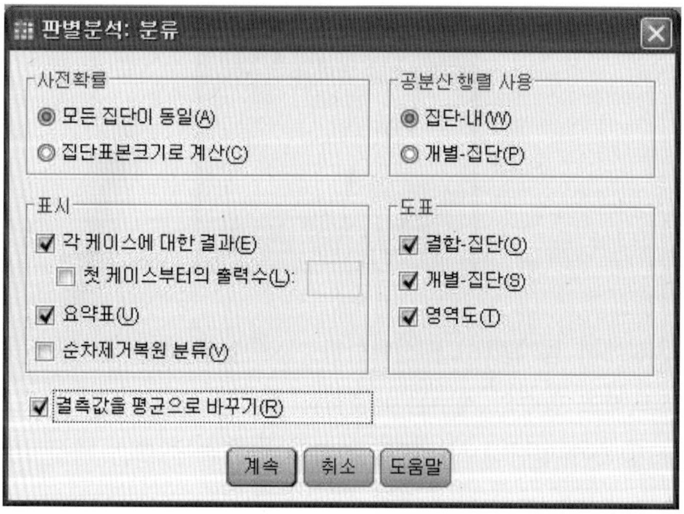

그리고 저장 버튼을 클릭하면 다음과 같은 대화상자가 나온다.

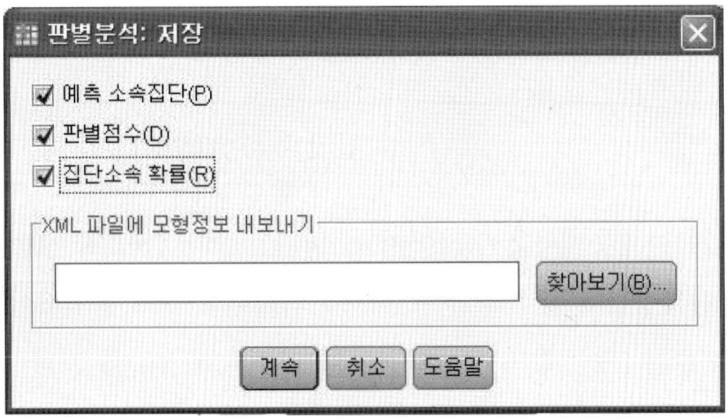

분석결과는 다음과 같다.

① 집단별 평균 및 표준편차

집단 통계량

근무성적		평균	표준편차	유효수(목록별)	
				가중되지 않음	가중됨
보통이하	평균학점	2.6450	.31639	40	40.000
	시험성적	444.1500	60.07028	40	40.000
우수	평균학점	3.3160	.24832	40	40.000
	시험성적	534.9750	78.92239	40	40.000
합계	평균학점	2.9805	.44028	80	80.000
	시험성적	489.5625	83.33505	80	80.000

근무성적의 보통, 우수 두 집단의 데이터 개수와 집단별 평균, 표준편차가 제시되어 있다. 근무성적이 우수한 경우와 보통인 경우의 평균학점의 평균은 3.316과 2.645이다. 시험성적의 평균은 534.97와 444.15로 차이를 보이고 있으나 두 집단간의 평균 차이가 통계적으로도 유의한지는 검정을 통해서 알 수 있다.

② 집단 평균의 동질성 검정

집단평균의 동질성에 대한 검정

	Wilks 람다	F	자유도1	자유도2	유의확률
평균학점	.412	111.333	1	78	.000
시험성적	.699	33.543	1	78	.000

평균학점과 시험성적에 대한 Wilks람다와 이것을 F통계량으로 환산한 값이 제시되어 있다.

$$\text{Wilks}'\Lambda = \frac{\text{집단내분산}(SSW)}{\text{총분산}(SST)}$$

의 값이 크면 F통계량값이 작아지고, Wilks 람다 값이 작으면 F통계량값이 커진다. F통계량값이 클수록 전체 분산의 비율이 크므로 판별력이 높아지게 된다. 2개의 변수는 F통계량의 유의확률이 유의수준 $\alpha = 0.05$ 보다 작으므로 근무성적에 대한 평균학점과 시험성적의 평균차이는 유의하다고 할 수 있다.

③ 공분산 행렬의 동일성 검정

로그 행렬식

근무성적	순위	로그 행렬식
보통이하	2	5.834
우수	2	5.772
집단-내 통합값	2	5.978

인쇄된 판별값의 순위와 자연로그는 집단 공분산행렬의 순위 및 자연로그를 나타냅니다.

검정 결과

Box의 M		13.659
F	근사법	4.427
	자유도1	3
	자유도2	1095120.000
	유의확률	.004

모집단 공분산행렬이 동일하다는 영가설을 검정합니다.

판별분석은 다변량 정규분포를 가정하고 또한 각 집단의 공분산이동일하다는 가정하에 성립된다. 집단에 대한 공분산행렬의 동일성 검정은 Box검정을 통하여 이루어진다. 공분산이 동일하다는 귀무가설은 유의확률(0.004) < .0.05이므로 기각된다.귀무가설이 채택된 경우에는 판별분석이 유효하지만, 기각되는 경우에는 적절한 조치가 필요하다. 공분산이 동일하다는 가정이 위반되는 경우에는 독립변수(설명변수)를 표준화시켜서 변형할 수 있다. 그러나 두 공분산행

렬에 큰 차이가 없을 경우에는 선형판별함수를 그대로 사용해도 무방하다고 할 수 있다. 그리고 공분산행렬이 같지 않다는 결과는 정규분포의 가정도 위반되었다는 것을 의미할 수도 있다. 이 경우에는 각 독립변수의 정규분포성을 검정하여 위반시에는 이를 시정하고 Box의 M검정을 재시도하는 것이 좋을 것이다. 데이터가 다변량정규분포를 이루고 있으나 공분산행렬이 같지 않은 경우에는 선형판별함수 대신에 비선형판별함수의 이용이 바람직하다.

④ 정준 판별함수의 요약

정준 판별함수의 요약

고유값

함수	고유값	분산의 %	누적 %	정준 상관
1	1.732[a]	100.0	100.0	.796

a. 첫 번째 1 정준 판별함수가 분석에 사용되었습니다.

Wilks의 람다

함수의 검정	Wilks의 람다	카이제곱	자유도	유의확률
1	.366	77.398	2	.000

정준상관관계는 판별함수와 집단간의 관련정도(0.796)를 나타내는 것으로 이 값이 클수록 판별력이 우수하다고 할 수 있다. 고유값은 집단간의 분산을 집단 내의 분산으로 나눈 값이다. 고유값이 클수록 우수한 판별함수라고 할 수 있다. 고유값(eigenvalue)은 집단간 분산을 집단 내 분산으로 나눈 비율이므로, 고유치가 여러 개인 경우 고유치의 상대적인 크기는 판별함수가 총분산을 어느 정도 설명해 주고 있는가를 나타낸다. 그리고 정준상관(canonical correlation)은 판별함수의 판별능력을 나타내는 것으로서, 이 값이 1에 가까울수록 판별함수의 판별능력이 높다는 것을 의미한다. 이것은 일원 분산분석의 에타(η)와 같은 것으로서 설명력을 나타낸다. 집단의 수가 두 개일 때 Wilks의 람다 값은 집단 내 분산을 총분산으로 나눈 비율을 나타낸다. 그러나 집단의 수가 세 개 이상일 때에는 각 판별함수의 (집단 내 분산)/(총분산)의 곱을 나타낸다. 따라서 Wilks의 람다 값이 작을수록 그 판별함수의 설명력은 높아진다. 이 람다 값과 자유도를

고려한 χ^2통계량값으로 환산한 값과 그 확률값이 제공되므로 이것들을 이용하여 판별함수의 유의성을 검정할 수 있다. 여기에서 χ^2=77.39의 확률값 0.000 $< \alpha$=0.05이므로 판별함수는 유의한 것으로 나타났다.

⑤ 표준화 정준판별함수

표준화 정준 판별함수 계수

	함수
	1
평균학점	.870
시험성적	.421

정준 판별함수 계수

	함수
	1
평균학점	3.061
시험성적	.006
(상수)	-12.063

표준화하지 않은 계수

표준화된 정준판별계수와 원래의 자료를 이용한 정준판별함수계수를 나타낸다. 정준판별함수는

$$y = -12.063 + 3.061\text{평균학점} + 0.006\text{시험성적}$$

가 된다.

⑥ 함수의 집단 중심점

함수의 집단중심점

근무성적	함수
	1
보통이하	-1.300
우수	1.300

표준화하지 않은 정준 판별함수가 집단 평균에 대해 계산되었습니다.

원래 자료의 정준판별계수를 이용한 판별함수의 각 집단의 평균을 나타낸다. 보통이하의 경우는 −1.3이고 우수의 경우는 1.3이다. 분류기준은 이 두 집단 중심점의 평균이므로 $(1.3+(-1.3))/2=0$ 이다. 그러므로 0보다 큰 값을 갖는 경우는 우수집단으로 분류하고 0보다 작은값을 가지면 보통이라 집단으로 분류된다.

⑦ 분류통계량

집단에 대한 사전확률

근무성적	사전확률	분석에 사용된 케이스	
		가중되지 않음	가중됨
보통이하	.500	40	40.000
우수	.500	40	40.000
합계	1.000	80	80.000

분류 함수 계수

	근무성적	
	보통이하	우수
평균학점	30.975	38.931
시험성적	.079	.095
(상수)	-59.244	-90.599

Fisher의 선형 판별함수

Fisher의 분류함수계수를 나타낸다. Fisher의 판별계수를 구하기 위해서는 보통집단에서 우수집단의 분류함수계수를 빼주면 된다. 즉 Fisher의 판별함수계수는

$$b_1 = 30.975 - 38.931 = -7.956$$

$$b_2 = 0.079 - 0.095 = -0.016$$

$$b_3 = -59.244 + 90.599 = 31.355$$

이 되므로 Fisher의 판별함수는

$$y = -7.956x - 0.016x_2 + 31.355x_3$$

이다.

분류함수를 이용하여 새로운 개체를 분류하는 방법은 각 집단별 분류함수를 이용하여 각 개체의 집단별 분류함수 값을 계산한 나음에 점수가 높은 집단에 개체를 분류하게 된다.

⑧ 케이스별 통계량

케이스별 통계량											
케이스수		최대집단					두 번째로 큰 최대집단			판별점수
			P(D>d | G=g)							
	실제집단	예측집단	확률	자유도	P(G=g | D=d)	중심값까지의 제곱 Mahalanobis 거리	집단	P(G=g | D=d)	중심값까지의 제곱 Mahalanobis 거리	함수 1
원래값 1	1	1	.756	1	.985	.096	2	.015	8.465	-1.610
2	1	1	.439	1	.995	.598	2	.005	11.373	-2.073
3	1	1	.237	1	.998	1.399	2	.002	14.303	-2.482
4	1	1	.726	1	.986	.123	2	.014	8.702	-1.650
5	1	1	.720	1	.920	.128	2	.080	5.022	-.941
6	1	1	.258	1	.998	1.282	2	.002	13.923	-2.432
7	1	1	.544	1	.993	.368	2	.007	10.276	-1.906
8	1	1	.741	1	.986	.109	2	.014	8.581	-1.630
9	1	1	.253	1	.998	1.308	2	.002	14.008	-2.443
10	1	1	.519	1	.994	.416	2	.006	10.525	-1.945
11	1	1	.921	1	.974	.010	2	.026	7.281	-1.399

12	1	1	.941	1	.973	.005	2	.941	1	.973	.005	2	.027	7.146	-1.374
13	1	1	.977	1	.965	.001	2	.977	1	.965	.001	2	.035	6.608	-1.271
14	1	1	.860	1	.979	.031	2	.860	1	.979	.031	2	.021	7.706	-1.476
15	1	1	.754	1	.928	.098	2	.754	1	.928	.098	2	.072	5.224	-.986
16	1	1	.202	1	.999	1.631	2	.202	1	.999	1.631	2	.001	15.026	-2.577
17	1	1	.073	1	1.000	3.216	2	.073	1	1.000	3.216	2	.000	19.296	-3.093
18	1	1	.569	1	.992	.325	2	.569	1	.992	.325	2	.008	10.044	-1.870
19	1	1	.785	1	.935	.074	2	.785	1	.935	.074	2	.065	5.412	-1.027
20	1	1	.509	1	.994	.435	2	.509	1	.994	.435	2	.006	10.622	-1.959
21	1	1	.653	1	.990	.202	2	.653	1	.990	.202	2	.010	9.297	-1.750
22	1	1	.111	1	.999	2.534	2	.111	1	.999	2.534	2	.001	17.565	-2.891
23	1	1	.100	1	1.000	2.698	2	.100	1	1.000	2.698	2	.000	17.994	-2.942
24	1	1	.661	1	.989	.193	2	.661	1	.989	.193	2	.011	9.231	-1.739

각 케이스(사례)에 대한 실제집단과 예측집단에 속할 확률과 판별점수가 제시되어 있다. 여기에서 **표시는 잘못 판별된 케이스를 표시하고 있는데 판별 결과를 보면,

실제는 보통집단인데 우수로 판별한 케이스가 4개 (No.31,32, 35, 38)

실제는 우수인데 보통으로 판별한 케이스가 7개 (No. 73, 75, 76, 77, 78, 79,80)

로 모두 4개의 오판별이 있다. 따라서 오판별률은 13.75(=11/80)가 된다.

표에서 최대집단은 판별식에 의해서 속할 확률이 가장 높은 집단을 가리키며, 두 번째로 큰 최대집단은 그 다음으로 높은 집단이다. 예를 들면, 첫 번째 케이스 1은 실제로 집단 1에 속하며 판별분석에 의해서도 집단 1에 속하고 있다. 집단 1에 속할 확률은 0.756이며 집단 2에 속할 확률은 0.015이다. 표의 마지막 열에는 판별점수(discriminant scores)가 제시되어 있는데, 분류기준 혹은 집단 중심점과 비교하여 판별하게 된다. 첫 번째 케이스는 판별점수가 −1.610로서 0보다 작으므로 집단 1로 판별되었다. 집단 중심점과 비교할 경우에는 판별점수가 집단 1의 중심점에 가까우면 집단 1로, 집단 2의 중심점에 가까우면 집단 2로 판별된다.

⑨ 히스토그램(보통집단)

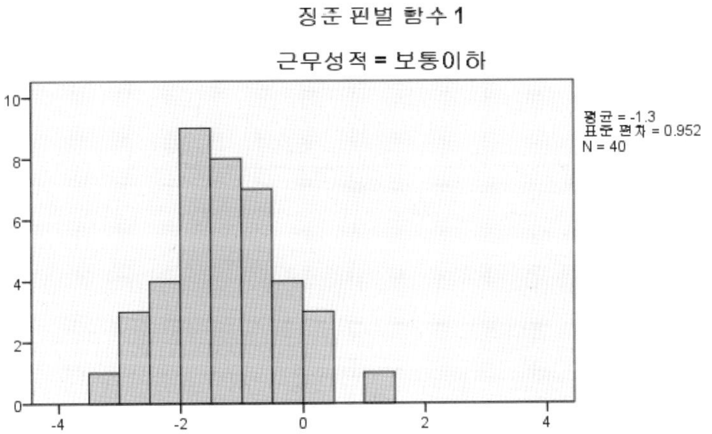

가로축의 0을 기준으로 0보다 크면 우수집단이고 0보다 작으면 보통집단으로 판별되는데 여기에서는 4개의 케이스가 우수집단으로 잘못 판별되고 있음을 보여주고 있다. 또한 우수집단에서도 7개의 케이스가 보통집단으로 분류되고 있음을 보여준다.

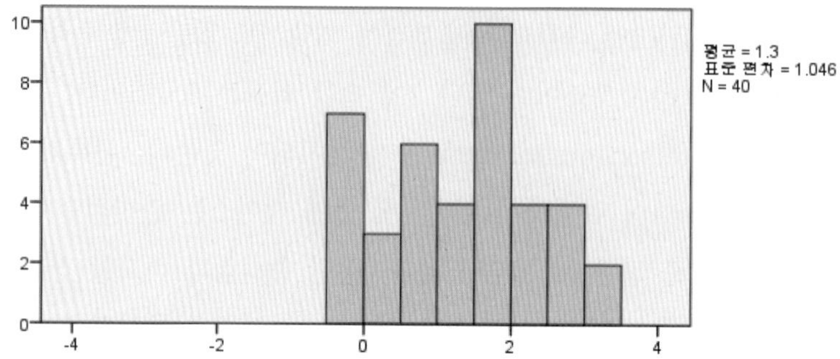

분류결과[a]

		근무성적	예측 소속집단		전체
			보통이하	우수	
원래값	빈도	보통이하	36	4	40
		우수	7	33	40
	%	보통이하	90.0	10.0	100.0
		우수	17.5	82.5	100.0

a. 원래의 집단 케이스 중 86.3%이(가) 올바로 분류되었습니다.

분류결과를 보면 보통집단에 속한 40개 중 36개가 보통집단으로 판별되었고, 4개가 우수집단으로 판별되었으므로 보통집단의 판별적중률은 90%이다. 우수집단의 경우에도 40개 중 33개를 우수집단으로 7개를 보통집단으로 판별하여 판별적중률은 역시 82.5%이다. 따라서 전체의 판별적 중률은 86.25%이다. 여기에서 판별적중률은 회귀분석의 적합도를 나타내는 결정계수 R^2은 선형회귀식이 얼마나 데이터를 잘 적합시켰는가를 나타내는 것이며, 판별분석에 있어서의 판별적중률은 판별식이 관측대상을 얼마나 잘 판별하는가를 나타내는 정도라고 할 수 있다.

Chapter 8

군집분석

1 군집분석의 개념

군집분석(cluster analysis) 또는 (집락분석)은 다변량자료를 각 특성의 유사성에 따라 여러 그룹(군집 또는 집락)으로 나누는 통계적 분석기법이다. 즉 각 개체나 변수가 미리 정해진 기준에 맞추어 각 군집 내에 비슷한 것들끼리 모이도록 분류하는 것이다.

판별분석에 따른 분류와 다른 점은 분류는 이미 알려진 그룹의 구조와 수대로 나누어 각 그룹에 새로운 개체를 할당하는 것이 목적이지만, 군집분석은 그룹의 수나 구조가 가정되어 있지 않고 유사성(similarity) 또는 근접성(proximity)에 근거한 그룹화(grouping)이다.

성공적으로 그룹화가 되었다면 그래픽으로 표현하였을 때, 다른 군집의 개체들은 서로 멀리 떨어져 있을 것이다. 2차원 또는 3차원의 산점도를 통해 직접적인 그룹화도 가능하기 때문에 최근에는 고차원의 관측값들을 2차원의 산점도로 표현하려는 그래픽 기법도 많이 연구되고 있다.

군집분석은 여러 상황에서 매우 유용한 자료분석도구이다. 예를 들어 조사자가 응답자에게 어떤 자료를 얻었을 때, 그 중에는 쓸모 없는 자료들(장난스런 답변 등)도 많이 있게 된다. 이러한 쓸모 없고 무성의한 설문 자료의 군집을 제거하여 유용한 자료들만으로 축소할 수 있다.

또 다른 예로 자료의 속성에 관한 가설을 검정하고자 할 때도 유용하게 사용된다. 예를 들어 조사자가 주류 소비자들을 각각 맥주와 소주를 좋아하는 그룹으로 나눌 수 있다고 생각할 때, 소비자들을 음주 취향에 따라 그룹화하여 과연 두 그룹으로 분류가 되는가를 확인해 볼 수 있다. 만약 분류가 잘된다면 음주취향이 어떤 차이를 보인다고 판단할 수 있다.

2 유사성의 측도

개체 간의 유사성을 수량적으로 측정하는 데는 여러 가지 방법이 있을 수 있다. 그 중에서 개체들 간의 거리(distance)가 가장 널리 쓰이는 측도이다. 그러나 거리를 이용한 분석 방법은 이상값에 영향을 많이 받는 단점이 있으므로 사전에 거르는 스크린작업(screen)이 필요하다.

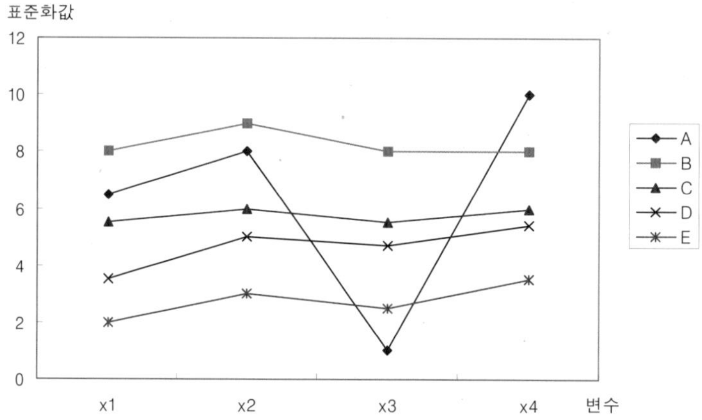

▌그림 8-1▌ 프로파일그림

스크린을 행하는 가장 쉬운 방법은 〈그림 8.1〉과 같은 프로파일(profile)그림을 그리는 것이다. 우선 자료를 표준화시키고 가로축에는 변수, 세로축에는 표준화된 값의 프로파일 그림을 그린다. 아래 그림은 5개의 개체에 4개의 변수 값에 관한 그림을 그린 것이다. 여기서는 A의 관측 값이 두드러지게 나타나 이상값임을 알 수 있다. 그러나 이는 표본의 수가 큰 경우에는 너무 번거롭기 때문에, 평균에서 3배의 표준편차 밖으로 벗어나는 관측값들을 제거하는 수식적인 작업이 더 용이하기도 하다.

1) 유클리디언 측도

이것은 개체들 간의 기하학적인 거리를 유사성의 측도로 삼는 방법이다.

예를 들어 두 개체 (x_1, y_1)과 (x_2, y_2)가 있다면 이들의 유클리디언 측도(Euclidean distance)는 $\sqrt{(x_1-x_2)^2+(y_1-y_2)^2}$ 이 된다.

일반적으로 표현하여 p개 변수를 포함하는 두 관측값 $\boldsymbol{X}$와 $\boldsymbol{V}$가 있을 때, 즉 $\boldsymbol{X}=(x_1, \cdots, x_p)'$, $\boldsymbol{V}=(y_1, \cdots, y_p)'$일 때 두 값의 기하학적 거리는 다음과 같이 정의된다.

$$d(\boldsymbol{X}, \boldsymbol{V}) = \sqrt{(x_1-y_1)^2+\cdots+(x_p-y_p)^2} = \sqrt{(\boldsymbol{X}-\boldsymbol{V})'(\boldsymbol{X}-\boldsymbol{V})}$$

그러나 각 변수 값들의 척도(scale)가 다를 때는 유클리디언 측도에 약점이 있다. 다음과 같은 예를 통해 살펴보자.

두개의 변수를 갖는 다음과 같은 세 개체가 있다고 하자.

개체	구입확률(%)	상품구경시간(분)
A	60%	3.0
B	65%	3.5
C	63%	4.0

이 경우 각 개체들 간의 유클리디언측도값은 다음과 같다.

$$d(A, B) = \sqrt{25.25},\ d(A, C) = \sqrt{10.00},\ d(B, C) = \sqrt{4.25}$$

이 결과에 의하면 다른 개체에 비해 A와 B가 가장 멀리 떨어져 있다고 판단된다. 그런데 상품구경시간을 초로 환산하여 자료를 주면 유클리디언측도값은 다음과 같이 바

뀐다.

$$d(A,\ B) = \sqrt{61},\ d(A,\ C) = \sqrt{153},\ d(B,\ C) = \sqrt{40}$$

즉 A와 C의 거리가 다른 개체들에 비해 가장 멀리 떨어져 있다고 판단하는 다른 결과를 보여준다.

그래서 원자료를 표준화시켜줄 필요가 있다. 일반적으로 표현하면 유클리디언 측도를 다음과 같이 변형해야 한다.

$$d^*(\boldsymbol{X},\ \boldsymbol{V}) = \sqrt{(\boldsymbol{X}-\boldsymbol{V})'\boldsymbol{S}^{-1}(\boldsymbol{X}-\boldsymbol{V})}$$

여기서, $\boldsymbol{S}$는 표본의 공분산 행렬이다. 그러나 종종 S에 관한 사전지식이 없는 경우가 있기 때문에, 이때는 d^*보다는 d를 사용해야 할 것이다.

2) 매치형 측도

아이템들이 의미있는 측량적인 측도로 나타내지지 않고, 단지 어떤 특성의 존재 유무로만 표현되는 경우가 있다. 이때는 이항 변수를 사용하여 개체들 간의 거리를 계산한다.

예를 들어, P= 5인 개체가 각 변수의 특성의 존재여부(존재 = 1, 부재 = 0)에 따라 다음과 같은 값을 갖는다 하자.

개체	특 성				
	1	2	3	4	5
A	1	0	0	1	1
B	1	1	0	1	0
C	0	0	0	1	0

(있음 = 1, 없음 = 0)

여기서 유클리디언 측도를 구하면 다음과 같다.

$$d(A,\ B) = \sqrt{2},\ d(A,\ C) = \sqrt{2},\ d(B,\ C) = \sqrt{2}$$

계산결과는 A, B, C 세 개체 간의 거리가 모두 같은 것으로 나타났다. 그러나 A, B 사이에는 (1, 1)매치가 2개인 반면에 A와 C, B와 C 사이에는 (1, 1)매치가 하나 뿐이다.

현실적으로 어떤 특성이 있고 없음을 이야기할 때, (0, 0)매치보다 (1, 1)매치가 훨씬 더 큰 유사성을 의미한다. 즉 A, B 사이가 더 유사한 것으로 판단된다. 그래서 이렇게 (0, 0)매치나 (1, 1)매치에 같은 가중치를 둠으로 생기는 단점을 보완하기 위해 (0, 0)매치를 계산에서 빼든지 다른 가중치를 주는 여러 가지 방법이 연구되고 있다.

3 계층적 군집 방법

아무리 용량이 큰 컴퓨터라 할지라도 모든 가능한 그룹화를 다 시행해 볼 수는 없다. 예를 들어 16개의 개체를 두 개의 그룹으로 나눌 수 있는 방법의 수는 32,767 ($= 2^{16} \div 2 - 1$) 가짓수나 되며 세 그룹으로 나누는 경우의 수는 7,141,686이나 된다. 이런 모든 경우를 고려해서 그 중에서 가장 그룹화가 잘된 것을 찾는다는 것은 불가능해 보인다. 이런 이유 때문에 모든 가능한 경우를 고려하지 않고도 그룹화를 하는 합리적인 방법을 찾으려 하였다.

그 중에 계층적 군집 방법(hierarchical clustering method)은 매우 성공적인 방법이다. 이는 각 개체에서부터 시작하여 유사한 것들끼리 계속 묶어가는 응집방법(agglomerative method)과 전체자료를 서로 상이한 것으로 계속 나누어가는 분해방법(divisive method)이 있다. 그러나 이중에 응집 방법이 주로 쓰이므로 이것만 설명하겠다.

응집 계층적 군집방법은 다음과 같은 절차를 따른다.

① 개체의 수가 N일 때 각 개체들 간의 거리들로 이루어진 $N \times N$ 대칭 행렬 $D = \{d_{ik}\}$를 구한다.

② 거리 행렬 D에서 가장 가까운 거리를 갖는 쌍을 찾는다. 이때 가장 근접한 쌍이 U, V라 하자.

③ U, V를 합치고 난 후 거리 행렬을 조정한다. 우선 U, V에 해당하는 행과 열을 없애고 U, V와 나머지 cluster와의 거리로 거리행렬을 만든다.

④ 1-3번 까지의 절차를 N－1번 반복한다.(모든 개체가 한 군집이 될 때까지)

그런데 위의 절차에서 두 개체로 한 군집을 이룬 뒤 그 군집과 다른 개체와의 거리는 무엇을 기준으로 할 것인가 하는 문제에 도달하게 된다. 이 기준을 제시하는 방법간에 차이로 인하여 응집계층적 군집방법에는 다음과 같은 방법들이 존재한다.

① 단일연결법(최소거리 기준)
② 완전연결법(최장거리 기준)
③ 평균연결법(평균거리 기준)

이 외에도 Ward의 방법, Certroid(중심)를 이용한 방법 등이 있으나 본 교재에서는 위의 세 가지만 설명하겠다.

1) 단일연결법(single linkage)

가장 거리가 짧은 두 개체를 한 군집으로 묶은 뒤에 두 개체 중의 하나와 거리가 가장 짧은 세 번째 개체를 군집으로 포함시킨다. 즉 개체 간에 최소거리가 기준이 되어 군집을 나눈다.

앞의 절차 3에서 새로운 거리 행렬을 만들 때 (U, V)군집과 W 군집의 거리는 다음과 같이 정의된다.

$$d_{(U,\ V)W} = \min\{d_{UW},\ d_{VW}\}$$

그러나 이 방법은 다음 그림처럼 원래는 두 개의 군집으로 이루어진 개체에서 뱀처럼 길게 늘어진 개체들이 있다면 이 개체들을 쭉 따라서 한 군집으로 분류하는 단점(snake 현상)이 있다.

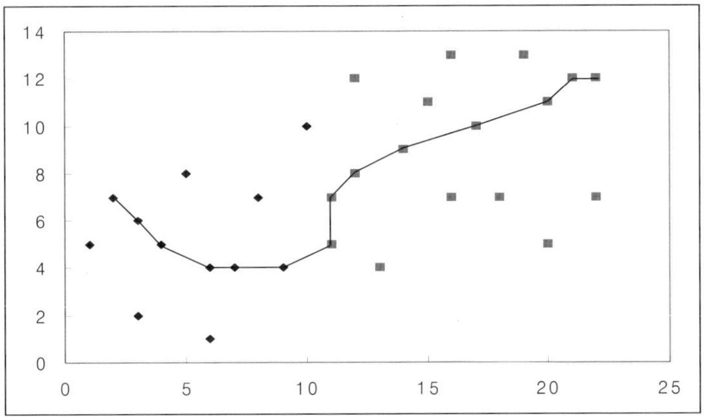

▮그림 8-2▮ 단일연결법의 스네이크현상

실제로 군집을 분류하는 방법을 예를 통해서 살펴보자. 5개 개체의 거리 행렬이 다음과 같은 자료를 고려해보자.

$$
D = \begin{array}{c} \\ 1 \\ 2 \\ 3 \\ 4 \\ 5 \end{array}
\begin{array}{c} \begin{array}{ccccc} 1 & 2 & 3 & 4 & 5 \end{array} \\
\left[\begin{array}{ccccc} 0 & & & & \\ 9 & 0 & & & \\ 3 & 7 & 0 & & \\ 6 & 5 & 9 & 0 & \\ 11 & 10 & ② & 8 & 0 \end{array}\right] \end{array}
$$

이 중에서 가장 거리가 짧은 개체의 쌍은 3과 5이다.

$$\min\{d_{ik}\} = d_{53} = 2$$

3, 5가 한 군집으로 합병된 후 (3, 5)와 다른 개체들 간의 거리 행렬을 최소 거리를 기준으로 재작성한다.

$$d_{(3,5)1} = \min\{d_{31},\ d_{51}\} = \min\{3,\ 11\} = 3$$

$$d_{(3,5)2} = \min\{d_{32},\ d_{52}\} = \min\{7,\ 10\} = 7$$

$$d_{(3,5)4} - \min\{d_{34},\ d_{54}\} = \min\{9,\ 8\} = 8$$

$$
D = \begin{array}{c} \\ (3,5) \\ 1 \\ 2 \\ 4 \end{array}
\begin{array}{c} \begin{array}{cccc} (3,5) & 1 & 2 & 4 \end{array} \\
\left[\begin{array}{ccccc} 0 & & & & \\ ③ & 0 & & & \\ 7 & 9 & 0 & & 8 \\ 6 & 5 & 0 & & \end{array}\right] \end{array}
$$

새로 작성된 거리 행렬에서 가장 작은 값이 (3, 5)군집과 개체 1과의 거리이므로 (3, 5)와 (1)이 한 군집이 된다. 그 후에 위 방법으로 거리 행렬을 다음과 같이 만들 수 있다.

$$D = \begin{matrix} (1,3,5) \\ 2 \\ 4 \end{matrix} \overset{\begin{matrix}(1,3,5) & 2 & 4\end{matrix}}{\begin{bmatrix} 0 & & \\ 7 & 0 & \\ 6 & ⑤ & 0 \end{bmatrix}} \quad => \quad D = \begin{matrix} (1,3,5) \\ (2,4) \end{matrix} \overset{\begin{matrix}(1,3,5) & (2,4)\end{matrix}}{\begin{bmatrix} 0 & \\ 6 & 0 \end{bmatrix}}$$

이것을 단계별로 군집을 구성하는 형태를 보여주는 덴드로그램(dendrogram)으로 표시하면 다음과 같다.

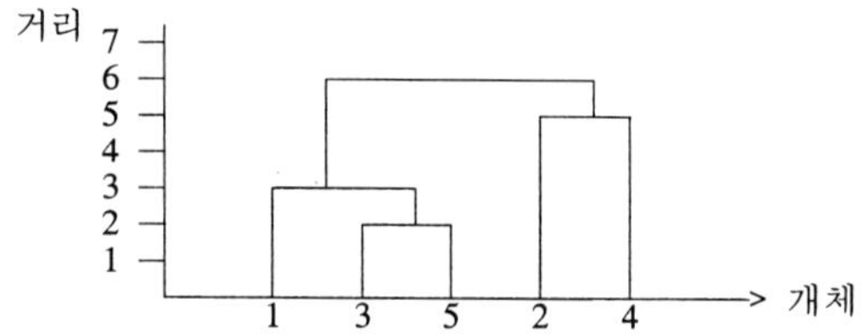

2) 완전연결법(complete linkage)

완전연결법은 가장 가까운 개체를 한 군집으로 묶은 뒤에 이 군집과 다른 개체와의 최대 거리를 구하여 이를 거리 행렬로 삼는다. 그리고 이 최대거리가 최소화하는 개체들 끼리 군집을 나눈다. 이 방법은 앞의 단일 연결법의 단점(snake 현상)을 없애준다. 제일 가까운 U, V 개체를 한 군집으로 묶은 뒤 $(U,\ V)$군집과 W 군집과의 거리는 다음과 같이 정의된다.

$$d_{(U,\ V)W} = \max\{d_{UW},\ d_{VW}\}$$

앞의 예제를 통하여 완전연결법을 설명해보자. 처음 단계는 완전연결법과 같이 거리가 최소가 되는 개체들로 군집을 형성한다. 즉 (3, 5)가 한 군집이 된다. 그 군집과 다른 개체와의 거리를 최대거리 기준에 의해 구하면 다음과 같다.

$$d_{(3,\ 5)1} = \max\{d_{31},\ d_{51}\} = \max\{3,\ 11\} = 11$$

$$d_{(3,\ 5)2} = \max\{d_{32},\ d_{52}\} = \max\{7,\ 10\} = 10$$

$$d_{(3,\ 5)4} = \max\{d_{34},\ d_{54}\} = \max\{9,\ 8\} = 9$$

즉, 거리 행렬을 다음과 같이 쓸 수 있다.

$$D = \begin{array}{c} \\ (3,5) \\ 1 \\ 2 \\ 4 \end{array} \begin{array}{c} \begin{array}{cccc} (3,5) & 1 & 2 & 4 \end{array} \\ \begin{bmatrix} 0 & & & \\ 11 & 0 & & \\ 10 & 9 & 0 & \\ 9 & 6 & ⑤ & 0 \end{bmatrix} \end{array}$$

즉 (2, 4)가 한 군집으로 선택된다. 같은 요령으로 계속적으로 구하여 행렬을 정리하면 다음과 같다.

$$D = \begin{array}{c} \\ (3,5) \\ (2,4) \\ 1 \end{array} \begin{array}{c} \begin{array}{ccc} (3,5) & (2,4) & 1 \end{array} \\ \begin{bmatrix} 0 & & \\ 10 & 0 & \\ 11 & ⑨ & 0 \end{bmatrix} \end{array} \quad => \quad D = \begin{array}{c} \\ (3,5) \\ (1,2,4) \end{array} \begin{array}{c} \begin{array}{cc} (3,5) & (1,2,4) \end{array} \\ \begin{bmatrix} 0 & \\ 11 & 0 \end{bmatrix} \end{array}$$

이를 덴드로그램으로 나타내면 다음과 같다.

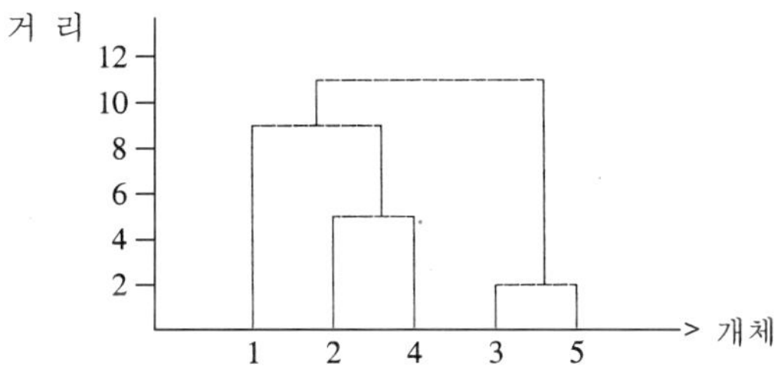

3) 평균연결법(average linkage)

평균연결법은 군집과 군집 간의 거리를 포함된 개체들의 모든 쌍의 평균거리를 이용하는 방법이다. 거리 행렬 D에서 가장 가까운 거리의 개체가 U, V라 할 때 $(U,\ V)$를 한 군집으로 묶는 것은 앞의 두 방법과 동일하다. $(U,\ V)$와 다른 군집(또는 개체) W와의 거리는 다음과 같이 정의된다.

$$d_{(U,V)W} = \frac{\sum\sum d_{ik}}{N_{(U,V)} N_W}$$

여기서 d_{ik}는 $(U,\ V)$군집의 i개체 ($i = U$ 또는 V)와 W 군집의 k개체 간의 거리를 뜻한다. 또한 $N_{(U,V)}$, N_W는 각각 $(U,\ V)$군집의 개체의 수, W 군집의 개체의 수

를 의미한다.

앞의 예를 평균 연결법을 적용하여 군집을 분류하면 다음과 같다. 우선 (3, 5)가 한 군집으로 분류되는 것은 같다. (3, 5)군집과 다른 개체들과의 거리를 구하면 다음과 같다.

$$d_{(3,5)1} = \frac{d_{31} + d_{51}}{2 \times 1} = \frac{3 + 11}{2} = 7$$

$$d_{(3,5)2} = \frac{d_{32} + d_{52}}{2 \times 1} = \frac{7 + 10}{2} = 8.5$$

$$d_{(3,5)4} = \frac{d_{34} + d_{54}}{2 \times 1} = \frac{9 + 8}{2} = 8.5$$

그래서

$$D = \begin{array}{c} \\ (3,5) \\ 1 \\ 2 \\ 4 \end{array} \begin{array}{c} \begin{array}{cccc} (3,5) & 1 & 2 & 4 \end{array} \\ \left[\begin{array}{cccc} 0 & & & \\ 7 & 0 & & \\ 8.5 & 9 & 0 & \\ 8.5 & 6 & ⑤ & 0 \end{array} \right] \end{array}$$

여기서 개체 2와 4가 한 군집으로 분류된다. (3, 5)군집과 (2, 4)군집의 다른 군집과의 거리를 구하면 다음과 같다.

$$d_{(3,5)(2,4)} = \frac{d_{32} + d_{34} + d_{52} + d_{54}}{2 \times 2} = \frac{7 + 9 + 10 + 8}{4} = 8.5$$

$$d_{(3,5)1} = \frac{d_{31} + d_{51}}{2 \times 1} = \frac{3 + 11}{2} = 7$$

$$d_{(2,4)1} = \frac{d_{21} + d_{41}}{2 \times 1} = \frac{9 + 6}{2} = 7.5$$

그래서

$$D = \begin{array}{c} \\ (3,5) \\ (2,4) \\ 1 \end{array} \begin{array}{c} \begin{array}{ccc} (3,5) & (2,4) & 1 \end{array} \\ \left[\begin{array}{ccc} 0 & & \\ 8.5 & 0 & \\ ⑦ & 7.5 & 0 \end{array} \right] \end{array}$$

그 결과 (3, 5)군집과 개체 1이 한 군집으로 분류된다. 그 다음 거리 행렬을 구하면 다음과 같다.

$$d_{(1,3,5)(2,4)} = \frac{d_{12}+d_{14}+d_{32}+d_{34}+d_{52}+d_{54}}{3\times 2}$$

$$= \frac{9+6+7+9+10+8}{6} = \frac{49}{6}$$

$$D = \begin{matrix} \\ (1,3,5) \\ (2,4) \end{matrix} \begin{matrix} (1,3,5) & (2,4) \\ \left[\begin{matrix} 0 & \\ \frac{49}{6} & 0 \end{matrix}\right] \end{matrix}$$

이를 덴드로그램으로 표시하면 다음과 같다.

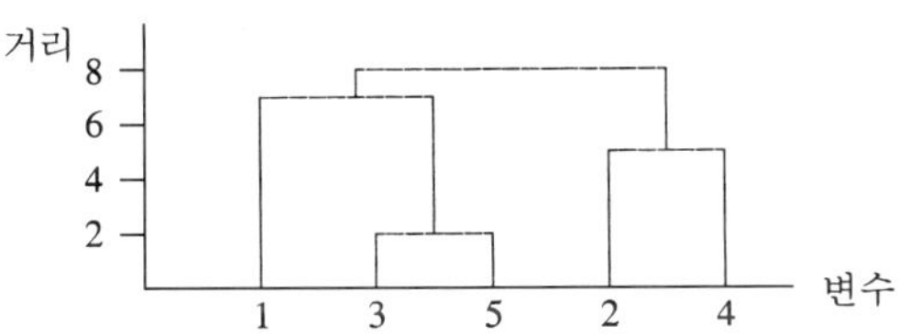

앞에서 설명한 세 가지 방법들은 기본적인 절차와 개념은 같고, 단지 거리를 산출하는 방법만이 다를 뿐이다. 군집분석은 자료의 이상값 또는 잡음변수(noise variable)의 출현에 매우 민감하게 반응하기 때문에 여러 가지 방법을 동시에 사용하여 군집을 분류해보는 것이 유리하다. 서로 다른 방법의 군집분류가 거의 일치한다면 이 결과는 매우 신빙성이 있는 것이다. 또 다른 방법으로, 원자료에 약간씩의 인위적인 오차를 더해준 뒤에 그들의 군집분류와 원래의 결과가 일치하는 지를 파악해본다. 만약 일치한다면 이 그룹의 분류는 매우 믿을 만하게 되었음을 알 수 있다.

예제 [8.1]

[prg8_1.sav]

다음의 자료는 우리나라 제조업체들의 가동률에 대한 자료이다. 이를 이용하여 업체들을 군집으로 분류하시오.

제조업	생산능력지수	가동률지수	가동계절
유지가공업	106.4	109.9	103.4
낙농제조업	113.5	97.2	99.6
⋮	⋮	⋮	⋮
조명제조업	87.8	105.6	111.9
장비제조업	98.4	99.3	99.1

풀이 먼저 prg8_1.sav 파일을 불러온다. 이 자료를 이용하여 군집분석을 실시한다. 메뉴에서 **분석(A)** ⇨ **분류분석(Y)** ⇨ **계층적 군집분석(H)**을 선택한다. 아래의 그림에서 분석대상인 변수들을 **변수(V)**창으로 옮기고 또한 **케이스 설명 기준변수(C)**로는 제조업변수를 옮겨준다.

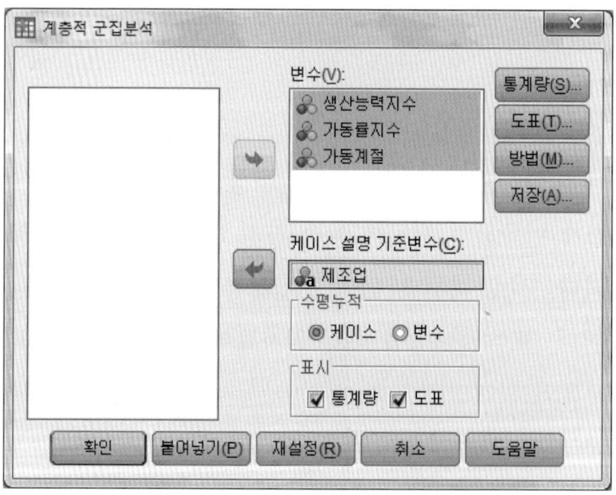

다음으로 **통계량(T)**을 선택하고 군집화 일정표를 체크하고 소속군집의 해법범위에 구하고자 하는 군집의 수를 입력한다 그리고 근접행렬은 유사성 거리행렬을 산출하라는 내용이다.

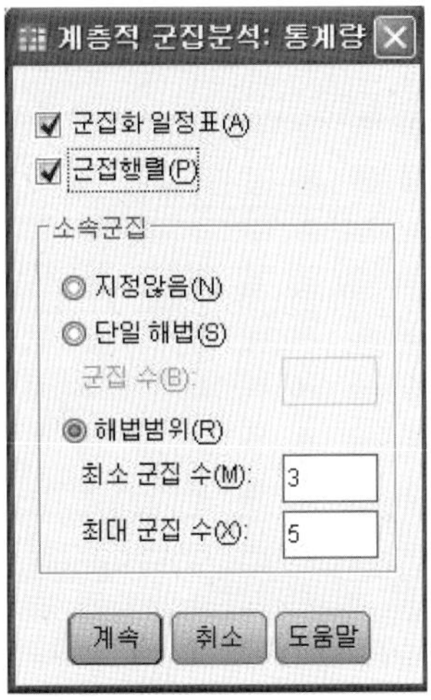

도표(O)에서는 덴드로그램(D)을 선택해준다.

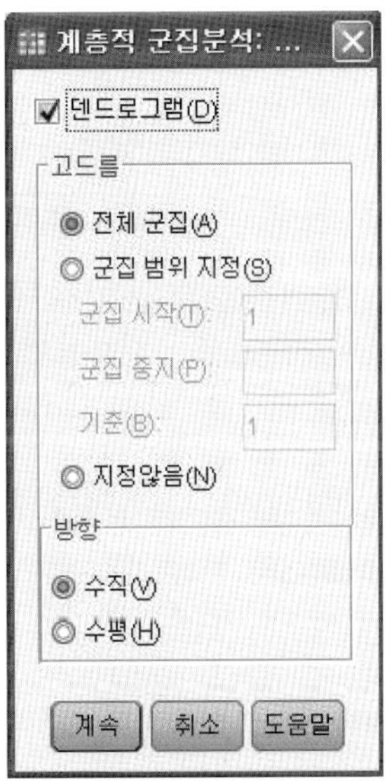

덴드로그램은 나무모양그림을, 고드름은 고드름모양그림을, 그리고 방향은 수직고드름이나 수평고드름을 선택하라는 내용이다.

방법(M)에서는 군집방법(M)은 가장 가까운 항목을 선택하고 값변환을 표준화(S)에 Z점수로 분석을 실시하게 한다.

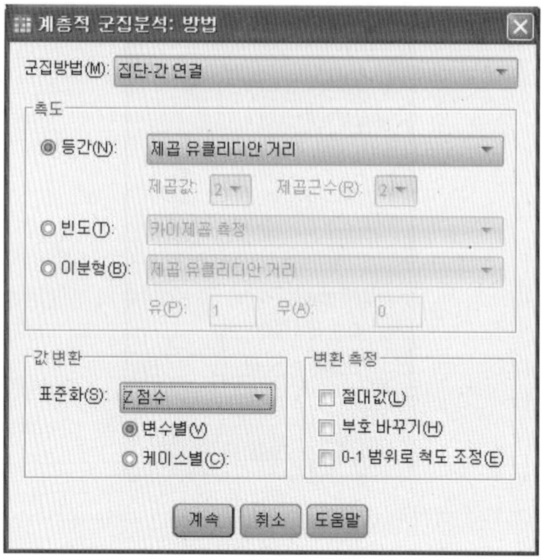

군집방법의 선택 내역은 다음과 같다.

- 집단 간 연결(between-groups linkage) : 평균연결법으로 그룹 간 평균
- 집단 내 연결(within-groups linkage) : 평균연결법으로 그룹 내 평균
- 가장 가까운 항목(nearest linkage) : 최단연결법
- 가장 먼 항목(furthest neighbor) : 최장연결법
- 중심적 군집화(centroid linkage) : 중심연결법
- 중위수 군집화(median linkage) : 중앙값연결법
- Ward의 방법(Ward's linkage) : Ward 연결법

측도는 거리 측도를 선택하라는 내용이고, 값 변환은 각 개체 간의 유사성 거리를 측정하기 전에 원자료를 변환하는 기능이다. 일반적으로 각 변수값들을 이용하여 거리(distance) 또는 유사성(similarity)을 측정할 때 각 변수값의 관측 단위가 다름으로 인해 발생되는 영향력을 없애기 위하여 각 변수들을 표준화하는 것이 좋다. 변환측정은 측정된 유사성 거리를 변환하는 기능으로서 절대값, 부호 바꾸기, 0-1 범위로 척도 조정한다.

다음으로 저장 단추는 각 케이스가 어느 군집에 속하는가에 대한 정보를 나타내는 변수를 활용 파일에 저장하고자 할 때 이용한다. 소속군집은 단일 해법으로 군집의 수는 3으로 설정한다.

이제 분석을 실시한다. 아래의 표는 분석결과이다.

☆ 근접행렬

케이스	제곱 유클리디언 거리														
	1:유지 가공업	2:낙농 제조업	3:곡물 제조업	4:식품 제조업	5:음료 제조업	6:화합 제조업	7:화학 제조업	8:섬유 제조업	9:가죽 제조업	10:신발 제조업	11:전기 제조업	12:케이블 제조업	13:전지 제조업	14:조명 제조업	15:장비 제조업
1:유지가공업	.000	.929	.913	1.137	.191	.552	1.106	7.283	2.674	20.366	.118	3.232	17.495	.563	.702
2:낙농제조업	.929	.000	.012	.025	.368	.057	.011	3.371	.567	13.292	.848	.814	20.859	1.341	.031
3:곡물제조업	.913	.012	.000	.055	.392	.078	.014	3.252	.501	13.064	.857	.758	21.545	1.429	.014
4:식품제조업	1.137	.025	.055	.000	.452	.124	.033	3.336	.536	13.113	.953	.794	21.330	1.344	.097
5:음료제조업	.191	.368	.392	.452	.000	.159	.498	5.894	1.754	17.982	.111	2.239	18.377	.400	.276
6:화합제조업	.552	.057	.070	.124	.159	.000	.112	4.198	.962	14.935	.527	1.262	19.277	.978	.044
7:화학제조업	1.106	.011	.014	.033	.498	.112	.000	3.004	.429	12.553	1.034	.638	21.479	1.583	.053
8:섬유제조업	7.283	3.371	3.252	3.336	5.894	4.198	3.004	.000	1.330	3.312	7.396	.882	34.268	8.868	3.629
9:가죽제조업	2.674	.567	.501	.536	1.754	.902	.429	1.330	.000	8.611	2.556	.070	27.127	3.404	.662
10:신발제조업	20.366	13.292	13.064	13.113	17.982	14.935	12.553	3.312	8.611	.000	20.485	7.535	55.027	22.741	13.823
11:전기제조업	.118	.848	.857	.953	.111	.527	1.034	7.396	2.556	20.485	.000	3.206	18.507	.207	.673
12:케이블제조업	3.232	.814	.758	.794	2.239	1.262	.638	.882	.070	7.535	3.206	.000	27.048	4.156	.956
13:전지제조업	17.495	20.859	21.545	21.330	18.377	19.277	21.479	34.268	27.127	55.027	18.507	27.048	.000	17.540	21.053
14:조명제조업	.563	1.341	1.429	1.344	.400	.978	1.583	8.868	3.404	22.741	.207	4.156	17.540	.000	1.245
15:장비제조업	.702	.031	.014	.097	.276	.044	.053	3.629	.662	13.823	.673	.956	21.053	1.245	.000

단일 업종들 사이의 거리에 있어서 화학제조업과 낙농제조업 간의 거리가 0.011로 가장 짧고, 신발제조업과 전지제조업간의 거리가 55.027로 가장 멀다. 이는 원 자료의 지수들의 차이를 알아보면 확인할 수 있다.

☆ **군집화 일정표**

단계	결합 군집		계수	처음 나타나는 군집의 단계		다음 단계
	군집 1	군집 2		군집 1	군집 2	
1	2	7	.011	0	0	2
2	2	3	.013	1	0	3
3	2	15	.033	2	0	4
4	2	4	.053	3	0	6
5	9	12	.070	0	0	10
6	2	6	.083	4	0	10
7	5	11	.111	0	0	8
8	1	5	.155	0	7	9
9	1	14	.390	8	0	11
10	2	9	.740	6	5	11
11	1	2	1.360	9	10	13
12	8	10	3.312	0	0	13
13	1	8	9.623	11	12	14
14	1	13	24.352	13	0	0

위의 분석 방법에 의하면 전체 개체(또는 변수)가 마지막 하나의 군집이 될 때까지(14단계) 분류를 계속하였다. 그랬을 때 우리가 당면하는 문제는 이러한 분류절차를 어디에서 마감해야 할 것인가이다. 즉 궁극적으로 몇 개의 군집으로 나눌 것인가, 이렇게 나눈 군집들 간에는 어떤 뚜렷한 차이가 존재하는가를 파악할 수 있는가이다.

이제 위의 군집화 일정표에 나타나 있는 계수(유사성 거리계수)값을 이용하자. 이 계수는 각 단계에서 얼마나 상이한 군집이 형성되었는지를 판단할 수 있으며, 군집수에 대한 결제에 유익한 정보를 주고 있다. 계수값이 클수록 서로 다른 두 개의 군집이 합쳐지고 있음을 말한다. 반대로 계수가 작을수록 비슷한 두 군집이 합쳐지고 있음을 말한다. 그러므로 이 계수값이 갑자기 큰 폭으로 상승하는 곳의 단계에서 군집의 수를 정하면 된다.

위의 예제에서는 계수의 값이 조금씩 상승을 하고 있다가 11단계에서 12단계로 급격히 상승하고 있음을 알 수 있다. 즉 11단계 또는 12단계에서 군집을 형성하는 것이 적절할 것이다. 최종단계가 14단계이므로 11단계에서 군집을 형성하면 14, 13, 12, 11단계까지 4개의 군집을 형성하게 되는 것이고 12단계에서 군집을 형성하면 14, 13, 12단계까지 3개의 군집을 형성하게 되는 것이다. 여기에서는 3개의 군집을 형성하는 것이 적절할 것이다.

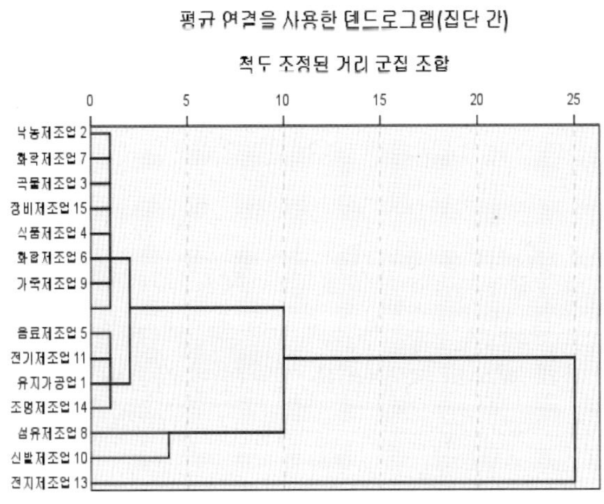

군집화 일정표를 가지고 해석하는 것이나 덴드로그램(Dendrogram)을 가지고 해석하는 결과는 같다. 일반적으로 덴드로그램이 시각적으로 해석이 보다 더 용이하다. 위의 덴드로그램을 살펴보면 상단의 값이 0에서 25 사이의 군집으로 재 측정되었으며 세로축의 업종들이 군집화되는 결과를 알 수 있다. 즉 3개의 군집을 형성하게 된다면 전지제조업이 1개의 군집으로 섬유제조업과 신발제조업이 1개의 군집으로, 그외의 제조업이 1개의 군집으로 형성됨을 알 수 있다. 즉 세 집단으로 나눈다면 (2,7,3,15,4,6,9,12,5,11,14)),(8,10),(13) 로 된다.

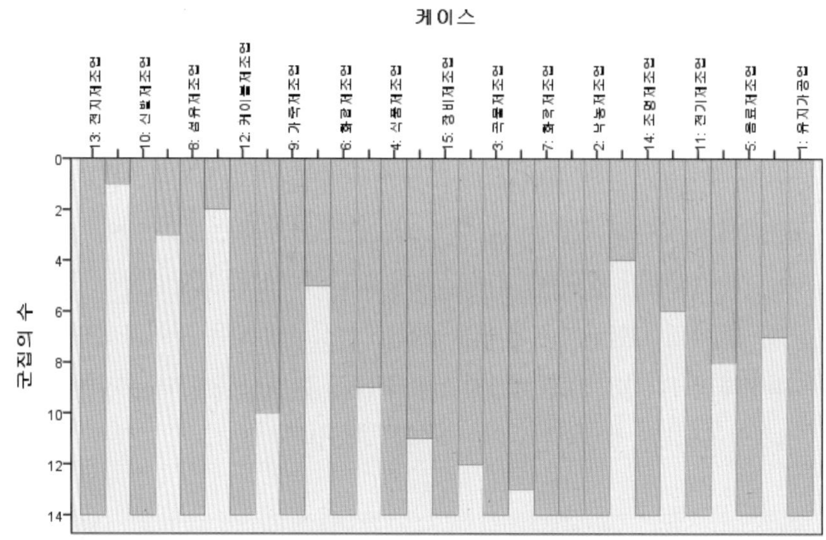

그리고 군집의 수에 따라 제조업들이 수직 고드름 형식으로 묶이는 차례를 보여주고 있다. 세 집단으로 나눈다면 (13),(10,8)(12,9,6,4,15,3,7,2,14,11,6.1)이 된다.

이제 각 군집별 특성에 대해 분석하여보자 메뉴에서 **분석(A)** ⇨ **분류분석(Y)** ⇨ **계층적 군집분석(H)**을 선택한다. 이미 분석을 실시하였으므로 분석에 대한 설정은 되어져 있고 아래 메뉴의 **저장(A)**을 선택하여 다음의 그림처럼 군집의 수를 3으로 설정해주자.

이제 계속을 선택한 후 분석을 실하면 데이터창에 아래와 같은 **새로운 변수(CLU3_1)**가 생성됨은 알 수 있다. 이 변수가 각 제조업의 군집의 번호를 나타내 주고 있다.

이제 각 군집별 분석을 실시하여 보자. 메뉴의 **분석(A) ⇨ 평균비교(M) ⇨ 집단별 평균분석(M)**을 선택한 후 **종속변수(D)**에 생산능력지수, 가동률지수, 가동계절이라는 변수를 옮겨주고 **독립변수(I)**에는 새롭게 생성된 변수(CLU3_1)를 옮겨준다.

이제 오른쪽 옆의 **옵션(O)**을 선택하면 아래의 그림이 나타나며 기본적으로 셀 통계량에는 평균, 케이스 수, 표준편차가 설정되어 있다. 이제 아래의 **분산분석표 및 에타(A)**를 선택한 후 분석을 실시한다.

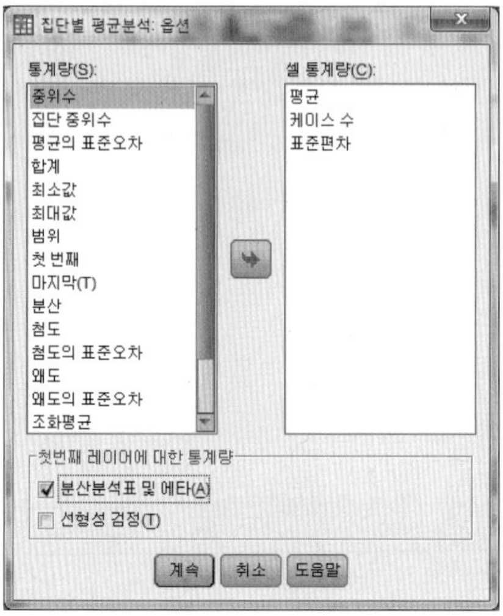

분석결과는 다음과 같다.

☆ **보 고 서**

Average Linkage (Between Groups)		생산능력지수	가동률지수	가동계절
1	평균	99.300	99.325	100.658
	N	12	12	12
	표준편차	17.1340	6.4301	5.5157
2	평균	79.150	71.750	74.100
	N	2	2	2
	표준편차	25.6680	13.0815	10.8894
3	평균	812.200	124.100	121.200
	N	1	1	1
	표준편차	.	.	.
합계	평균	144.140	97.300	98.487
	N	15	15	15
	표준편차	185.6970	13.8847	12.5787

1번째 군집은 생산능력지수, 가동률지수, 가동계절값이 전체 평균값에 가까운 제조업체들로 구성되어져 있으며 2번째 군집은 생산능력지수, 가동률지수, 가동계절값이 전반적으로 낮은 제조업체들로 구성되어져 있으며 3번째 군집은 각 값들이 매우 높은 제조업체들로 구성되어져 있음을 알 수 있다.
분산분석에 의해서는 생산능력지수, 가동률지수, 가동계절 모두 군집간의 차이가 존재하는 것으로 나타났다.

☆ **분산분석표**

			제곱합	자유도	평균제곱	F	유의확률
생산능력지수 * Average Linkage (Between Groups)	집단-간	(조합)	478879.071	2	239439.536	738.983	.000
	집단-내		3888.145	12	324.012		
	합계		482767.216	14			
가동률지수 * Average Linkage (Between Groups)	집단-간	(조합)	2073.052	2	1036.526	19.872	.000
	집단-내		625.928	12	52.161		
	합계		2698.980	14			
가동계절 * Average Linkage (Between Groups)	집단-간	(조합)	1761.908	2	880.954	23.325	.000
	집단-내		453.229	12	37.769		
	합계		2215.137	14			

결합 측도

	에타	에타제곱
생산능력지수 * Average Linkage (Between Groups)	.996	.992
가동률지수 * Average Linkage (Between Groups)	.876	.768
가동계절 * Average Linkage (Between Groups)	.892	.795

4 K-평균 군집분석

1) K-평균 군집분석 개요

K-평균 군집방법은 계층적 군집분석과는 달리 개체가 어느 한 군집에만 속하도록 하는 상호배반적 군집방법이다. 이 방법은 군집의 수를 미리 정하고, 각 개체가 어느 군집에 속하는지를 분석하는 방법으로서 대용량 데이터의 군집분석에 유용하게 이용되는 방법이다. 군집 절차는 다음과 같다.

① 개체를 초기의 K군집으로 분류한다. 이러한 군집의 초기 분류는 분석자가 지정할 수도 있고, 프로그램에서 제공할 수 있다.
② 각 군집의 각각의 변수에 대해서 중심점들을 계산한다.
③ 주어진 케이스에 대해서 중심점과의 거리를 계산한다. 만약 현재 속하고 있는 군집의 중심점과 가까우면 그대로 놔두고, 그렇지 않으면 다른 군집으로 배정한다.
④ 각 케이스에 대하여 세 번째 절차를 시행한다.
⑤ 어느 케이스도 다른 군집에 재배정되지 않을 때까지 두 번째, 세 번째, 네 번째 과정을 반복한다.

K-평균 군집방법을 사용하기 위해서는 초기에 군집의 수를 미리 제공해야 한다. 군집분석은 데이터를 분석하면서 결정하는 경험적 분석 방법이므로 적절한 군집의 수를 안다는 것은 어려운 일이다. 따라서 군집의 수를 변화시켜가면서 수행된 결과들을 비교해가는 분석 방법이 요구된다. 이러한 점에서 유용하게 이용될 수 있는 방법이 각 군집의 평균들이 동일하다는 가정을 검정하는 F-검정법이다. 이러한 방법은 단지 비교의 목적에서만 유용하게 이용되며, 또한 각 변수에 대한 F-값은 각 군집을 결정하는 데 있어서 상대적인 중요도의 의미를 나타내고 있다.

2) K-평균 군집분석 절차

PASW에서 제공하는 K-평균 군집분석 절차는 유클리드 거리를 이용하여 분석한다. 따라서 다른 거리를 이용하고자 할 때에는 계층적 군집분석 절차를 이용하도록 한다. 계층적 군집분석 절차의 경우에는 변수의 표준화 기능을 제공하고 있으나 K-평균 군집분석 절차에는 이러한 기능을 제공하고 있지 않다. 따라서 변수의 측정 단위가 다른 경우에 표준화시켜 군집분석을 하고자 하는 경우에는 기술통계 분석 절차에서 표준화 변수를 생성하여 작업을 하면 된다.

예제 [8.2]

[prg8_2.sav]

아침식사 대용으로 먹고 있는 12가지 시리얼 제품(100g 기준)의 함유 성분의 자료가 다음과 같이 조사되었다. 이 자료를 통하여 12가지 시리얼 제품을 군집으로 분류하여 보시오.

시리얼	단백질 (mg)	탄수화물 (mg)	지방 (mg)	칼로리 (/oz)	비타민 (% 1일권장량)
Total Life	6	19	1	110	0
Grape Nut	3	23	0	100	25
Sugar Crisp	2	26	0	110	25
Special K	6	21	0	110	25
Rice K	2	25	0	110	25
Raisin B	3	28	1	120	25
Bio Product	2	24	0	110	100
Wheaties	3	23	1	110	25
Super C	3	23	1	110	100
Puffed Rice	1	13	0	50	0
Sugar Corn	1	26	0	110	25
SugarSmacks	2	25	0	110	25

풀이 먼저 prg8_2.sav 파일을 불러온다.

분석에 들어가기 앞서 먼저 **분석 ⇨ 기술통계량 ⇨ 기술통계** 절차를 이용하여 표준화된 변수(표준화된 변수는 변수 이름 앞에 Z가 붙음)를 생성한다. 주메뉴의 분석-분류분석에서 K-평균 군집분석 절차를 선택한다. 이 자료를 이용하여 군집분석을 실시한다. 메뉴에서 **분석(A) ⇨ 분류분석(Y) ⇨ K-평균 군집분석(H)**을 선택한다. 아래의 그림에서 분석대상인 변수들을 **변수(V)**창으로 옮기고 또한 **케이스 설명 기준변수(C)**로는 시리얼변수를 옮겨준다.

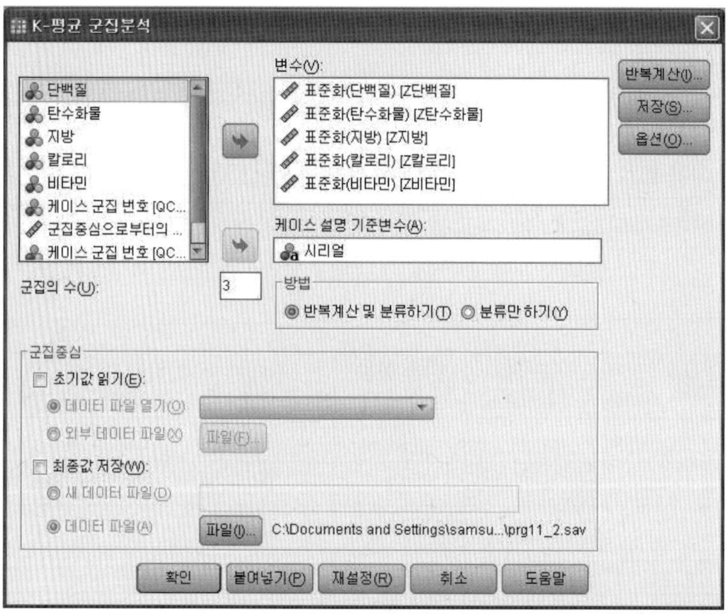

군집의 수에서 군집수를 입력한다. 군집중심 단추는 초기 군집의 중심파일을 읽거나 군집중심 결과 파일을 저장할 때 이용한다. 참고로 케이스 수가 아주 많은 경우, 군집분석의 효율성을 위해서는 먼저 일부 자료를 선택하여 군집중심의 최종값 파일을 저장한 후, 다시 전체 데이터를 선택한 후 초기값 읽기를 지정하면 효율적이다.

반복계산 단추는 K-평균 군집분석 알고리즘을 수행할 때의 최대반복수와 조건을 지정하는 대화상자를 보여준다. **저장**은 **소속군집과 군집중심으로 부터의 거리**

를 파일로 저장하는 대화상자를 보여주며, **옵션**에서 군집 결과를 비교하기 위해 이용되는 분산분석표, 각 케이스의 군집 정보 등을 지정한다.

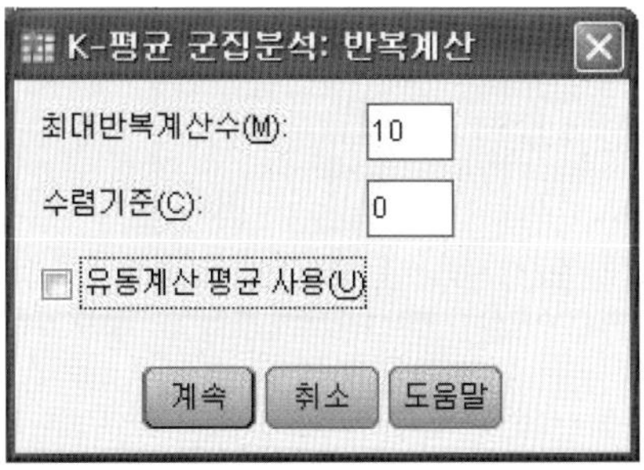

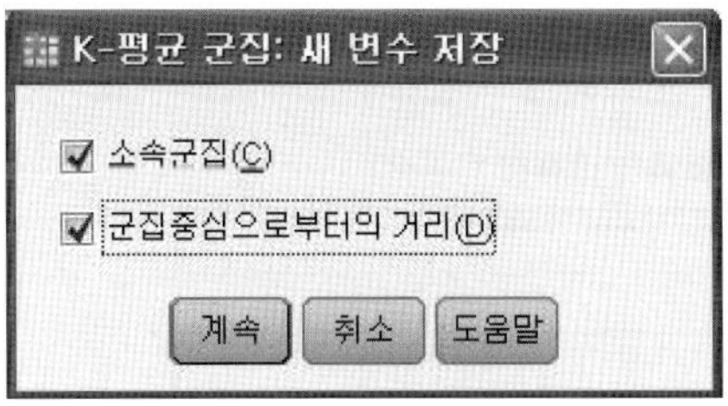

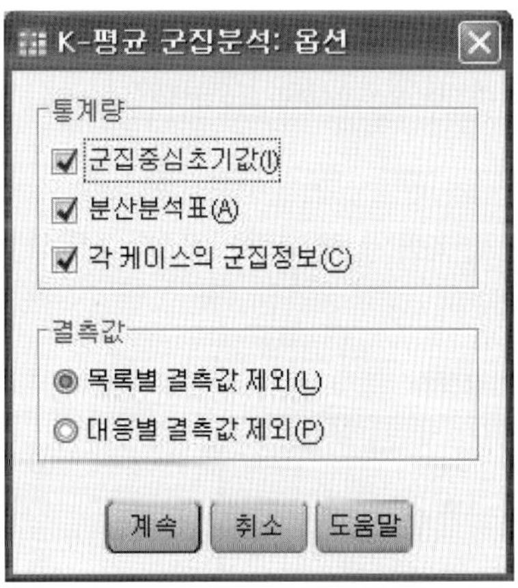

출력결과는 다음과 같다. 자료에 대한 기술통계량은 다음과 같다.

기술통계량

	N	최소값	최대값	평균	표준편차
단백질	12	1	6	2.83	1.642
탄수화물	12	13	28	23.00	3.954
지방	12	0	1	.33	.492
칼로리	12	50	120	105.00	17.838
비타민	12	0	100	33.33	32.567
유효수 (목록별)	12				

K-평균 군집분석을 수행하기 전의 초기 군집중심을 나타낸다. 각 군집별로 각 변수들의 중심점을 보여주고 있다.

초기 군집중심

	군집		
	1	2	3
표준화(단백질)	.10149	-1.11636	-.50744
표준화(탄수화물)	1.26445	-2.52890	.25289
표준화(지방)	1.35401	-.67700	-.67700
표준화(칼로리)	.84092	-3.08337	.28031
표준화(비타민)	-.25588	-1.02353	2.04707

반복계산에 따른 군집중심의 변화량이 나타나있다.

반복계산정보[a]

반복계산	군집중심의 변화량		
	1	2	3
1	1.615	.000	1.580
2	.463	.000	.136
3	.000	.000	.000

a. 군집 중심값의 변화가 없거나 작아 수렴이 일어났습니다. 모든 중심에 대한 최대 절대 좌표 변경은 .000입니다. 현재 반복계산은 3입니다. 초기 중심 간의 최소 거리는 3.337입니다.

각 케이스가 어떤 군집에 속하며 각 케이스와 군집의 중심점 간의 거리를 나타내고 있다.

소속군집

케이스 수	시리얼	군집	거리
1	Total Life	1	1.531
2	Grape Nut	3	1.086
3	Sugar Crisp	3	.813
4	Special K	1	1.846
5	Rice K	3	.737
6	Raisin B	1	1.752
7	Bio Product	3	1.681
8	Wheaties	1	1.074
9	Super C	3	2.485
10	Puffed Rice	2	.000
11	Sugar Corn	3	1.067
12	SugarSmacks	3	.737

최종적으로 각 변수에 대한 3개 군집의 중심값이 나타나 있다. 초기의 중심점을 이용하여 군집분석을 하는 과정에서 새로운 케이스가 포함되기 때문에 평균이 달라지게 되므로 군집의 중심도 변하게 된다. 이러한 과정은 모든 케이스가 3개의 군집 중 한 곳이라도 포함되어야 종료된다.

최종 군집중심

	군집		
	1	2	3
표준화(단백질)	1.01487	-1.11636	-.42045
표준화(탄수화물)	-.06322	-2.52890	.39740
표준화(지방)	.84625	-.07700	.38686
표준화(칼로리)	.42046	-3.08337	.20022
표준화(비타민)	-.44780	-1.02353	.40210

최종 군집중심간 거리

군집	1	2	3
1		5.055	2.136
2	5.055		4.685
3	2.136	4.685	

군집분석에 사용된 변수들의 군집별 평균이 동일하다는 가정을 검정하는 분산분석 결과이다. 이 결과는 주로 비교의 목적으로 이용된다. 유의수준 $\alpha=0.05$를 기준으로 할 때, 표준화 단백질, 탄수화물,칼로리의 유의확률이 이 값보다 작으므로 각 군집에 따라 변수들의 평균에 차이가 있다는 것을 말해준다.

분산분석

	군집		오차		F	유의확률
	평균제곱	자유도	평균제곱	자유도		
표준화(단백질)	3.302	2	.488	9	6.759	.016
표준화(탄수화물)	3.758	2	.387	9	9.711	.006
표준화(지방)	2.185	2	.737	9	2.967	.102
표준화(칼로리)	5.247	2	.056	9	93.500	.000
표준화(비타민)	1.491	2	.891	9	1.673	.241

다른 군집의 여러 케이스 간 차이를 최대화하기 위해 군집을 선택했으므로 F 검정은 기술통계를 목적으로만 사용되어야 합니다. 이 경우 관측유의수준은 수정되지 않으므로 군집평균이 동일하다는 가설을 검정하는 것으로 해석될 수 없습니다.

각 군집에 속한 케이스 수를 나타낸다. 군집 1에는 4개의 케이스, 군집 2와 3에는 각각 1개와 7개의 케이스가 속함을 확인할 수 있다.

각 군집의 케이스 수

군집	1	4.000
	2	1.000
	3	7.000
유효		12.000
결측		.000

Chapter 9 요인분석

1 요인분석의 개념과 목적

요인분석(factor analysis 또는 인자분석)이란 주어진 변수에 내재하는 요인들을 찾아내어 자료정리와 요약을 주된 목적으로 하는 다변량분석이다. 대체로 많은 변수들 간의 상관관계를 분석하여 이들의 근원적인 차원으로 변수들을 설명하려고 시도한다.

예를 들어, 어떤 가설을 검정하기 위한 설문조사에 100문항 정도의 질문이 포함되어 있다면, 이 질문들은 서로 다른 내용이기 때문에 분석 시, 문항들은 서로 다른 변수가 되어 분석자가 100여 개의 변수에 관해 분석을 해야 한다. 그러나 요인분석을 실시하면 분리된 차원을 구할 수 있고, 어떤 변수를 몇 개의 요인의 선형결합으로 나타낼 수 있다. 그래서 100여 개의 변수가 아닌 비슷한 특성의 공통요인(물론 변수 수보다 적은)으로 전체 변수를 분류할 수 있다.

다중회기분석, 판별분석, 정준상관분석에서는 분석하고자 하는 변수 중 몇은 종속변수, 나머지는 독립변수로 나뉘었지만, 요인분석에서는 모든 변수가 같은 역할을 한다. 관측된 변수들은 내재하는 근원적인 차원(요인)들의 함수로 표시되는 종속변수일 수도 있고(공통요인분석) 역으로 각 요인들을 설명하는 독립변수로 생각할 수도 있다.(주성분분석)

요인분석의 가장 주된 목적은 수많은 원변수들이 포함하고 있는 정보의 손실을 최소화하면서 원변수들을 요약하여 새롭게 합성된 요인의 적은 집합으로 줄이는 것이다. 즉 원변수에 내재하는 근원적인 구조나 차원을 찾고 정의한다. 요인분석이 수행할 수 있는

4가지 기능은 다음과 같다.

① 변수들의 집합에서 쉽게 관측되지 않는 근원적 차원을 찾고 정의하는 것이다. 이를 R 요인분석이라 한다.
② 많은 원소들을 명백히 다른 그룹들로 결합하여 축소시킨다. 이를 Q 요인분석이라 한다.
③ 다음 단계로 실시할 회귀분석, 상관분석 또는 판별분석 등을 위하여 많은 변수들의 집합 중 다른 변수들을 대신하여줄 수 있는 대표적인 변수들을 고르도록 도와준다.
④ 다음 단계로 실시할 회귀분석, 상관분석 또는 판별분석 등을 위하여 원변수들을 완벽하게 또는 부분적이나마 대치할 수 있는 적은 수의 변수들을 만든다. (요인점수 참조)

1번과 2번의 방법은 내재하는 차원 또는 요인들을 확인하는 것으로 요인적재값(factor loading)의 계산이 필요하다. 3번은 요인적재값을 기초로 하여 다음 분석을 위한 변수를 선택한다. 4번에서는 요인들의 추정값(요인점수)이 얻어져야하고 이를 다음 단계의 분석에서 독립변수로 사용할 것이다.

2 요인분석의 실시

1) 분석의 요건

요인분석은 조사연구의 목적이 자료의 정리나 요약일 때 적용될 수 있는 통계적 기법이다. 원자료의 변수들은 계량적이라고 가정을 하지만 가변수(dummy variable)가 사용될 수도 있다.

표본의 크기문제를 살펴보면 관측값의 개수가 50개 미만일 때는 요인분석이 바람직하지 못하고 통상 100개 이상은 되어야 한다. 일반적으로는 분석하는 변수들의 수보다 관측값의 수가 4배 내지 5배 정도는 되어야 하지만, 단지 2배 이상만 되면 분석이 가능하다는 연구 결과도 있다.

2) 상관행렬

요인분석을 적용하고자 할 때 가장 먼저 결정해야 할 사항은 상관행렬의 계산 형태이다. 분석의 목적이 변수 특성을 요약하고자 하는 것이라면 변수들 간의 상관계수를 구한다. 이것은 요인분석의 보편적인 형태로 R 요인분석이라 한다. 그러나 드물게는 응답자 개인들의 상관계수를 구하여 Q 요인분석을 하기도 한다. 이는 계산상 어려움이 있기에 개인을 그룹으로 분류하는데는 11장의 군집분석이 더 이용되는 편이다.

Q 요인분석과 군집분석은 원소들을 몇 개의 그룹으로 나누는 측면에서는 같지만 Q 요인분석은 원소들 간의 상관관계에 기초하고, 군집분석은 원소들 간의 거리에 근거하여 분류한다는 점이 다르다.

이 차이에 관하여 아래 〈표 9.1〉에 간단한 예를 들었다. 응답자 A와 C(B와 D)는 각 변수에 따른 점수의 구조가 비슷하다. Q 요인분석에 의하면 A와 C 그리고 B와 D의 두 그룹으로 나뉜다. 그러나 군집분석에 의하면 거리가 가까운 A와 B 그리고 C와 D의 두 그룹으로 나뉜다.

▌표 9-1▌ Q 요인분석과 군집분석의 예

응답자	변수		
	X1	X2	X3
A	7	6	7
B	6	7	6
C	4	3	4
D	3	4	3

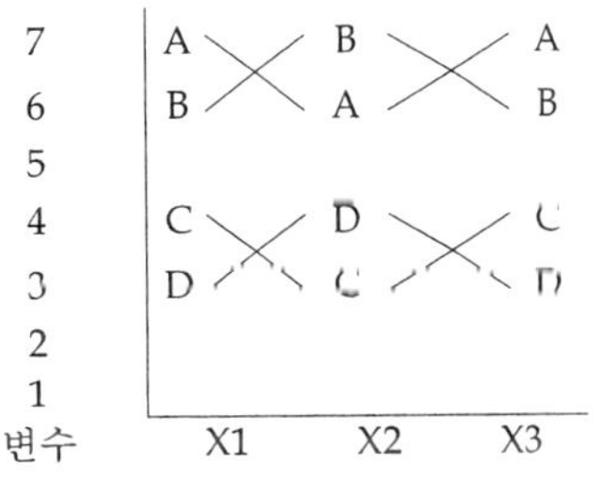

3) 요인분석의 모형

$X = (X_1, \cdots, X_p)'$가 평균 $\mu = (\mu_1, \cdots, \mu_p)'$, 공분산행렬 $\sum$를 갖는 확률벡터라

가정하자. 이때 공통요인분석 모형은 다음과 같다.

$$\begin{aligned} X_1 &= \mu_1 + l_{11}F_1 + l_{12}F_2 + \cdots + l_{1m}F_m + \epsilon_1 \\ X_2 &= \mu_2 + l_{21}F_1 + l_{22}F_2 + \cdots + l_{2m}F_m + \epsilon_2 \\ &\vdots \qquad\qquad \vdots \\ X_p &= \mu_p + l_{p1}F_1 + l_{p2}F_2 + \cdots + l_{pm}F_m + \epsilon_p \end{aligned}$$

여기서 F_j는 j 번째 공통요인이고 관측 불가능하다. 공통요인이라 표현하는 이유는 각 변수에 공통적으로 들어있는 요인이기 때문이다. l_{ij}는 i번째 변수의 j번째 요인의 적재값이고 공통요인의 개수는 m이다.

또한 ϵ는 잔차항에 해당되는데 유일요인(unique factor) 또는 특정요인(specific factor)이라 불린다. 공통요인은 여러 변수의 분산에 기여하지만 특정요인은 한 변수의 분산에만 기여한다.

참고적으로 $Var(X_i) = h_i^2 + \psi_i$이다. (이의 유도는 F가 서로 독립이고, F와 ϵ가 독립이라는 가정 하에서 이루어진다) 여기서 $h_i^2 = l_{i1}^2 + l_{i2}^2 + \cdots + l_{im}^2$로서 공통요인에 의해 설명되는 분산의 양으로 공통성(communality)이라 불리우며 $\psi_i = Var(\epsilon_i)$는 i번째 분산에만 기여하므로 특정분산이라 한다. 우리가 요인의 공분산 행렬이 단위행렬 I가 되도록 가정한다면 아래의 식이 성립함을 보일 수 있다.

$$\begin{aligned} \sum &= Cov(X) = E(X-\mu)(X-\mu)' \\ &= LL' + \Psi \\ &= \begin{bmatrix} l_{11} & l_{12} & \cdots & l_{1m} \\ l_{21} & l_{22} & \cdots & l_{2m} \\ \vdots & \vdots & \ddots & \vdots \\ l_{p1} & l_{p2} & \cdots & l_{pm} \end{bmatrix} \begin{bmatrix} l_{11} & l_{21} & \cdots & l_{p1} \\ l_{12} & l_{22} & \cdots & l_{p2} \\ \vdots & \vdots & \ddots & \vdots \\ l_{1m} & l_{2m} & \cdots & l_{pm} \end{bmatrix} + \begin{bmatrix} \psi_1 & 0 & \cdots & 0 \\ 0 & \psi_2 & \cdots & 0 \\ \vdots & \vdots & \ddots & \vdots \\ 0 & 0 & \cdots & \psi_p \end{bmatrix} \end{aligned}$$

즉 요인적재값 l_{ij}는 $\sum$를 분해함으로써 얻어질 수 있다. 이러한 방법으로 l_{ij}를 추정하는 방법을 주성분방법이라 한다. 또한 이와 유사한 주요인방법도 있다. 이는 전체분산 중 특정분산의 비율이 적다는 정보가 있을 때 사용할 수 있다.

주성분 추정방법 외에 X가 다변량 정규분포를 따른다는 가정 하에서 최대우도 추정법을 사용할 수도 있다. 이 방법은 공통요인의 개수에 관한 검정이 가능하다는 장점이 있다.

4) 공통요인의 개수

주성분 방법으로 요인의 계수 l_{ij}를 추정하면 이 값은 고유값과 고유벡터의 곱의 형태가 되는데(자세한 계산과정 생략), 이때 i번째 요인의 분산은 λ_j가 된다. 그런데 실제적인 계산에서는 $\sum$를 모르므로 표본공분산행렬 **S**를 사용하게 된다. 그 때 구한 고유값의 추정값을 $\widehat{\lambda_1} \geq \widehat{\lambda_2} \geq \cdots \geq \widehat{\lambda_p}$라 한다. 이때 j번째 요인에 의해 설명되는 전체분산의 비율은 다음과 같이 표시한다.

$$\frac{\widehat{\lambda_j}}{s_{11} + s_{22} + \cdots + s_{pp}},\quad \text{단, } s_{ii}\text{는 S의 대각선 원소}$$

또는 **S** 대신에 상관행렬 **R**을 이용하여 고유값을 구한 것이라면 j번째 요인의 분산에 대한 기여도는 다음과 같다.

$$\frac{\widehat{\lambda_j}}{p},\quad p\text{는 상관행렬의 대각원소의 합}$$

이 경우에 요인의 개수를 선택하는 방법에는 두 가지가 있는데 이는 $\widehat{\lambda_i} > 1$ (또는 > 0.7)의 값을 갖는 경우에만 요인을 선택하거나 $(\widehat{\lambda_1} + \widehat{\lambda_2} + \cdots + \widehat{\lambda_m})/p > 0.8$(또는 정해진 값) 이상이 되는 m개의 요인을 고르는 것이다.

이 외에도 앞장에서 설명한 scree plot을 이용한 방법과 최대우도 방법에서의 요인개수검정에 의한 방법 등이 존재한다.

5) 회전 방법

각 변수들의 요인적재값을 구한 요인행렬을 얻은 뒤 적재값 l_{ij} 들의 속성을 살펴 요인들의 의미를 해석하고자 한다. 그러나 처음 구한 요인들(unrotated factors)은 해석하기 난해할 수도 있으므로 뚜렷한 특징이 나타나도록 요인의 축을 회전한다. 요인적재값은 유일해(unique solution)가 아니고 회전을 하더라도 분산을 설명하는데 영향을 주지 않는다는 간단히 증명되는 수학적 사실이 이를 가능하게 해준다. 그러므로 한 요인에 큰(1에 가까운) 적재값이 실리고 나머지 요인에서는 작은(0에 가까운) 적재값을 갖는 간단한 구조가 되도록 회전을 한다.

요인들을 회전하는 방식에는 두 가지가 있다. 추출하는 요인들의 축이 90도가 되도록 즉 서로 독립임을 가정하는 직교해법(orthogonal solution)과 요인들의 축이 직각이 아닌 사각으로 요인들 간에 약간의 연관성을 갖게 하는 사각해법(oblique solution)이 있다. 사각해법은 직교해법보다 훨씬 복잡하여 아직 완전히 만족할 만한 분석법이 고안되지 못하였다. 직교해법은 수학적으로 다루기가 간단하다는 이점을 갖고 있으나 원래 변수들끼리 어느 정도의 상관관계가 존재하는데도 내재하는 차원들이 서로 연관이 없다고 가정하는 것에는 무리가 있으므로 사각해법이 더 융통성과 현실성을 갖고 있다고 할 수 있다.

직교회전이냐 사각회전이냐 하는 선택은 연구의 목적에 따라 결정된다. 연구의 목적이 원변수의 숫자를 줄이는데 있다면, 결과로 나온 요인의 의미에는 별 관심이 없으므로 직교회전이 적당하다. 또는 조사자가 서로 독립인 요인들을 추출하고자 할 때는 당연히 직교회전이 사용된다. 그러나 궁극적으로 이론상 의미 있는 요인이나 그 구조를 찾으려면 사각회전해법이 적당하다.

직교회전의 방법은 행렬의 행을 단순화하는가(QUARTIMAX) 열을 단순화하는가(VARIMAX) 또는 그들의 절충(EQUIMAX)이냐에 따라 세 가지로 나뉜다. QUARTIMAX가 대수적으로 간단하지만 VARIMAX는 요인들을 더욱 명확히 분리해주기 때문에 VARIMAX 해법이 직교회전방법 중 가장 널리 쓰인다. 그리고 사각회전 방법으로 PROMAX가 주로 사용된다.

이렇게 회전에 의해서 최초에 구했던 요인적재값보다는 한 쪽에 편중된 적재값을 얻게 된다. 이 적재값을 이용하여 그 요인이 어떠한 특성을 가졌는지를 보다 편리하게 파악할 수 있다.

6) 요인점수(factor score)

PASW는 인자를 작성한 후에 사용자가 원하는 경우에 각 케이스의 인자점수를 산출할 수 있도록 해준다. 요인분석의 목적은 많은 변수들을 소수의 요인으로 압축하여 현상을 설명하고자 하는 것이므로 각 케이스에 대한 요인점수를 추정하여 산출하는 것이 바람직하다. 즉 차원의 축소를 통해 추정된 이들 요인점수들은 2차원 등의 저차원상의 그림 위에 각 케이스를 점으로 나타낼 수 있어 각 케이스의 특성을 파악하는 데 효과적으로 활용될 수 있을 것이다. 또한 요인분석을 통해 자료의 개수를 축소한 후 이들을 이용하여 회귀분석, 판별분석 등의 다음 단계의 분석에 이용할 수 있다. 요인점수의 추정방법으로는 회귀분석(R), Bartlett(B)과 Anderson-Rubin 방법(A) 등이 있다. 디폴트 방법은 회귀분석에 의한 추정이다.

만약 원자료가 아닌 상관행렬 또는 공분산행렬이 입력 자료로 사용된 경우에는 요인점수를 구할 수 없음에 유의하여야 한다.

예제 [9.1]

[prg9_1.sav]

다음은 14개 지역의 센서스조사 결과의 일부이다. 다음 자료를 이용하여 요인분석을 하시오.

지역	총인구	평균교육기관	총고용인원	건강사업종사인원	평균집값
1	6	14.2	2.265	2.27	2.91
2	2	13.1	.597	.75	2.62
3	3	12.7	1.237	1.11	1.72
4	4	15.2	1.649	.81	3.02
5	5	14.7	2.312	2.59	2.22
6	8	15.6	3.641	4.51	2.36
7	3	13.3	1.244	1.03	1.97

8	7	17.0	2.618	2.39	1.85
9	6	12.9	3.147	2.52	2.01
10	3	12.2	1.606	2.18	1.82
11	4	13.0	2.119	2.83	1.80
12	2	13.8	.798	.84	4.25
13	3	13.6	1.336	1.75	2.64
14	7	14.9	2.763	1.91	3.17

풀이 먼저 Prg9_1.sav 파일을 불러온다. 이 자료를 이용하여 요인분석을 실시한다. 메뉴에서 **분석(A) ⇨ 차원감소(D) ⇨ 요인분석(F)**을 선택한다. 아래의 그림처럼 **변수(V)**란에 X1에서 X5까지의 변수를 넣어준다.

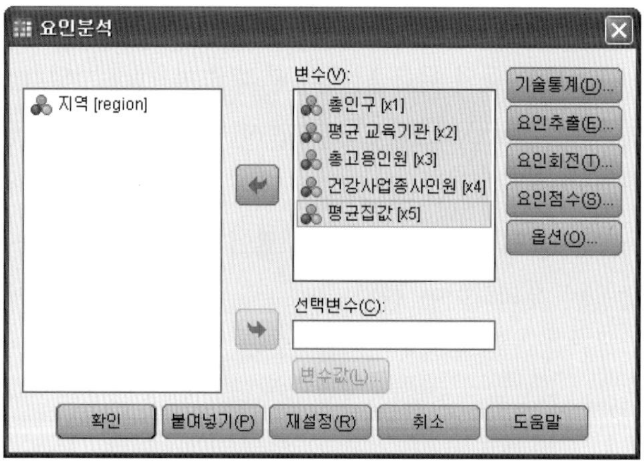

기술통계 단추를 선택하여 원하는 통계량들을 체크한다.

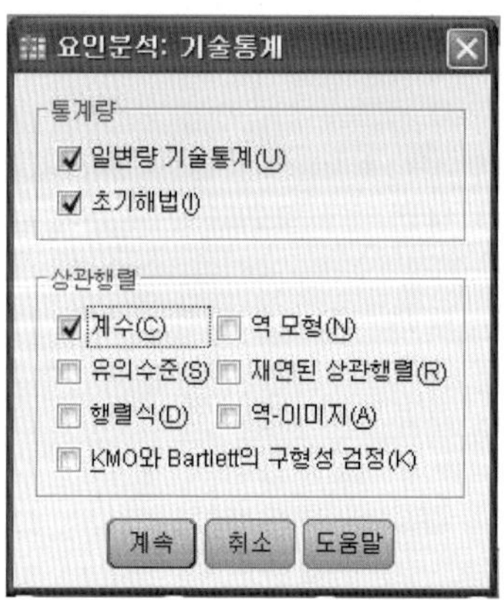

요인추출(E)의 창에서는 방법에서 ▼를 이용하여 원하는 추출 방법을 선택한다. 분석에서는 상관행렬 또는 공분산행렬을 이용하여 분석할지를 결정한다. 변수들의 측정 단위가 다른 경우에는 상관행렬을 이용하여 분석하는 것이 바람직하므로 디폴트로 선택되어 있다. 하단의 추출에서는 추출될 인자의 개수를 정하는 방법을 선택한다. 고유값 기준을 선택하거나 요인의 수를 선택할 수 있다. 출력에서는 출력하기를 원하는 출력물을 지정한다. 하단의 수렴에 대한 최대반복계산수는 해를 구하기 위해 반복을 할 경우 허용할 최대반복수를 지정한다.

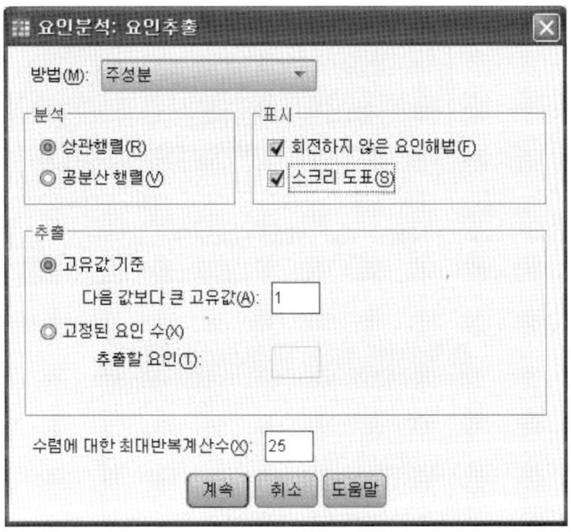

요인회전(T)창에서는 가장 널리 쓰이고 있는 베리멕스 방법을 선택해준다. 또한 출력부분에서는 적재값도표(L)를 선택해준다. 즉 요인들의 산점도를 그려준다. 이로써 예전 방법대로 요인점수를 변수로 저장하여 산점도를 그릴 필요가 없다.

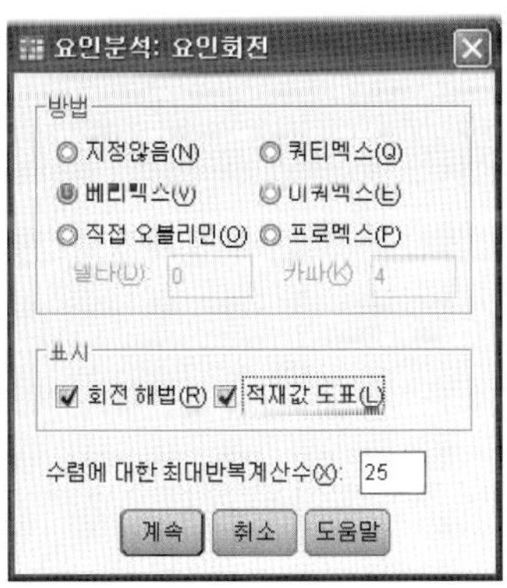

요인회전에서 적재값 도표를 선택했으므로 요인점수창에서 변수로 저장(*S*)을 선택해줄 필요가 없다. 물론 추가적인 다른 분석을 할 때는 예를 들어 정규성 검정, 회귀분석 등 추가적인 분석을 위해서는 필요하다.

옵션(O)에서는 크기순 정렬(S)을 선택해준다.

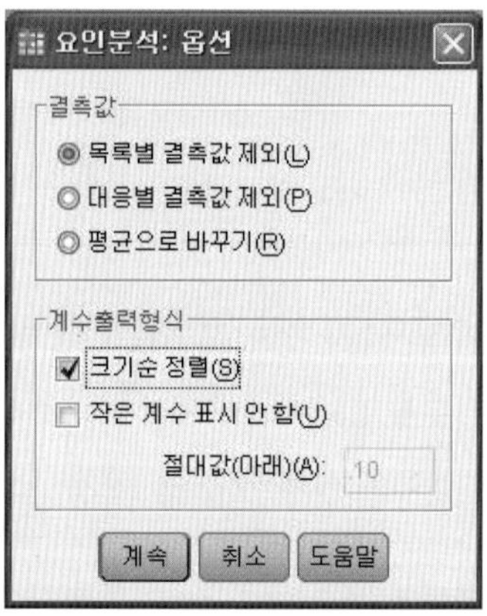

분석결과는 다음과 같다.

각 변수에 대한 평균, 표준편차와 분석수가 출력된다.

변수들 사이의 상관계수 행렬로서 이를 잘 관찰하면 어떤 변수들이 밀접한 관계가 있는지를 알 수 있어 추출할 인자의 개수를 정하는 데 도움이 된다.

총인구는 평균교육기관, 총고용인원과 건강사업종사원과는 양의 상관관계가 있고 평균집값과는 음의 상관관계를 나타내고 있다.

기술통계량

	평균	표준편차	분석수
총인구	4.32329	2.075465	14
평균 교육기관	14.014	1.3295	14
총고용인원	1.95229	.894801	14
건강사업종사인원	1.9636	1.03679	14
평균집값	2.4543	.71020	14

상관행렬

		총인구	평균 교육기관	총고용인원	건강사업종사인원	평균집값
상관계수	총인구	1.000	.610	.971	.775	-.172
	평균 교육기관	.610	1.000	.494	.319	.186
	총고용인원	.971	.494	1.000	.853	-.249
	건강사업종사인원	.775	.319	.853	1.000	-.348
	평균집값	-.172	.186	-.249	-.348	1.000

초기공통성과 최종적으로 추출된 공통성의 결과이다. 공통성은 변수의 포함된 요인들에 의해서 설명되는 비율이다. 예를 들어 총인구는 추출된 요인들에 의해 설명되는 정도를 의미한다.

공통성

	초기	추출
총인구	1.000	.946
평균 교육기관	1.000	.768
총고용인원	1.000	.950
건강사업종사인원	1.000	.835
평균집값	1.000	.838

추출 방법: 주성분 분석.

주성분분석을 수행한 결과로서, 추출된 요인 중에서 고유값 1을 기준으로 처음 3개의 요인이 보유되고 이들의 기여율은 86.7%임을 보여주고 있다.

☆ **설명된 총분산**

성분	초기 고유값			추출 제곱합 적재값			회전 제곱합 적재값		
	전체	% 분산	% 누적	전체	% 분산	% 누적	전체	% 분산	% 누적
1	3.122	62.439	62.439	3.122	62.439	62.439	3.111	62.221	62.221
2	1.215	24.304	86.743	1.215	24.304	86.743	1.226	24.521	86.743
3	.462	9.249	95.991						
4	.186	3.729	99.720						
5	.014	.280	100.000						

스크리도표로서 고유값의 크기순으로 고유값의 크기가 변하는 것을 보여주고 있다. 3번째 인자부터는 기울기의 변화가 크지 않으므로 앞에서 설명한 것처럼 2개의 인자를 보유하면 충분한 것 같다.

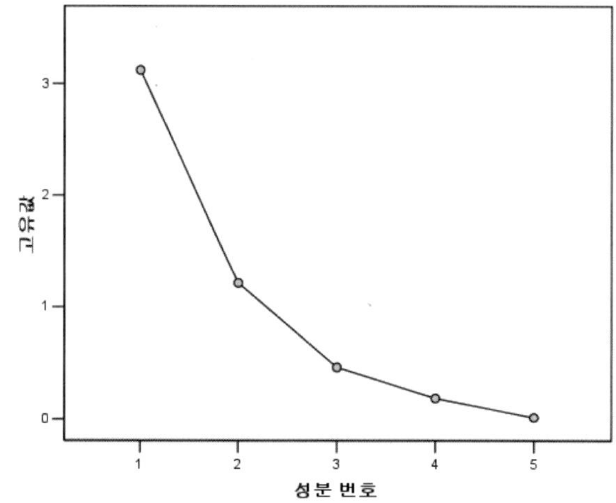

스크리도표

위의 결과를 보면 요인회전을 하기 전의 왼쪽표의 성분행렬에서 총고용인원, 총인구, 건강사업종사인원이 하나의 요인이며 평균집값, 평균교육기관이 하나의 요인으로 형성됨을 알 수 있다. 그러나 평균교육기관의 경우는 1성분점수가 0.613, 2성분점수가 0.626으로 거의 비슷하게 나타났다. 이는 요인 1과 요인 2에 애매한 위치에 존재함을 알 수 있다. 이에 회전을 시켜서 어느 요인에 더 가깝게 되는지를 알아보면 오른쪽 표와 같다. 오른쪽 표를 살펴보면 총인구, 총고용인원, 건강사업종사인원, 평균교육기관이 인구라는 요인으로 형성됨을 알 수 있으며 평균집값이 하나의 집값이라는 요인으로 형성됨을 알 수 있다. 이처럼 요인회전을 시키게 되면 애매한(판단하기 곤란한) 변수에 대해 명확히 구분을 해주는 역할을 해준다. 적재값도표를 통해서 알아보더라도 위의 결과와 같음을 알 수 있다. 즉 두 개의 요인에 의해 구성된 2차원 공간에 5개의 변수들이 위치하고 있다. 여기에서 총인구 X1, 총고용인원X3, 건강사업종사원X4, 평균교육기관X2의 요인 1과 평균집값의 요인2는 서로 다른 위치에 있음을 볼 수 있다.

☆ 성분행렬(a)

	성분	
	1	2
총고용인원	.974	-.031
총인구	.967	.102
건강사업종사인원	.884	-.233
평균집값	-.284	.871
평균 교육기관	.613	.626

요인추출 방법: 주성분 분석

☆ 회전된 성분행렬(a)

	성분	
	1	2
총인구(X1)	.972	.029
총고용인원(X2)	.969	-.104
건강사업종사인원(X3)	.864	-.299
평균 교육기관(X4)	.659	.578
평균집값(X5)	-.217	.889

요인추출 방법: 주성분 분석. 회전 방법: Kaiser 정규화가 있는 베리멕스

적재값도표

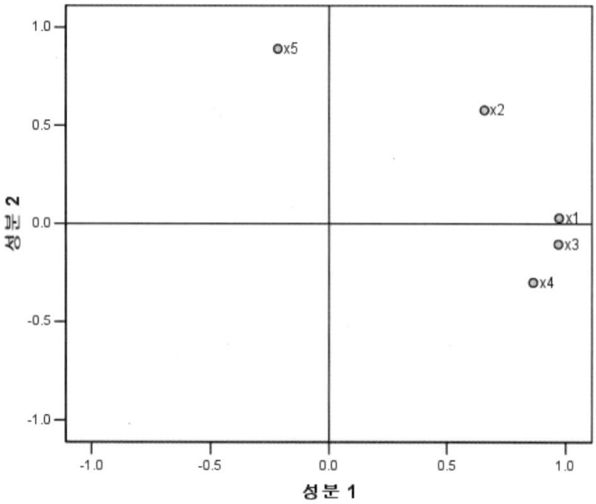

요인점수(factor scores)는 각 관측대상의 변수별 회답을 요인들의 선형결합으로 표현한 값이다. 각 개체들의 요인점수는 다음과 같다.

$$F_{jk} = \sum_{i=1}^{p} W_{ji} Z_{jk}$$

여기에서 p는 변수의 개수, Z_{jk}는 표준화된 변수, W_{ji}는 각 변수에 주어지는 가중치, F_{jk}는 개별 관측대상의 요인점수이다. 요인점수는 관측대상이 각 변수에 대해 회답한 결과를 요인별 가중치를 이용하여 요인 공간상의 점수로 변환시켜 연구자가 각 관측대상의 요인 공간상 위치를 파악할 수 있게 해준다. 요인점수를 계산해 보면 다음과 같다.

성분점수 계수행렬

	성분	
	1	2
총인구	.315	.061
평균 교육기관	.235	.499
총고용인원	.309	-.049
건강사업종사인원	.268	-.212
평균집값	-.037	.721

요인추출 방법: 주성분 분석.
회전 방법: Kaiser 정규화가 있는 베리멕스.
요인 점수.

성분점수 공분산행렬

성분	1	2
1	1.000	.000
2	.000	1.000

요인추출 방법: 주성분 분석.
회전 방법: Kaiser 정규화가 있는 베리멕스.
요인 점수.

요인 1의 점수 = $0.315 \times 1 + 0.235 \times 2 + 0.309 \times 3 + 0.268 \times 4 - 0.037 \times 5$

요인 2의 점수 = $0.061 \times 1 + 0.499 \times 2 - 0.049 \times 3 - 0.212 \times 4 + 0.721 \times 5$

여기에서 각 변수들의 관측값을 대입하면 대상자별로 요인점수를 구할 수 있다.

3 요인분석을 이용한 회귀분석

요인분석이 끝나면, 데이터 편집기창에 다음 그림과 같이 두 개의 새로운 요인변수가 추가된다. 즉 새로이 생성된 변수

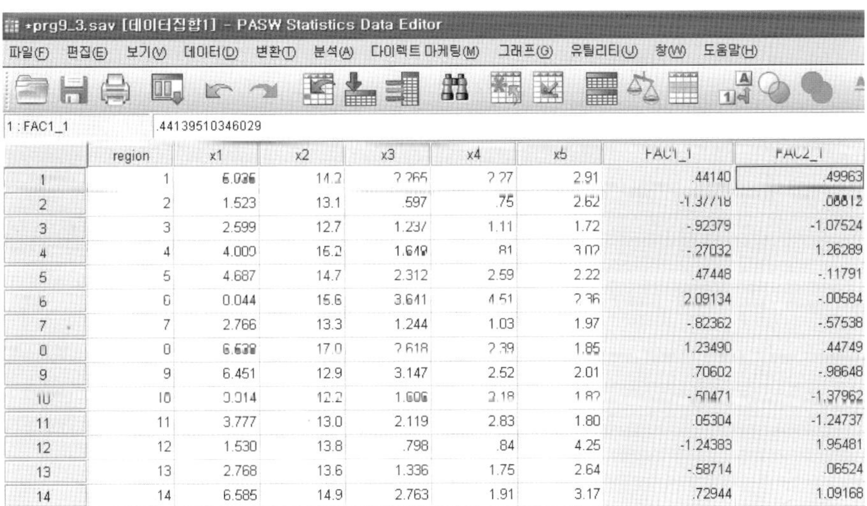

	region	x1	x2	x3	x4	x5	FAC1_1	FAC2_1
1	1	6.036	14.2	2.265	2.27	2.91	.44140	.49963
2	2	1.523	13.1	.597	.75	2.62	-1.37718	.08812
3	3	2.599	12.7	1.237	1.11	1.72	-.92379	-1.07524
4	4	4.000	16.2	1.649	.81	3.02	-.27032	1.26289
5	5	4.687	14.7	2.312	2.59	2.22	.47448	-.11791
6	6	0.044	15.6	3.641	4.51	2.36	2.09134	-.00584
7	7	2.766	13.3	1.244	1.03	1.97	-.82362	-.57538
8	8	6.638	17.0	2.618	2.39	1.85	1.23490	.44749
9	9	6.451	12.9	3.147	2.52	2.01	.70602	-.98648
10	10	3.014	12.2	1.606	2.18	1.82	-.50471	-1.37962
11	11	3.777	13.0	2.119	2.83	1.80	.05304	-1.24737
12	12	1.530	13.8	.798	.84	4.25	-1.24383	1.95481
13	13	2.768	13.6	1.336	1.75	2.64	-.58714	.06524
14	14	6.585	14.9	2.763	1.91	3.17	.72944	1.09168

여기서는 요인 1은 fac1-1, 요인 2는 fac2-1로 생선된 것을 볼 수 있다. 그러나 회귀분석을 실시하기 전에 각 요인에 대하여 신뢰성 검정을 실시하는 것이 합당한 분석절차이다. 이제 두 요인이 종속변수에 미치는 영향력을 조사하기 위하여 다음 예제를 예로 하여 요인분석을 이용한 회귀분석을 실시한다.

예제 [9.2]

[prg9_2.sav]

다음은 어떤 지역의 고등학생 632명을 대상으로 한 게임 중독에 관한 자료이다. 독립변수로는 일상생활, 현실구분장애, 긍정적 기대, 금단, 가상적 대인관계 지향성, 일탈행동, 내성의 요인을 두었으며 종속변수로는 게임중독성의 점수를 조사하였다. 게임중독성 점수는 높은수록 게임 중독성이 높은 것으로 조사하였다. 게임중독에 관한 자료를 이용하여 요인분석을 하고, 요인분석을 이용한 회귀분석을 하시오.

번호	계열	지역	성별	요인1	요인2	요인3	요인4	요인5	요인6	요인7	중독성
1	인문계	도시	남학생	18	4	10	11	12	6	11	25
2	인문계	도시	남학생	14	2	7	12	5	4	9	22
⋮	⋮	⋮	⋮	⋮	⋮	⋮	⋮	⋮	⋮	⋮	⋮
631	실업계	도시	남학생	7	2	4	4	3	3	4	10
632	실업계	도시	남학생	13	2	4	5	3	4	5	17

풀이 자료중 prg9_2.sav를 불러온다.

우선 요인분석을 하기 위하여 **분석** ⇨ **차원감소** ⇨ **요인분석**을 선택하여 요인분석을 한 결과는 다음과 같다.

설명된 총분산

성분	초기 고유값			추출 제곱합 적재값			회전 제곱합 적재값		
	합계	% 분산	% 누적	합계	% 분산	% 누적	합계	% 분산	% 누적
1	3.883	48.538	48.538	3.883	48.538	48.538	3.519	43.992	43.992
2	1.832	22.899	71.437	1.832	22.899	71.437	2.196	27.445	71.437
3	.547	6.842	78.279						
4	.521	6.517	84.796						
5	.427	5.343	90.139						
6	.351	4.382	94.521						
7	.307	3.834	98.355						
8	.132	1.645	100.000						

추출 방법: 주성분 분석.

고유값이 1 이상인 요인이 2개 선택되있으며 % 누적을 보면 71.4%의 설명력을 보이고 있다. 또한 스크리도표를 보면 2에서 급격히 떨어지다가 조금씩 떨어지는 부분이므로 요인을 2개로 설정한다.

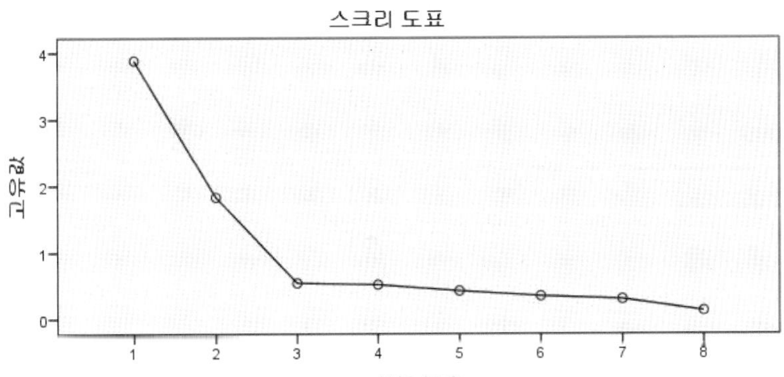

성분행렬을 보면 1요인에는 게임중독, 일탈행동, 가상적 대인관계 지향성, 내성, 현실구분장애가 포함되었으며 그 요인에는 금단현상, 일상생활, 그리고 긍정적 기대로 분류되었다. 여기에서 1요인은 "중독증후군요인"으로, 그 요인은 "초기 증세요인"으로 명명할 수 있다.

회전된 성분행렬[a]

	성분	
	1	2
일상생활	.118	.833
현실구분장애	.743	.160
긍정적 기대	.136	.799
금단	.097	.876
가상적 대인관계 지향성	.828	.081
일탈행동	.868	.022
내성	.777	.224
게임중독	.939	.120

요인추출 방법: 주성분 분석.
회전 방법: Kaiser 정규화가 있는 베리멕스.

a. 3 반복계산에서 요인회전이 수렴되었습니다.

적재값 도표를 이용하여 그림을 그려서 확인해 볼 수 있다. 성분1과 성분2가 뚜렷하게 구별되게 있음을 알 수 있다.

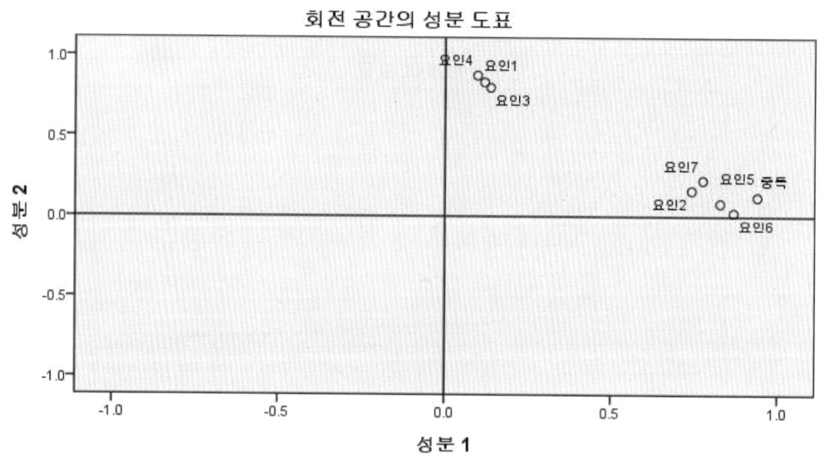

이제 요인분석 결과를 이용하여 회귀분석을 실시한다. 즉 메뉴의 분석⇨회귀분석⇨선형을 선택하여 종속변수에 게임중독요일을 지정하고 독립변수에는 새로 생성된 2개의 요인을 지정하여 분석하면 다음과 같다.

결정계수가 0.896으로 높게 추정되었으며 분산분석 결과는 통계적으로 유의한 결과를 보이고 있다. 따라서 새로 생성된 2개의 독립변수와 게임중독에 대한 회귀직선은 다음과 같다.

$$\hat{Y}= 27.498+7.34(\text{중독증후군요인})+0.937(\text{초기증세요인})$$

각 변수에 대한 값은 통계적으로 유의한 결과를 보이고 있다.

모형 요약

모형	R	R 제곱	수정된 R 제곱	추정값의 표준오차
1	.947[a]	.896	.896	2.51920

a. 예측값: (상수), REGR factor score 2 for analysis 1, REGR factor score 1 for analysis 1

분산분석[b]

모형		제곱합	자유도	평균 제곱	F	유의확률
1	회귀 모형	34554.127	2	17277.064	2722.351	.000[a]
	잔차	3991.871	629	6.346		
	합계	38545.998	631			

a. 예측값: (상수), REGR factor score 2 for analysis 1, REGR factor score 1 for analysis 1

b. 종속변수: 게임중독

계수[a]

모형		비표준화 계수		표준화 계수	t	유의확률
		B	표준오차	베타		
1	(상수)	27.498	.100		274.412	.000
	REGR factor score 1 for analysis 1	7.340	.100	.939	73.194	.000
	REGR factor score 2 for analysis 1	.937	.100	.120	9.348	.000

a. 종속변수: 게임중독

Chapter 10
대응 일치분석

1 대응 일치분석의 개념과 분석절차

인자분석은 연속형 지료의 분석 시 변수들의 개수를 줄이는 방법을 이용한, 차원의 축소에 의해 데이터의 양을 축소하는 방법이다. 반면에 명목형인 두 범주형 자료의 변수의 경우에는 대응일치분석이라는 방법을 사용하고 있다. 범주형 자료의 분석은 분석해야 할 변수가 2개인 경우에는 분할표(contingency table)와 연관성의 측도를 이용하여 두 변수 간의 관계를 파악한다. 그러나 변수의 개수가 3개 이상이 되면 분할표를 이용하는 것이 바람직하지 않으므로 로그선형모형(loglinear model)을 적합시켜 변수들 사이의 관계를 파악하는 것이 일반적이다.

대응일치분석(Correspondence Analysis)은 두 변수의 범주들을 저차원상의 점으로 표시하여 범주들 사이의 관계를 시각적으로 파악하고자 하는데 목적이 있는 탐색적 분석법이다. 대응일치분석은 명목형인 두 범주형 변수 사이의 관계를 분석하는 방법으로 두 변수의 각 범주들을 공간(일반적으로 2차원 공간)상에 점으로 표현하여 범주들 사이의 관계를 분석하는 방법이다. 즉 분할표 자료에 대한 일종의 통계적 차원 축소 기법으로서 이차원 분할표의 행(row)과 열(column)을 저차원 공간상에 점들로 나타내어 행과 열의 대응관계를 비롯한 여러 양상의 감지를 주목적으로 하는 탐색적 데이터 분석기법(exploratory data analysis)이다. 분할표의 각 칸(cell)에 주어진 자료는 두 변수 사이의 관계를 측정하는 어떠한 값도 가능한데 일반적으로 관측도수를 이용하는 분할표 자료가 많이 이용된다. 대응일치분석은 저차원으로 범주들 사이의 관계를 살펴보는 데 매우 유용하나 적당한 차원의 선택을 이론적으로 제시하지 못하는 등의 미흡한 점이 있다. 참고로 변수가 순서척도로 주어진 경우에는 최적화 척도법(Optimal Scaling)의 범주형 주성분분석(Categorical principal component analysis)을 이용하면 된다. (박성현 외 2인, 2009)

예제 [10.1]

[prg10_1.sav]

다음은 어떤 가구제조업체에서 생산되는 가구를 흠집의 형태와 생산방법에 따라 분류한 자료이다. 흠집의 형태는 네 가지고 구분(틀어짐, 변색, 모서리, 앞면)하였으며 제조방법은 세 가지(수제, 자동, 자동+수제)로 구분하였다. 흠집의 형태가 제조 방법에 따라 어떠한지를 이 자료를 이용하여 대응일치분석을 하시오.

제조방법 \ 흠집형태	틀어짐	변색	모서리	앞면	합계
수제	15	21	45	13	94
자동	26	31	34	5	96
자동+수제	33	17	49	20	119
합계	74	69	128	38	309

풀이 prg10_1.sav를 불러온다. 우선 분할표 자료를 입력한 경우에는 분석에 들어가기 전에 먼저 메뉴의 **데이터 ⇨ 가중 케이스** 절차를 선택하여 가중 케이스 지정을 클릭한다. 빈도변수에 가구 수를 입력한다.

메뉴의 **분석 ⇨ 차원감소 ⇨ 대응일치분석** 절차를 선택한다. 제조방법을 행 변수로 선택하고 범위지정에서 제조방법 변수가 택할 수 있는 범주의 최소값인 1과 최대값인 3을 입력한 뒤 갱신 단추를 누른다. 행 변수와 마찬가지로 열 변수에 흠집형태를 선택하고 행 변수의 범위인 1과 4를 입력한다.

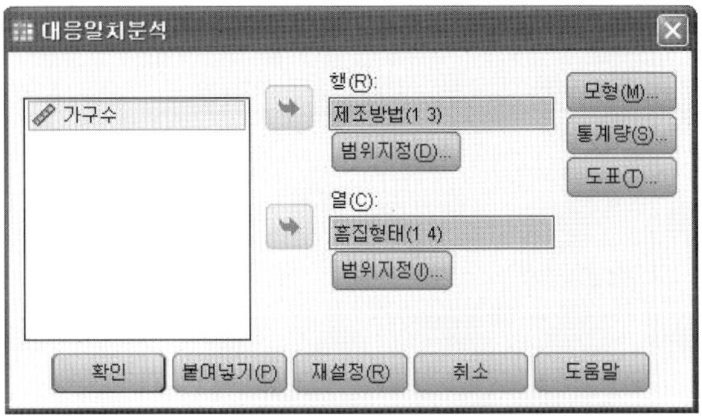

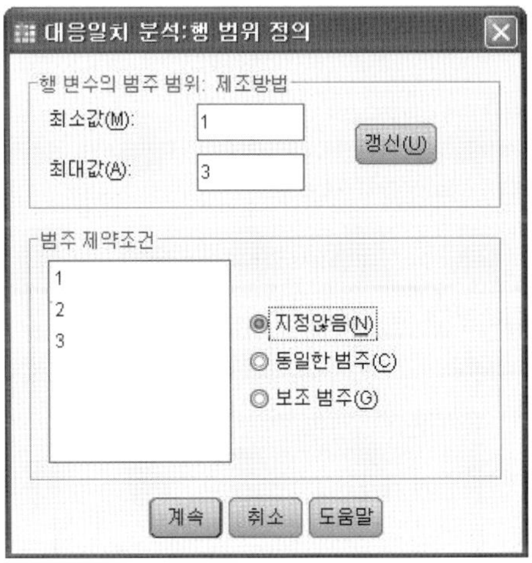

대응일치분석의 **모형** 대화상자를 연다. 해법 차원에 원하는 차원의 값을 입력한다. 여기서 입력할 수 있는 최대 차수는 가장 적은 개수의 범주를 가진 변수의 범주보다 하나 작은 값이다. 정규화 방법에서 행 점수와 열 점수 계산에 사용할 정규화 방법을 지정할 수 있다. 두 변수 간의 차이나 유사성을 확인하려면 대칭적 방법을 선택하고 두 변수 범주 간 차이나 유사성은 확인하려면 주성분 방법을 선택한다.

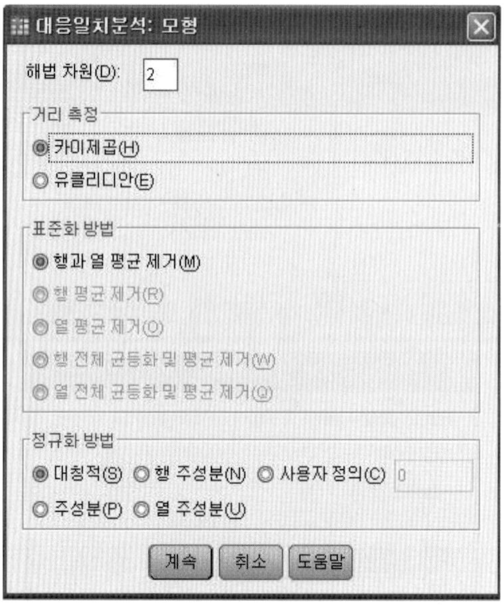

통계량 대화상자를 열고 원하는 통계량을 체크한다.

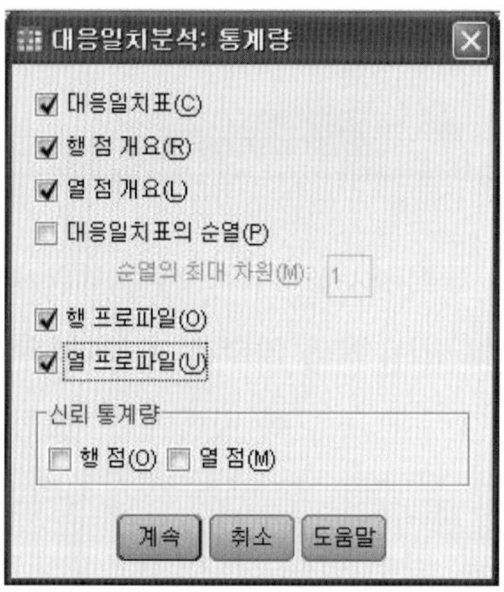

도표 대화상자를 연다. 산점도에서 Bi-플롯을 선택하면 두 변수의 범주들을 하나의 좌표로 표현한 그림이 출력된다. 도표 차원을 이용하여 출력결과에 표시되는 차원을 제어할 수 있다.

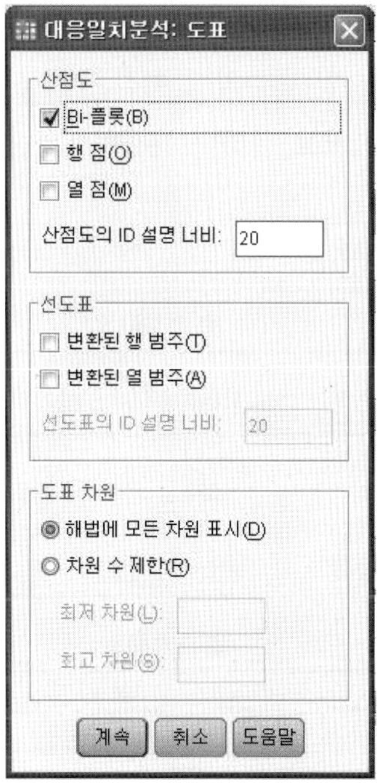

분석결과는 다음과 같다. 우선 대응일치분석을 시행한 결과의 분할표가 제조방법과 흠집형태가 정리되어 있다.

대응일치표

제조방법	흠집형태				
	틀어짐	변색	모서리	앞면	액티브 주변
수제	15	21	45	13	94
자동	26	31	34	5	96
자동+수제	33	17	49	20	119
액티브 주변	74	69	128	38	309

다음은 행과 열 프로파일을 선택하면 다음의 행과열 프로파일이 나타난다.

행 프로파일(row profiles)은 행 변수의 각 범주에 있어서의 열 변수 범주들의 비율을 정리한 표이다. 예를 들면 행 변수의 첫 번째 범주인 수제방법은 모서리는 0.479, 변색은 0.223, 틀어짐은 0.16, 앞면은 0.138로 나타났다. 제조방법에 따라 흠집형태가 같은 방법으로 나타났다. 여기에서 수제방법이면서 흠집형태가 모서리인 경우가 0.478로 가장 높게 나타났다.

열 프로파일(column profiles)은 변수의 각 범주에 있어서의 행 변수 범주들의 비율을 정리한 표이다. 열 변수의 틀어짐은 자동+수제방법이 0.446, 자동방법이 0.351,수제가 0.203으로 나타나 흠집형태가 틀어짐과 자동+수제 방법이 가장 높게 나타났다.

행 프로파일

제조방법	흠집형태				
	틀어짐	변색	모서리	앞면	액티브 주변
수제	.160	.223	.479	.138	1.000
자동	.271	.323	.354	.052	1.000
자동+수제	.277	.143	.412	.168	1.000
매스	.239	.223	.414	.123	

열 프로파일

제조방법	흠집형태				
	틀어짐	변색	모서리	앞면	매스
수제	.203	.304	.352	.342	.304
자동	.351	.449	.266	.132	.311
자동+수제	.446	.246	.383	.526	.385
액티브 주변	1.000	1.000	1.000	1.000	

대응일치분석에서 특이값 분해(singular value decomposition) 방법에 의하여 구한 특이값의 크기순으로 각 축에 대한 중요성(inertia) 값을 정리한 표이다. 비정칙값 열에 주어진 값들이 특이값이며 '요약관성'은 각 축의 중요성(inertia)을 측정하는 기분이다. '관성비율 설명됨'은 각 축이 확보하는 정보의 비율로 각 축의 중요성 값에 대한 비율로써 이 값에 의하여 위치도의 차수를 결정한다. 즉 제1축이 확보하고 있는 정보의 비율은 74.6%이고, 제2축이 확보하고 있는 정보의 비율은 25.4%이므로 두 축이 확보하는 정보의 양은 100%가 된다.

요약

차원	비정칙값	요약 관성	카이제곱	유의확률	관성비율		신뢰 비정칙값	
					설명됨	누적	표준편차	상관계수 2
1	.215	.046			.746	.746	.053	-.044
2	.125	.016			.254	1.000	.052	
전체		.062	19.178	.004[a]	1.000	1.000		

a. 자유도 6

변수의 각 범주에 대한 매스(Marginal Profile)와 2차원 공간상에 표현하였을 때의 좌표점이 주어져 있다. 행 포인트 개요표에서 매스는 열프로파일의 제일 끝 열에 주어진 매스(Margin) 열에 주어진 값으로, 전체 관측도수에 대한 행 변수와 각 범주의 관측도수의 비율이다. 자동+수제제조방법의 비율이 0.385로 가장 높다. 2차원 위치도에서 자동+수제 방법의 좌표점은 (−0.431,−0.304)이며 자동제조방법은 0.311이며 좌표점은 (0.667,−0.138), 수제방법은 0.304이며 좌표점은 (−0.136,0.526)이다. 또한 열포인트인 경우에도 같은 방법으로 나타낼 수 있다. 또한 열 포인트인 경우에도 같은 방법으로 나타낼 수 있다. 모서리가 0.414이며 좌표점은(−0.165,0.254)이며 틀어짐은 0.239이며 좌표점은 (0.068,−0.617)이다.

행 포인트 개요[a]

제조방법	매스	차원의 점수 1	차원의 점수 2	요약 관성	기여도: 차원의 관성에 대한 포인트 1	기여도: 차원의 관성에 대한 포인트 2	기여도: 포인트의 관성에 대한 차원 1	기여도: 포인트의 관성에 대한 차원 2	기여도: 포인트의 관성에 대한 차원 전체
수제	.304	-.136	.626	.012	.026	.070	.103	.897	1.000
자동	.311	.667	-.138	.030	.642	.047	.976	.024	1.000
자동+수제	.385	-.431	-.304	.020	.332	.283	.776	.224	1.000
액티브 전체	1.000			.062	1.000	1.000			

a. 대칭 정규화

열 포인트 개요[a]

흠집형태	매스	차원의 점수		요약 관성	기여도				
					차원의 관성에 대한 포인트		포인트의 관성에 대한 차원		
		1	2		1	2	1	2	전체
틀어짐	.239	.068	-.617	.012	.005	.727	.021	.979	1.000
변색	.223	.707	.183	.025	.519	.060	.962	.038	1.000
모서리	.414	-.165	.254	.006	.052	.212	.420	.580	1.000
앞면	.123	-.861	.015	.020	.424	.000	1.000	.000	1.000
액티브 전체	1.000			.062	1.000	1.000			

a. 대칭 정규화

열점 수와 행점 수의 위치도를 이용하여 각 변수의 범주들을 2차원 공간당에 표현한 것이다. 이 위치도에 의하면 수제방법은 모서리가, 자동제조방법은 변색, 그리고 자동+수제방법은 흠집형태가 앞면, 틀어짐 등과 같이 연결시킬 수 있음을 알 수 있다.

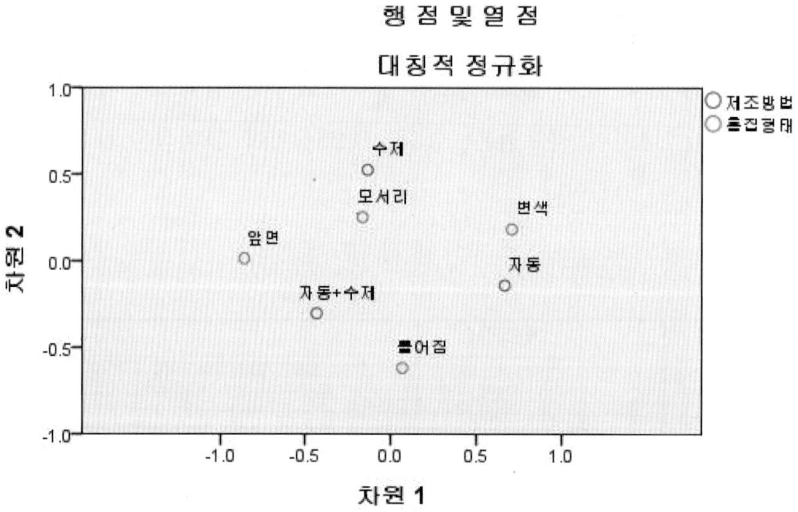

Chapter 11

경로분석

1 경로분석의 개념과 가정

경로분석(path analysis)이란 몇 개의 변수 간에 어떠한 방향성을 가진 인과모형을 설정하고 각 변수를 연결하는 경로의 영향도를 정량적으로 추정하는 것으로, 인과관계가 있다고 생각되어지는 변수 간에 선형회귀식을 상정한다. 즉, 인과관계의 수와 같은 만큼의 설명방정식이 만들어진다. 데이터에 의해서 회귀계수(경로계수)를 추정하고 그 값에 의해서 인과관계의 강도를 추정한다.

경로분석의 인과관계적인 시스템에는 두 종류의 변수군이 포함되는데 독립변수군에는 X_1, X_2, ⋯ , X_q, 종속변수군에는 Y_1, Y_2, ⋯ , Y_q 등이 포함된다. 다수의 회귀식이 연결되어 있는 경우 경제계량분석에서는 동시방정식 모형이라고 한다.

정리하면, 경로분석은 변수들간의 관계성을 고려하는 경우에 사용된다. 2개 이상의 독립변수와 2개 이상의 종속변수 사이의 관계를 파악한다는 점에서 정준상관분석과 유사하다. 따라서 경로분석은 하나의 종속변수를 갖는 회귀분석과 다르다. 특히, 구조방정식 모형과 다른점은 요인분석을 통한 잠재요인의 연결이 없다는 점에 있다.

경로분석은 복잡한 인과관계를 통계적으로 분석할 수 있는 통계기법을 도입해 해결하기 위해서는 다음 세가지 조건이 충족되어야 한다. 첫째, 독립변수와 종속변수 간에 공변관계(covariational relationship)여야 한다. 이 말은 한 변수의 체계적인 변화 및 차이가 다른 변수의 변화나 차이를 동시에 수반한다는 것이다. 둘째, 특정 독립변수의 변화가 종속변수의 변화보다 시간적으로 앞서야 한다. 인과관계는 비대칭 관계로서 종속변수가 독립변수의 변화를 가져올 수 없고 이것은 시간적인 선후관계로 증명된다. 셋째, 독립⇨종속변수의 관계가 직접적인 것이어야 한다. 이를 비허위성(nonspuriousness)이라고 하는데, 허위성의 고전적인 예로 화재가 일어났을 때 출동한 소방차의 수와 화재 피해액 간의 관계를 볼 수 있다. 현상만 보고 화재현장에 소방차가 많이 도착했을수록 재정적인 피해액이 많을 것이라고 생각하기 쉽다. 하지만 변수를 통제하여 두 변수의 관계를 분명히 하면 사실은 '화재의 규모'라는 변수가 개입되어 있으므로 화재의 규모 ⇨ 소방차의 수 ⇨ 화재피해액의 도식으로 생각해야 옳다. 이렇게 허위적인 변수 간 관계를 제거하는 일은 조사연구에서 가장 어려운 일이다. 복잡한 변수 간 관계를 경로분석으로 해석하기 위해서는 먼저 인과성의 과정을 충분히 이해하고 현상을 관찰할 수 있어야 한다.

2 경로모형에서의 효과

경로분석은 인과관계를 맺고 있는 변수들 간의 직·간접적인 영향관계를 파악하기 위하여 이용하는 통계방법으로서 변수들이 논리적으로 연결되어 있는 양상을 지도 그리듯 도식화해 보여준다. 경로분석은 변수들 간 관계를 기술하는 하나의 이론 및 공식에 기반을 둔 독립된 통계분석방법이 아니라 다중회귀분석을 통해 연구자가 세운 이론적인 인과모형이 경험적으로 타당한가의 여부를 검토하는데 사용되는 고차원적 통계기법이다. 경로분석에서는 연구자가 이론적으로 가정하기에 의미가 있을것이라고 생각되는 변수를 하나씩 골라 회귀방정식에 단계적으로 추가시키면서 종속변수의 변량을 의미있는 수준에서 설명해 주지 못할때까지 변수를 계속 추가하는 절차를 거친다.

경로분석에서는 우선 이론적 설명에 기초하여 변수들 사이의 가설적인 폐쇄모형을 만들고, 변수들간의 상호관계와 종속변수에 대한 각 변수의 상대적 영향력(효과)을 하나의 지수로 판단한다. 이 때 가설에 근거해 수립하는 모형을 경로도형(path diagram)이라 하고 영향력의 지수를 경로계수(path coefficient)라 한다.

경로분석에서 쓰이는 기초적인 경로도형에 대하여 설명하기로 한다. 우선, 두 변수간의 경로도형은 다음과 같이 나타낼 수 있다.

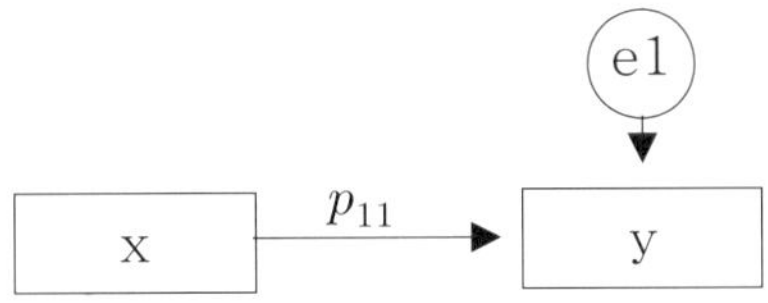

▌그림 11-1▐ 두 변수 사이의 경로도형

두 변수 x와 y 사이의 경로도형을 나타낸 것이다. 직선의 화살표는 x변수에서 y변수로의 영향정도를 나타낸다. p_{11}은 독립변수(x)와 종속변수(y)를 회귀분석한 후 얻은 표준화 회귀계수(β_{11})를 의미한다. 표준화 회귀계수는 자료를 표준화시키고 얻은 회귀계수로 변수간의 상대적인 영향력의 판단기준이 되기 때문에 주로 사용된다. 여기서, e_1은 x에 의해서 설명되지 못하는 부분으로 잔차(residual)라고 한다. 즉, 잔차는 오차(error)라고도 하는데 오차는 경로도형내의 지정변수에 의해서 설명되지 않는 경우를 말한다.

경로도형에서 직접효과는 직접 인과관계를 나타낸 것으로 이론적인 구성체계내에서 하나의 독립변수(x_1)가 종속변수(x_2)에 영향을 미치는 것을 나타낸다. 직접효과는 독립변수가 종속변수의 증감에 영향을 미치는 경우를 말한다. 다음의 그림에서는 각각 p_{21}, p_{32}, p_{31}이 직접효과의 경로계수이다.

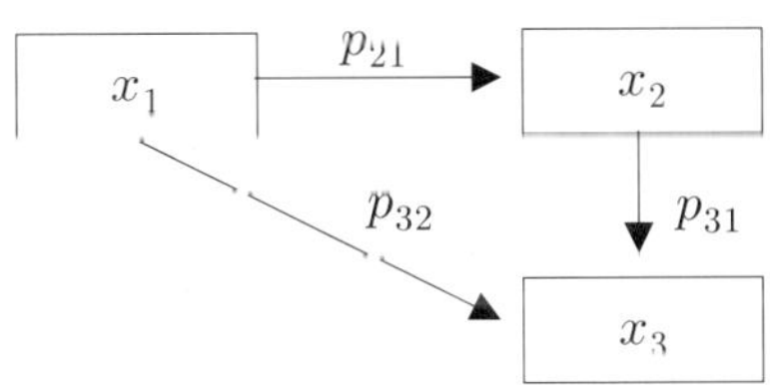

▌그림 11-2▐ 직접효과와 간접효과

경로계수의 표기법은 도달하는 변수명을 먼저쓰고 화살표가 출발한 곳의 변수를 나중에 쓴다. p_{21}은 변수 x_1에서 출발하여 x_2에 미치는 영향력을 의미한다. 경로계수에 대한 해석하는 방법을 살펴보면 만일 $p_{21} = 0.845$라면 x_1변수가 1단위 증가할 때마다 x_2 변수가 0.845만큼씩 증가하는 것으로 해석하면 된다.

간접효과(indirect effect)는 독립변수의 효과가 하나 이상의 중간변수에 의해서 매개되어 종속변수에 영향을 미치는 경우를 나타낸다. 〈그림 11.2〉에서 x_1과 x_3 사이에는 x_2변수가 매개되어 있음을 알 수 있다. 이 경우에 간접효과가 발생하는데 간접효과의 크기의 경로계수의 곱인 $p_{21} \times p_{32}$로 나타낸다. 추가적으로 설명하면 x_1과 x_3사이에는 직접효과와 간접효과가 동시에 발생하는 것을 알 수 있다. 연구자가 연구결과를 해석하는데 주의할 사항으로 효과의 크기를 판단할 때 직접효과만으로 판단하면 효과의 크기를 정확하게 파악할 수 없다는 사실이다.

제 3 변수 효과 또는 의사효과(spurious effect)는 두 독립변수가 직접적인 연결은 없으나 제 3의 변수에 의해서 동시에 영향을 받으므로 인해서 두 변수간에 관계가 있는 것처럼 보이는 경우를 말한다. 〈그림 11.2〉에서 의사효과의 크기는 $p_{21} \times p_{31}$이다. 결국, x_2와 x_3 변수 사이에는 직접효과와 의사효과가 발생하는 것을 알 수 있다.

3 모형의 식별과 평가

1) 모형의 식별

모형의 식별(model identification)은 모형이 가치있는 모형으로 받아들여질지 여부를 평가하는 것을 말한다.[1)] 다시 말해서 모형이 수집된 자료에 적용해 볼 수 있는지를 심사하는 과정이라고 할 수 있다. 모형의 식별절차를 진행하다보면, 요인들간의 모수들이 식별되는가 하면 식별되지 않은 경우도 있다.

모형을 구성하는데 있어서는 먼저 조사하고자 하는 인과관계를 경로도형으로 표현하게 된다. 구성개념을 어떻게 놓을지 등을 포함하여 가설을 경로도형 상에 표현한다. 이

1) 김계수, AMOS 구조방정식 모형분석, PASW아카데미. pp.373~380. 2002.
노형진, 사회조사분석, 형설출판사, pp.248~277. 2002.

때, 해가 구해지려면 식별성의 확보가 필요하다. 식별성의 확보는 공분산구조분석을 실시하는데 있어서 가장 번거로운 문제의 하나이다. 이것은 주어진 데이터와 모델에 있어서 해가, 즉 경로계수 등 모수의 추정치가 일의적으로 구해지지 않는다고 하는 문제이다. 식별할 수 없는, 즉 식별성이 확보되지 않는 원인은 구하고자 하는 모수(자유모수)의 수가 얻어지는 방정식의 수보다 적은데에 있다. 두 개의 미지수를 갖는 연립방정식을 푸는데 방정식의 수가 하나밖에 없다면, 해는 자유롭게 설정되고 말아 확정되지 않는다고 하는것과 같다. 이 경우는 한편의 미지수 값을 고정할 수 있다면, 다른 한편의 해도 구해지게 된다. 혹은 어떠한 방법으로 다른하나의 방정식이 얻어지면 된다. 이 모두 어떠한 방법으로든 모델내에 제약을 가한다(모수의 일부를 기지로 한다)고 하는 것이다. 이것을 분석의 목적이나 데이터의 성질을 손상하지 않는 범위에서 실시하여 식별할 수 있도록 한다.

모형이 식별을 받기위한 필요조건으로 정보의수와 미지수를 비교하는 것이다. 여기서 자유도는 모형의 적합도를 설명하기 위하여 사용되는 모수의 수를 뺀 나머지로 모수의 수가 적을수록 모형은 아주 적합함을 나타낸다.

$$\text{자유도} = \text{정보의 수} - \text{미지수(경로계수의 수)}$$

$$\text{여기서, 정보의 수} = \frac{k(k+1)}{2},\ k = \text{측정변수의 수,}$$

$$\text{미지수(경로계수)} = \text{변수간의 통계적인 인과관계를 밝혀냄}$$

모형의 적합도는 모형과 실제 공분산 자료 사이의 일치성의 정도 또는 일치도를 나타낸다. 즉, 모형의 적합도는 기본적으로 표본자료의 특성(S)과 이론적 특성(Σ)이 어느정도 일치하느냐에 대한 적합도 판단과정을 의미한다. 모형이 인정되기 위한 필요조건은 측정변수 x, y가 제공해 주는 정보의 수가 추정되는 미지수(모수)의 수보다 많거나 같아야 된다. 이 경우를 과다식별(overidentified model)이라고 한다. 정보의 수보다 미지수의 수가 큰 경우를 부정모형(unidentified model)이라고 한다. 정보의 수보다 미지수의 수가 같은 경우를 포화모형(saturated model)이라고 한다. Amos에서는 모형식별 또는 부정모형의 신호를 통해서 모형식별여부에 대한 정보를 제공해 준다.

정리하면, 모형이 포화모형이나 과다식별모형의 가능성이 보이면 모형식별의 필요조건이 충족되어 모형식별의 가능성이 있다고 말할 수 있다. 실제로 모형으로 식별받기 위해서는 필요충분조건을 만족해야 한다. 필요충분조건은 모형에 포함된 미지수 측정변수의 분산, 공분산행렬에 의해서 풀릴 수 있다는 것을 보여주어야 한다. 이러한 조건은 모형에서 취급하고 있는 모수의 수가 많아지면 대단히 어려워진다.

2) 모형의 평가

설정한 가설을 검정하려면 모형이 어느 정도 수용될 수 있는지 어떤지를 판정하는 것이 요구된다. 그 판정의 기준으로서 검정이나 각종의 적합도 산출이 실행된다. 검정으로서는 카이제곱검정(χ^2)이 일반적이며 적합도로서는 여러 가지의 것이 고안되고 있다.

모형에 대한 적합성 평가는 공분산 구조모형이 가정에 얼마나 적합한가를 살펴보는 절차라고 할 수 있다. 모형의 적합성의 평가는 기본적으로 절대적합지수(absolute fit measure), 증분적합지수(incremental fit measure), 절약적합지수(parsimonious fit measure) 등을 이용한다.

(1) 절대적합지수

절대적합지수는 모형의 전반적인 적합도를 평가하는 지수로 χ^2을 이용하는데 χ^2은 이론을 근거하여 모형의 일치성, 모형이 모집단 자료에 완전하게 적합하다는 귀무가설을 검정한다. 전반적인 모형의 적합도를 나타내는 데는 자유도와 χ^2을 함께 나타낸다. χ^2의 통계량이 크다는 것은 적합도가 나빠 연구모형이 통계적으로 기각될 가능성이 큼을 의미한다. 다음은 모형의 적합도에 대한 가설설정을 나타낸다.

H_0 : 모형은 모집단 자료에 적합하다

H_1 : 모형은 모집단 자료에 적합하지 않다

유의확률(sig) > $\alpha = 0.05$인 경우에 귀무가설을 채택하여 모형은 모집단의 자료에 적합하다는 귀무가설을 채택하게 된다. 또한 적합도를 나타내는 지수로 적합도지수, 조정적합지수 그리고 평균제곱잔차제곱근에 의해서 평가하는 경우도 있는데 간단하게 설명하면 다음과 같다.

① **적합도지수(GFI: Goodness of Fit Index)**

0.9 이상인 경우 좋은 모형으로 판단

$$GFI = 1 - \frac{오차변량}{전체변량}$$

GFI는 주어진 모형이 전체 자료를 얼마나 잘 설명하는지를 나타내는 지표로 회귀분석에서 다중결정계수(R^2)와 관련이 있다.

② **조정적합지수(AGFI: Adjusted Goodness of Fit Index)**

0.9 이상인 경우 좋은 모형으로 판단

$$AGFI = 1 - \frac{(p+q)(p+q+1)}{2 \times d.f}(1 - GFI)$$

여기서, p =독립변수의 수, q =종속변수의 수, $d.f$ =자유도

GFI를 자유도에 의해서 조정해 준 것을 의미한다. 이것은 회귀분석의 조정된 결정계수로 생각하면 될 것이다.

③ **평균제곱잔차제곱근(RMR: Root Mean-Square Residual)**

0.05 ~ 0.08 이하이면 적당한 모형으로 판단한다.

(2) 증분적합지수

증분적합지수는 기초모형(null model or independent model)과 제안모형(proposed model)의 비교를 통해 모형의 개선정도를 파악하는 지수이다. 기초모형은 연구자가 최초로 제시한 연구모형을 의미하며 제안모형은 이론적인 배경하에서 연구모형을 수정한 모형이라고 생각하면 될 것이다.

① **비표준적합지수(NNFI: Non-Normed Fit Index)**

Turker-Lewis Measure(TL)이라고도 한다. 이 지수는 분자인 기초모형과 제안모형의 차이를, 분모인 기초모형에서 1을 차감한 비율로 0.9보다 크면 잘 맞는 모형이라고 할 수 있다.

$$NNFI = \frac{\chi_0^2 / df_0 - \chi_p^2 / df_p}{\chi_0^2 / df_0 - 1}$$

여기서, χ_0^2, df_0는 기초모형의 χ^2값, 자유도, χ_p^2, df_p는 제안모형의 χ^2 자유도를 의미한다.

② **표준적합지수(NFI: Normed Fit Index)**

표준화시킨 부합치로 0.9보다 크면 모형의 적합도에 만족한다고 할 수 있다.

$$NFI = \frac{\chi_0^2 - \chi_p^2}{\chi_0^2}$$

χ_0^2 = 기초모형의 χ^2, χ_p^2 = 제안모형의 χ^2

(3) 절약적합지수

절약적합지수는 제안모형의 적합수준, 즉 모형의 복잡성과 객관성의 차이를 비교하는 것을 말한다. 여기서 절약성(parsimony)이란 모형이 각 추정계수에 필요한 적합도에 최대로 도달하는 정도를 나타낸다.

① **간명기초적합지수(PGFI: Parsimonious Goodness-of-Fit Index)**

높을수록 우수한 모형이다.

② **간명표준적합지수(PNFI: Parsimonious Normed-of-Fit Index)**

높을수록 우수한 모형이다.

③ **아카이케정보기준(AIC: Akaike Information Criteria)**

"0"에 가까울수록 간명성이 우수한 모형이다.

앞에서 언급한 몇 가지 지수에 대한 판단기준은 학자마다 의견이 서로 다른 것이 사실이다. AMOS 패키지의 출력물에서는 제시된 지수 이외에 다른 지표도 산출한다. 모형의 검증에 있어서 연구자는 모형의 속성에 적합한 지수를 선택해서 사용하는 것이 좋다. 일반적으로 많이 사용되고 있는 지수는 절대부합지수와 증분적합지수이다. 구조방정식모형의 적합도를 정리한다는 측면에서 구조방정식을 이용하여 평가하는 주요 이용지수를 표로 나타내면 다음과 같다.

▌표 2-1▌ 〈표 11.1〉 적합도 판단지수

	적합지수	최악모델	최적모델
절대적합 지수	χ^2	확률값 0.05 이하	0.05 이상 (확률치가 큰 경우)
	GFI (기초적합값)	0	1
	AGFI (조정적합값)	0	1
	RMR (원소간 평균차이)	0.05 이상	0.05 이하
증분적합 지수	NFI (표준적합지수)	0	1
	NNFI (비표준적합지수)	0	1

4 AMOS 이용방법

1) Amos 초기화면

Amos를 메뉴의 분석(A) ⇨ Amos 18(A)를 실행하면 다음과 같은 초기화면이 나타난다.

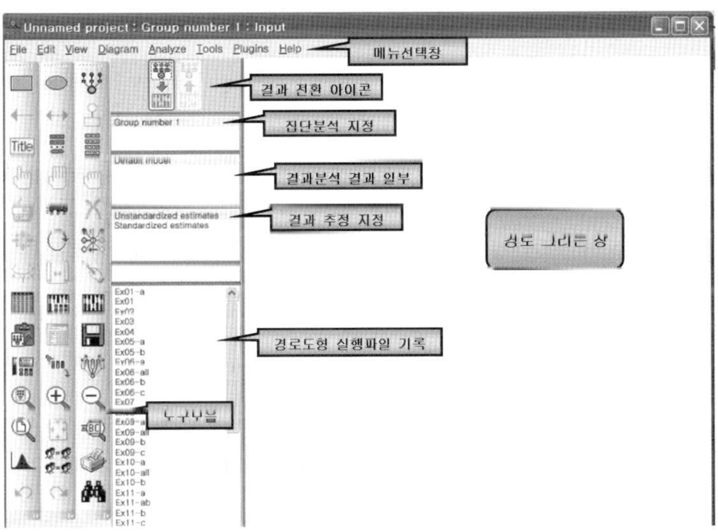

Amos를 이용하기 위해서는 메뉴의 기능들은 반드시 알아야 한다. 우선 기본 메뉴인 File, Edit, View, Diagram, Analyze, Tools, Plugins, Help로 구분되어 있다.

(1) File

메뉴에서 File을 클릭하면, File의 하위메뉴들이 생성된다. New는 새로운 Amos 창을 만들 때 사용하고, Open은 기존에 저장된 Amos 파일을 불러올 때 사용한다. Save는 저장할 때, Save As는 새로운 이름으로 저장할 때, Exit는 프로그램을 종료할 때 사용한다. 이러한 기능 등은 일반적으로 모든 프로그램에서 사용하는 것과 동일하고 여기서는 Data Files...의 기능을 기억해야 한다. Data Files는 Amos에서 작성한 연구모델을 분석하기 위해서 PASW에서 데이터 코딩 자료를 불러 오는 곳이다. 즉, 분석할 연구모델과 자료를 연결해주는 역할을 한다. Data Files...를 클릭하면 다음그림과 같은 화면이 나타날 것이다.

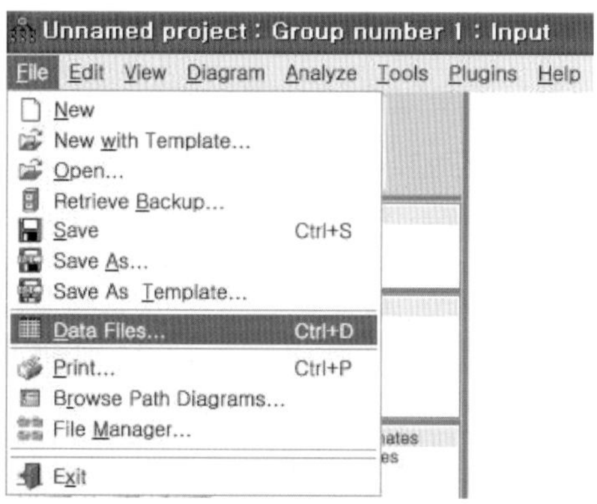

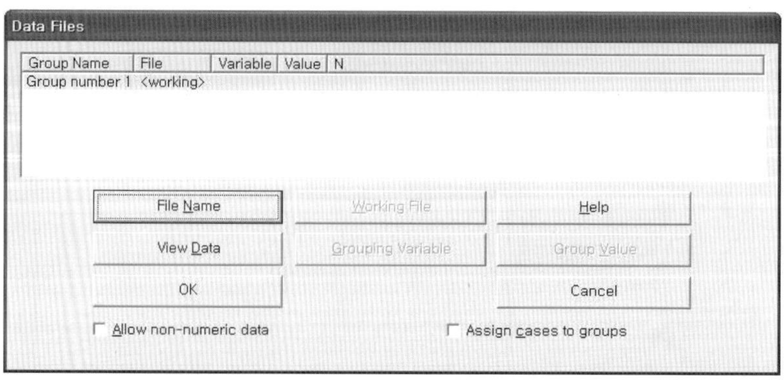

File Name 은 분석할 데이터 코딩 자료를 불러오는 곳이다. 이를 클릭하면 새로운 대화창이 나타나고, 여기서 각자의 컴퓨터에 저장된 PASW 파일을 찾아 선택하면 된다. View Data 를 클릭하면, 선택한 PASW 파일이 나타난다. 마지막으로 OK 를 선택하면 된다.

(2) Edit

Edit를 클릭하면 다음 그림과 같이 하위메뉴들이 생성된다. 여기서는 Copy(to clipboard)의 기능만 설명한다. 이 메뉴는 논문 발표 시 매우 유용하게 이용할 수 있는 기능이다. Amos화면에 나타나 있는 구조방정식모델분석 결과를 파워포인트로 저장하여 발표를 하고자 할 때, Copy(to clipboard)를 클릭하고 파워포인트에서 "붙이기"하면 Amos화면에 있던 모델이 그대로 파워포인드에서 생성된다.

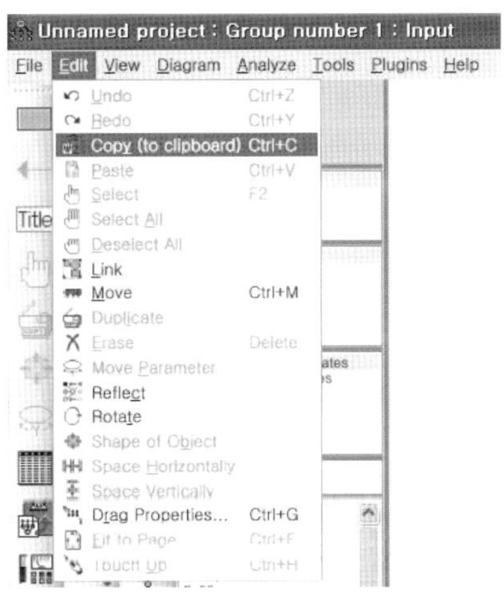

(3) View

Viewd에서는 3가지 기능에 대해서 설명한다.

먼저, Interface Properties...를 클릭하면 다음과 같은 화면이 생성될 것이다. Amos는 최초 Portrait로 기본 설정되어 있다. 이는 Amos화면이 세로가 긴 직사각형

형태로 나타나 있어, 구조방정식모델을 작성하는데 공간이 부족할 수 있다. 이를 Landscape로 변경하고 아래에 있는 Apply를 선택한다. 그러면 Amos 화면이 넓은 정사각형에 가까운 형태로 변모 되어, 복잡한 구조방정식모델을 작성하는데 편리하다. 그리고 창을 닫을 때에는 창 닫기 메뉴가 따로 없으니 ☒를 클릭해야 한다.

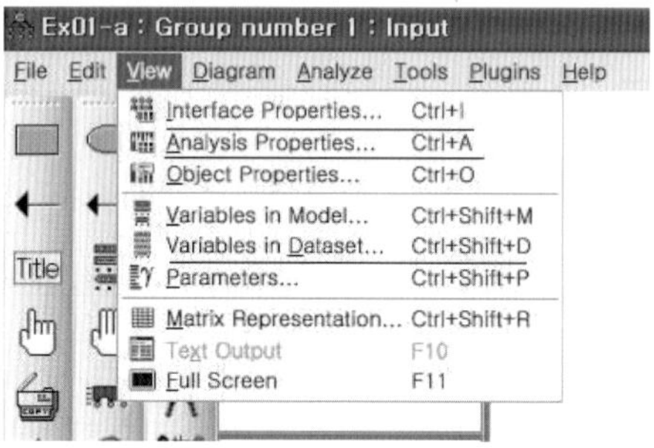

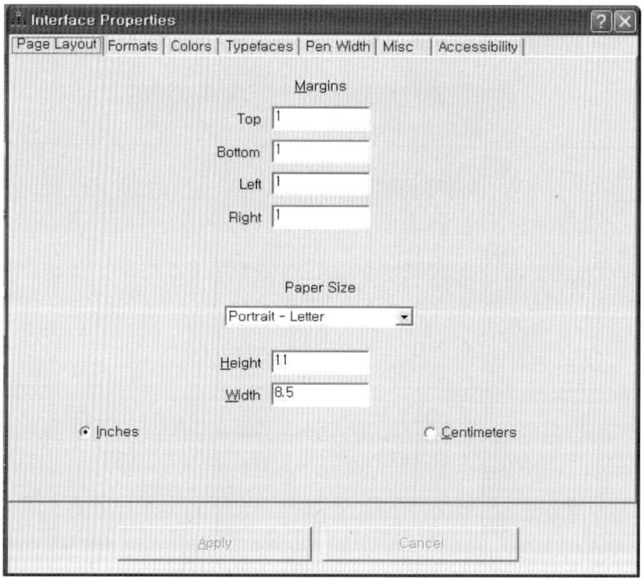

Analysis Properties...를 선택해 보자. 이는 분석에 앞서 연구자가 원하는 분석결과를 도출하기 위하여 분석결과를 도출하기 위하여 조건을 입력하는 곳이다. 분석 조건은 그림과 같이 output에서 입력한다. 최초 Minimization history만 선택되어 있는데, 나머지 분석 조건도 여기서 입력해야 한다. 이와 관련한 구체적인 사항은 실제 분석에서 설명한다.

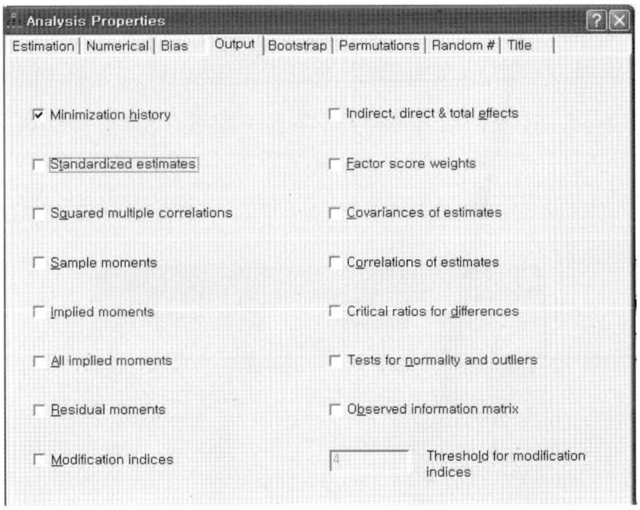

Variable in Dataset...를 선택하면 그림과 같은 창이 생성된다. 이 메뉴의 기능은 분석에 사용할 PASW 상의 변수명이 나타나는 곳이다. 독자들이 이를 선택하면 아무것도 나타나지 않고 백지 상태일 것이다. 왜냐하면 PASW에서 데이터를 선택하지 않았기 때문이다. 메뉴에서 File ⇨ Data Files...를 선택하여 분석할 PASW 데이터 코딩자료를 선택하여 경로를 지정해야지만 변수명이 나타나는 것이다. 여기서 나타난 변수들은 Amos에서 작성한 구조방정식모델ㄹ에 마우스로 드래그하여 변수를 직접 입력하게 된다.

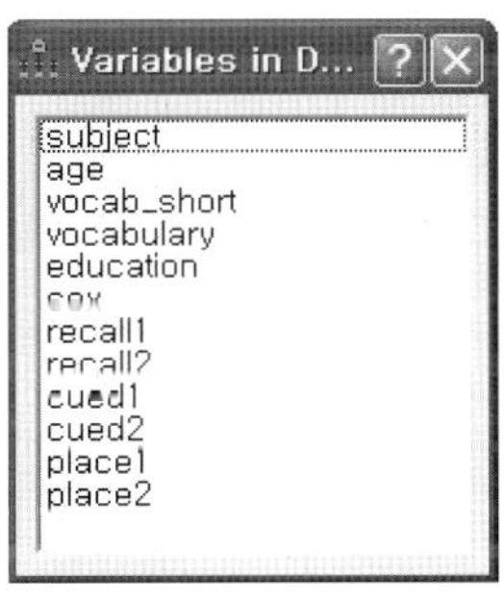

(4) Diagram

Loupe를 클릭해보자. 네모난 모양으로 생긴 새로운 것이 나타날 것이다. 이것은 돋보기 기능을 한다. 구조방정식모델은 Amos화면에 작성할 때, 크기가 그다지 크지 않다. 또한 입력되는 문자 역시 작을 수 밖에 없어 연구자가 간혹 어떤 변수가 입력되었는지 잘 보이지 않을 때 가 있다. 이럴 경우 돋보기인 Loupe 기능을 선택한다. Loupe 기능을 이용 후 Loupe을 없애고자 할 때는 마우스 오른쪽 버튼을 클릭한 후 다시 왼쪽 버튼을 클릭한다.

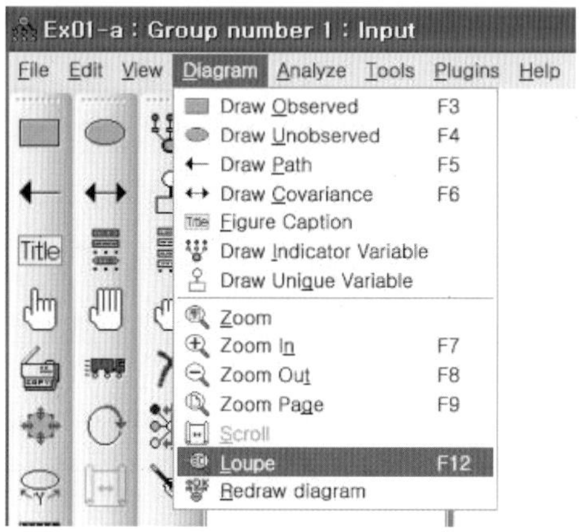

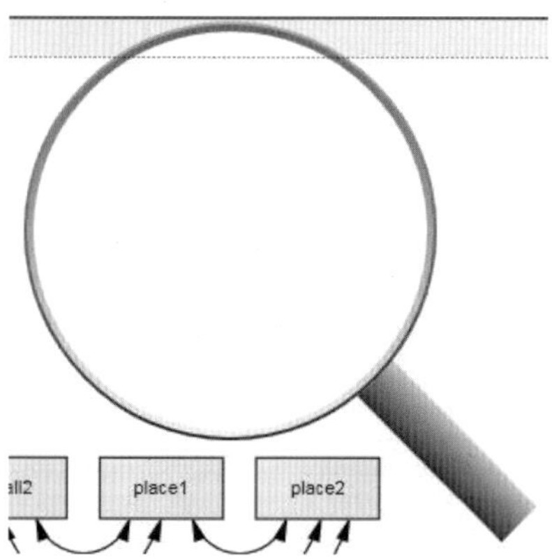

(5) Analyze

Analyze 메뉴에는 다음과 같은 하위메뉴들이 있다. 이 가운데, Calculate Estimates는 분석실행을 위한 메뉴이고, Manage Groups는 집단을 관리하기 위한 메뉴이고, Manage Models는 모델을 관리하기 위한 메뉴이고, Degree of freedom은 자유도를 보기 위한 메뉴이고, Specification Search는 설정탐색을 위한 메뉴이고, Multiple-Group

Analysis는 다중집단분석을 위한 메뉴이고, Data Imputation은 결측자료를 처리하기 위한 메뉴이다.

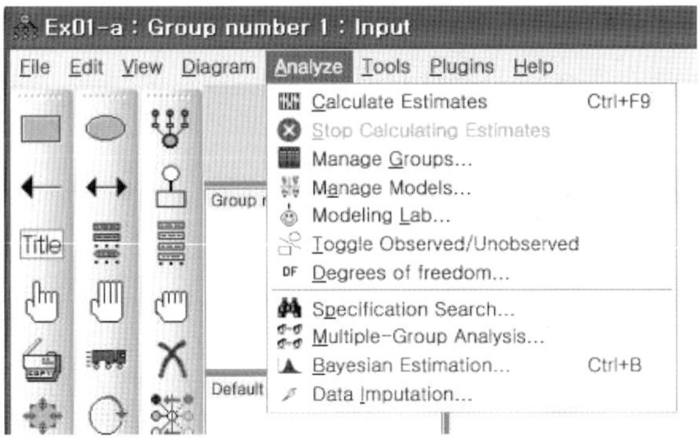

(6) Tools

Tools에서는 글꼴, 모형관리, 도구 모음창 표시 여부를 설정하고 나음과 같은 하위메뉴들이 있다.

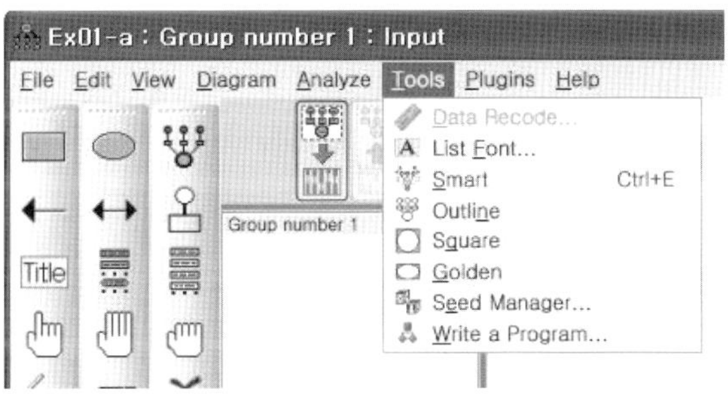

(7) Plugins

플러그인(Plugins) 메뉴에는 다음과 같은 하위메뉴들이 있다.

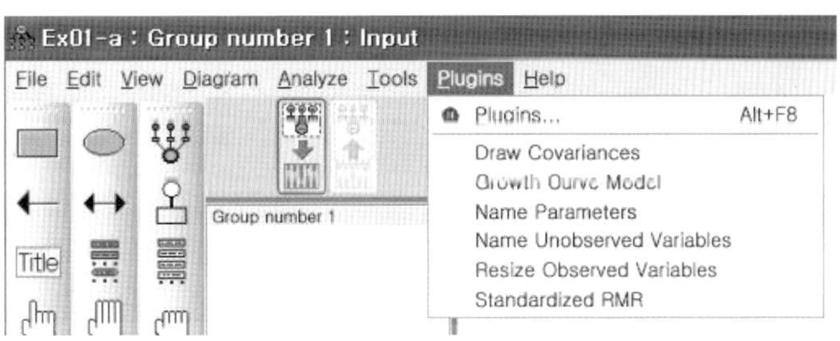

2) 경로도형과 아이콘의 기능

<table>
<tr><th>도구상자</th><th>관리창</th><th>관리 창의 내용</th></tr>
<tr><td rowspan="6">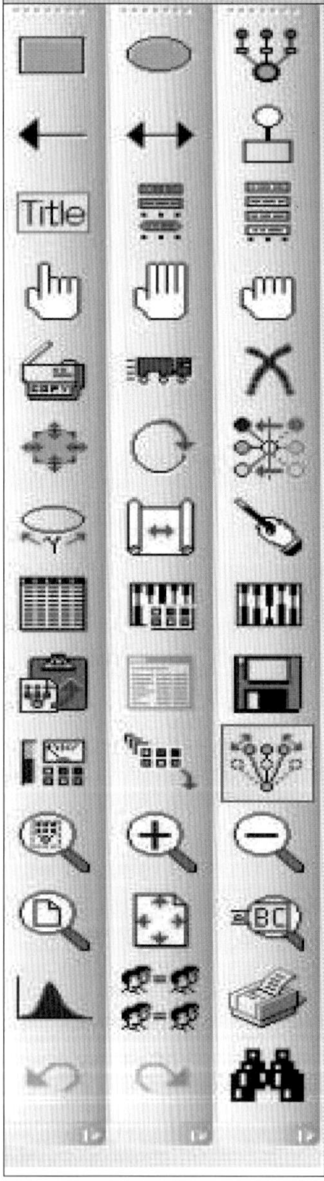
</td><td>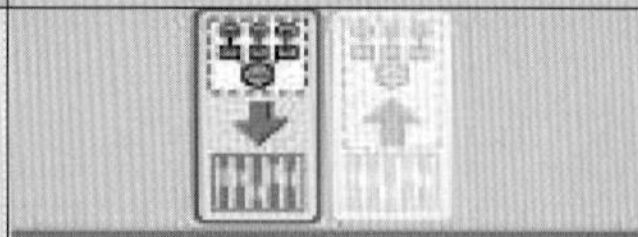</td><td>분석결과를 경로도에 보여줌</td></tr>
<tr><td>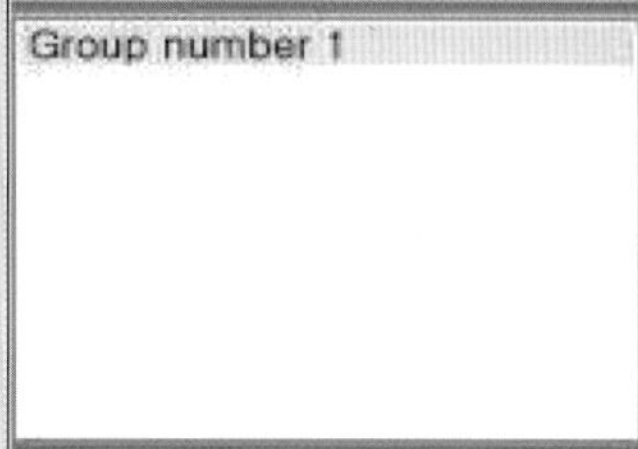
</td><td>집단관리
(다중집단분석 시 이용)</td></tr>
<tr><td>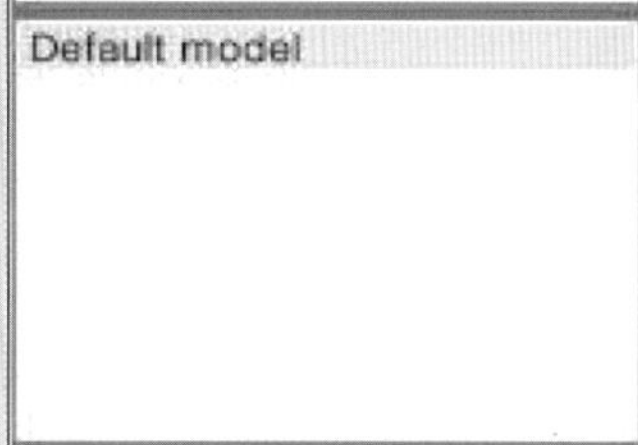
</td><td>모델관리</td></tr>
<tr><td>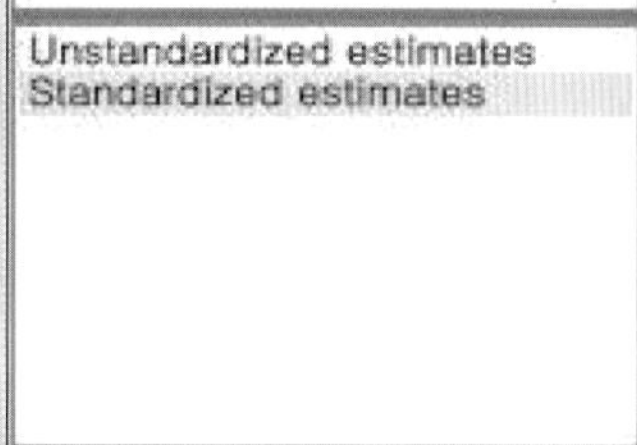
</td><td>비표준화 추정치, 표준화 추정치를 선택하여 볼 수 있음</td></tr>
<tr><td></td><td>분석이 끝나면 결과가 보고됨</td></tr>
<tr><td>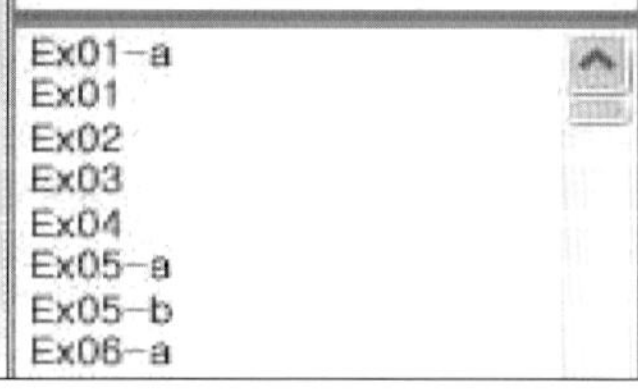
</td><td>Amos 파일관리</td></tr>
</table>

도구상자(tool box)는 Amos에서 많이 쓰이는 것들을 아이콘으로 모아 놓은 것이다. 이 가운데 주요한 것을 살펴보기로 하자.

아이콘	기 능	단축키
	관측변수를 그리는데 사용	F3
	잠재변수를 그리는데 사용	F4
	잠재변수, 관측변수 및 오차를 동시에 그리는데 사용	
	경로를 그리는데 사용됨(화살표가 시작되는 곳에서 화살표 가는 쪽으로 그림)	F5
	상관관계를 그리는 데 사용됨(외생잠재변수 간 또는 내생변수의 오차 간 상관을 그리는 데 사용)	F6
	오차항을 그리는 데 사용	
	특정 대상(object)을 하나씩 지정할 때 사용	F2
	전체 대상(관측변수, 경로, 잠재변수, 오차 등)을 지정할 때 사용	
	전체 대상의 지정을 해제할 때 사용	
	대상을 복사할 때 사용	
	대상을 이동할 때 사용	Ctrl+M
	대상을 지울 때 사용	
	대상의 모양을 변화시킬 때 사용	
	잠재변수의 지표를 회전할 때 사용	
	데이터 파일을 선택할 때 사용	Ctrl+D
	분석속성(analysis properties)을 지정할 때 사용	Ctrl+A
	분석실행	Ctrl+F9
	출력경로도보기	

예제 [11.1]

[prg11_1.sav]

다음의 자료는 과학기술정보를 구하기 위해 연구원들이 찾는 입수방법의 이용도와 그 정보에 대한 만족도를 나타내는 설문자료이다. 이 자료를 이용하여 정보이용도와 정보만족도 간의 내재하는 관계를 분석하시오.

문 지

1. 다음은 과학기술정보의 입수방법에 대한 항목들입니다. 자세히 읽어보시고 각 입수방법이 귀하가 정보를 수집하는데 있어서 얼마나 중요하고, 각 입수방법을 어느 정도로 사용하는지 귀하의 생각과 일치하는 번호에 'ㅇ' 표하여 주시기 바랍니다.

[과학기술정보의 입수방법(이용도)]	전혀 사용 않음		보통		매우 많이 사용
(1) 귀하가 소속된 기관의 정보를 이용	1	2	3	4	5
(2) 전문잡지, 학술지, 도서 등의 구입 및 구독	1	2	3	4	5
(3) 관련행사·전시회·세미나·학술회의 참석	1	2	3	4	5
(4) 국내외 전문정보서비스(KERIS, NDSL, KISTI, STN, DIALOG, 도서관 홈페이지 등)	1	2	3	4	5
(5) 일반적인 웹검색 서비스(Google, Yahoo, Naver 등)	1	2	3	4	5
(6) 관련기관 및 연구소의 홈페이지 이용	1	2	3	4	5

2. 귀하는 과학기술정보를 제공하는 유통기관의 정보를 활용한 결과 다음 항목들에 대해서 얼마나 만족하십니까?

[과학기술정보를 제공하는 유통기관의 정보의 만족도]	매우 불만족		보통		매우 만족
(1) 비용절감	1	2	3	4	5
(2) 시간절감	1	2	3	4	5

☆ **자 료**

번호	기관정보	도서구입	학술회의	전문정보	일반적인	홈페이지	비용절감	시간절감
1	5	3	2	3	5	5	3	1
2	3	5	5	4	4	4	4	4
⋮				⋮				
1167	4	1	2	5	5	1	3	1
1168	4	4	4	4	4	3	4	1

풀이 먼저 prg11_1.sav파일을 불러온다. 이 자료를 이용하여 다음과 같다. 연구모형을 Amos를 이용하여 분석하기로 한다.

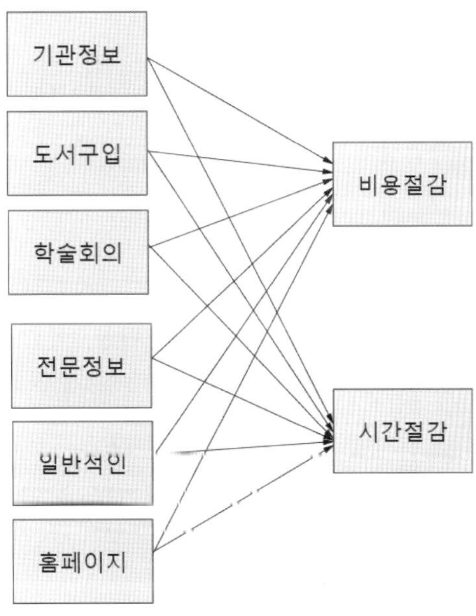

우선, 다음과 같은 순서로 Amos를 실행한다. 메뉴의 분석(A) ⇨ Amos18(A)를 클릭하면 다음과 같은 Amos초기화면을 얻게된다. 이 초기화면에 연구모형에 해당되는 경로도형을 다음과 같은 순서로 그린다.

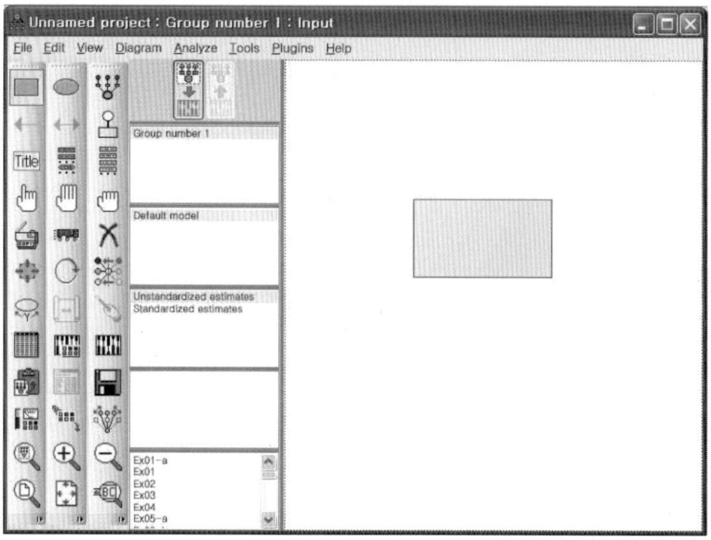

1) 측정변수 그리기

앞의 경로도형 버튼 아이콘 중 ( )[(Draw Observed Variables(F3))]를 마우스로 눌러 오른쪽의 경로도형 작업창에 옮긴다. 이 때 경로도형 작업창에서 마우스의 왼쪽을 누른 상태에서 좌측상단에서 대각선 하단방향으로 잡아당기면 사각형이 생성된다. 이것을 그림으로 나타내면 다음과 같다.

그 다음, 복사 아이콘 ( )을 클릭한다. 클릭한 다음, 작업시트에 그려진 사각형 위에 마우스 포인터를 놓으면 기존에 그려진 사각형의 색깔이 변하는 것을 알 수 있다. 그 상태에서 사각형을 적절한 위치에 필요한 만큼 놓는다.

위 경로도를 보면 관측변수 간의 간격이 동일하지 않음을 알 수 있다. 이를 해결하기 위해, 대상하나씩선정 아이콘( )을 클릭하여 전체 사각형을 선택하거나, 또는 전체대상선정 아이콘( )을 이용하여 전체 사각형을 선택한다. 다음, [Edit] 메뉴에서 [Space vertically]를 클릭하면 사각형 간의 간격이 일정하게 조정됨을 알 수 있다. 나머지 관측변수들도 지금까지 설명한 방식대로 처리한다. 지금까지 한 작업을 그림으로 나타내면 다음과 같다.

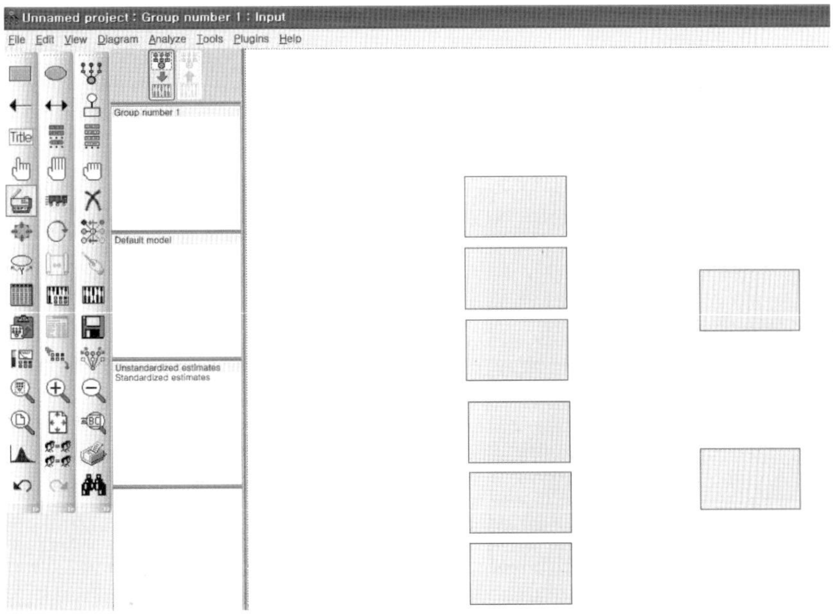

2) 오차항

오차항을 그리기 위해 오차항 아이콘( )을 클릭한다. 오차항을 그리기 위해 측정변수 위에 마우스를 올려놓으면 빨간색으로 변한다. 마우스 왼쪽 버튼을 누르면 오차항이 다음과 같이 그려진다.

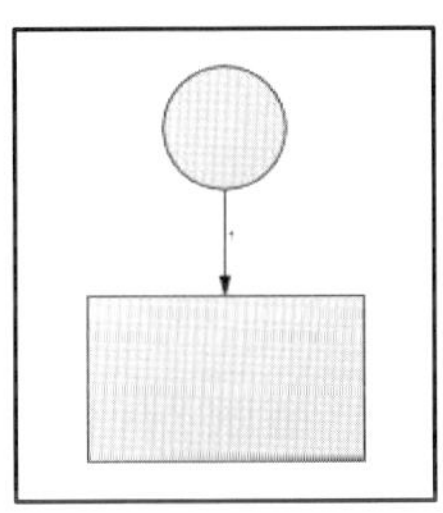

일반적으로 측정변수의 측정오차는 왼쪽과 오른쪽에 정렬시키는 것이 보기에 좋다. 이를 위해 오차항이 그려진 상태에서 마우스를 변수 위에 다시 올려놓으면 변수가 빨간색으로 변한다. 그 상태에서 적절한 위치에 올 때까지 마우스 왼쪽 버튼을 계속 누르면 된다. 오차항까지 그린 상태는 다음과 같다.

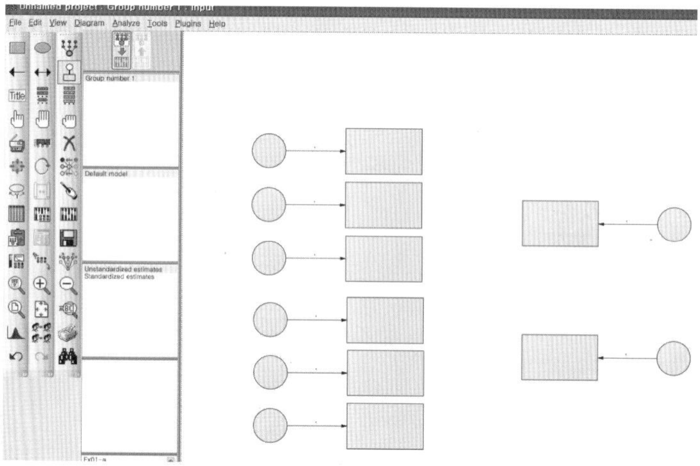

3) 경로 그리기

연구모형과 같이 변수간에 경로를 연결하기 위해서는 ← [Draw Paths(Single headed arrows, F5)]를 누른 다음 기관정보와 비용절감을 마우스를 이용하여 연결한다. 그러면 다음과 같은 화면을 얻을 수 있다. 마우스를 이용하여 연속적으로 화살표를 연결하면 다음과 같은 화면을 얻을 수 있다.

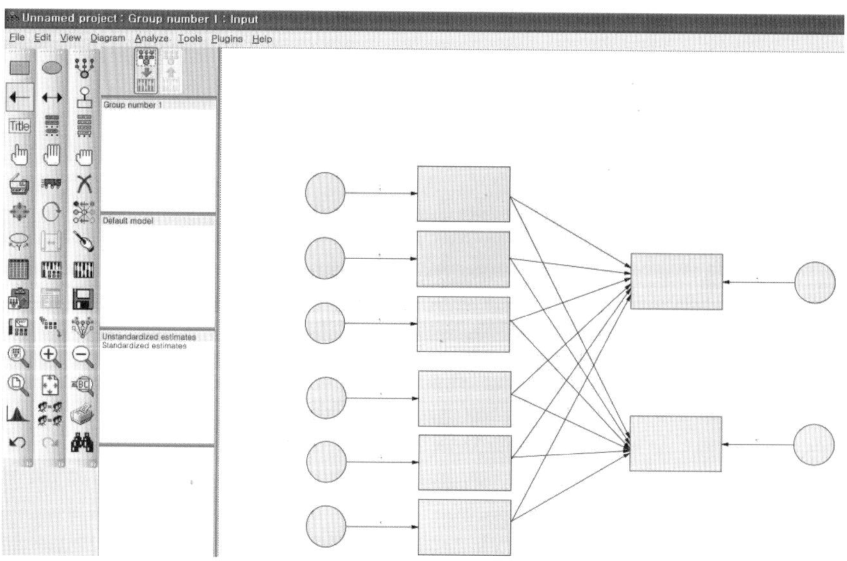

4) 변수 명칭 부여하기

측정변수와 오차항에 대해 명칭을 부여하는 방법에 대해 알아보자. 먼저 측정변수에 대한 변수이름(variable name)을 입력하는 방법에 대해 알아보기로 하자. 측정변수의 이름을 부여하는 방법에는 두 가지가 있다.

첫째, 해당 측정변수 위에 마우스를 올려놓고 마우스를 더블클릭하거나, 마우스 오른쪽 버튼을 누르면 다음과 같은 대상속성(object properties) 대화상자가 나타난다.

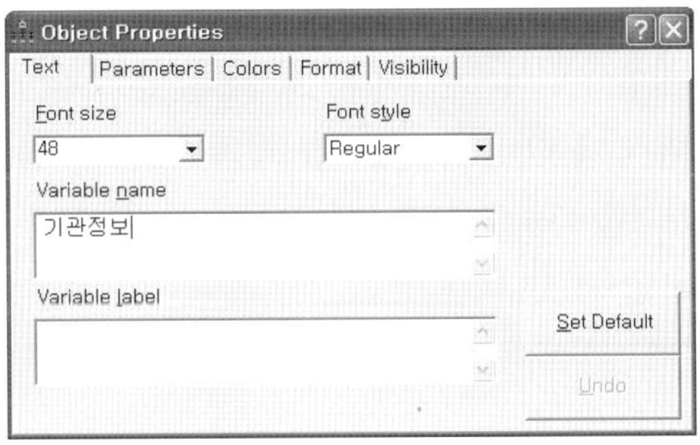

Text 탭의 Variable name에서 변수이름을 입력하면 된다. 단, 이때 자료에 저장된 측정변수이름과 동일하게 입력해야 한다. 변수이름을 입력할 때, 입력하고자 하는 해당 변수위에 마우스를 한 번 클릭하고 계속해서 입력하면 된다.

둘째, 자료가 PASW에 저장되어 있는 경우에 관측변수의 이름을 입력하는 방법은 다음과 같다. 먼저 File 메뉴에서 Data Files를 눌러 자료를 연결시켜 준다. 그 다음, View 메뉴에서 Variable in Dataset 하위메뉴를 클릭하면 다음과 같은 대화상자가 나타난다.

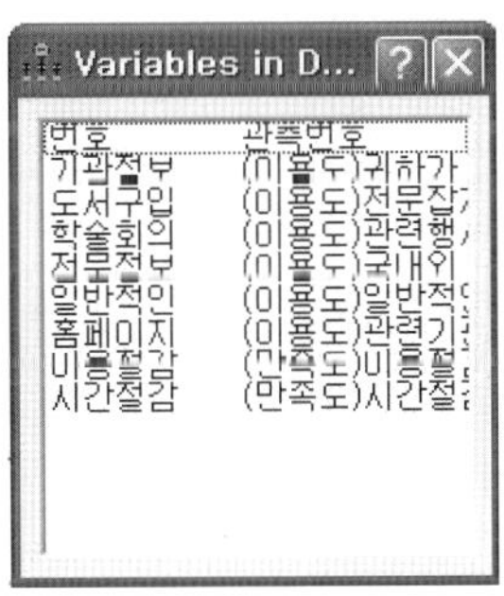

이 대화상자에서 해당 변수를 클릭한 다음, 드래그(drag)하여 경로도 상의 해당 변수 위에 드롭(drop)하면 된다. 단, 이때 반드시 자료를 먼저 연결한 상태이어야 한다.

5) 오차항 명칭 부여하기

이제 오차항에 대해 이름을 부여하는 방법에 대해 알아보기로 하자.

Plugins 메뉴의 Name Unobserved Variables를 이용하는 방법이 있다. 즉, 경로도를 그린 상태에서 Name Unobserved Variables를 클릭하면 자동으로 오차항은 e1, e2, ...,en 등으로 변수명이 부여된다. 이때, 오차항은 준거변수로 설정된것부터 변수 넘버링이 부여되기 때문에 측정변수의 변수 넘버링과 다르다는 점에 유의해야 한다. 다음 그림은 최종 경로도형을 나타낸다.

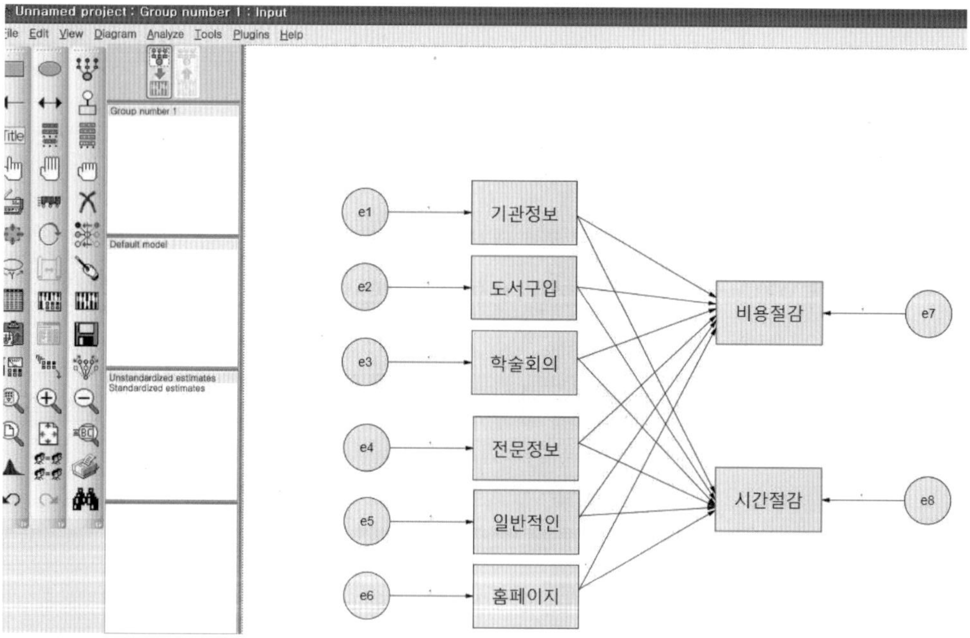

6) Amos 분석 실행하기

앞의 그림과 같은 확인요인분석용 경로도형을 만든 다음, Amos실행을 위해서 버튼 아이콘 화면의 (calculate estimate)을 누르고나 Amos기능 키에서 Analyze(calculate estimate)를 사용한다. 그러면 경로도형의 파일 저장경로를 지정하도록 다음과 같은 그림이 나타난다.

여기서는 파일이름(N):란에 과학기술정보를 입력하고 파일형식(T):의 확장자는 (*.amw)임을 알 수 있다. 그러면 저장(S) 단추를 누른다. 그 결과 출력물을 얻기 위해서 View의 Analysis Properties창의 output을 선택한후 선택메뉴 중 ☑ Minimization history, ☑ Standardized estimates, ☑ Squared multiple correlations, ☑ Indirect, direct & total effects를 누르고 Amos를 실행한다. View 창에서 Text output를 선택하면 다음의 결과들이 나온다.

7) 결과 해석

Amos의 기능키에서 View ⇨ Text output를 누른다. 왼쪽의 결과 선택창에서 모형요약(Note for Model)을 누르면 다음과 같은 결과를 얻을 수 있다

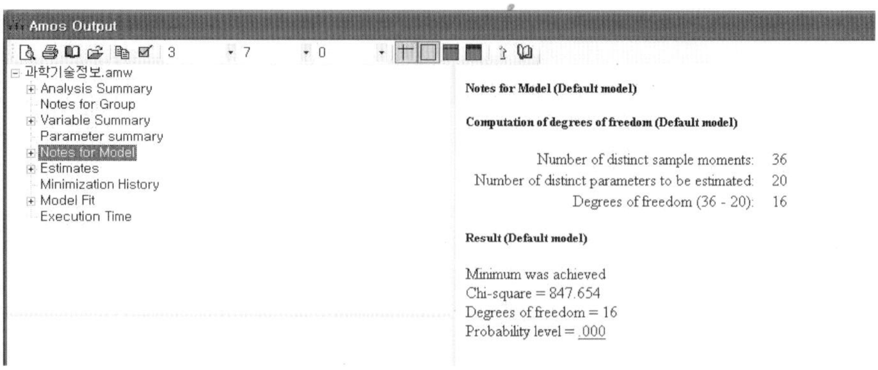

우선, 전체적인 모형의 적합도를 나타내는 χ^2의 통계량 = 847.7, 자유도(Degree of freedom) = 16(36−20), 유의확률(Probability level) = 0.000임을 알 수 있다.

α=0.05에서 귀무가설(H_0) : 모형은 자료에 적합하다는 귀무가설은 기각된다. 각 결과물에 대한 설명을 자세하게 알아보기 위해서 해당 문장에 마우스를 가져다 놓고 클릭을 자세하게 알아보기 위해서 해당 문장에 마우스를 가져다 놓고 클릭을 하면 보다 구체적인 설명을 얻을 수 있다.

다음으로 회귀계수를 추정한 결과는 다음과 같다. 즉 종속변수인 비용절감에 통계적으로 유의한 결과를 보인 독립변수는 기관정보, 도서구입, 전문정보와 홈페이지 이다. 다만, 일반적인과 학술회의는 유의한 결과를 나타내지 못했다. 그리고 종속변수인 시간절감에 대한 도서구입, 전문정보와 홈페이지는 통계적으로 유의한 결과를 나타났다.

Regression Weights: (Group number 1 - Default model)

			Estimate	S.E.	C.R.	P	Label
비용절감	<---	기관정보	.051	.024	2.101	.036	
시간절감	<---	기관정보	-.036	.035	-1.026	.305	
비용절감	<---	도서구입	.099	.026	3.765	***	
시간절감	<---	도서구입	.144	.038	3.802	***	
비용절감	<---	학술회의	.000	.026	-.012	.991	
시간절감	<---	학술회의	.034	.038	.894	.371	
비용절감	<---	전문정보	.185	.023	8.225	***	
시간절감	<---	전문정보	.414	.033	12.695	***	
비용절감	<---	일반적인	.034	.026	1.320	.187	
시간절감	<---	일반적인	-.060	.037	-1.608	.108	
비용절감	<---	홈페이지	.132	.025	5.237	***	
시간절감	<---	홈페이지	.116	.036	3.196	.001	

또한 각 잠재요인과 측정변수에 대한 분산값을 보면 통계적으로 유의한 결과를 나타내고 있다.

Variances: (Group number 1 - Default model)

	Estimate	S.E.	C.R.	P	Label
e1	1.210	.050	24.156	***	
e2	1.040	.043	24.156	***	
e3	1.045	.043	24.156	***	
e4	1.407	.058	24.156	***	
e5	1.080	.045	24.156	***	
e6	1.132	.047	24.156	***	
e7	.834	.035	24.156	***	
e8	1.747	.072	24.156	***	

마지막으로 모형 적합도 검정결과를 보면 다음과 같다. 먼저, 3가지 모형이 나타난다. Default model, 포화모형, 독립모형이 그것이다. 포화모형(Saturated model)은 완전적합모형 모델을 말 하는 것으로 추정 파라미터의 개수를 가장 많이 했을 때를 말하는 것이고, 독립모형은 추정 파라미터의 개수를 가장 적게 했을 때의 모델을 의미한다. 결론적으로, 포화모형과 독립모형은 Default model과 비교하기 위해서 나타난 극단적 모델이므로별 의미가 없다고 생각해도 좋을 것이다. 여기서는 Default model에 나타난 결과 수치만 해석을 하면 된다. NPAR(Number of distinct parameter) 추정 모수의 수, 2단계 가중회귀모형에서 한 개의 모수가 필요하게 된다. CMIN은 불일치정도를 나타내는 것으로 포화모형의 경우 완전불일치를 나타내므로 CMIN은 0.000이 나타나 있다. 이것은 χ^2/df 로 나눈 값, 즉 CMIN/DF은 3보다 적어야 전반적인 적합도를 만족할 수 있는 것과 같은 이치라고 할 수 있다. 여기서, CMIN/DF(Q)값이 52.98이기 때문에 전반적인 적합도에는 미치지 못한다고 할 수 있다.

CMIN

Model	NPAR	CMIN	DF	P	CMIN/DF
Default model	20	847.654	16	.000	52.978
Saturated model	36	.000	0		
Independence model	8	1236.463	28	.000	44.159

RMR, GFI

Model	RMR	GFI	AGFI	PGFI
Default model	.204	.811	.574	.360
Saturated model	.000	1.000		
Independence model	.256	.725	.647	.564

RMR(Root Mean square Residual)은 0.05이하 이면서 0에 가까울수록 그 모델의 적합성이 좋다고 해석한다. 본 분석에서는 RMR 값이 0.204로 모델이 부적합하다고 해석할 수 있다.

GFI(Goodness-of Fit Index)는 적합도지수가 0.9이상 이면서 1에 가까울수록 그 모델의 적합성은 좋다고 해석한다. 본 분석에서는 0.811으로 모델이 부적합하다고 할 수 있다.

AGFI(Adjusted Goodness-of-fit Index)는 적합도 지수가 0.9이상 이면서 1에 가까울수록 그 모델의 적합성은 좋다고 해석한다. 여기서는 0.574로 부적합하다.

Baseline Comparisons

Model	NFI Delta1	RFI rho1	IFI Delta2	TLI rho2	CFI
Default model	.314	-.200	.319	-.204	.312
Saturated model	1.000		1.000		1.000
Independence model	.000	.000	.000	.000	.000

NFI는 포화모형에서 100%로 매우 양호한 정도를 나타내고 독립모형은 양호정도가 0%임을 알 수 있다. 따라서 현재, Default 모형은 31.4%로 양호정도를 나타낸다.

RFI(Relative Fit Index)값이 1에 근접할수록 양호한 모형으로 판단할 수 있다. 그러나 음의값을 갖기 때문에 부적합하다고 할 수 있다.

IFI(Incremental Fit Index)Delta2는 1에 가까울수록 양호한 모형이라고 할 수 있다. 0.31로 부적합하다고 할 수 있다.

TLI(Tucker-Lewis Index)는 NNFI(Non-Normed Fit Index)와 동일한 것으로 1에 가까울수록 양호한 모형으로 판단할 수 있다.

여기서 NCP=비중심 모수의 추정치를 나타낸다.

CFI(comparative Fit Index)은 1에 가까울수록 양호한 모형이라고 할 수 있다. 최근 적합정도를 판단하는 데 있어 선호되고 있는 지수는 RFI,CFI,Delta 2 IFI 등이다.

Parsimony-Adjusted Measures

Model	PRATIO	PNFI	PCFI
Default model	.571	.180	.178
Saturated model	.000	.000	.000
Independence model	1.000	.000	.000

$$PARTIO = \frac{d}{d_i}$$

여기서, $d = Default$ 모형의 자유노

$d_i =$ 독립모형의 자유도

$PRATIO = \frac{16}{28} = 0.571$로 Pratio와 PNFI와 PCFI(Parsimory adjusted measures)의 계산에 이용된다.

간명수정지수(Parsimony adjusted measures)는 다음과 같이 나타낼 수 있다.

$$PNFI = (NFI)(PRATIO) = NFI\frac{d}{d_b} = (0.314 \times 0.571) = 0.179$$

여기서, PNFI은 Parsimony NFI이다. 또한 PCFI는 Parsimony CFI이다. 계산결과를 나타내면 다음과 같다.

$$PCFI = (CFI)(PRATIO) = CFI\frac{d}{d_b} = (0.312 \times 0.571) = 0.178$$

NCP

Model	NCP	LO 90	HI 90
Default model	831.654	739.990	930.716
Saturated model	.000	.000	.000
Independence model	1208.463	1097.091	1327.216

FMIN

Model	FMIN	F0	LO 90	HI 90
Default model	.726	.713	.634	.798
Saturated model	.000	.000	.000	.000
Independence model	1.060	1.036	.940	1.137

RMSEA

Model	RMSEA	LO 90	HI 90	PCLOSE
Default model	.211	.199	.223	.000
Independence model	.192	.183	.202	.000

RMSEA = root mean square error of approximation으로 다음과 같은 식으로 나타낼 수 있다.

$$\text{SEA} = \sqrt{\frac{F_0}{d}} = \sqrt{\frac{\hat{F_0}}{d}}$$

RMSEA가 0.05보다 작을 때 이 모형은 양호하다라고 할 수 있다.

RMSEA가 0.08이하인 경우 모형은 어느 정도 양호하다고 할 수 있다.

RMSEA가 0.1보다 큰 경우 이 모형의 채택여부에 대하여 생각해 볼 필요가 있다.

PCLOSE는 다음의 귀무가설은 다음과 같이 설정한다.

$$H_0 : \text{RMSEA} \leq 0.05$$

을 검정하기 위한 것으로 유의확률 = 0.000 $\leq \alpha$=0.05이므로 귀무가설이 채택된다.

AIC

Model	AIC	BCC	BIC	CAIC
Default model	887.654	887.965	988.915	1008.915
Saturated model	72.000	72.560	254.270	290.270
Independence model	1252.463	1252.588	1292.968	1300.968

AIC(Akaike information criterion)은 PNFI와 유사한 것으로 다음과 같이 나타낼 수 있다. 계산결과를 보면,

$$AIC = (x^2) + (2^*\text{추정모수의 수}) = (847.65) + (2^*20) = 887.65\text{이다.}$$

AIC의 값이 0에 가까운 값이 간명성과 적합성이 우수한 것으로 판단할 수 있다.

BCC = Browne – Cudeck Criterion 은 AIC보다 약간 큰 수치를 보인다.

BIC = Bayes Information Criterion이다. $BIC = \hat{c} + q1n(N^{(1)}p^{(1)})$

3) 3변수로 구성된 경로도형의 공변량분해

(1) 자료설명[prg11_1.sav]

다음의 자료는 여러 기업의 사원들이 인터넷상에서 정보를 찾고 그 정보에 대한 만족도를 알아보는 설문조사를 실시한 결과이다. 조사대상자는 1168명이며 정보수요, 정보이용목적이 정보만족에 어떤 영향을 끼치는지에 대한 자료이다.

번호	성별	나이	학력	경력	기관	업무	분야	정보수요	정보이용	이용기관	정보만족
1	남	28	학사	1–3년	중소기업	개발/설계	정보통신	11	14	23	14
2	남	62	석사	15–20년	중소기업	정책	기타	15	25	25	16
3	남	49	학사	5–10년	중소기업	개발/설계	건설/교통	10	10	13	11
4	남	38	학사	3–5년	중소기업	응용연구	보건의료	11	19	17	14
5	남	31	학사	3–5년	중소기업	마케팅	정보통신	16	16	15	14
⋮	⋮	⋮	⋮	⋮	⋮	⋮	⋮	:	:	⋮	⋮
1167	여	22	학사	1년미만	대학생	응용연구	기타	15	17	18	14
1168	여	26	석사	1–3년	대학생	응용연구	기타	15	19	23	16

위의 자료를 이용하여 실제 3변수의 관계를 연구모형과 경로분석의결과는 다음과 같다. 아래의 그림은 세 변수 간의 Amos패키지로 표현한 것이다. 다음 그림은 세 변수간의

이 경도계수 즉 표준화된 회귀계수(β)를 나타낸 것이다.

표준화 된 회귀계수(β)는 자료를 표준화시키고 얻은 회귀계수로 변수간의 상대적인 영향력을 판단하는 기준이 된다.

표준화 회귀계수

			Estimate
정보이용목적	<---	정보수요유형	.297
정보만족도	<---	정보수요유형	.284
정보만족도	<---	정보이용목적	.303

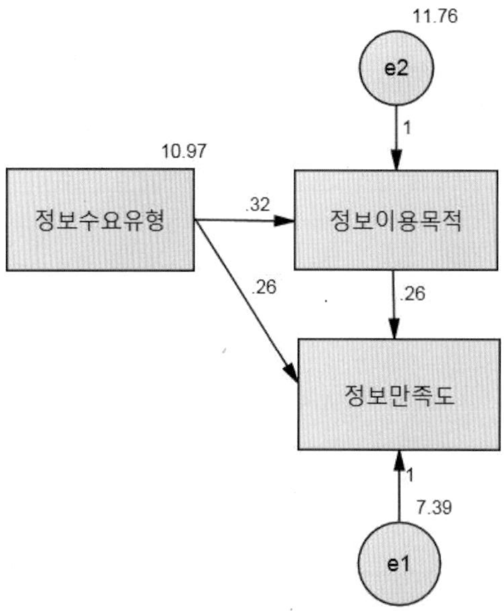

위의 결과를 가지고 공변량을 분해하면 다음과 같다.

	정보수요, 정보이용	정보수요, 정보만족	정보이용, 정보만족
공변량(전체효과)	0.297	0.374	0.387
인과효과	0.297	0.374	0.303
직접효과	0.297	0.284	0.303
간접효과		0.089	
의사효과			0.084

공변량효과는 인과효과와 의사효과의 합임을 알 수 있으며 이러한 공변량의 전체효과는 세 변수의 상관행렬과 동일한 결과를 얻을 수 있다.

상관계수

		정보수요유형	정보이용목적	정보만족도
정보수요유형	Pearson 상관계수	1	.297**	.374**
	유의확률 (양쪽)		.000	.000
	N	1168	1168	1168
정보이용목적	Pearson 상관계수	.297**	1	.387**
	유의확률 (양쪽)	.000		.000
	N	1168	1168	1168
정보만족도	Pearson 상관계수	.374**	.387**	1
	유의확률 (양쪽)	.000	.000	
	N	1168	1168	1168

**. 상관계수는 0.01 수준(양쪽)에서 유의합니다.

그리고 정보수용유형에 해당되는 오차분산은 10.965, 정보이용목적의 오차분산은 11.757, 정보만족도의 오차분산은 7.393이다. 또한 다중상관(Squared Multiple Correlations)는 종속변수가 독립변수에 의하여 설명되는 비율이다. 즉 정보이용목적 변수가 정보수요유형변수에 의해서 설명되는 부분이 8.8%, 정보만족도변수는 정보수요유형과 정보이용목적변수에 의해서 설명되는 부분이 22.3%으로 이 모형은 설명력이 부족한 모형이라고 할 수 있다.

Variances: (Group number 1 - Default model)

	Estimate	S.E.	C.R.	P	Label
정보수요유형	10.965	.454	24.156	***	
e2	11.757	.487	24.156	***	
e1	7.393	.306	24.156	***	

Squared Multiple Correlations: (Group number 1 - Default model)

	Estimate
정보이용목적	.088
정보만족도	.223

모형의 적합도에 관한 지수를 살펴보면, RMR, GFI, CFI, IFI는 적합하게 한정되었으며 AGI와 RMSEA는 부적합하게 판정되었으나 전체적으로 이 모형은 적합한 것으로 추정된다.

모형의 적합도 결과

구분	최초분석결과	적합도 기준값	적합여부
RMR	0.000	0.05이하	적합
GFI	1.000	0.9이상	적합
AGFI	0.598	0.9이상	부적합
CFI	1.000	0.9이상	적합
NFI	1.000	0.9이상	적합
IFI	1.000	0.9이상	적합
RMSEA	0.338	0.05이하 : 좋다 0.05~0.1이하 : 수용가능	부적합

4) 변수로 구성된 경로도형의 공변량 분해

앞의 자료를 이용하여 4 변수의 관계를 경로분석의 결과는 다음과 같다. 우선, 변수들에 대한 표준화 회귀계수(β)의 값은 다음과 같다.

표준화된 회귀계수

			Estimate
정보이용목적	<---	정보수요유형	.297
정보기관	<---	정보수요유형	.253
정보기관	<---	정보이용목적	.415
정보만족도	<---	정보수요유형	.217
정보만족도	<---	정보기관	.265
정보만족도	<---	정보이용목적	.193

그리고 네변수로 구성된 변수들간의 관계를 경로모형으로 표현하면 다음과 같다.

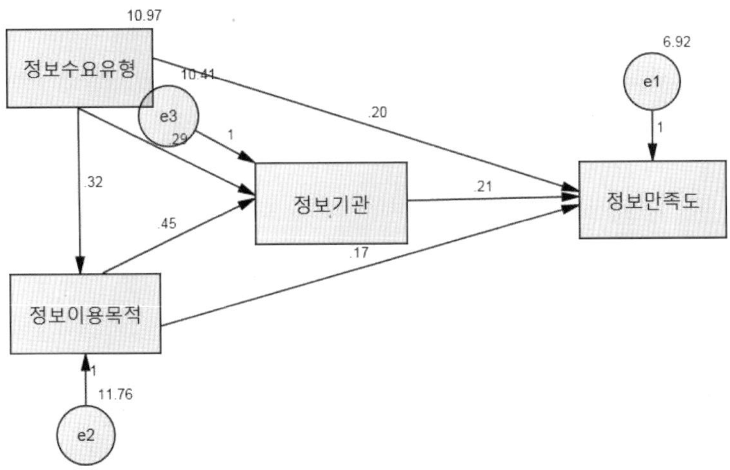

위의 결과를 이용하여 공변량을 분해하면 다음과 같다.

	정보수요, 정보이용	정보수요, 정보기관	정보이용, 정보기관	정보기관, 정보만족	정보수요, 정보만족
공변량	0.297	0.376	0.415	0.303	0.374
직접효과	0.297	0.253	0.415	0.193	0.217
간접효과		0.123		0.110	0.157

여기서 공변량의 전체효과는 네 변수의 상관행렬과 동일한 결과를 나타내는 것을 알 수 있다.

상관계수

		정보수요유형	정보이용목적	정보기관	정보만족도
정보수요유형	Pearson 상관계수	1	.297**	.376**	.374**
	유의확률 (양쪽)		.000	.000	.000
	N	1168	1168	1168	1168
정보이용목적	Pearson 상관계수	.297**	1	.490**	.387**
	유의확률 (양쪽)	.000		.000	.000
	N	1168	1168	1168	1168
정보기관	Pearson 상관계수	.376**	.490**	1	.441**
	유의확률 (양쪽)	.000	.000		.000
	N	1168	1168	1168	1168
정보만족도	Pearson 상관계수	.374**	.387**	.441**	1
	유의확률 (양쪽)	.000	.000	.000	
	N	1168	1168	1168	1168

**. 상관계수는 0.01 수준(양쪽)에서 유의합니다.

Regression Weights :	Estimate	S.E.	C.R.	Label
정보이용 <- 정보수요	0.322	0.030	10.608	par-5
정보기관 <- 정보수요	0.294	0.030	9.857	par-2
정보기관 <- 정보이용	0.445	0.028	16.157	par-3
정보만족 <- 정보이용	0.166	0.025	6.665	par-1
정보만족 <- 정보기관	0.212	0.024	8.883	par-4
정보만족 <- 정보수요	0.202	0.025	7.975	par-6

위의 결과는 각각의 회귀계수값을 나타내며 이때의 기각역이 나타나고 있음을 알 수 있다. C.R.값이 모두다 1.96 이상의 값을 가지므로 모든 계수가 통계적으로 유의한 것으로 나타났다. 그리고 네변수에 대한 오차분산은 다음과 같다.

오차분산

	Estimate	S.E.	C.R.	P	Label
정보수요유형	10.965	.454	24.156	***	
e2	11.757	.487	24.156	***	
e3	10.411	.431	24.156	***	
e1	6.925	.287	24.156	***	

또한 다중산관을 보면 정보기관 변수가 정보수요유형변수와 정보이용목적변수에 의해서 설명되는 부분이 29.8%이며 정보만족도는 나머지 세변수에 의해서 설명되는 부분이 27.2%이며 이 모형은 설명력이 부족한 것으로 보인다.

다중상관

	Estimate
정보이용목적	.088
정보기관	.298
정보만족도	.272

모형의 적합도에 관한 지수를 살펴보면 극, GFI, CFI, NFI, IFI등은 적합하게 판정되었으며, AGFI만이 부적합한 것으로 나타났다. 전체적으로 보면 이 모형은 적합하다고 볼 수 있다.

모형의 적합도 결과

구분	최초분석결과	적합도 기준값	적합여부
RMR	0.000	0.05이하	적합
GFI	1.000	0.9이상	적합
AGFI	0.462	0.9이상	부적합
CFI	1.000	0.9이상	적합
NFI	1.000	0.9이상	적합
IFI	1.000	0.9이상	적합
RMSEA	0.356	0.05이하 : 좋다 0.05~0.1이하 : 수용가능	부적합

Chapter 12 확인요인분석

1 확인요인분석

인과관계 연구에서 확인요인분석은 자료의 타당성을 증명하는데 이용한다. 연구자가 작성한 연구모델에 이용되는 구성개념은 대부분 다항목측정을 하기 때문에 요인들의 단일차원성(unidimensionality)을 조사해야 한다. 단일차원성은 각 개념의 측정변수들이 단일요인 모델에 의해 수용가능한 적합도를 보이는가의 문제이다. 따라서 확인요인분석의 목적은 단일차원성을 저해하는 항목을 제거하는 것이다.

또한 확인적 요인분석은 잠재변수와 그것을 측정하는 측정변수들 사이의 관계에 초점을 두고 있는 것이다. 하나의 개념에 대한 잠재변수와 그것을 구성하는 측정변수는 선행 이론에 근거하고 있는데, 확인적 요인분석은 선행이론을 다시 한 번 검증하는데 이용된다.(송지준, 2009)

요인분석(Factor Analysis)는 연구분석 목적에 따라서 탐색적인 요인분석, 확인적인 요인분석으로 나눈다. 탐색적인 요인분석(EFA: Exploratory factor analysis)은 이론상으로 체계하되거나 정립되지 않는 연구에서 연구의 방향을 파악하기 위한 탐색적인 목적을 가진 분석방법을 의미한다. 반면에 확인적인 요인분석(CFA:Confirmatory factor analysis)은 이론적인 배경하에서 변수들간의 관계를 미리 설정해 놓은 상태에서 요인분석을 하는 경우를 말한다. 즉, 확인요인분석은 연구자의 지식에 근거하여 내재된 요인 차원 및 가설을 확인하는 수단으로 사용되는 경우를 말한다.

따라서 구조방정식모델 분석에서 고찰되는 모델은 통상적으로 확인적 요인분석이라

한다. 그림 12.1에서 왼쪽그림이 확인적 요인분석의 예이다. 확인적 요인분석에서는 선행이론에 근거하여 검증을 하고 있고, 탐색적 요인분석은 각 요인에 대한 모든 측정변수와의 사이에 관계를 상정하고, 그 관계가 어느 측정변수에서 강한지에 따라 요인이 분류되어 진다. 탐색적 요인분석은 확인적 요인분석의 전 단계로서 이용되는 경우가 많으며, 탐색적 요인분석의 결과는 확인적 요인분석에 의해서 검증됨으로써 보다 신뢰할 수 있는 결론에 도달 할 수 있다.

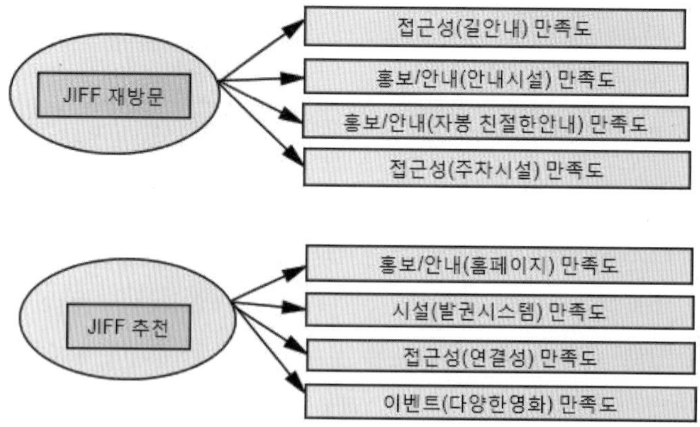

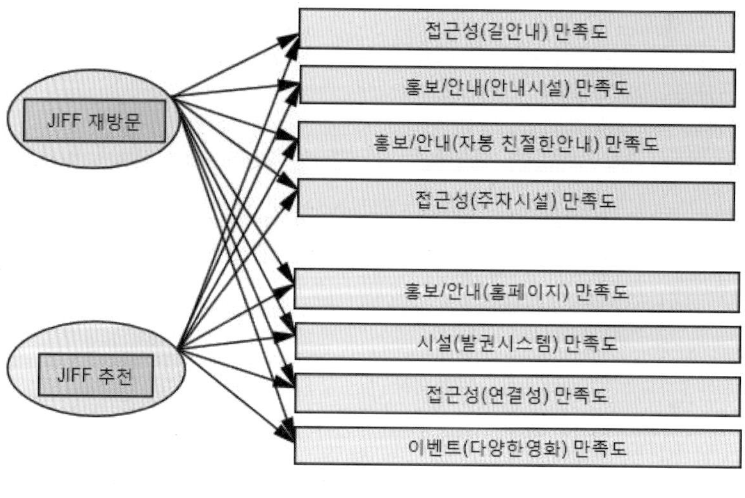

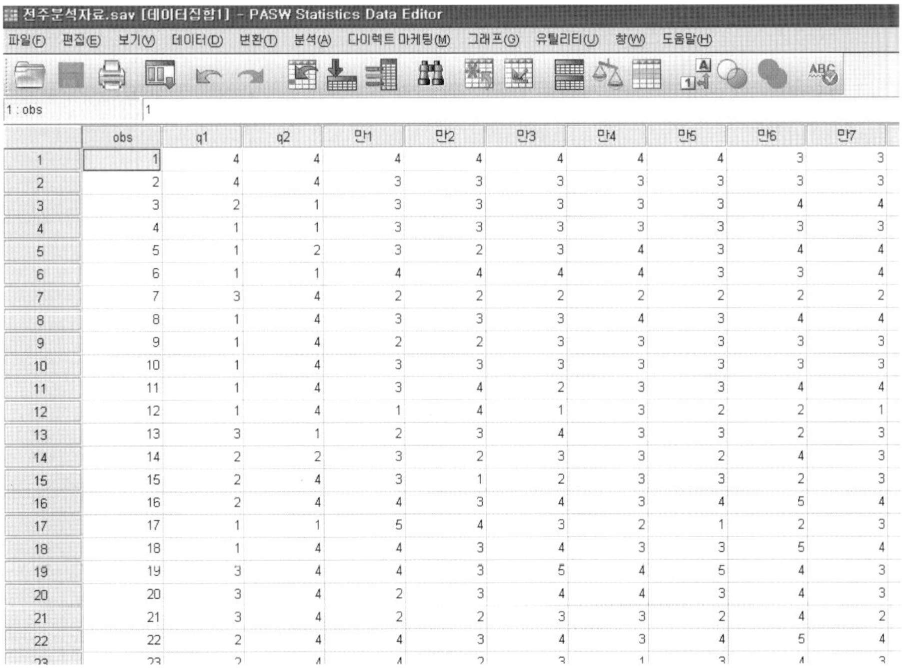

	obs	q1	q2	만1	만2	만3	만4	만5	만6	만7
1	1	4	4	4	4	4	4	4	3	3
2	2	4	4	3	3	3	3	3	3	3
3	3	2	1	3	3	3	3	3	4	4
4	4	1	1	3	3	3	3	3	3	3
5	5	1	2	3	2	3	4	3	4	4
6	6	1	1	4	4	4	4	3	3	4
7	7	3	4	2	2	2	2	2	2	2
8	8	1	4	3	3	3	4	3	4	4
9	9	1	4	2	2	3	3	3	3	3
10	10	1	4	3	3	3	3	3	3	3
11	11	1	4	3	4	2	3	3	4	4
12	12	1	4	1	4	1	3	2	2	1
13	13	3	1	2	3	4	3	3	2	3
14	14	2	2	3	2	3	3	2	4	3
15	15	2	4	3	1	2	3	3	2	3
16	16	2	4	4	3	4	3	4	5	4
17	17	1	1	5	4	3	2	1	2	3
18	18	1	4	4	3	4	3	3	5	4
19	19	3	4	4	3	5	4	5	4	3
20	20	3	4	2	3	4	4	3	4	3
21	21	3	4	2	2	3	3	2	4	2
22	22	2	4	4	3	4	3	4	5	4
23	23	2	4	4	2	3	1	3	4	3

2 Amos를 이용한 확인요인분석

1) 자료설명

확인요인분석을 설명하기 위하여 다음과 같은 예제를 중심으로 설명하기로 한다. 본 예제는 2007년도 전주국제영화제에 대한 관객들의 만족도와 충성도에 미치는 영향에 대한 연구를 위하여 영화제 기간동안 영화를 관람한 관객 1000명을 대상으로 실문조사한 자료이다. 영화제설문지와 PASW상에 저장된 데이터파일의 일부를 나타내면 다음과 같다.

다음은 전주국제영화제에 대한 귀하의 전반적이면서도 세부적인 만족도에 관한 질문입니다. 해당되는 부분에 ○ 표시를 해주십시오.

설문문항		만족도				
		매우 불만족	불만족	보통	만족	매우 만족
접근성	길 안내도					
	주차시설					
	쉽게 찾음					
	연결성					
	셔틀버스					
홍보/안내	영화제 일정					
	홈페이지					
	페스티벌 맵					
	자원봉사자 안내					
	디자인몰					
	진행용원					
프로그램	다양한 영화					
	루미나리(빛의축제)					
	다양한 이벤트					
	평소 볼수 없었던 영화					
	스케줄관리					
기념품	기념품이 다양					
	기념품의 품질					
	기념품의 가격					
편의	지프서비스센터					
	지프서포터즈라운지					
	센터(기념품 판매)					
	광(물품보관소)					
	발권 시스템					
	대기시간					
	관람료					
만족	전반적인 영화제의 만족도					
설문문항		전혀 그렇지 않다	그렇지 않다	보통 이다	그렇다	매우 그렇다
재방문 및 구전효과	다음 전주국제영화제에 재방문 하시겠습니까?					
	전주국제영화제에 대해 추천하시겠습니까?					

(1) 측정변수 그리기

앞의 경로도형 버튼 아이콘 중 (Draw Observed Variables)를 마우스로 눌러 오른쪽의 경로도형 작업창에 옮긴다. 연속적으로 측정변수를 나타내기 위해서 (복사기) 단추를 누른다.

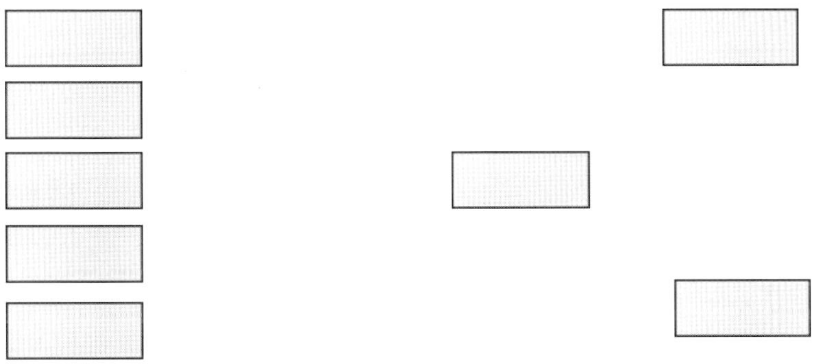

(2) 잠재요인 그리기

잠재요인을 그리기 위해서는 버튼 아이콘 창에서 (원 또는 타원)단추를 누른 후 경로도형 작업창의 오른쪽에 위치시킨다. 같은 방법을 연속적으로 하거나, 아니면 (복사기) 단추를 누른다음 처음에 그린 원에 마우스를 가져다 된다. 그러면 붉은색으로 반전될 때 마우스를 이용하여 원을 위치시키고자 하는 곳까지 끌어 당긴다.

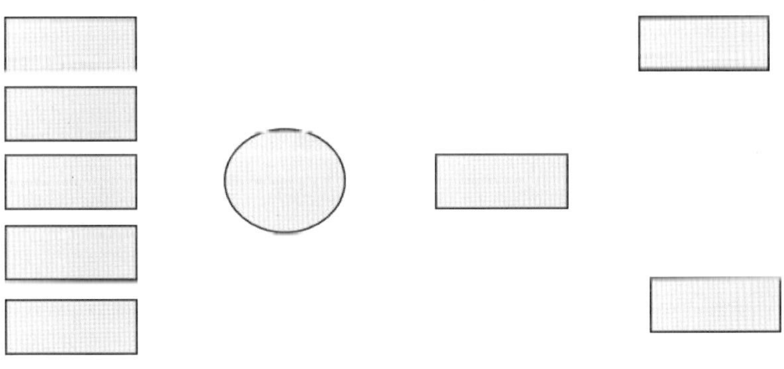

(3) 오차항 그리기

오차항을 나타내기 위해서는 버튼 아이콘화면에서 (Add a unique variabe to an existing variable)단추를 누른다. 마우스로 오차항 단추를 누른 다음 오차항을 표시하기 위한 변수위에 마우스를 올려 놓고 마우스 왼쪽을 누르면 다음과 같이 나타난다. 같은 방법으로 나머지 변수에 대하여 오차항을 만든다. 이것을 그림으로 나타내면 다음과 같다.

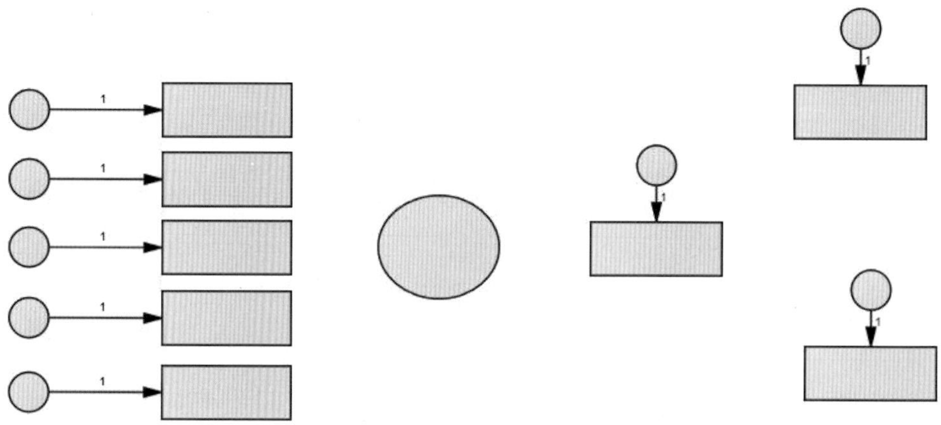

(4) 경로 그리기

연구모형과 같이 변수간에 경로를 연결하기 위해서는 [Draw Paths(Single headed arrows)]를 누른 다음 측정변수와 잠재요인을 연결한다. 여기서, 연구모형과 일치하기 위해서는 잠재요인에서 측정요인으로 화살표가 그려져야 한다는 사실이다. 재방문과 추천요인의 오차항의 두 요인을 연결하기 위해서 [Draw Covariances(double heades arrows)]단추를 누른 다음 재방문요인으로부터 추천요인으로 연결한다. 이것을 그림으로 나타내면 다음과 같다.

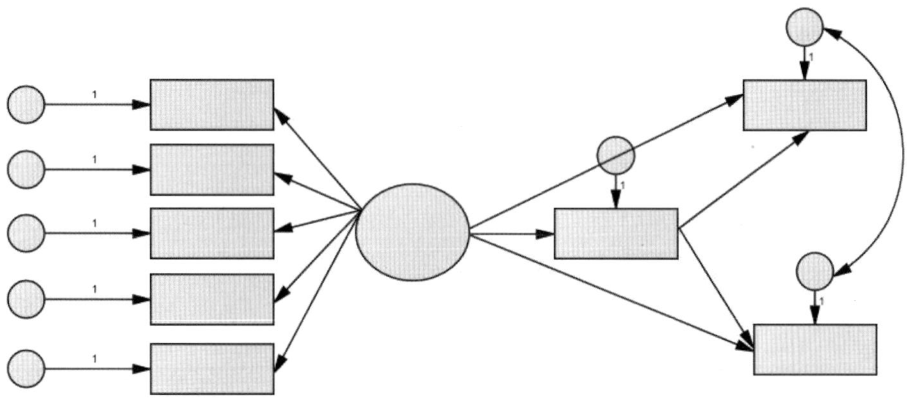

(5) 잠재요인, 변수명, 오차항 명칭 부여하기

각 해당되는 명칭을 부여하기 위해서는 명칭을 부여하고자 하는 곳에 마우스를 올려 놓고 오른쪽 마우스를 누른다. 그러면 개체 속성을 나타내는 Object Properties(Crld+O)가 나타난다.

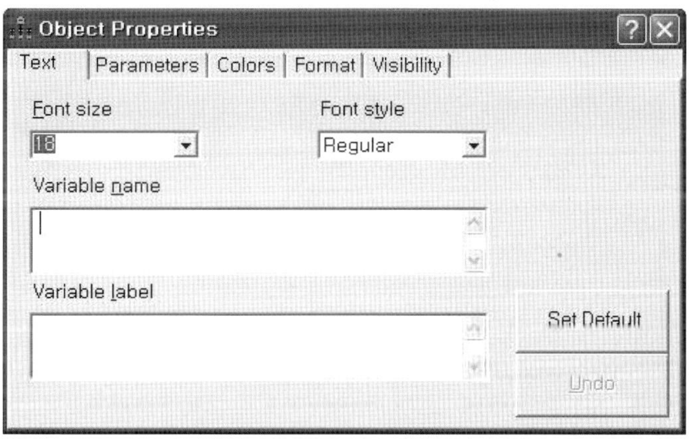

여기서, Text Variable name(변수명)을 입력하고 service라는 잠재요인은 입력한다.

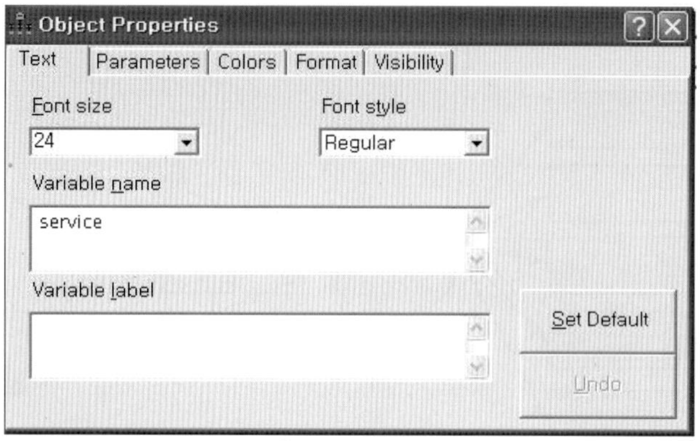

다음으로 같은 방법으로 측정변수에 대한 명칭을 부여할 수 있다. 측정변수는 요인에 묶이는 순서에 의해서 정확하게 명칭을 부여하여야 한다.

먼저, 첫 번째 측정변수를 마우스로 누른 후 "만족 1"을 입력한다. 다음의 측정변수란을 누르고 "만족 2"을 입력하고 나머지는 동일한 방법으로 연속적으로 진행한다.

마지막으로 오차항을 입력하기 위해서 첫 번째 오차항을 두 번 누른다. 그리고 다음과 같이 "e1"이라는 오차항을 입력한다. 나머지도 같은 방법으로 입력한다. 참고로, 각 측정변수로 향하는 오차항의 경로계수가 초기값 "1"로 지정되었다.

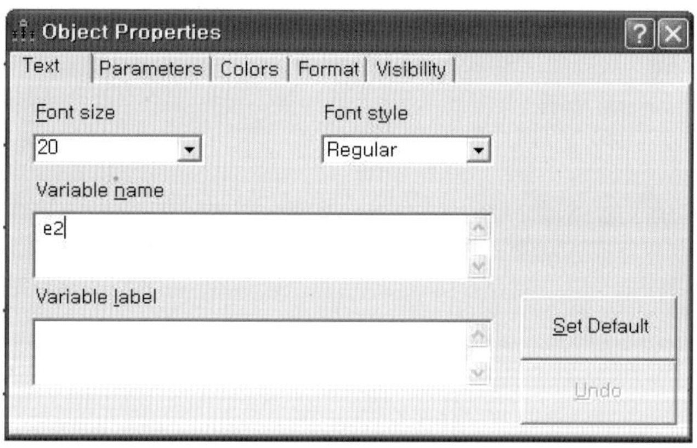

또한 각 오차항에 마우스를 올려놓고 오른쪽 마우스를 누른뒤 Object Properties를 선택한 후 Parameter(모수)를 선택하여 평균값에 0을 입력한다.

(6) 경로계수지정

잠재요인은 측정되지 않는 변수이므로 그 자체로서는 의미가 없는 척도가 된다. 즉 잠재요인은 직접 관측할 수 없는 것이기 때문에 척도를 갖지 않는다. 따라서 잠재요인의 측정단위와 그 원점은 임의적이기 때문에 적당하게 결정할 필요가 있다. 이러한 잠재요인을 비교할 수 있게 해주기 위해서는 표준화를 시켜주어야 한다. 이러한 방법으로 잠재요인에 적재되는 측정변수들 중에서 하나의 변수에 임의적인 수치(여기서는 “1”)로 고정시켜 줄 수 있다. 그러면 개념들간의 상대적인 비교를 할 수 있다.

경로계수를 지정하기 위해서는 고정시키고자 하는 변수와 잠재요인간의 경로상 마우스를 올려놓고 오른쪽 마우스를 누른 뒤 Object Properties를 선택한다. 그리고 Parameter(모수)를 선택한다. 여기서는 service요인과 “만족2” 변수 사이의 경로를 “1”로 고정시키기 위해서 Regression weight(회귀계수)에 “1”를 입력한다. 이것을 그림으로 나타내면 다음과 같다.

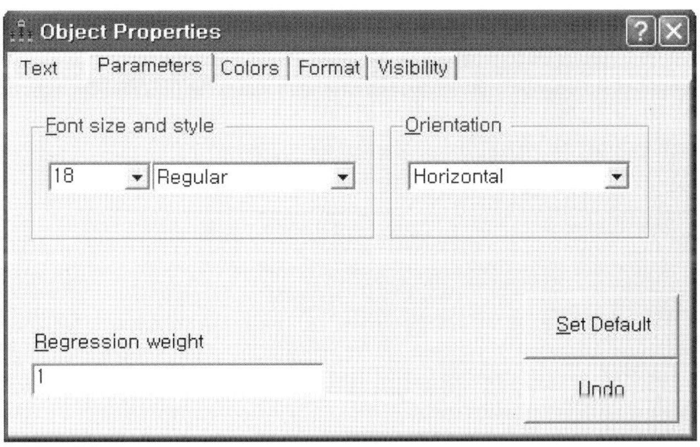

그리고 단추를 누르면 다음과 같은 확인요인분석을 위한 최종모형의 그림이 나온다.

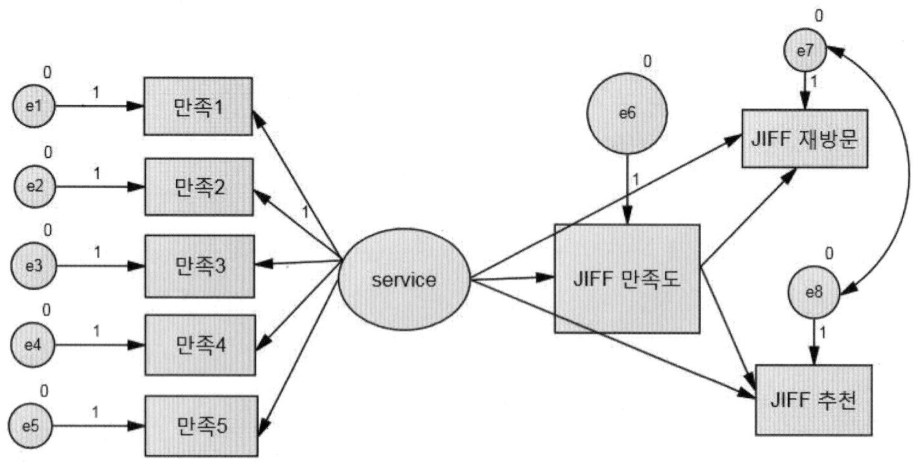

(7) Amos 실행

최종모형을 만든 다음, Amos 실행을 위해서 Analyze창의 Calculate Estimates를 클릭한다. 그러며 경로도형의 파일 저장경로를 지정하도록 다음과 같은 그림이 나타난다.

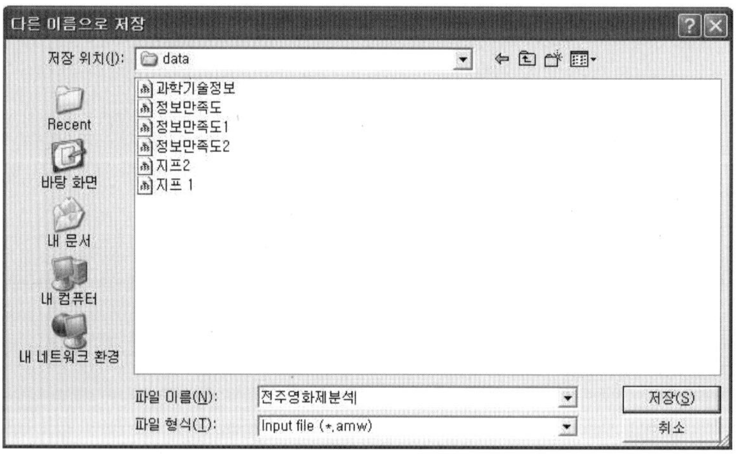

여기서는 파일이름(N):란에 전주를 입력하고 파일형식(T):의 확장자는 (*.amw)임을 알 수 있다. 그러면 저장(S) 단추를 누른다. 그리고 Amos창에서 File ⇨ Data File을 누른다음 전주영화제분석.sav를 지정한다. 결과 출력물을 얻기 위해서 View의

Analysis Properties창의 선택메뉴 중 ☑ Minimization history와 ☑ Standardized estimates를 누르고 Amos를 실행한다. 그러면 다음의 결과들이 나온다.

경로계수의 유의성검정은 다음과 같이 가설을 설정 할 수 있다.

$$H_0 : \beta_1 = 0$$

$$H_1 : \beta_1 \neq 0$$

그러므로 유의확률은 귀무가설을 기각하고 연구가설을 채택하게 되어 경로계수(만33 ← service)는 유의하다고 할 수 있다. 다른 경로계수가 모두 통계적으로 유의함을 볼 수 있다.

Maximum Likelihood Estimates

Regression Weights: (Group number 1 - Default model)

	Estimate	S.E.	C.R.	P	Label
만33 <--- service	.131	.008	15.984	***	
만족5 <--- service	.381	.021	18.197	***	
만족4 <--- service	.666	.028	23.786	***	
만족3 <--- service	.606	.027	22.100	***	
만족2 <--- service	1.000				
만족1 <--- service	.831	.039	21.354	***	
Q4_1 <--- service	.078	.009	8.316	***	
Q4_2 <--- service	.084	.009	8.992	***	
Q4_1 <--- 만33	.215	.034	6.378	***	
Q4_2 <--- 만33	.180	.034	5.339	***	

특히, 만족 2 ← service의 인과계수는 1.000이다. 이는 앞에서 설명한 잠재변수의 식별을 위하여 모수를 1로 고정한 값이다. 이는 표준화 되어 있지 않을 때만 1로 나타내고, 표준화 하였을 때는 그렇지 않다.

2) 분석결과

1) 모형에 대한 χ^2 분포 결과 전체적인 모형의 적합도를 나타내는 χ^2의 값이 54.3, 자유도가 17이다. 유의확률이 0.000이므로 모형은 적합하다는 귀무가설을 기각하게 된다.

Notes for Model (Default model)

Computation of degrees of freedom (Default model)

Number of distinct sample moments: 44
Number of distinct parameters to be estimated: 27
Degrees of freedom (44 - 27): 17

Result (Default model)

Minimum was achieved
Chi-square = 54.324
Degrees of freedom = 17
Probability level = .000

(2) 최우추정

최우추정은 P개의 모든 변수들이 다변량 정규분포를 따른다고 가정하고 요인의 적재치를 계산하는 방법이다. P개 변수들의 분포를 다변량 정규분포로 가정하면 공통요인은 정규분포를 따른다. 이 방법은 분포를 다변량 정규분포로 가정하였기 때문에 적합한 요인의 수를 결정하는 데 통계적인 검정도 가능하다.

인과계수(Regression weights)는 표준화 되지 않은 것이다. S.E는 표준오차를 나타내며, C.R(Critical Ratio)값은 회귀분석의 t값을 의미한다.

다음으로, 표준화된 인과계수는 service의 잠재요인들에 대한 값으로 나타나 있다. 표준화 인과계수는 대부분 0.5이상으로 문제가 특별히 없다고 할 수 있다.

Standardized Regression Weights: (Group number 1 - Default model)

			Estimate
만33	<---	service	.522
만족5	<---	service	.586
만족4	<---	service	.745
만족3	<---	service	.697
만족2	<---	service	.813
만족1	<---	service	.676
Q4_1	<---	service	.315
Q4_2	<---	service	.343
Q4_1	<---	만33	.219
Q4_2	<---	만33	.184

(3) 공분산과 상관계수

잠재요인(재방문)과 잠재요인(추천)의 공분산은 0.363이다. 통계적으로 유의하게 나타났다. 또한 상관계수는 0.62이다.

Covariances: (Group number 1 - Default model)

	Estimate	S.E.	C.R.	P	Label
e7 <--> e8	.363	.022	16.183	***	

Correlations: (Group number 1 - Default model)

	Estimate
e7 <--> c8	.620

(4) 분산

각 잠재요인과 측정변수에 대한 분산 값을 보여준다. 여기서 분산이 마이너스 수치를 보이면 안된다. 즉 추정값이 마이너스(-)수치로 나타나면 안된다.

분산이 마이너스 일 때, 이름 헤이우드케이스(Heywood Case)라고 한다.

Variances: (Group number 1 - Default model)

	Estimate	S.E.	C.R.	P	Label
service	12.364	.848	14.578	***	
e6	.565	.027	20.908	***	
e5	3.433	.168	20.390	***	
e4	4.389	.250	17.575	***	
e3	4.815	.256	18.771	***	
e2	6.329	.424	14.911	***	
e1	10.139	.529	19.170	***	
e7	.587	.027	21.843	***	
e8	.585	.027	21.753	***	

5) 다중상관제곱(Squared Multiple Correlation ; R) 다중상관제곱은 회귀분석에서의 결정계수 R^2에 해당된다. 이것은 1에 가까우면 가까울수록 설명력이 높다는 것을 의미한다. 일반적으로 SMC값은 0.4이상의 값을 보이면 잠재변수는 해당 측정변수들의 변량을 잘 설명하는 것으로 해석할 수 있다. 여기에서 몇 개의 변수들이 설명력이 낮은 것으로 나타났다.(전체만족도, 재방문, 추천 등)

Squared Multiple Correlations

	Estimate
만33	.273
Q4_2	.217
Q4_1	.219
만족1	.457
만족2	.661
만족3	.486
만족4	.555
만족5	.344

(6) 모형 적합도 평가

Default model(연구모형)은 연구자가 연구를 위해 구상하고 있는 모형을 의미한다. 따라서 연구자는 적합도를 확인하기 위해서는 Default model의 지수를 확인해야 한다. Satuurated model(포화모형)은 완벽한 모형으로 주어진 자료에 완전 적합성을 갖는 모형으로 의미가 없는 모형이다.

모형적합도를 평가하기 위하여 각각의 통계량에 대한 적합도 기준값을 비교하여 적합 여부를 분석하면 다음과 같다.

CMIN은 부적합으로 추정되었으나 CFI, NFI, IFI, RMSEA등에서 적합한 것으로 추정되어 전체적인 관점에서 보면 연구모형은 적합하다고 판단할 수 있다.

연구모형의 적합도 평가

구분	최초분석결과	적합도 기준값	적합여부
CMIN/p값	54.3/0.0	p〉0.05	부적합
CMIN/DF	3.19	2이하	부적합
CFI	0.987	0.9이상	적합
NFI	0.982	0.9이상	적합
IFI	0.987	0.9이상	적합
RMSEA	0.,047	0.05이하 : 좋다 0.05~0.1이하 : 수용가능	적합

CMIN

Model	NPAR	CMIN	DF	P	CMIN/DF
Default model	27	54.324	17	.000	3.196
Saturated model	44	.000	0		
Independence model	8	2983.251	36	.000	82.868

Baseline Comparisons

Model	NFI Delta1	RFI rho1	IFI Delta2	TLI rho2	CFI
Default model	.982	.961	.987	.973	.987
Saturated model	1.000		1.000		1.000
Independence model	.000	.000	.000	.000	.000

RMSEA

Model	RMSEA	LO 90	HI 90	PCLOSE
Default model	.047	.033	.061	.618
Independence model	.286	.278	.295	.000

Chapter 13

다차원 척도법

1 다차원 척도의 개념

우리는 사회 내의 다양한 대상들과 밀접한 관계를 유지하면서 이들을 끊임없이 관찰하고 비교하는 가운데 대상물들을 좋아하는 것과 싫어하는 것으로, 또 서로 비슷한 것과 다른 것으로 분류하게 된다. 이와 같이 다양한 대상물을 인지하고 평가할 때 사용하는 기준은 사람에 따라 다를 수 있다. 그런데 인간은 인지능력의 한계 때문에 대상물이 갖고 있는 모든 속성을 평가의 기준으로 삼기보다는 자신에게 편리하고 중요하다고 생각되는 몇 가지 속성만을 선택적으로 사용하게 된다. 예컨대, 배우자를 선택함에 있어 상대방의 외모, 건강, 학력, 재력, 성격, 장래성을 기준으로 평가할 때 평가기준의 선정과 평가기준에 대한 가중치가 다르기 때문에 각기 다른 배우자를 고르게 된다.

다차원척도(MDS: multidimensional scaling)는 응답자가 느끼고 있는 다양한 측면이 지각도나 선호도를(또는 다변량 자료를) 좌표상의 그래프로(저차원의 기하학적인 공간으로) 표현하는 방법을 말한다. 즉, 인지하고 있거나 심리적 또는 추상적인 개념들을 저차원 공간(대부분 2차원의 $x - y$ 공간)의 그래프로 표현하여 느낌들에 대한 관계를 보다 쉽게 파악할 수 있도록 만드는 것이 다차원척도의 주요 목적이다. 다양한 측면의 지각도나 선호도가 그래프로 표현되는 경우, 저차원 공간의 축은 응답자가 느끼고 있는 심리적인 특성이나 잠재의식을 나타내는 개념으로 해석될 수 있다.

다차원척도를 사용하는 경우, 두 연구대상이 서로 얼마나 다른 특성을 가지고 있는지를 나타내는 거리 또는 비유사성(dissimilarity)이나 두 연구대상이 얼마나 비슷한 특성을 가지고 있는지를 나타내는 유사성에 대한 측정이 이루어지며, 이러한 측정자료를 대상으로 최적척도(optimal scaling)가 적용되어, 거리나 유사성을 그래프 상에 가장 잘 표현할 수 있도록 좌표상의 점으로 변환시켜 주는 과정을 거치게 된다.

다차원 척도는 사회과학 전반에 걸쳐 매우 다양하게 쓰이고 있다. 정치학에서는 정치 후보자들 가운데 어떤 후보자들이 비슷하게 혹은 다르게 평가되는지 그 이유를 알기 위한 연구가 있고, 인류학에서는 신념, 언어 등에 대한 데이터를 근거로 다양한 집단 간의 문화적 차이를 규명하는 연구가 있으며, 행정학에서는 다양한 도시, 군 지역들의 인구학적·경제적 요인들에 대한 유사성 데이터를 근거로 각 지역들 간의 상이성 또는 유사성을 파악하는 연구가, 심리학에서는 청각적 자극, 시각적 자극, 인성에 대한 인지와 평가를 이해하기 위한 연구가 있고, 사회학에서는 개인들의 인지적, 행위적 차이를 토대로 한 그룹내의 구조를 알아보는 연구에서 다차원 척도를 사용했다.

이상과 같은 점에 초점을 두고 이루어지는 다차원척도법은 간단히 말해서 각 대상에 대한 종합적인 순위평가에 의해서 얻어진 자료를 이용하여 평가의 기준이 되는 차원을 찾아내고, 각 차원에서의 평가대상들의 위치를 규명함으로써 평가자의 심리적 평가공간을 가시적으로 나타내는 기법이라고 할 수 있다. 그러나 이러한 인간의 평가상태를 정확히 나타낸다는 것은 매우 어려운 일이며, 실제로 평가자가 자극을 받아들이고 처리하는 심리적 과정이 매우 복잡하고 미묘하므로 다차원 척도에 의해서 얻어진 결과가 과연 실제현상과 일치하는가에 중점을 두고 활용되어야 할 것이다.

2 다차원 척도의 목적

다차원 척도는 기본적으로 다음과 같은 두 가지 문제에 초점을 두고 있다.[1)]

첫째는 사람이 대상을 인지하거나 평가할 때 어떠한 기준에 의해서 하게 되는지에 관

1) 채서일, 전게서, pp.624~625.

한 문제이다. 예를 들어, 학생들이 대학을 평가할 때 교수진의 수준, 학교까지의 거리, 동문관계 등이 평가의 기준이 된다면 이러한 기준들을 어떻게 밝혀낼 것인가에 관한 문제를 말하는 것이다. 위의 경우에는 3가지 차원에 의해서 평가되는 것을 가정하였으나, 실제에 있어서는 보다 많거나 적은 수의 기준이 평가에 적용될 수 있다. 적정수의 평가차원을 규명하는 것이 다차원평가차원의 1차적인 목표가 된다.

둘째는 규명된 각 차원에 평가대상이 어떠한 위치에 포지션 되는가에 관한 문제이다. 다차원평가척도를 이용하여 평가대상들을 평가하여 공간상에 나타내게 되면 바로 이것이 포지셔닝맵이 되는 것이다. 이 때 공간은 평가차원의 수에 따라 그 차원이 결정된다. 그러나 시각적으로 나타낼 수 있는 차원의 수는 2차원이므로 그 이상의 차원에 의해서 평가가 될 때는 여러 개의 2차원 포지셔닝맵이 산출되어 나오게 된다. 포지셔닝맵에서 각 차원이 의미하는 바와 각 차원에서의 좌표를 적절히 해석하는 것이 최종적인 목표가 된다.

특히 다차원 척도는 경영학에서 포지셔닝맵(positioning map)을 작성하는 데 효과적으로 활용되고 있다. 포지셔닝맵이란 사람들이 대상에 대해서 느끼고 있는 내면적 기준을 심리적인 공간으로 나타낸 것으로 각 대상들에 대한 상대적인 평가상태를 기하학적인 거리로 환산하여 평면이나 공간에 나타낸 것으로서 그 안의 축이 바로 차원이 되며, 이러한 축이 바로 대상을 평가하는데 중요한 기준이 되는 것이고, 각 축 위의 좌표가 각 대상들에 대한 차원별 평가점수가 되는 것이다.

따라서 포지셔닝맵은 여러 개의 상품들을 동일 공간에 위치시켜봄으로써 상품이 갖고 있는 여러 가지 속성 차원에서의 강점과 약점을 파악하는 데 매우 유용한 정보를 제공해 주는 도구로 활용될 수 있다. 이러한 포지셔닝맵을 작성하기 위한 방법이 바로 다차원 척도이다.

3 다차원 척도의 절차

다차원척도를 실행하려면 데이터를 적합한 형태로 수집하고, 다차원척도법의 절차를 잘 알고 있어야 한다. 특히 유의해야 할 점은 좌표평면에서 차원 수를 몇 개로 할 것인지 정하는 문제이다. 그리고 차원의 이름을 결정하는 것도 중요한 문제의 하나이다. 끝으로 분석결과에 대한 신뢰성과 타당성 검정도 중요하다. 다차원척도의 실행절차는 다음과 같다.

1) 문제의 정의

문제의 정의를 위해서 다차원척도의 결과가 어디에 사용될 것인지에 대하여 정확히 파악해야 한다. 또한 연구대상의 수를 결정하는 과정에서, 연구대상에게 적용될 수 있는 가능한 차원(dimension)이나 구성요인에 대하여 생각해 보아야 한다. 일반적으로 8개 이상의 연구대상을 적용하는 것이 의미있고 폭넓은 그림을 얻기위한 필요조건인 것으로 알려져 있다. 하지만 고려되는 연구대상이 너무 많으면(예를 들어 25개 이상) 결과가 너무 복잡하게 나타나서 해석과정에서 어려워질 수 있으며, 응답자가 응답하는 과정에서 지쳐버리기 때문에 역효과가 나타날 수 있다.

연구대상을 확인하는 과정에서 어떠한 연구대상을 다차원척도연구에 포함시킬 것인가에 관련된 문제는 연구자의 세심한 주의가 필요한 부분이다. 예를 들어, 자동차에 대한 소비자의 지각도를 측정하고자 하는 경우, 고급 자동차가 다차원척도의 연구대상에서 제외한다면, 다차원 척도 결과에서 고급자동차를 나타내는 차원은 나타나지 않게 되므로, 소비자가 생각하는 중요한 자동차에 대한 속성을 확인할 수 없게 된다. 결국, 연구대상의 수를 결정하는 문제나 어떠한 연구대상을 다차원 척도분석에 포함시켜야 하는지에 대한 여부는 연구문제의 특성, 소비자 행동심리에 관련된 이론, 연구자의 주관적 판단아래서 결정되어야 한다.

2) 측정자료의 수집

다차원척도에서의 입력데이터는 유사성 또는 선호도의 데이터가 이용된다. 유사성이나 선호도의 데이터는 정량적인 데이터와 정성적인 데이터로 대별되는데, 정량적인 데이터는 유사성이나 선호도가 등간척도나 비율척도로 측정된 데이터이며, 정성적인 데이터는 순서척도에 의해서 얻어진 데이터를 말한다. 그러나 입력자료의 형태가 달라도 자료가 처리되는 원리는 동일하며, 그 결과에서도 큰 차이가 나지 않기 때문에 응답자로부터 얻기 쉬운 형태의 자료인 정성적 데이터를 이용하는 경우가 많다.

3) 다차원척도방법에 대한 선택

다차원척도방법에 대한 선택하는 문제는 자료의 유형이 지각도에 관련된 자료인지 또는 선호도에 관련된 자료인지에 따라 달라지며, 자료가 어떠한 척도로 구성되어 있는지에 따라 달라지게 된다. 정성적 다차원척도는 입력자료의 척도가 서열척도인 경우에 적용되어, 서열척도를 주어진 모형에 가장 잘 맞는 형태의 등간척도로 변환시킨다. 즉, 두 연구대상의 비유사성을 나타내는 순위를 가장 잘 재현시켜줄 수 있는 등간척도의 거리로 추정하는 최적화 과정을 거치게 된다는 것이다. 반면에, 정량적 다차원척도는 입력자료의 척도가 등간척도 이상이 되는 정량적 척도인 경우에 적용되어, 입력자료가 가지고 있는 정량적 척도의 특징을 유지하면서 거리의 개념을 가장 잘 표현할 수 있는 새로운 정량적 척도로 변환되는 과정을 거치게 된다.

또한 다차원척도방법에 대한 선택문제를 다른 측면에서 살펴보면, 다차원척도분석을 응답자 개인의 차원에서, 아니면 모든 응답자를 종합하여 실시할 것인지에 대한 결정이 필요하다. 응답자 개인의 차원에서 다차원척도 분석이 이루어지는 경우는 모든 응답자에 대하여 각각의 다차원척도분석이 이루어지므로, 이에 대한 결과도 조사한 응답자의 수만큼 나타나게 된다. 따라서, 응답자 개인의 행동심리나 유형을 연구하는 문제에서는 유용하게 사용될 수 있지만, 응답자들의 전체적인 특성을 파악하고자 하는 경우에는 그렇게 유용한 정보를 제공하여주지 못하게 된다 결국 전체적인 응답자의 유형을 파악하고자 하는 경우에는 모든 응답자를 대상으로 다차원척도분석을 실시하거나, 군집분석과 같은 방법을 이용하여 비슷한 유형의 응답자를 확인하고, 이에 따라 응답자들을 분류하여 각 군집별로 다차원척도분석을 실시하는 것이 바람직하다. 하지만, 전체 응답자가 군집화된 응답자들을 대상으로 다차원척도분석을 실시하는 경우, 이에 속하는 모든 응답자들은 동일한 차원을 가지고 지각도나 선호도를 표현하고 있다는 가정이 필요하다는 사실을 연구자는 명심하여야 한다.

4) 차원수 결정

다차원척도법은 입력데이터를 이용하여 공간상에서 관측대상들 간의 상대적인 거리를 가능한 한 정확히 자리매김함으로써 다차원 평가공간을 형성한다. 관측대상들의 상대적인 거리의 정확도를 높이기 위해서, 다차원 공간에의 적합은 더 이상 개선이 안될 때까지 반복적으로 계속된다. 이 적합의 정도를 스트레스 값(stress value)으로 나타낸다. 즉, 스트레스 값은 불일치의 정도(badness of fits)로 볼 수 있다. 스트레스 값의 크기에 따라 차원수 결정이 적절한지 어떤지를 판단하게 된다.

스트레스 값은 실제 거리와 추정된 거리 사이의 오차정도를 나타내는 것으로 다음과 같은 공식에 의해서 계산된다.

$$Stress = \sqrt{\frac{\sum_{i=1,\, i \neq j}^{n} (d_{ij} - \widehat{d_{ij}})^2}{\sum_{i=1,\, i \neq j}^{n} (d_{ij})^2}}$$

d_{ij} = 관측대상 i 부터 j 까지의 실제 거리

$\widehat{d_{ij}}$ = 프로그램에 의해서 추정된 거리

분석 프로그램에 의해 추정된 거리가 실제거리와 일치하면, $(d_{ij} - \widehat{d_{ij}})$는 0이 되어 스트레스 값은 0이 된다. 이것은 곧 추정이 완벽함을 의미한다. 크루스컬(J. B. Kruskal)은 추정이 잘 되었는지의 여부를 나타내는 적합 정도를 다음과 같은 표로 제시하고 있다. 스트레스 값이 줄어드는 방향으로 분석과정을 반복해 가면 관측대상들의 좌표가 변한다.

스트레스 값	적합 정도
〉0.2	아주 나쁨
0.2	나 쁨
0.1	보 통
0.05	좋 음
0.025	아주 좋음
0	완 벽 함

이론적으로 n개의 관측대상에 대해 $n-1$차원에서 완벽한 적합이 이루어질 수 있다. 그러나 3차원이 넘는 포지셔닝 맵은 시각적인 제한 때문에 분석이 거의 불가능하다.

5) 차원의 이름과 포지셔닝맵

차원의 수가 정해지면 그 다음에 차원의 이름을 결정해야 한다. 요인분석에서 요인의 이름을 결정하는 것과 같은 원리에 의해서 다차원척도에서도 각 차원의 이름을 결정해야 한다. 차원의 이름을 정하는 방법은 관측대상들에 대해 잘 알고 있는 전문가에 의한 방법, 회귀분석을 통한 방법, 점수 간의 상관계수가 큰 속성을 차원의 이름으로 정하는 방법 등이 있다.

각 차원의 이름을 정하고 나면 포지셔닝 맵을 얻을 수 있다. 포지셔닝이란 가령 소비자들이 특정 대상에 대해서 느끼는 심리적 공간상의 위치를 말한다. 포지셔닝맵은 시장과 경쟁구조에 대한 기초적인 진단을 통하여 소비자들의 인지 ⇨ 선호 ⇨ 선택에 이르는 일련의 과정을 일관성 있게 이해할 수 있게 해준다. 그러므로 포지셔닝 맵은 신제품 개발, 시장세분화, 마케팅믹스 전략 등에 이용될 수 있다.

6) 신뢰성과 타당성에 대한 검토

응납자를 대상으로 측정하는 입력자료는 무작위로 나타나는 오차를 포함하고 있으며, 다차원척도분석 자체도 차원의 수를 축소하는 과정에서 정보의 손실을 가져오기 때문에, 다차원척도결과에 대한 신뢰성과 타당성의 검토는 최종적인 결과해석에 앞서 반드시 거쳐야 하는 단계이다. 높은 신뢰성과 타당성을 가진 다차원척도결과를 얻기 위하여 다음과 같은 가이드라인이 적용된다.

회귀분석을 이용하여 속성에 대한 방향을 다차원척도결과에 나타내는 경우, 상관계수의 제곱에 해당하는 결정계수, R^2값을 검토할 필요가 있다. 결정계수는 다차원척도를 통하여 최적으로 변환된 자료가 전체분산의 어느 정도를 설명하고 있는지를 나타내는 수치로서 대략 60% 이상이면 받아들일 만한 수치인 것으로 알려져 있다. 그리고 스트레스 값은 다차원척도결과의 타당성을 나타내는 중요한 수치이다. 스트레스 값은 결정계수와 반대되는 개념으로, 다차원척도를 통하여 최적으로 변환된 자료가 전체 분산에서 어느 정도를 설명하지 못하고 있는지를 나타내는 수치이다. 크루스컬(J. B. Kruskal)은 스트레스값의 기준으로 다차원척도결과에 대한 타당성을 판단하도록 추천하고 있다.

모든 응답자를 대상으로 다차원척도분석을 실시하는 경우는 자료를 두 개 이상으로 구분한 다음 각각의 자료에 대하여 다차원척도분석을 실시하여 결과를 비교하는 것이 바람직하다.

연구대상을 선택적으로 제거한 후, 나머지 연구대상을 가지고 다차원척도를 실시하여 결과를 비교하고 해석하여 본다. 재검사방법(retest method)을 이용하여 다차원척도결과에 대한 신뢰성을 평가하여 본다.

예제 [13.1]

[prg13_1.sav]

아래의 표는 우리나라 국도 1호선(목포~신의주)중 목포에서 문산까지의 거리(km)를 나타냈다. 이 자료로부터 원래의 지도를 재현시킬 수 있는 방법을 고려해 보기로 한다.

국도 1호선(목포~신의주)											
	목포	함평	광주	정읍	전주	논산	천안	오산	수원	서울	문산
목포	0										
함평	29.0	0									
광주	68.8	39.8	0								

국도 1호선(목포~신의주)											
	목포	함평	광주	정읍	전주	논산	천안	오산	수원	서울	문산
정읍	137.9	108.9	69.1	0.0							
전주	189.5	160.5	120.7	51.6	0.0						
논산	232.9	203.9	164.0	94.9	43.3	0.0					
천안	333.4	304.4	264.6	195.4	143.8	100.5	0.0				
오산	383.6	354.6	314.7	245.6	194.0	150.7	50.2	0.0			
수원	394.7	365.7	325.9	256.8	205.2	161.8	61.3	11.1	0.0		
서울	421.7	392.7	352.9	283.8	232.2	188.9	88.4	38.2	27.0	0.0	
문산	472.9	443.9	404.1	335.0	283.4	240.1	139.6	89.4	78.2	51.2	0.0

풀이 pasw자료중 prg13_1.sav를 불러온다. 메뉴에서 **분석(A)** ⇨ **척도(A)** ⇨ **다차원 척도법(ALSCAL)(M)**를 선택하고 아래의 그림과 같이 **변수(V)**에는 모두변수인 목포에서 문산까지를 넣어준다. 아래의 옵션중 **모형(M)**을 선택한다.

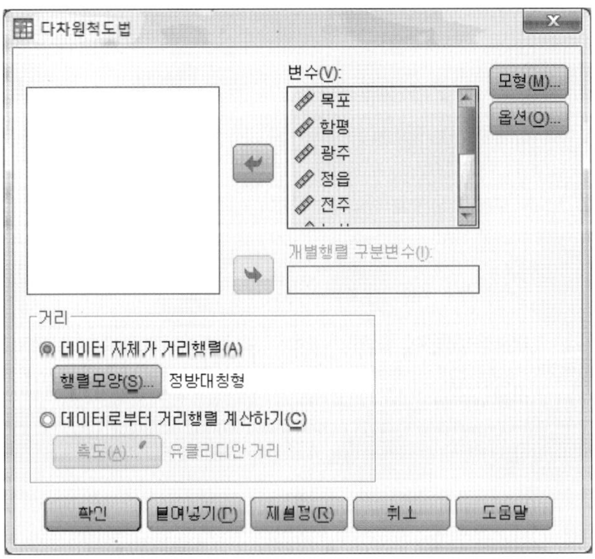

모형 창에서는 측정수준은 비율척도를 선택하고 적도화 모형은 유클리디안 거리를 택한다.

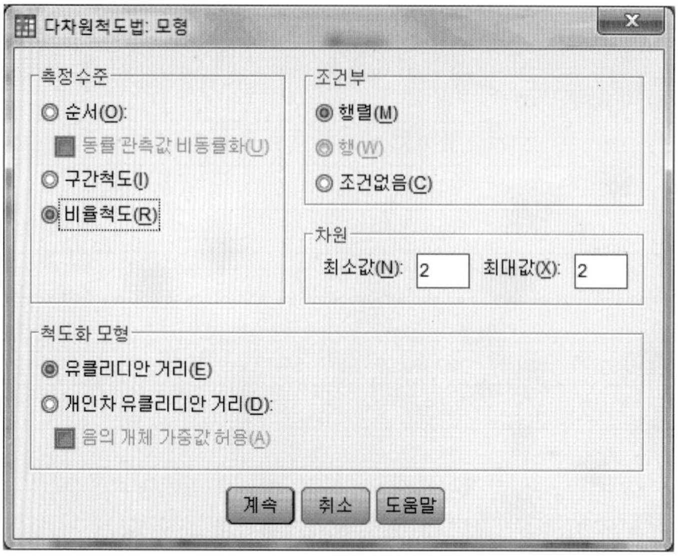

다음으로 옵션(O)을 선택하고 출력에서 집단도표(G)를 선택해준다.

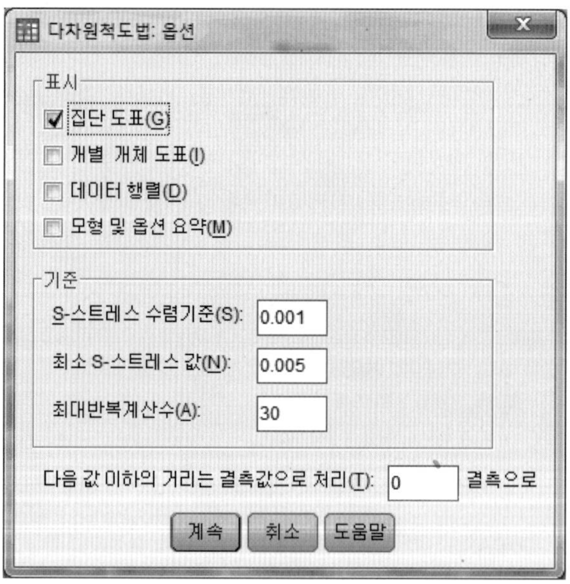

이제 분석을 실시한다. 결과는 다음과 같다.

```
Iteration history for the 2 dimensional solution (in squared distances)
Young's S-stress formula 1 is used.

Iteration     S-stress     Improvement
    1          .00013

Iterations stopped because
S-stress is less than   .005000

Stress and squared correlation (RSQ) in distances

RSQ values are the proportion of variance of the scaled data (disparities)
in the partition (row, matrix, or entire data) which
is accounted for by their corresponding distances.
Stress values are Kruskal's stress formula 1.

For  matrix
Stress = .00030       RSQ = 1.00000
```

위의 결과는 반복적인 실행과정을 나타내고 있다. 1회의 반복이 이루어졌으며, S-stress의 값이 0.0013으로 0.005보다 작게 되어 반복이 종료되었음을 알 수 있다. 또한 마지막 줄의 Stress의 값이 0.0003으로 모형이 적합하며 RSQ는 0.6 이상의 값이 나타나 모형이 적합하다는 판단을 도와주고 있다.

Configuration derived in 2 dimensions
Stimulus Coordinates

Stimulus Number	Stimulus Name	Dimension 1	Dimension 2
1	목포	2.1283	.0193
2	힘평	1.8735	.0182
3	광수	1.5236	-.0092
4	정읍	.9164	-.0118
5	전주	.4630	-.0063
6	논산	.0822	-.0210
7	천안	.0010	.0147
8	오산	-1.2420	-.0210
9	수원	-1.3399	.0040
10	서울	-1.5771	.0186
11	문산	-2.0270	.0241

위의 결과값은 2차원 평면에서 각 도시의 좌표값이다. 예를 들어 문산의 경우는 1차원은 −2.0270, 2차원은 0.0241의 값을 갖는다.
아래의 도표는 위의 좌표결과를 2차원 평면상에 도시한 것으로 각 도시의 위치와 거리관계를 알 수 있다.

☆ **유도된 자극의 위치**

유클리디안 거리모형

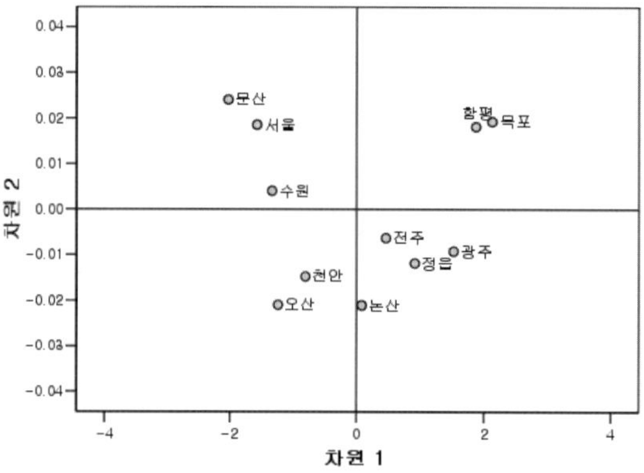

아래의 산포도는 각 도시들을 유클리디안 거리로 나타내고 있다. 이 도시들은 대각선상에 선형적으로 위치하고 있어 모형이 적절하다고 판단해 준다.

☆ **선형적합의 산점도**

유클리디안 거리모형

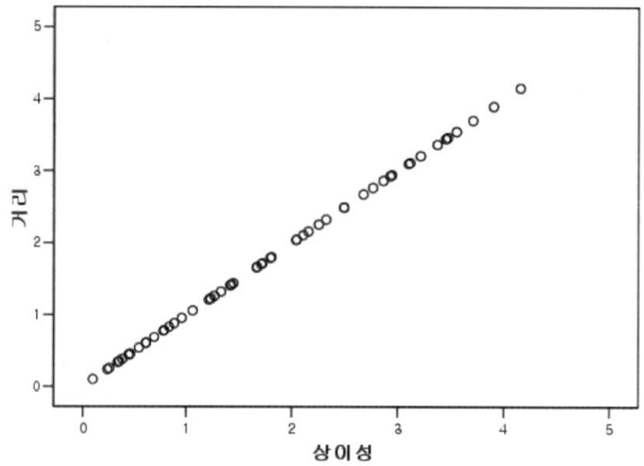

예제 [13.2]

[prg13_2.sav]

다음은 세계의 축제들에 대한 만족도를 나타낸 것이다. 각 항목간을 이용하여 다차원 척도법을 이용하여 분석을 실시해 보자. 자료가 거리행렬이 아니다. 하지만 비교항목 간의 각 대상의 상이성 거리를 계산하여 유클리디안거리를 계산할 수 있다.

만족도	불가리아 장미축제	중국 보름달 축제	포르투칼 유령축제	스페인 토마토 축제	벨기에 고양이 축제	일본 눈축제	인도 태양신 축제	홍콩 원숭이 축제
매 표	9	10	3	4	8	1	9	4
숙 박	9	7	2	6	5	2	10	1
음 식	8	7	7	6	5	4	8	2
이벤트	7	9	5	5	7	3	9	5
접근성	8	8	2	6	4	2	9	2
진 행	7	6	9	5	6	1	9	3
홍보성	7	6	8	6	7	2	9	1

풀이 pasw자료중 prg13_2.sav를 불러온다. 자료의 형태를 보면 만족도 변수가 있다. 또한 각 축제에 대해 10점 만점의 만족도를 나타냈다. 먼저 상이성 거리행렬을 구하고 나서 다차원 분석을 실시한다.

먼저 메뉴에서 **분석(A)** ⇨ **상관분석(C)** ⇨ **거리측도(D)**를 선택한 후 아래의 그림과 같이 **변수(V)**란에 축제변수를 넣어준다. 또한 **케이스 설명 기준변수(L)**란에는 만족도를 넣어준다. 또한 거리계산은 **변수들 사이의 거리(B)**를 선택한다.

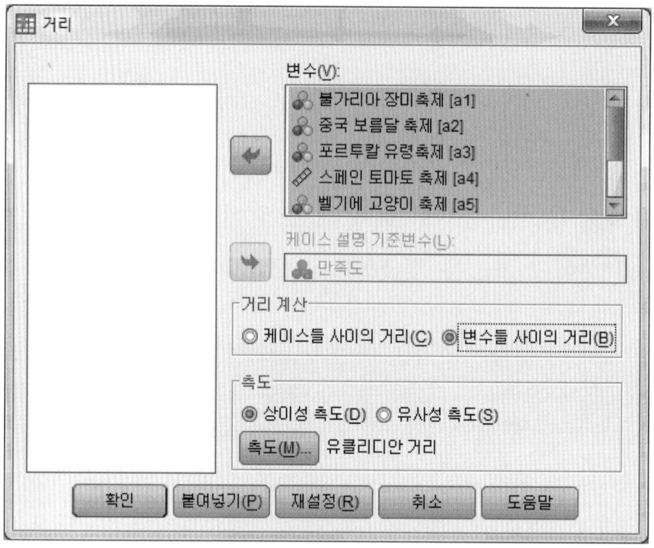

☆ 근접행렬

	유클리디안 거리							
	불가리아 장미축제	중국 보름달 축제	포르투칼 유령축제	스페인 토마토 축제	벨기에 고양이 축제	일본 눈축제	인도 태양신 축제	홍콩 원숭이 축제
불가리아 장미축제	.000	3.464	11.446	7.141	6.557	15.556	3.742	14.731
중국 보름달 축제	3.464	.000	11.790	7.681	5.745	15.100	5.477	13.528
포르투칼 유령축제	11.446	11.790	.000	7.348	7.483	10.817	12.923	10.583
스페인 토마토 축제	7.141	7.681	7.348	.000	5.292	9.000	9.747	9.274
벨기에 고양이 축제	6.557	5.745	7.483	5.292	.000	11.358	8.775	9.695
일본 눈축제	15.556	15.100	10.817	9.000	11.358	.000	18.493	4.796
인도 태양신축제	3.742	5.477	12.923	9.747	8.775	18.493	.000	17.521
홍콩 원숭이축제	14.731	13.528	10.583	9.274	9.695	4.796	17.521	.000

위의 결과는 상이성 거리행렬을 나타낸 결과이다. 가장 먼 거리는 일본 눈축제와 인도 태양신축제이며 가장 가까운 거리는 중국 보름달축제와 불가리아 장미축제가 된다.

이제 다차원 척도분석을 실시하자 메뉴에서 **분석(A)** ⇨ **척도(A)** ⇨ **다차원척도법(ALSCAL)(M)**을 선택하고 아래의 그림과 같이 **변수(V)**에는 모든 변수를 넣어준다. 거리는 데이터로부터 거리행렬 계산하기를 선택한다.

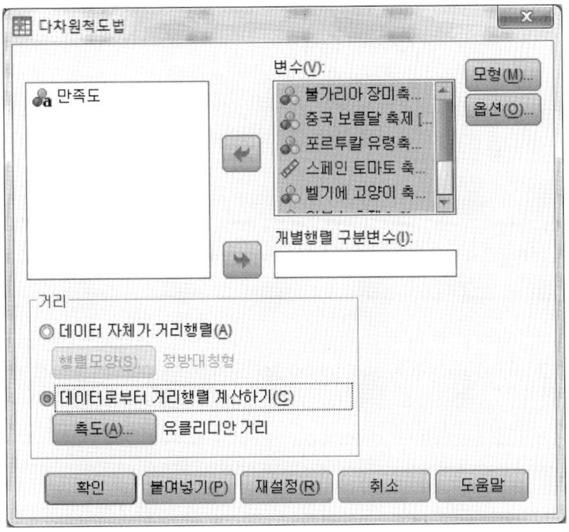

다음 옵션의 **모형(M)**을 선택하여 측정수준을 구간척도를 선택한다.

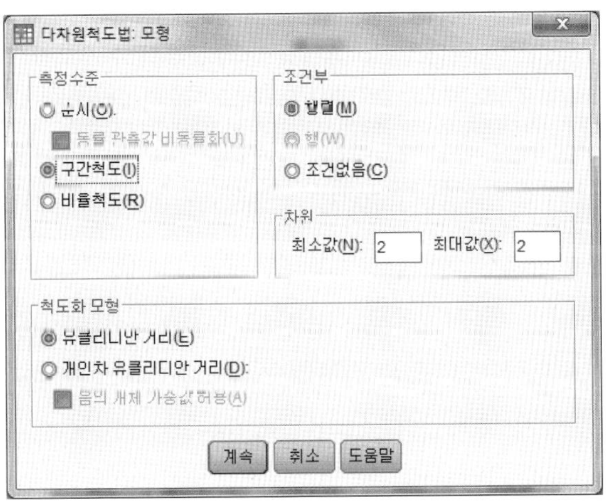

또한 아래 옵션(O)에서는 집단도표를 선택한다.

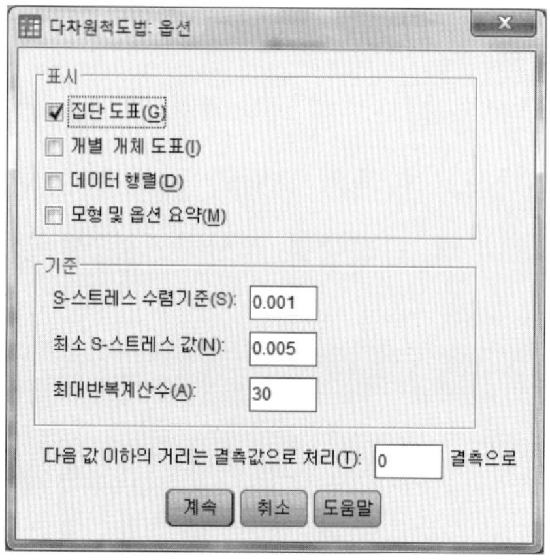

이제 분석을 실시하면 아래와 같은 분석결과가 나타난다.

Iteration history for the 2 dimensional solution (in squared distances)
Young's S-stress formula 1 is used.

Iteration	S-stress	Improvement
1	.04990	
2	.04599	.00391
3	.04581	.00018

Iterations stopped because
S-stress improvement is less than .001000
Stress and squared correlation (RSQ) in distances

RSQ values are the proportion of variance of the scaled data (disparities)
in the partition (row, matrix, or entire data) which
is accounted for by their corresponding distances.
Stress values are Kruskal's stress formula 1.

For matrix
Stress = .07083 RSQ = .97746

실행결과 반복은 3회 하였으며 스트레스 향상도가 0.001보다 작아져서 반복을 멈춘 것으로 나타나며 마지막 스트레스는 0.07083(<0.05)으로 모형의 적합도가 약간 좋지 않게 나타났다. 그러나 RSQ는 0.97746(>0.6)으로 모형의 설명력은 상당히 높게 나타났다.

Configuration derived in 2 dimensions
Stimulus Coordinates

		Dimension	
Stimulus	Stimulus	1	2
		Number	Name
1	a1	1.2680	.1598
2	a2	1.0949	.5055
3	a3	-.5295	1.2651
4	a4	-.1310	-.0186
5	a5	.1842	-.0203
6	a6	-2.0187	.2633
7	a7	1.8740	-.1431
8	a8	-1.7419	.5184

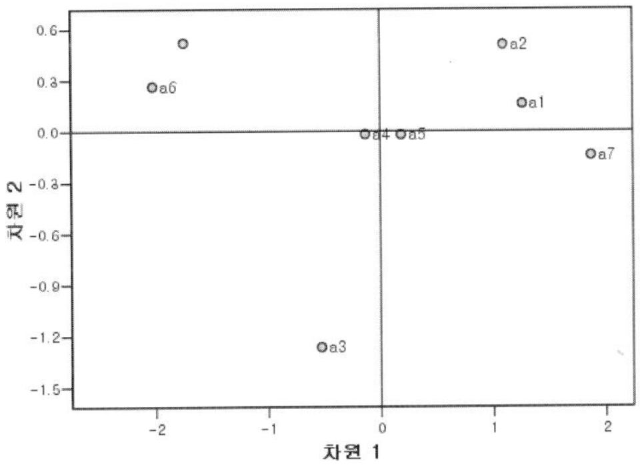

좌표에 따른 분석결과 a1, a2가 동일한 위치에 있으며 a5, a7이 a3, a4가 a6, a8이 각각 같은 위치에 있다고 볼 수 있다.

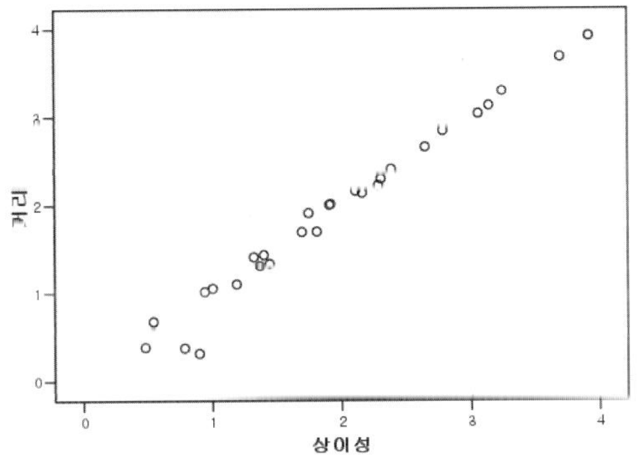

선형성에서는 왼쪽 아랫부분이 약간 선형성에 문제가 있음을 나타내고 있으나 대체적으로 적합하고 있다.

APPENDIX

부 록

01 표준정규분포표

$$P\{Z \leq z\} = \int_{-\infty}^{z} \frac{1}{\sqrt{2\pi}} e^{-\frac{t^2}{2}} dt$$

z	0.00	0.01	0.02	0.03	0.04	0.05	0.06	0.07	0.08	0.09
0.0	0.5000	0.5040	0.5080	0.5120	0.5160	0.5199	0.5239	0.5279	0.5319	0.5359
0.1	0.5398	0.5438	0.5478	0.5517	0.5557	0.5596	0.5636	0.5675	0.5714	0.5753
0.2	0.5793	0.5832	0.5871	0.5910	0.5948	0.5987	0.6026	0.6064	0.6103	0.6141
0.3	0.6179	0.6217	0.6255	0.6293	0.6331	0.6368	0.6406	0.6443	0.6480	0.6517
0.4	0.6554	0.6591	0.6628	0.6664	0.6700	0.6736	0.6772	0.6808	0.6844	0.6879
0.5	0.6915	0.6950	0.6985	0.7019	0.7054	0.7088	0.7123	0.7157	0.7190	0.7224
0.6	0.7257	0.7291	0.7324	0.7357	0.7389	0.7422	0.7454	0.7486	0.7517	0.7549
0.7	0.7580	0.7611	0.7642	0.7673	0.7704	0.7734	0.7764	0.7794	0.7823	0.7852
0.8	0.7881	0.7910	0.7939	0.7967	0.7995	0.8023	0.8051	0.8078	0.8106	0.8133
0.9	0.8159	0.8186	0.8212	0.8238	0.8264	0.8289	0.8315	0.8340	0.8365	0.8389
1.0	0.8413	0.8438	0.8461	0.8485	0.8508	0.8531	0.8554	0.8577	0.8599	0.8621
1.1	0.8643	0.8665	0.8686	0.8708	0.8729	0.8749	0.8770	0.8790	0.8810	0.8830
1.2	0.8849	0.8869	0.8888	0.8907	0.8925	0.8944	0.8962	0.8980	0.8997	0.9015
1.3	0.9032	0.9049	0.9066	0.9082	0.9099	0.9115	0.9131	0.9147	0.9162	0.9177
1.4	0.9192	0.9207	0.9222	0.9236	0.9251	0.9265	0.9279	0.9292	0.9306	0.9319
1.5	0.9332	0.9345	0.9357	0.9370	0.9382	0.9394	0.9406	0.9418	0.9429	0.9441
1.6	0.9452	0.9463	0.9474	0.9484	0.9495	0.9505	0.9515	0.9525	0.9535	0.9545
1.7	0.9554	0.9564	0.9573	0.9582	0.9591	0.9599	0.9608	0.9616	0.9625	0.9633
1.8	0.9641	0.9649	0.9656	0.9664	0.9671	0.9678	0.9686	0.9693	0.9699	0.9706
1.9	0.9713	0.9719	0.9726	0.9732	0.9738	0.9744	0.9750	0.9756	0.9761	0.9767
2.0	0.9772	0.9778	0.9783	0.9788	0.9793	0.9798	0.9803	0.9808	0.9812	0.9817
2.1	0.9821	0.9826	0.9830	0.9834	0.9838	0.9842	0.9846	0.9850	0.9854	0.9857
2.2	0.9861	0.9864	0.9868	0.9871	0.9875	0.9878	0.9881	0.9884	0.9887	0.9890
2.3	0.9893	0.9896	0.9898	0.9901	0.9904	0.9906	0.9909	0.9911	0.9913	0.9916
2.4	0.9918	0.9920	0.9922	0.9925	0.9927	0.9929	0.9931	0.9932	0.9934	0.9936
2.5	0.9938	0.9940	0.9941	0.9943	0.9945	0.9946	0.9948	0.9949	0.9951	0.9952
2.6	0.9953	0.9955	0.9956	0.9957	0.9959	0.9960	0.9961	0.9962	0.9963	0.9964
2.7	0.9965	0.9966	0.9967	0.9968	0.9969	0.9970	0.9971	0.9972	0.9973	0.9974
2.8	0.9974	0.9975	0.9976	0.9977	0.9977	0.9978	0.9979	0.9979	0.9980	0.9981
2.9	0.9981	0.9982	0.9982	0.9983	0.9984	0.9984	0.9985	0.9985	0.9986	0.9986
3.0	0.9987	0.9987	0.9987	0.9988	0.9988	0.9989	0.9989	0.9989	0.9990	0.9990
3.1	0.9990	0.9991	0.9991	0.9991	0.9992	0.9992	0.9992	0.9992	0.9993	0.9993
3.2	0.9993	0.9993	0.9994	0.9994	0.9994	0.9994	0.9994	0.9995	0.9995	0.9995
3.3	0.9995	0.9995	0.9995	0.9996	0.9996	0.9996	0.9996	0.9996	0.9996	0.9997
3.4	0.9997	0.9997	0.9997	0.9997	0.9997	0.9997	0.9997	0.9997	0.9997	0.9998
3.5	0.9998	0.9998	0.9998	0.9998	0.9998	0.9998	0.9998	0.9998	0.9998	0.9998

02 F-분포의 누적확률표분

$$F_{0.90}(m_1,\ m_2)$$

m2 \ m1	1	2	3	4	5	6	7	8	9	10	12	15	20	24	30	40	60	120	∞
1	39.86	49.50	53.59	55.83	57.24	58.20	58.91	59.44	59.86	60.19	60.71	61.22	61.74	62.00	62.26	62.53	62.79	63.06	63.33
2	8.53	9.00	9.16	9.24	9.29	9.33	9.35	9.37	9.38	9.39	9.41	9.42	9.44	9.45	9.46	9.47	9.47	9.48	9.49
3	5.54	5.46	5.39	5.34	5.31	5.28	5.27	5.25	5.24	5.23	5.22	5.20	5.18	5.18	5.17	5.16	5.15	5.14	5.13
4	4.54	4.32	4.19	4.11	4.05	4.01	3.98	3.95	3.94	3.92	3.90	3.87	3.84	3.83	3.82	3.80	3.79	3.78	3.76
5	4.06	3.78	3.62	3.52	3.45	3.40	3.37	3.34	3.32	3.30	3.27	3.24	3.21	3.19	3.17	3.16	3.14	3.12	3.11
6	3.78	3.46	3.29	3.18	3.11	3.05	3.01	2.98	2.96	2.94	2.90	2.87	2.84	2.82	2.80	2.78	2.76	2.74	2.72
7	3.59	3.26	3.07	2.96	2.88	2.83	2.78	2.75	2.72	2.70	2.67	2.63	2.59	2.58	2.56	2.54	2.51	2.49	2.47
8	3.46	3.11	2.92	2.81	2.73	2.67	2.62	2.59	2.56	2.54	2.50	2.46	2.42	2.40	2.38	2.36	2.34	2.32	2.29
9	3.36	3.01	2.81	2.69	2.61	2.55	2.51	2.47	2.44	2.42	2.38	2.34	2.30	2.28	2.25	2.23	2.21	2.18	2.16
10	3.29	2.92	2.73	2.61	2.52	2.46	2.41	2.38	2.35	2.32	2.28	2.24	2.20	2.18	2.16	2.13	2.11	2.08	2.06
11	3.23	2.86	2.66	2.54	2.45	2.39	2.34	2.30	2.27	2.25	2.21	2.17	2.12	2.10	2.08	2.05	2.03	2.00	1.97
12	3.18	2.81	2.61	2.48	2.39	2.33	2.28	2.24	2.21	2.19	2.15	2.10	2.06	2.04	2.01	1.99	1.96	1.93	1.90
13	3.14	2.76	2.56	2.43	2.35	2.28	2.23	2.20	2.16	2.14	2.10	2.05	2.01	1.98	1.96	1.93	1.90	1.88	1.85
14	3.10	2.73	2.52	2.39	2.31	2.24	2.19	2.15	2.12	2.10	2.05	2.01	1.96	1.94	1.91	1.89	1.86	1.83	1.80
15	3.07	2.70	2.49	2.36	2.27	2.21	2.16	2.12	2.09	2.06	2.02	1.97	1.92	1.90	1.87	1.85	1.82	1.79	1.76
16	3.05	2.67	2.46	2.33	2.24	2.18	2.13	2.09	2.06	2.03	1.99	1.94	1.89	1.87	1.84	1.81	1.78	1.75	1.72
17	3.03	2.64	2.44	2.31	2.22	2.15	2.10	2.06	2.03	2.00	1.96	1.91	1.86	1.84	1.81	1.78	1.75	1.72	1.69
18	3.01	2.62	2.42	2.29	2.20	2.13	2.08	2.04	2.00	1.98	1.93	1.89	1.84	1.81	1.78	1.75	1.72	1.69	1.66
19	2.99	2.61	2.40	2.27	2.18	2.11	2.06	2.02	1.98	1.96	1.91	1.86	1.81	1.79	1.76	1.73	1.70	1.67	1.63
20	2.97	2.59	2.38	2.25	2.16	2.09	2.04	2.00	1.96	1.94	1.89	1.84	1.79	1.77	1.74	1.71	1.68	1.64	1.61
21	2.96	2.57	2.36	2.23	2.14	2.08	2.02	1.98	1.95	1.92	1.87	1.83	1.78	1.75	1.72	1.69	1.66	1.62	1.59
22	2.95	2.56	2.35	2.22	2.13	2.06	2.01	1.97	1.93	1.90	1.86	1.81	1.76	1.73	1.70	1.67	1.64	1.60	1.57
23	2.94	2.55	2.34	2.21	2.11	2.05	1.99	1.95	1.92	1.89	1.84	1.80	1.74	1.72	1.69	1.66	1.62	1.59	1.55
24	2.93	2.54	2.33	2.19	2.10	2.04	1.98	1.94	1.91	1.88	1.83	1.78	1.73	1.70	1.67	1.64	1.61	1.57	1.53
25	2.92	2.53	2.32	2.18	2.09	2.02	1.97	1.93	1.89	1.87	1.82	1.77	1.72	1.69	1.66	1.63	1.59	1.56	1.52
26	2.91	2.52	2.31	2.17	2.08	2.01	1.96	1.92	1.88	1.86	1.81	1.76	1.71	1.68	1.65	1.61	1.58	1.54	1.50
27	2.90	2.51	2.30	2.17	2.07	2.00	1.95	1.91	1.87	1.85	1.80	1.75	1.70	1.67	1.64	1.60	1.57	1.53	1.49
28	2.89	2.50	2.29	2.16	2.06	2.00	1.94	1.90	1.87	1.84	1.79	1.74	1.69	1.66	1.63	1.59	1.56	1.52	1.48
29	2.89	2.50	2.28	2.15	2.06	1.99	1.93	1.89	1.86	1.83	1.78	1.73	1.68	1.65	1.62	1.58	1.55	1.51	1.47
30	2.88	2.49	2.28	2.14	2.05	1.98	1.93	1.88	1.85	1.82	1.77	1.72	1.67	1.64	1.61	1.57	1.54	1.50	1.46
40	2.84	2.44	2.23	2.09	2.00	1.93	1.87	1.83	1.79	1.76	1.71	1.66	1.61	1.57	1.54	1.51	1.47	1.42	1.38
60	2.79	2.39	2.18	2.04	1.95	1.87	1.82	1.77	1.74	1.71	1.66	1.60	1.54	1.51	1.48	1.44	1.40	1.35	1.29
120	2.75	2.35	2.13	1.99	1.90	1.82	1.77	1.72	1.68	1.65	1.60	1.55	1.48	1.45	1.41	1.37	1.32	1.26	1.19
∞	2.71	2.30	2.08	1.94	1.85	1.77	1.72	1.67	1.63	1.60	1.55	1.49	1.42	1.38	1.34	1.30	1.24	1.17	1.01

$F_{0.95}(m_1,\ m_2)$

m2 \ m1	1	2	3	4	5	6	7	8	9	10	12	15	20	24	30	40	60	120	∞
1	161.4	199.5	215.7	224.5	230.1	233.9	236.7	238.8	240.5	241.8	243.9	245.9	248.0	249.0	250.1	251.1	252.2	253.2	254.3
2	18.51	19.00	19.16	19.25	19.30	19.33	19.35	19.37	19.38	19.40	19.41	19.43	19.45	19.45	19.46	19.47	19.48	19.49	19.50
3	10.13	9.55	9.28	9.12	9.01	8.94	8.89	8.85	8.81	8.79	8.74	8.70	8.66	8.64	8.62	8.59	8.57	8.55	8.53
4	7.71	6.94	6.59	6.39	6.26	6.16	6.09	6.04	6.00	5.96	5.91	5.86	5.80	5.77	5.75	5.72	5.69	5.66	5.63
5	6.61	5.79	5.41	5.19	5.05	4.95	4.88	4.82	4.77	4.74	4.68	4.62	4.56	4.53	4.50	4.46	4.43	4.40	4.37
6	5.99	5.14	4.76	4.53	4.39	4.28	4.21	4.15	4.10	4.06	4.00	3.94	3.87	3.84	3.81	3.77	3.74	3.70	3.67
7	5.59	4.74	4.35	4.12	3.97	3.87	3.79	3.73	3.68	3.64	3.57	3.51	3.44	3.41	3.38	3.34	3.30	3.27	3.23
8	5.32	4.46	4.07	3.84	3.69	3.58	3.50	3.44	3.39	3.35	3.28	3.22	3.15	3.12	3.08	3.04	3.01	2.97	2.93
9	5.12	4.26	3.86	3.63	3.48	3.37	3.29	3.23	3.18	3.14	3.07	3.01	2.94	2.90	2.86	2.83	2.79	2.75	2.71
10	4.96	4.10	3.71	3.48	3.33	3.22	3.14	3.07	3.02	2.98	2.91	2.85	2.77	2.74	2.70	2.66	2.62	2.58	2.54
11	4.84	3.98	3.59	3.36	3.20	3.09	3.01	2.95	2.90	2.85	2.79	2.72	2.65	2.61	2.57	2.53	2.49	2.45	2.40
12	4.75	3.89	3.49	3.26	3.11	3.00	2.91	2.85	2.80	2.75	2.69	2.62	2.54	2.51	2.47	2.43	2.38	2.34	2.30
13	4.67	3.81	3.41	3.18	3.03	2.92	2.83	2.77	2.71	2.67	2.60	2.53	2.46	2.42	2.38	2.34	2.30	2.25	2.21
14	4.60	3.74	3.34	3.11	2.96	2.85	2.76	2.70	2.65	2.60	2.53	2.46	2.39	2.35	2.31	2.27	2.22	2.18	2.13
15	4.54	3.68	3.29	3.06	2.90	2.79	2.71	2.64	2.59	2.54	2.48	2.40	2.33	2.29	2.25	2.20	2.16	2.11	2.07
16	4.49	3.63	3.24	3.01	2.85	2.74	2.66	2.59	2.54	2.49	2.42	2.35	2.28	2.24	2.19	2.15	2.11	2.06	2.01
17	4.45	3.59	3.20	2.96	2.81	2.70	2.61	2.55	2.49	2.45	2.38	2.31	2.23	2.19	2.15	2.10	2.06	2.01	1.96
18	4.41	3.55	3.16	2.93	2.77	2.66	2.58	2.51	2.46	2.41	2.34	2.27	2.19	2.15	2.11	2.06	2.02	1.97	1.92
19	4.38	3.52	3.13	2.90	2.74	2.63	2.54	2.48	2.42	2.38	2.31	2.23	2.16	2.11	2.07	2.03	1.98	1.93	1.88
20	4.35	3.49	3.10	2.87	2.71	2.60	2.51	2.45	2.39	2.35	2.28	2.20	2.12	2.08	2.04	1.99	1.95	1.90	1.84
21	4.32	3.47	3.07	2.84	2.68	2.57	2.49	2.42	2.37	2.32	2.25	2.18	2.10	2.05	2.01	1.96	1.92	1.87	1.81
22	4.30	3.44	3.05	2.82	2.66	2.55	2.46	2.40	2.34	2.30	2.23	2.15	2.07	2.03	1.98	1.94	1.89	1.84	1.78
23	4.28	3.42	3.03	2.80	2.64	2.53	2.44	2.37	2.32	2.27	2.20	2.13	2.05	2.01	1.96	1.91	1.86	1.81	1.76
24	4.26	3.40	3.01	2.78	2.62	2.51	2.42	2.36	2.30	2.25	2.18	2.11	2.03	1.98	1.94	1.89	1.84	1.79	1.73
25	4.24	3.39	2.99	2.76	2.60	2.49	2.40	2.34	2.28	2.24	2.16	2.09	2.01	1.96	1.92	1.87	1.82	1.77	1.71
26	4.23	3.37	2.98	2.74	2.59	2.47	2.39	2.32	2.27	2.22	2.15	2.07	1.99	1.95	1.90	1.85	1.80	1.75	1.69
27	4.21	3.35	2.96	2.73	2.57	2.46	2.37	2.31	2.25	2.20	2.13	2.06	1.97	1.93	1.88	1.84	1.79	1.73	1.67
28	4.20	3.34	2.95	2.71	2.56	2.45	2.36	2.29	2.24	2.19	2.12	2.04	1.96	1.91	1.87	1.82	1.77	1.71	1.65
29	4.18	3.33	2.93	2.70	2.55	2.43	2.35	2.28	2.22	2.18	2.10	2.03	1.94	1.90	1.85	1.81	1.75	1.70	1.64
30	4.17	3.32	2.92	2.69	2.53	2.42	2.33	2.27	2.21	2.16	2.09	2.01	1.93	1.89	1.84	1.79	1.74	1.68	1.62
40	4.08	3.23	2.84	2.61	2.45	2.34	2.25	2.18	2.12	2.08	2.00	1.92	1.84	1.79	1.74	1.69	1.64	1.58	1.51
60	4.00	3.15	2.76	2.53	2.37	2.25	2.17	2.10	2.04	1.99	1.92	1.84	1.75	1.70	1.65	1.59	1.53	1.47	1.39
120	3.92	3.07	2.68	2.45	2.29	2.18	2.09	2.02	1.96	1.91	1.83	1.75	1.66	1.61	1.55	1.50	1.43	1.35	1.25
∞	3.84	3.00	2.60	2.37	2.21	2.10	2.01	1.94	1.88	1.83	1.75	1.67	1.57	1.52	1.46	1.39	1.32	1.22	1.01

$F_{0.99}(m_1,\ m_2)$

m2 \ m1	1	2	3	4	5	6	7	8	9	10	12	15	20	24	30	40	60	120	∞
1	4052	4999	5403	5624	5763	5858	5928	5981	6022	6055	6106	6157	6208	6234	6260	6286	6313	6339	6365
2	98.50	99.00	99.17	99.25	99.30	99.33	99.36	99.37	99.39	99.40	99.42	99.43	99.45	99.46	99.47	99.47	99.48	99.49	99.50
3	34.12	30.82	29.46	28.71	28.24	27.91	27.67	27.49	27.35	27.23	27.05	26.87	26.69	26.60	26.50	26.41	26.32	26.22	26.13
4	21.20	18.00	16.69	15.98	15.52	15.21	14.98	14.80	14.66	14.55	14.37	14.20	14.02	13.93	13.84	13.75	13.65	13.56	13.46
5	16.26	13.27	12.06	11.39	10.97	10.67	10.46	10.29	10.16	10.05	9.89	9.72	9.55	9.47	9.38	9.29	9.20	9.11	9.02
6	13.75	10.92	9.78	9.15	8.75	8.47	8.26	8.10	7.98	7.87	7.72	7.56	7.40	7.31	7.23	7.14	7.06	6.97	6.88
7	12.25	9.55	8.45	7.85	7.46	7.19	6.99	6.84	6.72	6.62	6.47	6.31	6.16	6.07	5.99	5.91	5.82	5.74	5.65
8	11.26	8.65	7.59	7.01	6.63	6.37	6.18	6.03	5.91	5.81	5.67	5.52	5.36	5.28	5.20	5.12	5.03	4.95	4.86
9	10.56	8.02	6.99	6.42	6.06	5.80	5.61	5.47	5.35	5.26	5.11	4.96	4.81	4.73	4.65	4.57	4.48	4.40	4.31
10	10.04	7.56	6.55	5.99	5.64	5.39	5.20	5.06	4.94	4.85	4.71	4.56	4.41	4.33	4.25	4.17	4.08	4.00	3.91
11	9.65	7.21	6.22	5.67	5.32	5.07	4.89	4.74	4.63	4.54	4.40	4.25	4.10	4.02	3.94	3.86	3.78	3.69	3.60
12	9.33	6.93	5.95	5.41	5.06	4.82	4.64	4.50	4.39	4.30	4.16	4.01	3.86	3.78	3.70	3.62	3.54	3.45	3.36
13	9.07	6.70	5.74	5.21	4.86	4.62	4.44	4.30	4.19	4.10	3.96	3.82	3.66	3.59	3.51	3.43	3.34	3.25	3.17
14	8.86	6.51	5.56	5.04	4.69	4.46	4.28	4.14	4.03	3.94	3.80	3.66	3.51	3.43	3.35	3.27	3.18	3.09	3.00
15	8.68	6.36	5.42	4.89	4.56	4.32	4.14	4.00	3.89	3.80	3.67	3.52	3.37	3.29	3.21	3.13	3.05	2.96	2.87
16	8.53	6.23	5.29	4.77	4.44	4.20	4.03	3.89	3.78	3.69	3.55	3.41	3.26	3.18	3.10	3.02	2.93	2.84	2.75
17	8.40	6.11	5.18	4.67	4.34	4.10	3.93	3.79	3.68	3.59	3.46	3.31	3.16	3.08	3.00	2.92	2.83	2.75	2.65
18	8.29	6.01	5.09	4.58	4.25	4.01	3.84	3.71	3.60	3.51	3.37	3.23	3.08	3.00	2.92	2.84	2.75	2.66	2.57
19	8.18	5.93	5.01	4.50	4.17	3.94	3.77	3.63	3.52	3.43	3.30	3.15	3.00	2.92	2.84	2.76	2.67	2.58	2.49
20	8.10	5.85	4.94	4.43	4.10	3.87	3.70	3.56	3.46	3.37	3.23	3.09	2.94	2.86	2.78	2.69	2.61	2.52	2.42
21	8.02	5.78	4.87	4.37	4.04	3.81	3.64	3.51	3.40	3.31	3.17	3.03	2.88	2.80	2.72	2.64	2.55	2.46	2.36
22	7.95	5.72	4.82	4.31	3.99	3.76	3.59	3.45	3.35	3.26	3.12	2.98	2.83	2.75	2.67	2.58	2.50	2.40	2.31
23	7.88	5.66	4.76	4.26	3.94	3.71	3.54	3.41	3.30	3.21	3.07	2.93	2.78	2.70	2.62	2.54	2.45	2.35	2.26
24	7.82	5.61	4.72	4.22	3.90	3.67	3.50	3.36	3.26	3.17	3.03	2.89	2.74	2.66	2.58	2.49	2.40	2.31	2.21
25	7.77	5.57	4.68	4.18	3.85	3.63	3.46	3.32	3.22	3.13	2.99	2.85	2.70	2.62	2.54	2.45	2.36	2.27	2.17
26	7.72	5.53	4.64	4.14	3.82	3.59	3.42	3.29	3.18	3.09	2.96	2.81	2.66	2.58	2.50	2.42	2.33	2.23	2.13
27	7.68	5.49	4.60	4.11	3.78	3.56	3.39	3.26	3.15	3.06	2.93	2.78	2.63	2.55	2.47	2.38	2.29	2.20	2.10
28	7.64	5.45	4.57	4.07	3.75	3.53	3.36	3.23	3.12	3.03	2.90	2.75	2.60	2.52	2.44	2.35	2.26	2.17	2.06
29	7.60	5.42	4.54	4.04	3.73	3.50	3.33	3.20	3.09	3.00	2.87	2.73	2.57	2.49	2.41	2.33	2.23	2.14	2.03
30	7.56	5.39	4.51	4.02	3.70	3.47	3.30	3.17	3.07	2.98	2.84	2.70	2.55	2.47	2.39	2.30	2.21	2.11	2.01
40	7.31	5.18	4.31	3.83	3.51	3.29	3.12	2.99	2.89	2.80	2.66	2.52	2.37	2.29	2.20	2.11	2.02	1.92	1.80
60	7.08	4.98	4.13	3.65	3.34	3.12	2.95	2.82	2.72	2.63	2.50	2.35	2.20	2.12	2.03	1.94	1.84	1.73	1.60
120	6.85	4.79	3.95	3.48	3.17	2.96	2.79	2.66	2.56	2.47	2.34	2.19	2.03	1.95	1.86	1.76	1.66	1.53	1.38
∞	6.64	4.61	3.78	3.32	3.02	2.80	2.64	2.51	2.41	2.32	2.18	2.04	1.88	1.79	1.70	1.59	1.47	1.32	1.01

$F_{0.975}(m_1,\ m_2)$

m2 \ m1	1	2	3	4	5	6	7	8	9	10	12	15	20	24	30	40	60	120	∞
1	647.7	799.5	864.1	899.5	921.8	937.1	948.2	956.6	963.2	968.6	976.7	984.8	993.1	997.2	1001	1005	1009	1014	1018
2	38.51	39.00	39.17	39.25	39.30	39.33	39.36	39.37	39.39	39.40	39.41	39.43	39.45	39.46	39.46	39.47	39.48	39.49	39.50
3	17.44	16.04	15.44	15.10	14.88	14.73	14.62	14.54	14.47	14.42	14.34	14.25	14.17	14.12	14.08	14.04	13.99	13.95	13.90
4	12.22	10.65	9.98	9.60	9.36	9.20	9.07	8.98	8.90	8.84	8.75	8.66	8.56	8.51	8.46	8.41	8.36	8.31	8.26
5	10.01	8.43	7.76	7.39	7.15	6.98	6.85	6.76	6.68	6.62	6.52	6.43	6.33	6.28	6.23	6.18	6.12	6.07	6.02
6	8.81	7.26	6.60	6.23	5.99	5.82	5.70	5.60	5.52	5.46	5.37	5.27	5.17	5.12	5.07	5.01	4.96	4.90	4.85
7	8.07	6.54	5.89	5.52	5.29	5.12	4.99	4.90	4.82	4.76	4.67	4.57	4.47	4.41	4.36	4.31	4.25	4.20	4.14
8	7.57	6.06	5.42	5.05	4.82	4.65	4.53	4.43	4.36	4.30	4.20	4.10	4.00	3.95	3.89	3.84	3.78	3.73	3.67
9	7.21	5.71	5.08	4.72	4.48	4.32	4.20	4.10	4.03	3.96	3.87	3.77	3.67	3.61	3.56	3.51	3.45	3.39	3.33
10	6.94	5.46	4.83	4.47	4.24	4.07	3.95	3.85	3.78	3.72	3.62	3.52	3.42	3.37	3.31	3.26	3.20	3.14	3.08
11	6.72	5.26	4.63	4.28	4.04	3.88	3.76	3.66	3.59	3.53	3.43	3.33	3.23	3.17	3.12	3.06	3.00	2.94	2.88
12	6.55	5.10	4.47	4.12	3.89	3.73	3.61	3.51	3.44	3.37	3.28	3.18	3.07	3.02	2.96	2.91	2.85	2.79	2.72
13	6.41	4.97	4.35	4.00	3.77	3.60	3.48	3.39	3.31	3.25	3.15	3.05	2.95	2.89	2.84	2.78	2.72	2.66	2.60
14	6.30	4.86	4.24	3.89	3.66	3.50	3.38	3.29	3.21	3.15	3.05	2.95	2.84	2.79	2.73	2.67	2.61	2.55	2.49
15	6.20	4.77	4.15	3.80	3.58	3.41	3.29	3.20	3.12	3.06	2.96	2.86	2.76	2.70	2.64	2.59	2.52	2.46	2.40
16	6.12	4.69	4.08	3.73	3.50	3.34	3.22	3.12	3.05	2.99	2.89	2.79	2.68	2.63	2.57	2.51	2.45	2.38	2.32
17	6.04	4.62	4.01	3.66	3.44	3.28	3.16	3.06	2.98	2.92	2.82	2.72	2.62	2.56	2.50	2.44	2.38	2.32	2.25
18	5.98	4.56	3.95	3.61	3.38	3.22	3.10	3.01	2.93	2.87	2.77	2.67	2.56	2.50	2.44	2.38	2.32	2.26	2.19
19	5.92	4.51	3.90	3.56	3.33	3.17	3.05	2.96	2.88	2.82	2.72	2.62	2.51	2.45	2.39	2.33	2.27	2.20	2.13
20	5.87	4.46	3.86	3.51	3.29	3.13	3.01	2.91	2.84	2.77	2.68	2.57	2.46	2.41	2.35	2.29	2.22	2.16	2.09
21	5.83	4.42	3.82	3.48	3.25	3.09	2.97	2.87	2.80	2.73	2.64	2.53	2.42	2.37	2.31	2.25	2.18	2.11	2.04
22	5.79	4.38	3.78	3.44	3.22	3.05	2.93	2.84	2.76	2.70	2.60	2.50	2.39	2.33	2.27	2.21	2.14	2.08	2.00
23	5.75	4.35	3.75	3.41	3.18	3.02	2.90	2.81	2.73	2.67	2.57	2.47	2.36	2.30	2.24	2.18	2.11	2.04	1.97
24	5.72	4.32	3.72	3.38	3.15	2.99	2.87	2.78	2.70	2.64	2.54	2.44	2.33	2.27	2.21	2.15	2.08	2.01	1.94
25	5.69	4.29	3.69	3.35	3.13	2.97	2.85	2.75	2.68	2.61	2.51	2.41	2.30	2.24	2.18	2.12	2.05	1.98	1.91
26	5.66	4.27	3.67	3.33	3.10	2.94	2.82	2.73	2.65	2.59	2.49	2.39	2.28	2.22	2.16	2.09	2.03	1.95	1.88
27	5.63	4.24	3.65	3.31	3.08	2.92	2.80	2.71	2.63	2.57	2.47	2.36	2.25	2.19	2.13	2.07	2.00	1.93	1.85
28	5.61	4.22	3.63	3.29	3.06	2.90	2.78	2.69	2.61	2.55	2.45	2.34	2.23	2.17	2.11	2.05	1.98	1.91	1.83
29	5.59	4.20	3.61	3.27	3.04	2.88	2.76	2.67	2.59	2.53	2.43	2.32	2.21	2.15	2.09	2.03	1.96	1.89	1.81
30	5.57	4.18	3.59	3.25	3.03	2.87	2.75	2.65	2.57	2.51	2.41	2.31	2.20	2.14	2.07	2.01	1.94	1.87	1.79
40	5.42	4.05	3.46	3.13	2.90	2.74	2.62	2.53	2.45	2.39	2.29	2.18	2.07	2.01	1.94	1.88	1.80	1.72	1.64
60	5.29	3.93	3.34	3.01	2.79	2.63	2.51	2.41	2.33	2.27	2.17	2.06	1.94	1.88	1.82	1.74	1.67	1.58	1.48
120	5.15	3.80	3.23	2.89	2.67	2.52	2.39	2.30	2.22	2.16	2.05	1.94	1.82	1.76	1.69	1.61	1.53	1.43	1.31
∞	5.02	3.69	3.12	2.79	2.57	2.41	2.29	2.19	2.11	2.05	1.94	1.83	1.71	1.64	1.57	1.48	1.39	1.27	1.01

03 χ^2 - 분포표

$$\alpha = P(\chi^2 \geq \chi^2_\alpha) = \int_{\chi^2_\alpha}^{\infty} f(\chi^2)d\chi^2$$

d.f	α							
	0.995	0.990	0.975	0.950	0.050	0.025	0.010	0.005
1	0.0000393	0.0001571	0.0009821	0.0039321	3.8414591	5.0238865	6.6348967	7.8794387
2	0.0100251	0.0201007	0.0506356	0.1025866	5.9914645	7.3777589	9.2103404	10.596635
3	0.0717218	0.1148318	0.2157953	0.3518463	7.8147278	9.3484036	11.344867	12.838156
4	0.2069891	0.2971095	0.4844186	0.7107230	9.4877290	11.143287	13.276704	14.860259
5	0.4117419	0.5542981	0.8312116	1.1454762	11.070498	12.832502	15.086272	16.749602
6	0.6757268	0.8720903	1.2373442	1.6353829	12.591587	14.449375	16.811894	18.547584
7	0.9892557	1.2390423	1.6898692	2.1673499	14.067140	16.012764	18.475307	20.277740
8	1.3444131	1.6464974	2.1797308	2.7326368	15.507313	17.534546	20.090235	21.954955
9	1.7349329	2.0879007	2.7003895	3.3251129	16.918978	19.022768	21.665994	23.589351
10	2.1558565	2.5582122	3.2469728	3.9402991	18.307038	20.483177	23.209251	25.188180
11	2.6032219	3.0534841	3.8157483	4.5748131	19.675138	21.920049	24.724970	26.756849
12	3.0738237	3.5705690	4.4037885	5.2260295	21.026070	23.336664	26.216967	28.299519
13	3.5650346	4.1069155	5.0087505	5.8918644	22.362032	24.735605	27.688250	29.819471
14	4.0746750	4.6604251	5.6287262	6.5706315	23.684791	26.118948	29.141238	31.319350
15	4.6009156	5.2293489	6.2621378	7.2609440	24.995790	27.488393	30.577914	32.801321
16	5.1422055	5.8122125	6.9076644	7.9616456	26.296228	28.845351	31.999927	34.267187
17	5.6972171	6.4077598	7.5641865	8.6717603	27.587112	30.191009	33.408664	35.718466
18	6.2648047	7.0149109	8.2307462	9.3904551	28.869299	31.526378	34.805306	37.156451
19	6.8439715	7.6327297	8.9065165	10.117013	30.143527	32.852327	36.190869	38.582257
20	7.4338443	8.2603984	9.5907775	10.850812	31.410433	34.169607	37.566235	39.996846
21	8.0336535	8.8971980	10.282898	11.591305	32.670573	35.478876	38.932173	41.401065
22	8.6427165	9.5424924	10.982321	12.338015	33.924439	36.780712	40.289360	42.795655
23	9.2604248	10.195716	11.688552	13.090514	35.172462	38.075627	41.638398	44.181275
24	9.8862335	10.856362	12.401150	13.848425	36.415028	39.364077	42.979820	45.558512
25	10.519652	11.523975	13.119720	14.611408	37.652484	40.646469	44.314105	46.927890
26	11.160237	12.198147	13.843905	15.379157	38.885139	41.923170	45.641683	48.289882
27	11.807587	12.878504	14.573383	16.151396	40.113272	43.194511	46.962942	49.644915
28	12.461336	13.564710	15.307861	16.927875	41.337138	44.460792	48.278236	50.993376
29	13.121149	14.256455	16.047072	17.708366	42.556968	45.722286	49.587885	52.335618
30	13.786720	14.953457	16.790772	18.492661	43.772972	46.979242	50.892181	53.671962
40	20.706535	22.164261	24.433039	26.509304	55.758479	59.341707	63.690740	66.765962
50	27.990749	29.706683	32.357364	34.764252	67.504807	71.420195	76.153891	79.489978
60	35.534492	37.484852	40.481748	43.187959	79.081944	83.297675	88.379419	91.951698
70	43.275180	45.441718	48.757566	51.739279	90.531225	95.023184	100.42518	104.21490
80	51.171932	53.540078	57.153174	60.391480	101.87947	106.62857	112.32879	116.32106
90	59.196305	61.754079	65.646619	69.126031	113.14527	118.13589	124.11632	128.29894
100	67.327564	70.064896	74.221928	77.929467	124.34211	129.56120	135.80672	140.16949

04 t-분포표

자유도	0.25	0.1	0.05	0.025	0.01	0.005
1	1.000	3.078	6.314	12.706	31.821	63.657
2	0.816	1.886	2.920	4.303	6.965	9.925
3	0.765	1.638	2.353	3.182	4.541	5.841
4	0.741	1.533	2.132	2.776	3.747	4.604
5	0.727	1.476	2.015	2.571	3.365	4.032
6	0.718	1.440	1.943	2.447	3.143	3.707
7	0.711	1.415	1.895	2.365	2.998	3.499
8	0.706	1.397	1.860	2.306	2.896	3.355
9	0.703	1.383	1.833	2.262	2.821	3.250
10	0.700	1.372	1.812	2.228	2.764	3.169
11	0.697	1.363	1.796	2.201	2.718	3.106
12	0.695	1.356	1.782	2.179	2.681	3.055
13	0.694	1.350	1.771	2.160	2.650	3.012
14	0.692	1.345	1.761	2.145	2.624	2.977
15	0.691	1.341	1.753	2.131	2.602	2.947
16	0.690	1.337	1.746	2.120	2.583	2.921
17	0.689	1.333	1.740	2.110	2.567	2.898
18	0.688	1.330	1.734	2.101	2.552	2.878
19	0.688	1.328	1.729	2.093	2.539	2.861
20	0.687	1.325	1.725	2.086	2.528	2.845
21	0.686	1.323	1.721	2.080	2.518	2.831
22	0.686	1.321	1.717	2.074	2.508	2.819
23	0.685	1.319	1.714	2.069	2.500	2.807
24	0.685	1.318	1.711	2.064	2.492	2.797
25	0.684	1.316	1.708	2.060	2.485	2.787
26	0.684	1.315	1.706	2.056	2.479	2.779
27	0.684	1.314	1.703	2.052	2.473	2.771
28	0.683	1.313	1.701	2.048	2.467	2.763
29	0.683	1.311	1.699	2.045	2.462	2.756
30	0.683	1.310	1.697	2.042	2.457	2.750
40	0.681	1.303	1.684	2.021	2.423	2.704
60	0.679	1.296	1.671	2.000	2.390	2.660
120	0.677	1.289	1.658	1.980	2.358	2.617
∞	0.674	1.282	1.645	1.960	2.326	2.576

05 Durbin-Watson의 D 통계량 : 5% 유의수준

n	$k=1$		$k=2$		$k=3$		$k=4$		$k=5$	
	d_L	d_U	d_L	d_U	d_L	d_U	d_L	d_U	d_L	d_U
15	1.08	1.36	0.95	1.54	0.82	1.75	0.69	1.97	0.56	2.21
16	1.10	1.37	0.98	1.54	0.86	1.73	0.74	1.93	0.62	2.15
17	1.13	1.38	1.02	1.54	0.90	1.71	0.78	1.90	0.67	2.10
18	1.16	1.39	1.05	1.53	0.93	1.69	0.82	1.87	0.71	2.06
19	1.18	1.40	1.08	1.53	0.97	1.68	0.86	1.85	0.75	2.02
20	1.20	1.41	1.10	1.54	1.00	1.68	0.90	1.83	0.79	1.99
21	1.22	1.42	1.13	1.54	1.03	1.67	0.93	1.81	0.83	1.96
22	1.24	1.43	1.15	1.54	1.05	1.66	0.96	1.80	0.86	1.94
23	1.26	1.44	1.17	1.54	1.08	1.66	0.99	1.79	0.90	1.92
24	1.27	1.45	1.19	1.55	1.10	1.66	1.01	1.78	0.93	1.90
25	1.29	1.45	1.21	1.55	1.12	1.66	1.04	1.77	0.95	1.89
26	1.30	1.43	1.22	1.55	1.14	1.65	1.06	1.76	0.98	1.88
27	1.32	1.47	1.24	1.56	1.16	1.65	1.08	1.76	1.01	1.86
28	1.33	1.48	1.26	1.56	1.18	1.65	1.10	1.75	1.03	1.85
29	1.34	1.48	1.27	1.56	1.20	1.65	1.12	1.74	1.05	1.84
30	1.35	1.49	1.28	1.57	1.21	1.65	1.14	1.74	1.07	1.83
31	1.36	1.50	1.30	1.57	1.23	1.65	1.16	1.74	1.09	1.83
32	1.37	1.50	1.31	1.57	1.24	1.65	1.18	1.73	1.11	1.82
33	1.38	1.51	1.32	1.58	1.26	1.65	1.19	1.73	1.13	1.81
34	1.39	1.51	1.33	1.58	1.27	1.65	1.21	1.73	1.15	1.81
35	1.40	1.52	1.34	1.58	1.28	1.65	1.22	1.73	1.16	1.80
36	1.41	1.52	1.35	1.59	1.29	1.65	1.24	1.73	1.18	1.80
37	1.42	1.53	1.36	1.59	1.31	1.66	1.25	1.72	1.19	1.80
38	1.43	1.54	1.37	1.59	1.32	1.66	1.26	1.72	1.21	1.79
39	1.43	1.54	1.38	1.60	1.33	1.66	1.27	1.72	1.22	1.79
40	1.44	1.54	1.39	1.60	1.34	1.66	1.29	1.72	1.23	1.79
45	1.48	1.57	1.43	1.62	1.38	1.67	1.34	1.72	1.29	1.87
50	1.50	1.59	1.46	1.63	1.42	1.67	1.38	1.72	1.34	1.77
55	1.53	1.60	1.49	1.64	1.45	1.68	1.41	1.72	1.38	1.77
60	1.55	1.62	1.51	1.65	1.48	1.69	1.44	1.73	1.41	1.77
65	1.57	1.63	1.54	1.66	1.50	1.70	1.47	1.73	1.44	1.77
70	1.58	1.64	1.55	1.67	1.52	1.70	1.49	1.74	1.46	1.77
75	1.60	1.65	1.57	1.68	1.54	1.71	1.51	1.74	1.49	1.77
80	1.61	1.66	1.59	1.69	1.56	1.72	1.53	1.74	1.51	1.77
85	1.62	1.67	1.60	1.70	1.57	1.72	1.55	1.75	1.52	1.77
90	1.63	1.68	1.61	1.70	1.59	1.73	1.57	1.75	1.54	1.78
95	1.64	1.69	1.62	1.71	1.60	1.73	1.58	1.75	1.56	1.78
100	1.65	1.69	1.63	1.72	1.61	1.74	1.59	1.76	1.57	1.78

자료 : Durbin and Watson(1951)

찾아보기

김 연 형

성균관대학교 통계학과 졸업
성균관대학교 대학원 졸업
전북대학교 대학원 졸업(경제학 박사)
전주대학교 이부대학장, 통계연구소장, 전자계산소장, 경상대학장,
기획조정처장, 대학원장, 교수협의회 의장 역임
현재 전주대학교 여론정보 통계학과 교수

〈논문 및 저서〉
노동통계조사의 표본설계에 관한 연구
Box-Jenkins 모형설정에 의한 예측
경기순환의 주기추정에 관한 스팩트럴 분석
통계학(탑출판사, 1983)
표본이론(공저) (박영사, 1986)
수리통계학(역) (형설출판사, 1987)
통계적 방법(경문사, 1988)
스팩트럴분석 입문(공저) (자유아카데미, 1988)
시계열분석과 예측(자유아카데미, 1990)
통계학 개론(형설출판사, 1992)
통계자료분석(공저) (자유아카데미, 1993)
시계열분석(자유아카데미, 1994)
통계조사방법과 응용(공저) (자유아카데미, 1996)
시계열예측(형설출판사, 2001)
통계학의 이해와 응용(형설출판사, 2004)
SPSS와 사회과학 자료분석(공저) (교우사, 2006)
고객관계관리와 데이터마이닝(공저) (교우사, 2006)
통계학의 개념과 응용(교우사, 2006)
별이 내리는 마을에서 길을 묻다(월인, 2009)
고객관계관리원론(교우사, 2009)

PASW(SPSS)18과 사회과학 자료분석

2010년 8월 1일 초판 인쇄
2010년 8월 5일 초판 발행

저 자 / 김연형
발행자 / 오판근
발행처 / 교우사

주 소 / 서울 동대문구 제기2동 148-19
전 화 / 925-2861(代), 편집부 / 925-2825
팩 스 / 925-2860
E-mail / kyowoo@kyowoo.co.kr
http://www.kyowoo.co.kr

등록 / 1994. 3. 24 제6-0256호

ISBN 978-89-8172-858-8 (93310)

값 25,000원